edition suhrkamp

Redaktion: Günther Busch

Frank Böckelmann, geboren 1941, studierte Philosophie und Zeitungswissenschaft in München, arbeitete 1963 bis 1970 in verschiedenen politischen Verbänden und Projektgruppen. Dr. phil. Veröffentlichungen: *Befreiung des Alltags* (Hrsg.), München 1970; *Die schlechte Aufhebung der autoritären Persönlichkeit*, Frankfurt 1971; *Über Marx und Adorno – Schwierigkeiten der spätmarxistischen Theorie*, Frankfurt 1972; *Aspekte der Männlichkeit*, in: Anita Albus u. a., *Maskulin – Feminin*, München 1972, *Knast-Report* (mit Reinhard Wetter), Frankfurt 1972; *Die Problematik existentieller Freiheit bei Karl Jaspers* (Diss.), München 1972.

Massenkommunikation, die Auf- und Ablösung bürgerlicher Öffentlichkeit, ist für Böckelmann die entscheidende Folgeproblematik sowohl der Krise »demokratischer Willensbildung« als auch des zweideutigen Scheiterns von Aufklärungsbemühungen der Neuen Linken. Böckelmanns Absicht ist die Bestimmung der gesellschaftlichen Kommunikationsverhältnisse sowie eine Kritik an diesen Verhältnissen. In diesem Rahmen referiert und erörtert er alle wesentlichen Phasen und Konzepte der Wirkungsforschung, auf die sich die Massenkommunikationsforschung heute im großen und ganzen reduziert. Die Schwierigkeiten und die Grenzen dieser Forschung, selbst Ausdruck bestehender Verkehrsformen, machen deutlich, daß die latente Bedeutung der Massenkommunikation für den gesellschaftlichen Umgang nicht in der Organisierung von »Wirksamkeit« besteht, sondern in der Festlegung der dominierenden gesellschaftlichen Kommunikationsweise selbst.

Frank Böckelmann
Theorie der Massenkommunikation

Das System hergestellter Öffentlichkeit,
Wirkungsforschung und gesellschaftliche
Kommunikationsverhältnisse

Suhrkamp Verlag

edition suhrkamp 658
Erste Auflage 1975
© Suhrkamp Verlag, Frankfurt am Main 1975. Erstausgabe. Printed in
Germany. Alle Rechte vorbehalten, insbesondere das der Übersetzung,
des öffentlichen Vortrags und der Übertragung durch Rundfunk und Fernsehen, auch einzelner Teile. Satz, in Linotype Garamond, Druck und Bin-
dung bei Georg Wagner, Nördlingen. Gesamtausstattung Willy Fleckhaus.

Inhalt

Massenkommunikation im Prozeß der Auflösung bürgerlicher Öffentlichkeit

Implikationen des Öffentlichkeitsprinzips

Auch eine aufwendige und akribische Wirkungsforschung, wie sie von desorientierten Publizisten immer wieder gefordert wird, könnte die Bedeutung der Massenkommunikation in spätkapitalistischen Gesellschaften nicht ermessen: die Organisierung gesellschaftlicher Kommunikation durch die Strukturierung des Medienverbands. Nur vor dem Hintergrund der Verfallsgeschichte bürgerlicher Öffentlichkeit, nur im Hinblick auf den Funktionsverlust der familiären Intimsphäre und des diskutierenden Publikums wird deutlich, welche Lasten der organisierten Kommunikation aufgebürdet werden – Lasten, die der Medienverband in seiner gegenwärtigen Struktur nicht tragen kann.

Massenkommunikation ermöglicht die unbegrenzte Ausdehnung der Sphäre politischer Öffentlichkeit; zugleich werden Öffentlichkeit und öffentliche Meinung zu Schimären, die von professionellen Kommentatoren und Public-relations-Ingenieuren beschworen und in Szene gesetzt werden. Der naive Gebrauch von Leitbegriffen des sich emanzipierenden Bürgertums (›Freiheit‹, ›Demokratie‹, ›Chancengleichheit‹, ›Vernunft‹) gaukelt die Erfüllung einstiger Hoffnungen vor. Wenn diese Begriffe nicht mit neuen Inhalten gefüllt werden können, wäre es besser, auf sie zu verzichten.

Aber auch bei der ›kritischen Wendung‹ bürgerlicher Leitideen ist Mißtrauen geboten. Läßt sich das Öffentlichkeitsprinzip, das Insistieren auf einer bestimmten *Form* und einem bestimmten *Raum* genuin demokratischer Willensbildung und Kontrolle, vor all seinen bürgerlichen und nachbürgerlichen Bedeutungen und (Schein-)Verwirklichungen retten? In jedem Fall unterstellt das politische Programm einer Entfaltung von ›Öffentlichkeit‹, etwa ›proletarischer Öffentlichkeit‹, eine geschichtliche Kontinuität, der wir uns immer weniger versichern können.

Weder läßt sich die Idee bürgerlicher Öffentlichkeit dadurch diskreditieren, daß man sie der Realität des 19. Jahrhunderts konfrontiert, noch läßt sich die Tragfähigkeit und Verbindlichkeit dieser Idee dadurch bewahren und erneuern, daß man die emanzipatorischen, bislang nirgendwo verwirklichten Momente der liberalistischen Ideologie betont, an das nicht eingelöste Versprechen erinnert. Theorie und Praxis des Liberalismus negieren sich nicht nur wechselseitig, sie bedingen sich auch. Nicht nur ergänzen sie sich; in vielem *decken* sie sich qualitativ und strukturell.

Die Teilrealisationen eines öffentlichen Räsonnements – zugleich Mechanismen der Ausschließung des Proletariats – verdanken sich einem bestimmten Verhältnis des Intimen zum Allgemeinen, des Geheimen zum Offenbaren. Auf dasselbe Verhältnis beziehen sich die revolutionären Intentionen in der Idee der Öffentlichkeit. Der Strukturwandel, der die Auflösung jener Teilrealisationen kennzeichnet[1], entleert auch das Postulat einer die bürgerliche Tauschgesellschaft transzendierenden Öffentlichkeit, sofern er das konstitutive Verhältnis von eigentümlicher Subjektivität und der allgemein vernehmbaren Konkurrenz privater Argumente zerstört.

Die Konzeptionen ›herrschaftsfreier Diskussion‹ sind wie die Institutionalisierungen von Publizität in bürgerlichen Gesellschaften an bestimmte Bedingungen gebunden:

Autonomie des Individuums. Individuen mit je besonderem Wissen, Können und Erleben treten zusammen, um eine Sphäre verbindlicher Reflexion zu erweitern. So komponiert sich die frühbürgerliche literarisch-wissenschaftliche Öffentlichkeit der Gesellschaften, Salons und Lesezirkel. Jeder Lesende, Berichtende, Kritisierende, Forschende verändert auf spezifische Weise den Stand der Empirie und Selbstverständigung. Jeder hat nur ein kurzes Leben und ein beschränktes Vermögen, Erkenntnisse zu gewinnen; aber jeder vermag etwas Neues einzubringen, das seiner einzigartigen Fähigkeit und seiner unwiederholbaren Erfahrung entspricht. Descartes will durch die Veröffentlichung seiner Reflexionen »kluge Köpfe zu der Aufgabe einladen, weiter vorzudringen, indem sie jeder nach Neigung und Vermögen Beobachtungen, die anzustellen wären, beisteuerten und ebenfalls der Öffentlichkeit all ihre Entdeckungen mitteilten, damit die letzten dort anfingen, wo ihre Vorgänger aufgehört haben, und wir, indem sich auf diese Weise Leben und Arbeiten vieler vereinigt, alle gemeinsam viel weiter kämen, als es jeder für sich vermöchte.«[2] – Das Kommunikationsmodell der politischen Öffentlichkeit, wie es die Aufklärung und die Französische Revolution im Kampf gegen die öffentliche Feudalgewalt konzipieren, verwirft Parteien und Sondergemeinschaften, die sich zwischen die Staatsbürger und den Staat stellen und die Differenzen zwischen den Individuen mißachten. »Jeder Staatsbürger darf nur seine eigene Meinung äußern« (Jean-Jacques Rousseau); das besondere Interesse, das hinter der Meinung steht, läßt sich auf nichts anderes zurückführen. Es ist Ausdruck der originellen Souveränität des Einzelnen. Die staatsunmittelbaren Bürger suchen durch Subtraktion des Unvereinbaren ihr gemeinsames Interesse und intendieren eine Diskussion bis zur Änderung antagonistischer Standpunkte. Der Gemeinwille soll keine bloße Mehrheitsentscheidung sein, sondern die autonome Meinung eines jeden enthalten.[3] – Diese anspruchsvolle Unterstellung individueller Souveränität hat ihre reale Basis nicht allein in der Interessenkonvergenz gleicher und freier Warenproduzenten, die nicht mehr staatlichen Direktiven, sondern nur noch den Gesetzen der Kapitalverwertung unterliegen und sich daher autonom dünken können. Bürgerliche Subjektivität zehrt auch von der eigentümlichen zwanglosen Intimität der patriarchalen Kleinfamilie. Gerade das nicht Austauschbare der intimen Beziehungen erscheint dem Privatmann und Familienvater als die Gegenwart eines Allgemeinen, des ›Menschlichen schlechthin‹. Die familiale Privatsphäre ist abhängig von der Sphäre der gesellschaftlichen Reproduktion und zugleich emanzipiert von ihr. Entscheidend ist, daß der Kampf um die Formen politischer Interessenvertretung *öffentlich* mit Ideen (Humanität, Liebe, Freiheit) interpretiert wird, die selbst nicht der Öffentlichkeit – als der Gemeinschaft der Privateigentümer und Gebildeten – entstammen.[4]

Dialektik von eigentümlicher Intimität und Öffentlichkeit. Öffentliches Räsonnement und uneinsichtige (geheime, ans Heim gebundene) Privatsphäre setzen sich wechselseitig voraus. Ohne die mit gesellschaftlichen Interesseninterpretationen nicht identischen, partiell naturwüchsigen Bedürfnisqua-

litäten, ohne vorgängige intime Erfahrungen, die sich im lite-
rarischen Räsonnement er-öffnen, könnte sich die Öffentlichkeit nicht gegenüber der öffentlichen Gewalt abgrenzen – und
auch nicht gegenüber der Sphäre des Warenverkehrs, den sie
absichert. Ohne die Komponente eines substantiell Nicht-
Öffentlichen wäre Öffentlichkeit Abgeschlossenheit. Die
öffentliche Selbstinterpretation des bürgerlichen Publikums
»vollzieht sich [...] nach allgemeinen Regeln, die, weil sie
den Individuen als solchen streng äußerlich bleiben, der lite-
rarischen Entfaltung ihrer Innerlichkeit; weil sie allgemein
gelten, dem Vereinzelten; weil sie objektiv sind, dem Subjek-
tivsten; weil sie abstrakt sind, dem Konkretesten einen Spielraum sichern«.[5] Die intime Kommunikation mit ihren Affektbesetzungen, Repressionen und Krisen könnte keine individualisierende und normgebende Bedeutung und keine Selbst-
achtung gewinnen, wenn sie auf sich selbst verwiesen bliebe,
wenn sie sich nicht entäußern könnte. Das bürgerliche Haus
vereint und trennt Privatsphäre und Öffentlichkeit. »Die Privatleute treten aus der Intimität ihres Wohnzimmers in die
Öffentlichkeit des Salons hinaus; aber die eine ist streng auf die
andere bezogen.«[6]

Die Meinungs- und Willensbildung ist nicht organisiert. Der
Prozeß der Selbstaufklärung der Privatleute über die Einrichtung ihres Lebens und der Streit privater Argumente, dessen
Horizont die Herausbildung eines Gemeinwillens ist, werden
nicht von Institutionen gesteuert, die aus dem Lebenszusammenhang interpersonaler Verständigung herausgetreten sind.
Presse und Parteien sind Institutionen politisch interessierter
Gruppen des Publikums, nicht umgekehrt. Der Kommunikationsfluß zwischen Intimsphäre und Öffentlichkeit wird nicht
unterbrochen. Themen und Meinungen müssen nicht erst spezifischen Selektions- und Aufmerksamkeitsregeln genügen,
um öffentlich zur Sprache gebracht zu werden. Ein Konsensus
darüber, was das allgemeine Interesse fordert, wird nach
Regeln erreicht (oder verhindert), die sich die Diskussions-
partner selbst gegeben haben. Öffentlichkeit läßt sich nicht
herstellen oder suspendieren; sie beruht auf einem ununter-
brochenen Räsonnement. Sie ist nicht an Zwecken und Zielen
orientiert, sondern ist die *Form,* in der Zwecke und Ziele artikuliert und durchgesetzt werden. Die Privatleute treten nicht

in einer bestimmten Absicht zum Publikum zusammen. Öffentlichkeit ist kein System festgelegter Rollen (von Kommunikatoren und Rezipienten).

›Meinung machen‹ heißt für die engagierte politische Presse vor und während der Märzrevolution 1848 in erster Linie, der öffentlichen Meinung des Volkes (bzw. bestimmter Vereinigungen) zum Ausdruck verhelfen, genauer: sich am unabgeschlossenen Aufklärungs- und Meinungsbildungsprozeß der Leser beteiligen, ihn pointieren und beschleunigen. Die ›wahre‹ öffentliche Meinung und das ›allgemeine Interesse‹ des ›Volkes‹ (des gebildeten Besitzbürgertums) sind evident, ungeachtet der Versuche einer gewissen ›Volkspresse‹, öffentliche Meinung gemäß den politischen Privatinteressen bestimmter Zirkel, Vereine und ›politischer und wissenschaftlicher Katheder‹ zu verfälschen.[7] Die Oppositionsblätter verstehen sich als Ausdrucks- und Machtmittel einer gewachsenen öffentlichen Meinung. So kann J. G. A. Wirth 1832 die Unterstützung der *Journale des Volkes* zur »deutschen Pflicht« erklären: »Da die öffentliche Meinung die größte aller Gewalten ist, so bilden auch die einzelnen Journale, als Organe derselben, verhältnismäßig eine Macht. Diese wird aber in den Händen Einzelner dem Zwecke des Volkes oft gefährlich, weil sie zum Mittel persönlicher Tendenzen gemacht werden kann und die Selbstsucht dem allgemeinen Interesse vorziehen könnte. Diejenigen Journale, welche als der Hebel für die Nationalsache angesehen werden, müssen deshalb in das Eigenthum des Volkes übergehen und ihre Redaktoren absetzbare Diener des Volkes werden. [...] Die besten Söhne des deutschen Vaterlandes müssen daher ihre geistige Kraft den Journalen des Volkes widmen, indem sie bei denselben als Mitredakteure, Korrespondenten oder Mitarbeiter Anstellung suchen. [...] Das deutsche Volk soll daher für die Subsistenz aller derer sorgen, welche sich seinem Dienste widmen, und auch für die Subsistenz der Familien seiner Verteidiger, wenn diese im Gefängnisse sitzen oder sonst arbeits- oder dienstunfähig sind [...].«[8]

Die Auflösung der bürgerlichen Öffentlichkeit

In der zweiten Hälfte des 19. Jahrhunderts und zu Beginn des 20. Jahrhunderts löst die zunehmende Zentralisation des Kapitals sozialpolitische Transformationen aus, in deren Verlauf die Dimension des Warenverkehrs und der Sicherung des Überlebens, die familiäre Privatsphäre und die bürgerliche Öffentlichkeit (die Ansätze zu einer kritisch-kommunikativen Willensbildung von unten nach oben) als *differentielle,* relativ autonome *Funktionseinheiten* zersetzt werden. Der Wettbewerb auf dem Gütermarkt wird sowohl durch Konzernierung großer Unternehmen und Absprachen über Preis und Warenangebot als auch durch den Versuch, die häufigen Krisen der kapitalistischen Ökonomie durch staatliche Eingriffe zu regulieren, eingeschränkt. Beide Tendenzen stehen in engem Zusammenhang. Der Prozeß der Kapitalzentralisation – zugleich einer der Vergesellschaftung des Kapitals – »zerstört die Zirkulationssphäre als legitimationsideologisches Reich der bürgerlichen Sittlichkeit, als freie Konkurrenz von einander feindseligen Individuen und als gerechten Äquivalententausch von einander gleichgültigen und gleichgeltenden Warenbesitzern.«[9] Zerstört werden die bürgerlichen Verkehrsformen, die durch eine noch anarchische Ausbeutung des Proletariats ermöglicht wurden: die Ansätze zu einem freien Markt, das Parlament als Forum des *Kampfes* zwischen den Fraktionen des Bürgertums, das öffentliche Gespräch, eine in sich geschlossene Ideologie, ein der Vergesellschaftung nicht entzogener, aber diese auf eigentümliche Weise aneignender Intimbereich. Freilich verschwinden die Sphären des Privaten und der Öffentlichkeit nicht als solche. Öffentlichkeit verliert ihre Kompetenzen, indem sie sich (als Massenkommunikation) erweitert: »Zwei dialektisch aufeinander verweisende Tendenzen bezeichnen einen Zerfall der Öffentlichkeit: sie durchdringt immer weitere *Sphären* der Gesellschaft und verliert gleichzeitig ihre politische *Funktion,* nämlich die veröffentlichten Tatbestände der Kontrolle eines kritischen Publikums zu unterwerfen [...].«[30] Und der Prozeß der Aushöhlung, der Veröffentlichung des Privaten läßt sich zugleich als ein Prozeß der Privatisierung des Öffentlichen bestimmen.

Die konstitutive Bedingung der realen bürgerlichen Öffentlichkeit, die Trennung von Staat und Gesellschaft, löst sich in einer Doppelbewegung auf: Der Verstaatlichung der Gesellschaft entspricht die Vergesellschaftung des Staates. Gesellschaft und Staat verschränken sich zu einer »repolitisierten Sozialsphäre« (Habermas), die durch die Unterscheidung von ›öffentlich‹ (= staatlich) und ›privat‹ (im weitesten Sinn) nicht mehr zu fassen ist. In dem Maße, wie die Arbeiterklasse sich in Gewerkschaften und Parteien organisiert und damit zu einer politischen Macht wird, können soziale Konflikte, die Vertretung ökonomischer Interessen, nicht mehr aus dem öffentlichen Räsonnement herausgehalten werden. Öffentlichkeit debattiert ihre eigene Voraussetzung: die Produktionsverhältnisse. Die Auseinandersetzung von organisierten Interessen – nicht von Privatleuten – kündigt jenen stillschweigenden Konsensus auf, der die Zulassungsbedingung politischer Öffentlichkeit war, und verhindert daher auch einen Konsensus, auf den sich rivalisierende *Einzel*interessen in öffentlicher Diskussion einigen konnten. Die *Kompromisse* zwischen Interessenverbänden kommen in der Regel nichtöffentlich zustande.

Nun muß der Staat schon deswegen in der Sphäre des Warenverkehrs und der gesellschaftlichen Arbeit intervenieren, weil die sozialen Verbände unmittelbar als politische Mächte auftreten. Indem er konkurrierende Impulse aus dem privaten Bereich vermittelt und in Entscheidungen umsetzt, wird er selbst wieder zur unmittelbaren ökonomischen Potenz. Die öffentliche Gewalt wird gezwungen, die Chance der Durchsetzung von ›Grundrechten‹ des organisierten einzelnen verfassungsmäßig zu garantieren, d. h. die Abhängigkeit des einzelnen vom Arbeitsmarkt, vom ›freien Spiel der Kräfte‹, zu verringern. Der ›liberale Rechtsstaat‹ verwandelt sich in einen Sozial- und Wohlfahrtsstaat, der die Durchsetzung der vereinbarten Kompromisse im ›privaten‹ Bereich verwaltet und kontrolliert. Die staatlichen Eingriffe kommen den Interessen der ökonomisch Schwächeren entgegen und wehren deren Anspruch doch auch wieder ab. Zugleich politisieren sie die vormals privatautonom gelenkten Produktions- und Distributionsprozesse.*

* Solche Eingriffe sind die Kontrolle und Aussteuerung der gesamtwirtschaft-

Andererseits überträgt der Staat gewisse öffentliche Funktionen privaten Vereinigungen, Körperschaften und Unternehmungen.* Tarifverträge zwischen Gewerkschaften und Unternehmerverbänden (Verbänden privaten Rechts) haben praktisch die Bedeutung von Verträgen zwischen Institutionen öffentlichen Rechts. Zudem orientieren sich die Entscheidungsprozesse des Parlaments und der Ministerialbürokratie an den Planungen und Belangen organisierter gesellschaftlicher Gruppen.** Solche politische Dauerrepräsentation ›privater‹ Interessen führt dazu, daß öffentliche Angelegenheiten nicht öffentlich behandelt werden. Zugleich entzieht die funktionale Abhängigkeit von Staat und Wirtschaft der ›privaten‹ Verfügungsgewalt über die Produktionsmittel eine weitere Legitimationsgrundlage.

Mit fortschreitender Entgrenzung der Öffentlichkeit wird der familiäre Intimbereich immer weiter an die Peripherie der Gesellschaft gedrängt. Er wird gewissermaßen immer privater, aus seinem spannungsvollen Verhältnis zur Öffentlichkeit entbunden und auf sich selbst zurückgeworfen. Dieser Aus-

---

lichen Zirkulation, Konjunkturpolitik und Koordinierung privatwirtschaftlicher Vorhaben durch mittelfristige Planungen. Abgesichert wird diese Mitbestimmung bei der Verwertung des Kapitals durch Arbeits-, Sozial-, Miets-, Kartell- und allgemeine Wirtschaftsgesetzgebung. Schließlich weitet der Staat seine eigene Hersteller- und Verteilerfunktion und den Sektor der öffentlichen Dienstleistungen aus. Durch Kredite stützt er gefährdete Großunternehmen und sichert Arbeitsplätze. Vgl. Jürgen Habermas, a.a.O., S. 172 ff., und Ralf Zoll / Eike Hennig, *Massenmedien und Meinungsbildung*, München 1970, S. 22 ff.

* Großbetriebe und Gewerkschaften garantieren Altersversorgungen und schließen Lebensversicherungen ab. Sie organisieren Aus- und Fortbildung, bauen Kindergärten und Wohnungen usw.

** Bürokratien fungieren als gesamtwirtschaftliche Planungsstellen (z. B. wenn Produktionskapazitäten nicht voll ausgelastet werden), als Planungsagenturen (die sich mit den langfristigen Planungen der Großunternehmen abstimmen, um Disproportionalitäten in Produktion und Investition vorzubeugen), als soziale Clearingstellen (die Gewerkschaften, Unternehmer und andere Interessengruppen auf Lohnleitlinien und ›soziale Symmetrien‹ festzulegen versuchen, um inflationistische Lohn- und Preisbewegungen und soziale Spannungen zu verhindern) und als ökonomische und soziale Entwicklungsagenturen (die wissenschaftlich-technische Forschungen fördern und finanzieren und gemeinsam mit der Großindustrie Projekte in technischen Pionierbereichen subventionieren). (Joachim Hirsch, *Funktionsveränderungen der Staatsverwaltung in spätkapitalistischen Industriegesellschaften*, in: *Blätter für deutsche und internationale Politik*, Heft 2, 1969, S. 150 ff.)

gliederungsprozeß läßt sich an den verschiedenen Funktionen der Institution Familie verfolgen. Zunächst büßt sie ihre Bedeutung für die gesellschaftliche Produktion ein. Weder fundieren und bestätigen die Betriebe und die Arbeit in ihnen weiterhin eine der Familie demonstrierbare Privatautonomie noch ist die Familie als Verinnerlichungsagentur von Arbeitsmoral unentbehrlich. Außerdem zielt das Interesse am individuellen Einkommen nicht länger auf die Vermehrung eines gemeinsamen familiären und vererbbaren Eigentums.

Schließlich machen öffentliche Dienste der Wohnungsbeschaffung, Arbeitsvermittlung, Berufs- und Erziehungsberatung und Gesundheitsüberwachung und bestimmte sozialpolitische Vorbeugemaßnahmen die Familie als Überlebensgemeinschaft funktionslos. Die Familie verliert die Verantwortung für Erziehung, Betreuung, Einübung der Regeln des sozialen Umgangs, Vermittlung der Tradition und Orientierung in der Umwelt, kurz: ihre verhaltensprägende Kraft.[11] Obwohl die Familie weiterhin für unersetzlich erklärt wird, bezeugen gerade die öffentlichen Garantien ihre Entprivatisierung. Private Autonomie bewahrt sie allenfalls in den konsumtiven Funktionen. Sie bewährt sich als ›Abnehmer der öffentlich gesicherten Entschädigungen und Lebenshilfen‹ und als ›Verbraucher von Einkommen und Freizeit‹.

Daß der Anreiz schwindet, Familie auf Öffentlichkeit hin transparent zu machen, ist ein Indiz für die Gleichschaltung der Aus- und Abgeschlossenen mit einheitlichen, durch öffentliche, anonyme Dienste vermittelten Verhaltensmustern. Die Familie tritt in Polarität zu einer ›Öffentlichkeit‹, der sie nichts mehr entgegenzuhalten hat. Sie kann ihr keine Fühler mehr entgegenstrecken. Die keiner Begründung fähigen und daher Individualität gerade affizierenden Eigenheiten intimer Interaktion und die charakteristischen Bedürfnisspannungen nivellieren sich oder erscheinen — gänzlich beziehungslos — als Ticks. Auch der Anspruch auf authentische Selbstdarstellung wird nicht mehr erhoben, weder von ›außen‹ noch von ›innen‹. »Der ökonomischen Beanspruchung der patriarchalischen Kleinfamilie von außen entsprach die institutionelle Kraft zur Ausbildung eines Bereichs der Innerlichkeit, der heute, mit sich allein gelassen, unter dem Zugriff außerfamilialer Instanzen auf das Individuum unmittelbar, in eine Sphäre der Scheinprivatheit sich aufzulösen begonnen hat.«[12] Dies bedeutet, daß familiäre Kommunikation, ja interpersonale überhaupt, nicht mehr im gleichen Maße die sozialstaatliche ›Öffentlichkeit‹ konstituiert, wie sie von dieser sozialisiert wird. Zwar kann die von Anforderungen und dem Druck vieler Verbote entlastete Kleinfamilie mit ihrem ›unverbindlichen Freizeitspielraum‹ unvorhersehbare Funktionen übernehmen — aber eines kann sie nicht mehr: der ›Öffentlichkeit‹ die Balance halten. Das bleibt für die ›Öffentlichkeit‹ nicht folgenlos. Sie kann sich nun nicht mehr substantiell begründen, sondern nur noch funktional bestimmen.

Man versteht diese Degradierung des ›persönlichen Bereichs‹ nur dann in ihrer ganzen Tragweite, wenn man sich klarmacht, daß sie unwiderruflich ist. Nur von ›außen‹, nur durch die Sanktionen ›öffentlicher‹ Institutionen und mit Hilfe organisierter Öffentlichkeitsarbeit könnte die Kleinfamilie als Fundament der Gesellschaft restauriert werden. Doch eine solche Inszenierung bestätigte nur die Abhängigkeit des Nicht-Öffentlichen, Intimen von gesellschaftlichen Sozialisationsstrategien und beraubte es noch seiner letzten Funktionen. Es kann keine *Privatleute* mehr geben, die zum Publikum *zusammentreten,* so wenig wie die ›private‹ Verfügungsgewalt über Produktionsmittel noch eine von Personen sein kann.

Die Zulassungsbedingungen der frühbürgerlichen politischen Öffentlichkeit entstammen verschiedenen Epochen. Einerseits legt das der öffentlichen Erörterung entzogene Kapitalinteresse die spezifische Selektivität bürgerlicher Öffentlichkeit fest — ein Abstraktes, das von jedem Inhalt, von jeder Individualität absehende Gesetz der Zirkulation und Akkumulation des Kapitals. Andererseits entsprechen die Grenzen der Öffentlichkeit einem bestimmten Kreis von *Personen.* Zugelassen sind die Begüterten und Gebildeten. Noch *bedarf* die Herrschaft des Kapitals ihres Scheins, der Konkurrenz der Charaktermasken. Sie bedarf des persönlichen und je heterogenen Interesses an Profit und Selbstverwirklichung. Die Macht des Stärkeren setzt sich naturwüchsig durch. Aber diese *vorbürgerlichen* Zulassungsbedingungen implizieren auch die Bedingung der kritisch-revolutionären Intention zur politischen Öffentlichkeit: das nicht Austauschbare, ›Nichtidentische‹ am einzelnen.

Der unabweisbare Anspruch nichtbürgerlicher Klassen auf öffentliche Artikulation und politische Interessenvertretung erlaubt es jedoch nicht mehr, die Zulassung zur Öffentlichkeit nach den Eigenschaften von Personen zu regeln. Wenn nun der Druck der Organisationen der Lohnabhängigen dazu zwingt, die öffentliche Diskussion grundsätzlich für jeden zugänglich zu machen, zugleich aber das bestehende Herrschaftssystem stabilisiert werden soll, dann müssen statt Personen Bedürfnis- und Interesseninterpretationen (Ansprüche und Themen) selektiert bzw. ausgegrenzt werden. Dies kann in den Institutionen und Verbänden der politischen Willensbildung mittels bestimmter Kanalisations- und Integrationsmechanismen oder in eigens dafür geschaffenen Kommunikationssystemen geschehen. *Worüber* alle mit allen sprechen und *wie* sie miteinander sprechen, wird *organisiert.* Auch die Auflösung einer *exklusiven* Öffentlichkeit (als einer Erweiterung der Privatsphäre) ist unwiderruflich: Mehr Menschen wollen und müssen miteinander kommunizieren (auch unter dem Gesichtspunkt der Produktivitäts- und Profitmaximierung); mehr Informationen müssen in kürzerer Zeit ausgetauscht werden; mehr Probleme müssen in kürzerer Zeit gelöst werden; mehr Daten, Impulse und Phänomene müssen geordnet, interpretiert und verarbeitet werden; mehr Menschen müssen sich über dasselbe verständigen – aber über alles kann nicht zur selben Zeit gesprochen werden. Freilich wird die unumgängliche Organisierung nicht als solche, nicht interessenneutral, sondern zur Aufrechterhaltung einer bestimmten Sozialordnung durchgesetzt. Der bloße Hinweis auf die erhöhten Kapazitätsanforderungen und die erweiterten Produktivkräfte kann keinen Zustand legitimieren.

Nichtsdestoweniger könnte auch eine Korrektur der einseitig verlaufenden Auflösung exklusiver Öffentlichkeit bestimmte historische Chancen nicht wieder erneuern, die zunichte gemacht worden sind. Nicht mehr einklagbar ist ein unabsehbares, nicht vorstrukturiertes öffentliches Räsonnement, zu dem alle Mitglieder der Gesellschaft als Individuen – beheimatet in einer Sphäre, die ihnen jeweils allein zugehört – selbsttätig zusammentreten und beitragen, indem sie, *ihre* Erfahrung im Rücken, die persönlichen Angelegenheiten und die des Gemeinwesens behandeln. Denn wir haben heute nicht nur die Fähigkeit, sondern auch die historische Chance verloren, unser Leben und unser ›Selbst‹ als ein ›Ganzes‹ zu identifizieren, uns an einer eigentümlichen Einheit unseres Daseins zu orientieren. Unwiederbringlich sind jene Komponenten von Autonomie und Individualität, die eine Dialektik von Besonderem (Einzelnem) und Allgemeinem (gesellschaftlicher Totalität) und eine ›Aufhebung‹ des besonderen Glücksanspruchs hätten begründen können.

Die ›Potenz zur qualitativen Lebensgeschichte‹, die Fähigkeit, die Flut der unverbundenen, schockhaften Wahrnehmungen und die widersprüchlichen Erfahrungen kontinuierlich zu verarbeiten und einem geschlossenen Horizont der Erwartung und Erinnerung einzugliedern, werden unter den Zwängen technologisierter Organisations- und Verkehrsformen und durch die Angleichung des Lebensrhythmus in der Freizeit an die Normen der Arbeitszeit eliminiert.[13] Walter Benjamins Begriff der *Schockapperzeption* bezieht sich sowohl auf die Entfaltung der Produktivkräfte (Reproduzierbarkeit des einst auratischen Kunstwerks) als auch auf die kapitalistische Form, in die diese Entfaltung gepreßt wird.[14] Die Psyche kann der permanenten Überschwemmung durch Reize, die allesamt Aufforderungscharakter haben, nur noch dadurch Herr werden, daß sie die Reizschwelle erhöht und mehrere unverbundene und fragmentarische Beziehungsketten kurzfristig herstellt. »Diese Schockapperzeption wird gefördert durch die sich diffundierenden Kommunikationsformen in den mit dem Aufstieg der Industrie schnell wachsenden Großstädten, zumal durch die Begegnungen mit den Massen des großstädtischen Verkehrs. Diese Zersetzung kontinuierlicher Erfahrung, wie sie mündlicher Bericht, Konversation und bürgerlicher Roman vermitteln, wird konstitutiv für die gleichzeitig aufkommende Massenpresse wie für das neue Medium Photographie.«[15] Wenn die lebensgeschichtlich einzigartige Einheit der Apperzeption zerbricht, muß das bürgerliche und proletarische Individuum, seiner positiven und negativen Ich-Identität beraubt, sich Wahrnehmungs- und Erfahrungsmuster über Strukturen der organisierten Kommunikation vermitteln lassen. (Diese Strukturen sind ihm aber nicht ›äußerlich‹.) Im massenhaften Vollzug je vereinzelter Bedürfnisbefriedigung und durch »gleichförmig geprägte

Akte vereinzelter Rezeption« (Habermas) zerfällt der Zusammenhang öffentlicher Kommunikation. Das Gesellschaftliche kann nicht mehr *privat*, sondern nur noch in vielfältiger Weise *gesellschaftlich* angeeignet werden. (Innerhalb dieses neuen Zusammenhangs setzen sich allerdings neue Disparitäten und Abhängigkeiten durch.)

Ähnliches gilt für den qualitativen Aspekt von Individualität. Um Bedürfnisse und Interessen als eigene zu verstehen und zu artikulieren – oder gar um sie anzumelden und durchzusetzen –, muß der einzelne das ›öffentliche‹ Angebot an sprachregelnden, interpretierenden, beratenden und normativen Kommunikationen nutzen. An der Befriedigung und Zurückweisung ›primärer‹ Bedürfnisse läßt sich das eigene ›Schicksal‹, lassen sich Glück und Unglück nicht mehr ermessen. Die Klärung dessen, was man will und nicht will, bedarf der ständigen Anregung und Differenzierung von Bedürfnisinterpretationen. Selbstreflexion und persönliche Kontakte allein können dies nicht mehr leisten.

Die Zersetzung bestimmter konstitutiver Bedingungen der ansatzweise verwirklichten bürgerlichen Öffentlichkeit entleert auch die nie verwirklichte revolutionäre Zielidee eines nicht vorstrukturierten Räsonnements, in dem alle Menschen als ›mündige Bürger‹ ihre ›wirklichen‹ Interessen zu einem allgemeinen Willen vermitteln. Eine Kritik an der bestehenden Kommunikationsstruktur, die sich von dieser Zielidee leiten läßt, schafft Verwirrung und liefert den Apologeten der herrschenden Ordnung billige Argumente.

Exkurs: Selektivität des Erlebens und organisierte Kommunikation. Ein systemtheoretischer Bezugsrahmen

Theorien, die zwar den Zerfallsprozeß der bürgerlichen Öffentlichkeit reflektieren, aber zugleich im Sinne einer Umdeutung von bürgerlichen Begründungsforderungen das Gegenmodell einer emanzipativen Öffentlichkeit entwerfen, müssen sich in aufschlußreicher Weise auf Annahmen berufen, die im Verlauf *historischer* Prozesse problematisch geworden sind. Auf eine dieser für bestimmte Theorieansätze unverzichtbaren Prämissen soll anhand einiger Feststellungen von

Oskar Negt und Alexander Kluge hingewiesen werden.[16] Die Fragwürdigkeit dieser Prämisse soll dann in einem system-theoretischen Bezugsrahmen plausibel gemacht werden, der sich der Analysen Niklas Luhmanns bedient, aber auf dessen Universalitätsanspruch verzichtet.

Negt und Kluge diskutieren die Bedingungen einer Öffent-lichkeit als Organisationsform der proletarischen Erfahrung, die bis heute unterdrückt wurde und sich nur fragmentarisch bilden konnte. Die Frage ist: Wie können die Gebrauchswert-eigenschaften von Öffentlichkeit trotz ihrer kapitalistischen Verwertung bewahrt und revolutionär entwickelt werden? Es zeigt sich nun, daß die Konzeption einer Öffentlichkeit, die als Selbstverwirklichung fundierender Ansprüche *begründet* und als Medium der *Subjektivität* des Gesamtarbeiters organi-siert werden soll, den Begriff einer ›authentischen‹ Erfahrung entfalten und überaus schwer belasten muß.

Zwar darf nach Negt und Kluge die Erfahrungsbildung nicht isolierten Individuen zugerechnet werden. »Wirkliche Erfah-rung« ist vielmehr »Ausdruck eines Produktionsvorgangs«, der letztlich »die Tätigkeit eines kollektiven gesellschaftli-chen Gesamtsubjekts bezeichnet«.[17] Erfahrung ist also nichts schlechthin Ursprüngliches und Unmittelbares; sie ist nicht nur Rezeption, sondern auch Produktion, Resultat der Aus-einandersetzung mit der äußeren und inneren Natur. Die derart historisch *organisierte* Erfahrung bildet sich zudem in verschiedenen Stufen und Zeitrhythmen. Im Übergang zu anderen Phasen der individuellen Entwicklung, gemäß unter-schiedlichen Gegenstands- und Tätigkeitsbereichen (Ausbil-dung, Theorienbildung, politische Aktion) und in verschiede-nen langfristigen und kurzfristigen Lernprozessen ändern sich Struktur und Rahmen der Erfahrung. Außerdem wird die »wirkliche und kollektive Erfahrung der Mehrheit der Bevöl-kerung« im Interesse der herrschenden Klasse zum »Still-stand« gebracht, »blockiert«, verwertet oder »dequalifiziert«, schließlich von der Arbeitsorganisation und vom »Pauperis-mus der Kulturindustrie« in ihrer »Identität« zerstört. So erfährt der Arbeiter sein Leben »als bloße Aufeinanderfolge verwertbarer Zeitstücke und einen nicht oder nur schwer ver-wertbaren Rest«.[18]

Aber alle Erfahrungsprozesse – die ›gelingenden‹ und die

unterbrochenen, entfremdeten — beziehen sich bei Negt und Kluge auf eine zugrunde liegende objektive Realität, die *in sich eindeutig* ist. Auch die präformierten Erfahrungen, ja gerade diese, sind nicht austauschbar und verweisen auf die ›wirklichen Verhältnisse‹. »Über [den] einheitlichen Zusammenhang, den [der einzelne Arbeiter] öffentlich und privat ›erlebt‹ [nämlich den von Produktion und Einsatz seiner Arbeitskraft F. B.], nimmt er das ›gesellschaftliche Ganze‹, die Ganzheit des Verblendungszusammenhangs auf.«[19] Er macht, wenn auch nicht bewußt, seine Erfahrungen ›über‹ die entfremdete Realität. Im Sinne von Adornos *Negativer Dialektik* liegt die Eigenbestimmtheit des Objekts noch der Dialektik von aneignender Produktion und Gegenstand zugrunde. »Das Material der Erfahrungsproduktion des Subjekts läßt sich niemals vollständig aneignen.«[20] Der Gegenstand der Erfahrung kann auch ohne die Erfahrung gedacht werden; er affiziert in bestimmter Weise die produzierenden, erfahrenden Menschen. Das ›Nichtidentische‹ am Objekt, der Gegenstand ohne naturbeherrschende Zurichtung, und die wirklichen repressiven Verhältnisse kommen durch gesamtgesellschaftliche Prozesse zur Erfahrung. Diese entspricht der Wirklichkeit oder verfehlt sie. Es gibt richtige und falsche (indirekt richtige: über Herrschaft aufklärende) Erfahrung. Jede Dialektik von Arbeit und Natur, von Subjekt und Objekt, in der die Bedeutung ›unmittelbarer‹ Erfahrung aus einer Hilfstheorie ›wirklicher‹ Erfahrung deduziert werden muß, bedarf des Begriffs einer primär konstitutiven, an sich seienden Wirklichkeit.

Die Systemtheorie Niklas Luhmanns deutet die Prämisse einer eigen- und einsinnigen Realität als nicht länger haltbare Überzeugung, die über das Risiko und die Kontingenz von Weltentwürfen hinwegtäuscht. Sie untersucht aktuelles ›Erleben‹ vorab unter dem Aspekt seiner Selektivität, d. h. daraufhin, daß es *auch anders möglich* ist. Es ist Ausdruck und Funktion von Auswahlprozessen, die durch die Sinngrenzen des jeweiligen sozialen oder psychischen Systems strukturiert sind. Die Welt erleben — das heißt: eine praktisch unbegrenzte Zahl von Möglichkeiten (die Weltkomplexität) im systemspezifischen Sinn auf eine bestimmte aktualisierte Möglichkeit reduzieren, die vorerst ausgeschlossenen Möglichkeiten aber als Alternativen zur Verfügung halten. Je mehr Außenkomplexität ein System bestimmt und selektiert, desto mehr Eigenkomplexität, desto mehr vorstrukturierte und realisierbare Möglichkeiten hat es. Die Systemtheorie geht von der Gleichursprünglichkeit von System und Welt aus: System impliziert immer schon Weltkomplexität, und Welt impliziert immer schon Systeme, die Komplexität reduzieren.* Luhmann schließt eine historische Deutung dieses Modells der wechselseitigen Implikation nicht aus, wenn er sie auch nicht selber vorträgt. Er betont, daß *heute* jedenfalls die Welt als kontingent, als Selektion vieler möglicher Welten verstanden werden muß. Die Vorstellung der Welt als Grund des Seienden, der Natur als normativer Ordnung und der Erfahrung als Entsprechung oder Verfehlung eines Zugrundeliegenden ordnet Luhmann einer Gesellschaft mit geringer sozialer Komplexität zu.

Relativ einfache, funktional undifferenzierte Gesellschaften kennen nur wenige Arten möglichen Erlebens. Sie beharren auf einer Realitätskonstruktion ohne Alternativen und auf *konkreten* Prämissen der *Erlebnisverarbeitung* – auf Sinnstrukturen, die unmittelbar »ansprechen«. Die ›kontinuierlich-unmittelbare Gegenwart aktuellen Erlebens‹ ist noch nicht problematisch, d. h. noch wenig selektiv. Als verbindlich normierte religiöse und moralische Prinzipien sichern über die Zuverlässigkeit von *Personen* die Eindeutigkeit von Erwartungen.

Nach Luhmann ist ›Erfahrung‹ ein in spezifischer Weise überraschendes Ereignis im Bewußtseinsprozeß, das sinnhaft strukturierte Erwartungen bereits voraussetzt und nun selbst wiederum sinnhaft verarbeitet wird.** Die relative Überra-

---

* ›Komplexität‹ ist keine Entsprechung des klassischen Begriffs der ›Mannigfaltigkeit‹. Sie läßt sich auch nicht einfach als ›Verknüpfung‹ von beliebig vielen Variablen, Faktoren oder Komponenten bestimmen. Denn Komplexität ist nur ein ›Problem für Systeme‹. Luhmann erläutert Komplexität anhand des ›Komplexitätsgefälles zwischen System und Umwelt‹. Systembildungen reduzieren die ›unermeßliche Weltkomplexität‹, um die Innen/Außen-Differenz zwischen Systemen und Umwelt auf je spezifische Weise zu stabilisieren. Komplexität meint den Zusammenhang von unbestimmten oder bestimmten Möglichkeiten. Umwelt hat immer höhere Komplexität als das System. Gerade die hohe Selektivität ausdifferenzierter Systeme macht diese so leistungsfähig.

** ›Sinn‹ bezeichnet einen Selektionsstil, »der durch Verfügung über Negationen und Virtualisierungen erreicht wird und mit dem Begriff des ›Bestimmens‹ bezeichnet werden könnte« (Jürgen Habermas / Niklas Luhmann, *Theorie der*

schung der Erfahrung läßt sich auch als aktuelle Komplexität begreifen, als ›Vorgabe eines Feldes von Möglichkeiten‹, das durch selektive Erlebnisverarbeitung gemäß identischen – aber veränderbaren – Sinnstrukturen reduziert wird. Solche Verarbeitung überraschender Informationen bestimmt den Erfahrungsprozeß als »laufende Rekonstruktion der sinnhaft konstituierten Wirklichkeit«[21] ›Erleben‹ impliziert immer auch ›Erfahrung‹, bezeichnet aber nicht nur die Aktualität von ›erwartungsstrukturierter Wahrnehmung‹, sondern auch die Sinnhaftigkeit der Reduktion von Komplexität. (Hier soll nicht auf die Frage eingegangen werden, ob Erleben und Erfahrung in gewissem Sinne als ›Handeln‹ aufgefaßt werden können.)

In Gesellschaften mit stärkerer funktionaler Differenzierung kann die Stabilität von sozialen Systemen nur noch auf einem Niveau höherer Komplexität gewonnen werden. Mehr Widersprüche und Variationsmöglichkeiten müssen zugelassen und ausgehalten werden. »Die heutigen Anforderungen an rationale Selektion aus sehr hoher Komplexität lassen sich nur durch Disposition über Strukturen erfüllen und machen deren Kontingenz (Positivität) dadurch bewußt.«[22] Wenn mit zunehmender Komplexität zwischen mehr Arten möglichen Erlebens gewählt werden muß und jeder bestimmte ›Sinn‹ unwahrscheinlicher wird, dann verlieren aktuelle Erfahrungen und Bewußtseinszustände ihre Verbindlichkeit. »Die sachlich aufeinander bezogenen Sinnbestände, die sich im gegenwärtig-gemeinsamen Erleben konstituieren, [werden] entsubstantialisiert, instrumentalisiert, schließlich funktionalisiert und [können] nur noch so Sinn haben.«[23] *Abstraktere Prämissen der Erlebnisverarbeitung* ersetzen die konkreten. Mit zunehmender Abstraktion gewinnt das sinnkonstituierende Erleben ein größeres Potential für Alternativen und

Gesellschaft oder Sozialtechnologie – Was leistet die Systemforschung? Frankfurt 1971, S. 300). Die jeweilige, ein System kennzeichnende Form des ›Bestimmens‹ ist der ›Sinn‹ eines Systems. Als strukturgebende Ordnungsregel empfiehlt ›Sinn‹ Möglichkeiten durch Aussonderung von Möglichkeiten. Luhmann definiert den Begriff des Sinns »primär, ohne Bezug auf das Subjekt«. Dieses ist vielmehr selbst immer schon ein Sinn-System. Die Sinnhaftigkeit, die jeweiligen Sinngrenzen menschlichen Erlebens und Handelns, kann von Erfahrung weder bestätigt noch widerlegt werden. Empirie ist nicht der Rechtsgrund dessen, was intersubjektiv gilt.

differenziertere Formen der Negation und Selektion. Um die eigenen anwachsenden Kapazitäten noch bewältigen zu können, muß das Sozialsystem innovativ werden. Es begünstigt die »Erfindung von Sinn als einer höchst voraussetzungsvollen Strategie der Verarbeitung von Umwelteindrücken«.[24] Nun muß die Eindeutigkeit des Erlebens mit der Anerkennung von Vieldeutigkeit erkauft werden.

Sowohl ›Unmittelbarkeit‹ als auch ›Wirklichkeit‹ lassen sich in komplexeren Gesellschaften der Gegenwart als Resultate und Momente hochselektiver Reduktionen begreifen. Der Sinn von ›Erfahrung‹ wird in ausdifferenzierten Teilsystemen der Gesellschaft (politisches System, Wirtschaft, Wissenschaften, Familie u. a.) von historisch veränderbaren Selektionsregeln konstituiert. ›Erfahrung‹ ist nicht länger der mehr oder weniger adäquate Ausdruck eines Soseins, einer vorgegebenen, substrathaften ›Welt‹. Sie zeugt nicht von der Wechselbeziehung zwischen einem Subjekt und einem in sich eindeutigen Objekt, sondern erweist sich als Moment eines Reduktionsprozesses. Unter ›Welt‹ versteht die Systemtheorie den »allgemein [für das umfassende Sozialsystem F. B.] konstituierten Selektionsbereich, das ›Woraus‹ immer neuer und immer anderer Wahlen«[25], mittels derer die sinnhafte Erlebnisverarbeitung das »unmittelbar gegebene, evidente Erleben« mit »Verweisungen auf andere Möglichkeiten« durchsetzt.[26] Dies macht bewußt, daß es nicht mehr darum geht, Kausalitäten zwischen Vergangenheit und Zukunft aufzusuchen und herzustellen, sondern daß es gilt, die Möglichkeiten der Zukunft durch Planung zu reduzieren und zu erweitern. Allerdings ist solche Selektivität riskant. Wenn mit zunehmender funktionaler Differenzierung die Sinngrenzen der Gesellschaft immer abstrakter werden, verbürgt eine bestimmte Lebenspraxis nicht mehr übereinstimmende Erfahrungen. »Auf dem erreichten evolutionären Niveau kann dieses Problem nicht mehr in der Form lebensweltlicher Selbstverständlichkeiten gelöst werden, nämlich durch die Selbstverständlichkeit, daß man hingehen muß, um etwas sehen zu können. Wahrheit hat daher nicht mehr die Form einer vorhandenen Welt, in der man sich handelnd bewegt; in der man Erfahrungen macht, indem man sich entsprechend verhält und entsprechendes Verhalten mit entsprechenden

Erfahrungen auch bei anderen unterstellt, so daß die Gleichheit der Erfahrungen die Subjektverschiedenheit und die entsprechenden Zeitverschiebungen des Verhaltens neutralisiert. Vielmehr muß das Verhältnis von Erleben und Handeln, das lebensweltlich ausbalanciert war (und natürlich immer noch ist), im Handlungssystem Wissenschaft unter der Bedingung höherer Komplexität reorganisiert werden.«[27]

Der historische Strukturwandel zu abstrakteren Prämissen der Erlebnisverarbeitung zeitigt nicht nur Disparitäten, sondern in bestimmten Fällen auch Unvereinbarkeiten zwischen den Leistungen von Systemen, die komplexere Umwelten akzeptieren können. »Konkrete Erlebnisverarbeitung bleibt möglich, erhält aber eine spezifische Form und eine spezifische Funktion, die so drastische Selektivität rechtfertigt — etwa in der Liebe oder im Bereich der Kunst.«[28] Durch solche konkreten Sinnvollzüge werden gewisse soziale Subsysteme mit geringerer Eigenkomplexität und einem geringeren Potential für Alternativen (vor allem die intim gebundene Kleinfamilie, der die Liebe als individuelle Passion zugerechnet wird) und die psychischen Systeme determiniert und in ihrer gesellschaftlichen Bedeutung eingeschränkt. Evident ist dies bei psychischen Systemen, d. h. bei ›Personen‹, deren selektive Funktion von Lust/Unlust-Gefühlen erfüllt wird. Psychischen Systemen kommen bestimmte Identifikationserleichterungen zugute, nämlich die sichtbare Einheit des Organismus und die Kontinuität des unmittelbar erlebten Bewußtseinslebens. »Zwar konstituiert erst das Sinnsystem Persönlichkeit ein Ich-Selbst als Einheit, aber dies in einer Weise, die sich zunächst als nicht-beliebig weiß und ihre Kontingenz erst aus der Welt, vor allem aus der Einsicht in objektive Zeitgrenzen des Lebens erfährt.«[29] Die Sinnstrukturen von Familien und Personen können mithin nicht mehr »als gesellschaftliche Basis einer einheitlichen Weltauslegung gelten«. Transformationen und Krisen sind in hochkomplexen Gesellschaften nicht durch konkrete Erlebnisverarbeitung zu begründen und zu verstehen. Ihr Sinn, der Sinn gesellschaftlicher Praxis überhaupt, »wird, wenngleich psychisch intendiert, durch den sozialen Kontext getragen und verweist nicht oder nur sehr indirekt auf ein individualisiertes psychisches System«.[30] Nur Sozialsysteme mit abstrakteren Sinngrenzen (vornehmlich das politische, das wirtschaftliche und das wissenschaftliche Subsystem) können noch gesamtgesellschaftliche Geltungen (nichtnormative Geltungen) mobilisieren und durch ihre Selektionsleistungen vorbereiten. Bei Mißachtung von Sinngrenzen, etwa im Verhältnis von Familie und Arbeit, entsteht Unvereinbarkeit, die auf die Dauer nicht ausgehalten werden kann.

Gewiß sind *Individuen* nicht nur ›psychische Systeme‹. Sie partizipieren auf verschiedene Weise an allen Teilsystemen der Gesellschaft, also auch an den verschiedenen abstrakten Erlebnisformen. Aber diese Erlebnisformen, die sich im Individuum begegnen, lassen sich nicht unter eine persönliche Totalität subsumieren, nicht zur ›Einheit eines Lebens‹ oder zur ›Identität der Erfahrung‹ verarbeiten. Der einzelne lebt ›gleichzeitig‹ in verschiedenen Sinngrenzen, und Subjektivität ist nicht der Schirm, der über der Welt aufgespannt wird.

Zwischen Sinnsystemen mit verschiedenen Graden der Differenzierung und verschiedenen Bereichen erfaßter Weltkomplexität entstehen neuartige Probleme des Austauschs von Leistungen und symbolischen Gehalten. Diese Probleme betreffen die gesellschaftliche *Kommunikationsstruktur* im weitesten Sinne. Zunächst bedarf es in Gesellschaften mit fortgeschrittener Systemdifferenzierung spezifischer ›Kommunikationsmedien‹ (nicht zu verwechseln mit Massenmedien!), mittels derer die Selektionsleistungen der einzelnen Subsysteme übertragen werden können. Dies sind vor allem die Medien Wahrheit (Wissenschaften), Macht (politisches System), Geld (Wirtschaft) und Liebe (Familie). Sie bezeichnen bestimmte Selektionsweisen, die zugleich als Motivationsstrukturen fungieren, also durch die Art der Selektion zur Annahme motivieren. Sie gewährleisten die intersubjektive Geltung von unwahrscheinlichen Formen des Erlebens und Handelns.

Zudem wird der Kommunikationsprozeß, der die Übertragung von reduzierter Komplexität ermöglicht, sowohl zwischen unterschiedlichen Informationslagen in sozialen Systemen als auch zwischen Teilsystemen und psychischen Systemen immer »schwieriger und anforderungsreicher«. Daher müssen »institutionelle Gegenvorkehrungen (Entwicklung von Kommunikationsplänen, Sondersprachen, Massenverteilern, Trennung von informierender und motivierender Information usw.) geschaffen werden«.[31] Die Organisierung massenhafter Kommunikation wird dringlich. Vor allem Zwischensystemprozesse, etwa die zwischen dem wissenschaftlichen und dem politischen System, bedürfen »relativ hoher Publizität«.

Die allen Kommunikationen zwischen Systemen und Personen, allen ›Kommunikatoren‹ und ›Rezipienten‹ gemeinsam zugrunde liegenden Sinnstrukturen werden von dem System konstituiert, das »die letzterreichbare Form funktionaler Differenzierung institutionalisiert«.[32] Es ist dies die Gesellschaft selbst. Systeme mit konkreten Prämissen der Erlebnisverarbeitung können ihre Selektionsregeln nicht (mehr) zu Sinnstrukturen gesamtgesellschaftlicher Verständigung entwickkeln. Jedoch verändern strukturelle Innovationen in sozialen Teilsystemen auch die bestandserhaltenden Strukturen der Gesellschaft insgesamt. (›Revolution‹ kann als eine Form von Systemstabilisierung bestimmt werden.)

Ausgehend von einer Unterscheidung zwischen primärer und sekundärer, durch Massenkommunikation vermittelter Erfahrung hat Franz Ronneberger auf die Neigung ›gebildeter Schichten‹ in ›hochentwickelten Gesellschaften‹ hingewiesen, der Eigenerfahrung zu mißtrauen, da diese als einseitig und zufällig erlebt wird, und der kulturindustriell vorgefertigten Fremderfahrung einen höheren Wert beizumessen. Ronnebergers Hypothese ist: »Je komplexer die Verhältnisse werden und je weniger sie den einzelnen unmittelbar betreffen, um so mehr verringert sich die Chance, daß primäre und sekundäre Erfahrungen miteinander in Einklang zu bringen sind.«[33] Nun entsprechen sich zwar ›sekundäre Erfahrung‹ und abstrakte Erlebnisverarbeitung in hochkomplexen Sozialsystemen nicht – wohl aber lassen sich bei diesem Gedankengang ›Eigenerfahrung‹ und konkrete Erlebnisverarbeitung zuordnen. Diese wird dequalifiziert, weil sie nicht im selben Maß ›sinnbildend‹ ist, wie sie die Sinnstrukturen komplexerer Systeme anerkennen muß (um überhaupt an gesellschaftlicher Kommunikation teilnehmen zu können). Obwohl die Systemtheorie den Kommunikationsfluß zwischen den Einzelsystemen noch kaum analysiert hat, kann angenommen werden, daß Familien und ›Personen‹ mehr fremdreduzierte Komplexität aufnehmen als eigene Selektionsleistungen vermitteln. In diesem einseitigen Kommunikationsfluß droht das unter konkreten Prämissen verarbeitete Erleben für die gesellschaftliche Kommunikation ›unverständlich‹ zu werden.

Auch im Verhältnis der komplexeren Sozialsysteme untereinander kommt es zu Konflikten, besser: zu Disparitäten und Unvereinbarkeiten von institutionalisierten Selektionsstrategien. Als strukturell angelegte Konfliktlagen unserer Gesellschaft nennt Luhmann u. a.: »die zunehmenden Wertungs- und Planungsdivergenzen zwischen wissenschaftlicher Planung und ökonomischer Produktionssteuerung« und »die mit strukturellen Interdependenzen zunehmenden Tempoanforderungen, denen Sozialisations-, Ausbildungs- und Institutionalisierungsprozesse nicht zu folgen vermögen«.[34] Die Stabilität des Gesamtsystems ist keineswegs erreicht, und überdies wird man zwischen verschiedenen Formen der Stabilität wählen müssen. Durchaus kann von strukturellen Antagonismen gesprochen werden. Doch Systemkrisen in hochdifferenzierten Gesellschaften lassen sich nicht als Entfremdung von ›Wirklichem‹, ›Authentischem‹ deuten.

Hergestellte Öffentlichkeit

In einer Analyse der Kommunikationsstruktur fortgeschrittener kapitalistischer Gesellschaften kann nur von ›hergestellter Öffentlichkeit‹ die Rede sein – doch gilt es dabei zu berücksichtigen, daß dieser Begriff sich selbst aufhebt. Die passive Haltung des erweiterten Publikums gegenüber einer für es inszenierten Reklame, Information und Diskussion legt es nahe, die prinzipiell unbegrenzte Sphäre des allgemein Rezipierbaren als *pseudoöffentlichen und zugleich scheinprivaten Bereich des Kulturkonsums* (Habermas) darzustellen. Das in öffentlich räsonierende Spezialisten und öffentlich rezipierende Konsumenten aufgespaltene Publikum steht auf keinem autonomen Unterbau mehr. Auch der Privatbereich wird publizistisch ausgehöhlt und mediatisiert.

Für das als Massenkommunikation hergestellte Surrogat von Öffentlichkeit haben Negt und Kluge den doppeldeutigen Begriff der ›industrialisierten Produktionsöffentlichkeit‹ geprägt: Die miteinander verschränkten und einander überlagernden Teilöffentlichkeiten (private Bewußtseinsindustrie, öffentlich-rechtliches Fernsehen, Öffentlichkeit und Öffentlichkeitsarbeit des Staates, der Unternehmer, der Gewerkschaften u. a.) sind Ausdruck der Produktionssphäre und selbst produziert. Indem sie auch den bürgerlichen Lebenszusammenhang und den Produktionsprozeß erfassen und einbeziehen, leiten sie den Interessendruck von Verbänden und Unternehmensgruppen weiter und bemühen sich zugleich – eingedenk der vorinterpretierten ›Lebensinteressen‹ der Bevölkerung – um die legitimatorische Umdeutung der nichtöffentlich ausgehandelten politisch-ökonomischen Kompromisse. So können die Medien der erweiterten ›Öffentlichkeit‹ nicht einfach als Vollzugsorgane primärer Entscheidungen und als Verkündungsräume von Selbstdeutungen verstanden werden. Zu untersuchen sind ihre spezifischen, von keinem anderen sozialen Institut zu erbringenden selektiven, filternden, modifizierenden und verallgemeinernden Leistungen.

Gleichwohl wird die produzierte Öffentlichkeit als repräsentierendes und werbendes Medium privilegierter gesellschaftlicher Gruppen in Betrieb genommen. Der Verkehr des von Medien konstituierten Publikums ist Sektor einer sozial noch kaum kontrollierten Warenzirkulation, und die in den Konsumzusammenhang eingebettete Öffentlichkeit betreibt in allen kommunizierten Inhalten einseitige Verbrauchererziehung. Nicht nur Werbesendungen, sondern auch Unterhaltung, Kommentar und Information führen ihre Angebote vor und schaffen so Ad-hoc-Öffentlichkeiten, die im Bewußtsein der Medienverbraucher zu einer einzigen zusammenfließen. Plebiszitäre Zustimmung wird den werbeorientierten Inhalten nicht erst durch spätere Kaufentscheidungen, sondern bereits durch die Rezeptionsprozesse zuteil (auf bestimmte Weise – wie unten gezeigt werden soll).

Zu sich selbst kommt die Produktion von Öffentlichkeit in der Public-relations-Arbeit großer Unternehmen und Verbände. (Die Konzerne können weder auf ein wissenschaftlich angeleitetes Marketing noch auf öffentliche Selbstdarstellungen verzichten, da sie ihre spezifischen Märkte selbst erst organisieren müssen.) Mit Hilfe von Mixturen aus Massenunterhaltung, Werbung und Argumentation werden die Adressaten als unabhängig entscheidende Staatsbürger »angesprochen«; solche Unterstellungen erleichtern es, das Kundenpublikum zu formieren und von Fall zu Fall einzuberufen.*

Medienökonomisch können die Einzelinteressen von Verlegern, Intendanten und Produzenten an der Formierung von Kundenöffentlichkeiten und firmeneigenen Märkten leicht plausibel gemacht werden: Die Absicht, »durch den Verkauf der Medienware das investierte Kapital erweitert zurückzugewinnen, wird zum Gegenstand des Bedürfnisses aller anderen Einzelkapitale«.[35] Wenn fast nur noch die Insertionsgeschäfte bzw. Werbefernsehen und Werbefunk Gewinne versprechen, müssen die Medien »der Werbebranche große Publika und damit den dahinterstehenden Industrien absatzgarantierende Konsumentengruppen offerieren«.[36] Je weiter die traditionelle, konkurrenzkapitalistische Marktvermittlung sich auflöst, desto mehr sind die Firmen ihrerseits auf Massenmedien angewiesen. – Dabei hat die Konkurrenz der Einzelkapitale in der Werbung insbesondere für die moderne Massenpresse (seit dem Aufkommen der General-Anzeiger) die Konsequenz, daß sie sich nicht mehr als Meinungspresse, als Instrument bestimmter Bürgerfraktionen verkaufen läßt, sondern »implizit die ›Gesinnung‹ des Gesamtkapitals annehmen« muß (Dröge) – wobei diese Gesinnung durchaus vieldeutig ist, also verschiedene politische Varianten toleriert. Die Zeitungen unterliegen einer schleichenden Entpolitisierung »mit impliziter konservativer Ideologisierung als dem

* Die ›Kommerzialisierung‹ der Presse und der audiovisuellen Medien beginnt aber nicht erst dort, wo die wirtschaftlichen Interessen der Medienunternehmer sich bewußt in Absatzstrategien umsetzen, und sie endet nicht dort, wo bestimmte Organe des kulturpolitischen Underground alle Inserate (bzw. bestimmte Inserate) ablehnen. – Als Momente eines allumfassenden Werbe- und Konsumzusammenhangs lassen sich *alle* Phänomene darstellen, seitdem die Differenzierung der Bedürfnisse und Interessen und die Äußerung von Bewußtseinszuständen durch vergesellschaftete (und nicht personengebundene) Lernprozesse und durch selektierende Verteilersysteme (also nicht mehr selbsttätig-individuell) bedingt und vorangetrieben werden: Auf die eine oder andere Weise werden alle Bedürfnisse ›künstlich‹ erzeugt und sind alle Handlungen und Zustände Akte des Warenkonsums. Begriffe wie ›Kulturindustrie‹ und ›Bewußtseinsindustrie‹ sind strenggenommen nicht differentiell. Dringlich ist die Bestimmung des historisch spezifischen Werbezusammenhangs (seiner kontingenten Strukturen). Globalbestimmungen vernebeln die Sicht, wenn sie suggerieren, mit ihnen sei alles gesagt.

Durchschnittsinteresse aller Unternehmer, die [...] in *einem* Blatt werben« sollen.[37]

Hierbei muß immer vergegenwärtigt werden, daß der Zwang, Konsumentenmärkte zu formieren, nicht der Notwendigkeit einer Organisierung von Öffentlichkeit gleichzusetzen ist. Fiele jener weg, bliebe diese bestehen. Im übrigen vermag Medienökonomie nicht hinreichend die spezifischen Organisationsstrukturen und Funktionen der Gegenwartsmedien zu erklären.

Auch der *Staat* muß seine Bürger wie Verbraucher ansprechen, da sie ihm bereits als Konsumentenpublikum gegenübertreten. Die öffentliche Gewalt, die Parlamente und Verwaltungen betreiben wie die Parteien und Verbände *Öffentlichkeitsarbeit.* Um die Massenloyalität zu sichern, um Akklamation, Duldung und Unterstützung zu erlangen, wird das Publikum zu Wahlen, Umfragen und Veranstaltungen herangezogen und werben Regierungsmitglieder und andere Personen des ›öffentlichen Lebens‹ in regelmäßigen und ritualisierten Interviews und Reden um gute Public relations, um ›Publicity‹.[38] Über Massenmedien (zu denen auch die Plakate gehören) wird die plebiszierte politische Öffentlichkeit der konsumkulturell entpolitisierten Öffentlichkeit integriert. Solches politisches Marketing, solche geplante, ein- und abschaltbare Publizität von staatlichen Institutionen und deren Entscheidungen begünstigt keine allgemeine (›öffentliche‹) Kontrolle und Kritik, sondern stellt sich ihre eigenen fragmentarischen und temporären Öffentlichkeiten her, vor denen dann Funktionsträger wie in der vorbürgerlichen Ära Würde, Macht und landesväterliche Huld demonstrieren.

Politische Öffentlichkeitsarbeit, die sich nach der Auflösung einer autonomen Privatsphäre unmittelbar auf Privatleute richten kann, paßt sich bei der Auswahl der Slogans und Symbole heute meist an die Regeln einer reduzierten Erfahrung konkreter Nahwelten an und erstrebt emotionales Einverständnis. Dem entspricht, daß »Staat und Parteien [...] mehr mit *Personen* um das Vertrauen des einzelnen [werben] als mit jenen vom Staatsbürger als fremd, undurchsichtig und ›anders‹ empfundenen abstrakten *Programmen* und Einrichtungen«.[39]

Zugleich differenziert sich eine Sphäre professioneller Meinungsbildung aus, zu der die Medien, aber nicht die Massen beitragen. Im Sinne eines Ausgleichs und Vollzugs von Macht zirkulieren Meinungen zwischen publizistischen Organen, Parteien, Ausschüssen, Verwaltungen und ›öffentlichen‹ und ›privaten‹ Verbänden.[40] Die Berichterstattungen und Kommentare der organisierten Publizistik erfüllen bei der Korrelation verschiedener öffentlicher Meinungen eine wichtige Vermittlungs- und Subsumtionsfunktion. Durch den ständigen Kommunikations- und Abarbeitungsprozeß ›offiziöser‹ Meinungen entsteht der Schein einer gesamtgesellschaftlichen Synthese, eines Gemeinwillens und eines demokratisch geknüpften Sinnzusammenhangs.

Schließlich reflektieren auch die meisten *Verfassungen* der entwickelten kapitalistischen Staaten, daß die Meinungs- und Willensbildung nicht mehr aus den privaten Interaktionen der Bürger selbst − exklusiv und autonom − hervorgehen kann, sondern organisiert werden muß. Weil die Teilnahme an den Institutionen der politischen ›Öffentlichkeit‹ nicht mehr durch *Ausgrenzung* geregelt werden kann, müssen »die politischen Rechte zu positiven Garantien der Teilnahme am politischen Prozeß erweitert und in ihrer Vollziehbarkeit sozialstaatlich gesichert werden«; weil der Sozialstaatsgrundsatz der Verfassung als positive Anweisung zur Rechtsdurchsetzung fungiert, müssen die Institutionen der ›Öffentlichkeit‹ rechtlich unabhängig sein, die politische Diskussion aller Bürger ermöglichen und in Gang bringen und dadurch zugleich das politische System verbindlich kontrollieren.[41] (Es handelt sich hierbei selbstverständlich um normative Festlegungen, um Postulate, die durch sozialen Druck in die Verfassungen Eingang gefunden haben, aber keineswegs durchgesetzt sind.) Die Kategorien der bürgerlichen Selbstbestimmung werden in Kategorien der *verantwortlichen* Organisation übersetzt; die Teilnahme des einzelnen an politischer Auseinandersetzung und demokratischer Beschlußfassung wird durch den Verfassungsauftrag an die *politischen Massenmedien,* Öffentlichkeit unter öffentlicher Kontrolle herzustellen, virtuell verbürgt (Presse- und Rundfunkfreiheit). »Dem aktuellen Vorgang eines Zerfalls der Öffentlichkeit wird durch ihre Institutionalisierung entgegengewirkt.«[42] Öffentlichkeit ist weniger die praktische Bedingung des politischen Prozesses als vielmehr selbst eine ›öffentliche Aufgabe‹, die verfassungsrechtlich unterstellt wird. Sie bildet sich nicht, sondern wird von institutionalisierten Medien betreut.

Massenmedien, Massenkommunikation

Unter *Massenmedien* verstehen wir komplex organisierte Kommunikationstechniken für simultane Verbreitung – in Druck und Film, über Tonfunk oder Bildfunk. Sie setzen einen hohen Grad der Arbeitsteilung voraus und zwingen zu großem Kostenaufwand. Dabei können die Mittel der Speicherung (Zeitung, Zeitschrift, Buch, Plakat, Schall- und Bildplatte, Film, Kassette) von den Apparaturen öffentlicher Verbreitung (Presse, Hörfunk, Kino, Fernsehen, Satelliten) unterschieden werden. Diese technischen Faktoren des Massenkommunikationsprozesses sind, anders als die Faktoren Kommunikator, Kommuniqué und Publikum, relativ konstant.

Auch dies mag konservative Kommunikationswissenschaftler und solche, die sich als Pragmatiker gerieren, dazu verleiten, ›technologische Sachzwänge‹ der Medien (besonders bei Elektronik und Bildtechnik) zu betonen. Gewiß führt die Verwendung von Mikrophon, Beleuchtungsapparaturen, Schneidetisch, Mischpult usw. zu Kostensteigerung, Zeitverknappung und größerem Organisationsdruck. Ob aber Radio-, Film- und Drucktechniken zu Zwängen werden, die Themenwahl und Ablauf der Produktion bestimmen, hängt von nichttechnologischen Rahmenbedingungen ab. Diese werden der Aufmerksamkeit entzogen, wenn formuliert wird, daß »mit der technischen Perfektion [...] gleichzeitig eine Selektion stattfindet, die die Gefahr in sich birgt, daß die weniger attraktiv zu gestaltenden Aussagen aus diesen ›Gründen der Form‹ vernachlässigt werden oder ganz entfallen.«[43]

Daß es zu bestimmten technischen Weiterentwicklungen kommt und daß diese Neuerungen in langwierigen historischen Prozessen zu Massenmedien ausgebaut werden, beruht auf Zwängen, mit denen sich die kapitalistische Produktion durchsetzte und erweiterte – insbesondere auf der Etablierung eines Weltmarkts und der damit verbundenen Interdependenz aller Nationen und Individuen. (Dies besagt nichts darüber, ob auch heute noch Organisation und Funktion des Medien-Komplexes im Sinn einer Kausalbeziehung auf ökonomische ›Gesetze‹ reduziert werden können.) Erst die kapitalistische Industrialisierung schafft die finanziellen Kapazitäten für die Produktion von massenhaft verbreitbaren Aussagen (eine auf Werbung angewiesene Konsumgüterindustrie) und zugleich die Bedingungen für einen massenhaften Konsum dieser Produkte: die für komplexere Arbeitsgänge nötige Bildung (Schriftkundigkeit), das Informationsinteresse und höhere Löhne. Der Bedarf an *Massenkommunikation,* der schon in der Mitte des 19. Jahrhunderts besteht, kann erst mit der Bereitstellung der technisch-finanziellen Ressourcen, erst in der imperialistischen Phase des Kapitalismus gedeckt werden.[44] Zudem ist Massenkommunikation nur möglich, wenn eine ›legale‹ Herrschaftsform (im Sinne Max Webers) mit gesetztem Recht, unpersönlicher Ordnung und relativ autonomen gesellschaftlichen Subsystemen die Herausbildung von spezifischen Kommunikatoren-Rollen erlaubt und die sozialen Prozesse nicht den Beziehungen von Primärgruppen (Familie, Verwandtschaft, Gemeinde) entsprechen, sondern von Sekundärgruppen mit erworbenen und eindeutig differenzierten Rollen gesteuert werden.[45] Die Enttäuschung und Substitution von Verhaltenserwartungen, die den Formen interpersonaler Kommunikation gemäß sind, nötigt zur Organisierung des ›Zeitgesprächs‹ und wird von dieser wiederum beschleunigt.

Massenkommunikation kann als Sonderform sozialer Kommunikation aufgefaßt werden. Diese geschieht im einfachsten und allgemeinsten Sinn als Zeichenverkehr (Sprache, Gestik, Mimik, andere visuelle und akustische Systeme) in bestimmten Kanälen zwischen einem Sender (Kommunikator) und einem Empfänger (Rezipient, Kommunikant). Die »informationelle Kopplung von Sender und Empfänger« entsteht durch Prozesse der Codierung und Decodierung, nämlich durch selektive Zuordnung »von Zuständen des Senders oder Empfängers in Zustände von Zeichenstrukturen. Bedingung der Kommunikation ist dabei ein gemeinsamer aktiver Zeichenvorrat [. . .].«[46] Daß soziale Kommunikation intersubjektiv identische, aber historisch veränderliche Zeichen- und

Sinnstrukturen zur Voraussetzung hat, ist gerade für eine Diskussion von Wirkungsvorstellungen und -theorien von größter Bedeutung.*

Im Gegensatz zur interpersonalen Kommunikation (face-to-face-communication), für die ein virtuell ständiger Positionswechsel von Sender und Empfänger charakteristisch ist, fungieren die ›Partner‹ der Massenkommunikation in einer bestimmten Situation entweder ausschließlich als Kommunikatoren oder ausschließlich als Rezipienten. Ein technisch-organisatorischer Apparat als Übermittler sinnhafter Gehalte unterbricht und ersetzt den persönlichen Kontakt. Der Ausdruck ›Masse‹ im gängigen Terminus meint aber nicht, daß die Kommunikatoren der ›Masse‹ gegenüberstehen, sondern bezieht sich auf die Ermöglichung einer massenhaften Zuwendung zu bestimmten Kommuniqués.[47] Nur dem Kommunikator, dem seine Adressaten ja meist unbekannt sind, mag das Publikum als ungegliedertes, anonymes Ganzes erscheinen. Konstitutiv für Massenkommunikation sind weniger die technischen Komponenten als vielmehr jene Faktoren, die sie als Sonderform sozialer Kommunikation kennzeichnen. Peter Müller versteht unter Massenkommunikation »die in allgemein verständlichen Bedeutungszeichensystemen erfolgende Übermittlung aktueller, belehrender und unterhaltender

* Vgl. dazu die Definition Niklas Luhmanns: »*Kommunikation* ist keineswegs, wie man im Alltagsverständnis und oft auch bei unbedachter wissenschaftlicher Verwendung des Begriffs zumeist meint, ein Vorgang der ›Übertragung‹ von Sinn bzw. Information; sie ist gemeinsame Aktualisierung von Sinn, die mindestens einen der Teilnehmer informiert. Die Vorstellung einer Übertragung scheitert schon daran, daß sie die Identität des zu Übertragenden und damit die Aufgabe des Besitzes bei Weitergabe, also irgendeine Form von Summenkonstanz voraussetzt. Als Identisches fungiert in der Kommunikation indes nicht eine übertragene, sondern eine gemeinsam zugrunde gelegte Sinnstruktur, die eine Regulierung der wechselseitigen Überraschungen erlaubt. Daß diese Sinngrundlage selbst historisch ist, das heißt in einer Geschichte von Erfahrungen und Kommunikationsprozessen aufgebaut worden ist, steht auf einem anderen Blatt und widerlegt nicht die These, daß alle Kommunikation Sinn, an dem informative Überraschungen artikuliert werden können, als vorgegeben voraussetzt und nicht überträgt. Und natürlich überträgt sie auch keine Information, da Information ihre Identität als zeitpunktfixiertes Ereignis und nicht als zeitfester, übertragbarer Bestand hat. Es geht bei Kommunikationen demnach nicht um eine Verteilung von Beständen, sondern um eine Dosierung von Überraschungen.« (Jürgen Habermas / Niklas Luhmann, a.a.O., S. 42 f.)

Inhalte an eine sich dem Kommunikator unüberschaubar, heterogen und anonym darstellende, sozial jedoch keineswegs isolierte Rezipientenschaft mit Hilfe eines komplex organisierten technischen Trägers.«[48] Man kann ergänzen, daß die Massenkommunikation semantische, visuelle und akustische ›Mitteilungen‹, die von speziellen sozialen Gruppen hergestellt bzw. präsentiert werden, mittels industriebetrieblicher und sozial formalisierter Verfahren einem großen, dispersen (weit verstreuten) und prinzipiell unbegrenzten Publikum vermittelt. Diese Verbreitung ist öffentlich, schnell, indirekt und einseitig und vollzieht sich relativ unstrukturiert und informell.[49] Daß es zwischen einzelnen Rezipienten und Kommunikatoren auch zu persönlichen Kontakten kommt, ist im Hinblick auf Massenkommunikation ohne Belang. In jedem Fall ist es schönfärberisch, die Beziehungen zwischen Medium und Publikum als ›Zwiegespräch‹ oder ›Dialog‹ zu bezeichnen. Wird ein solcher ›Dialog‹, etwa zwischen dem Fernsehen und den Zuschauern, als Forderung ins Spiel gebracht, verrät dies auch Unkenntnis oder Mißachtung der neuartigen Nutzungschancen von Massenmedien.

Massenkommunikation ist der Bereich des gesamtgesellschaftlichen Kommunikationsprozesses, der *als Kommunikation* organisiert und institutionalisiert ist – im Unterschied zu politischen Auseinandersetzungen, Produktionsprozessen usw., d. h. zu Kommunikationen, die von den Mechanismen der Herrschaftsausübung, der kapitalistischen Ökonomie usw. organisiert sind.* (Dabei bleibt zunächst offen, inwieweit sämtliche gesellschaftlichen Kommunikationen von den Strukturen der Massenkommunikation in bestimmter Hinsicht modifiziert, vorstrukturiert und mediatisiert werden.)

Zu wenig berücksichtigt wird im allgemeinen die Differenz zwischen *periodischer* Massenkommunikation mit *Aktualitäts- und Universalitätsanspruch* (über Fernsehen, Rundfunk, Zeitungen, Publikumszeitschriften) und *nichtperiodischer* Massenkommunikation, für die ein Aktualitäts- und Universalitätsanspruch ausgeschlossen oder zumindest *nicht konsti-*

---

* Dies schließt nicht aus, daß eine Organisation von Kommunikation *als Kommunikation* wiederum unter Gesichtspunkten der Profitmaximierung erfolgt. Die formalen Bestimmungen dieses Kapitels zielen vor allem darauf ab, verschiedene analytische Ebenen auseinanderzuhalten.

tutiv ist (Bücher, Kinofilme, Plakate, Schallplatten, Bänder, Kassetten). Der zweiten Gruppe sind auch gewisse periodische Publikationen zuzuordnen (Comics, Romanhefte, Rätselhefte usw.). Viele, wenn nicht die meisten Abhandlungen zur Massenkommunikation beziehen sich stillschweigend nur auf die erste Gruppe. Dies ist eine folgenreiche, doch keineswegs plausible Einschränkung, denn die organisierte Vermittlung massenhafter Information und Interaktionsgehalte erfolgt nicht ausschließlich über Themen von Zeitaktualität, geschweige denn nur periodisch. Beide Formen sind dem *gesellschaftlichen Subsystem der Massenkommunikation* integriert – weniger unter dem Aspekt der Beziehungen der einzelnen Institutionen (Medien) von Massenkommunikation untereinander als vielmehr in der gemeinsamen Erfüllung bestimmter Funktionen gegenüber der Umwelt, über die Stabilisierung von normierten, rollenmäßigen und institutionalisierten Verhaltenserwartungen. Freilich erreicht dieses System nicht den hohen Organisationsgrad des wirtschaftlichen und des politischen Sozialsystems; ja es könnte sogar wiederum als deren Subsystem dargestellt werden (wobei aber jeweils wichtige Funktionen ausgeklammert werden müßten). Es hat keine festen Sinngrenzen und relativ geringe Autonomie.

Die generalisierte Struktur, die das System der Massenkommunikation funktional differenziert und ausgrenzt, ist die Polarisierung kommunikativer Rollen, die in der direkten Kommunikation verschränkt sind. Die Funktionen des Kommunikators verselbständigen sich zu Berufen und – als Teilglieder von ›Sendern‹, die nur unter bestimmten Bedingungen zugänglich sind – zu Institutionen. Zugleich übernehmen auch die Adressaten der Leistungen von organisierten Kommunikatoren ihre neuen rezeptiven und projektiven Rollen.

Parsons und White heben hervor, daß Kommunikation, die als Output produziert wird, zur ›Entfremdung‹ von Produzent und Konsument führt – daß aber nur dadurch das Subsystem der Massenkommunikation seine spezifische Effektivität erreicht.* Die ›Entfremdung‹ als notwendige Folge der

---

* Für den Gedankengang ist es nicht erforderlich, die strukturell-funktionale Systemkonzeption von Parsons – etwa im Unterschied zur funktional-strukturellen Systemtheorie Luhmanns – näher zu erläutern. Parsons fragt danach, wie

›Arbeitsteilung‹ zeigt sich dem einzelnen Kommunikator darin, daß er die Kommunikationsinhalte zwar produzieren und senden, aber ihre Nutzung nicht steuern und nicht nachvollziehen kann. Dem Rezipienten zeigt sie sich darin, daß ihm die Kontrolle über Organisation und Gebrauch der Produktionsmittel entgleitet. Nach Parsons und White bedingt die Differenzierung von Kommuniqué und Rezeption die zunehmende ›Freiheit‹ der Rezipienten, zwischen verschiedenen ›Sendungen‹ zu wählen, und ist solche Differenzierung ohne Entfremdung von der Verfügung über die Kommunikationsquellen undenkbar.[50]

Den Autoren ist insofern zuzustimmen, als Rezeptionsvorgang und Kontrollvorgang nicht mehr zusammenfallen können. Die formalen und informalen Kontrollmechanismen des Massenkommunikationssystems müssen vielmehr institutionalisiert werden. Dies schließt aber einen Rollenwechsel von Kommunikatoren und Rezipientengruppen nicht aus – auch nicht *institutionalisierten* Rollenwechsel. Individuen, die in bestimmten Situationen rezipieren, können in anderen Situationen kontrollieren. (Der Begriff der Entfremdung ist auf Individuen bezogen – auf die ›Einheit‹ des Individuums. Rollen sind keine Individuen und können sich nicht entfremden; es sei denn, es handelt sich um verschiedene Rollen *eines* Individuums.) – Wichtig ist, daß für Parsons und White das Massenkommunikationssystem nicht nur den komplex organisierten Sender und seine Produktion, sondern auch das Publikum umfaßt. Kommunikatoren und Rezipienten richten aufeinander generalisierte Verhaltenserwartungen.[51]

In einem Theorieentwurf, an den bereits mehrfach angeknüpft worden ist, hat Manfred Rühl versucht, ›Systemdenken‹ und ›Kommunikationswissenschaft‹ zu vermitteln.[52] Doch die Arbeit hat zwei Mängel. Rühl klärt zunächst den Ansatz der funktional-strukturellen Theorie Luhmanns und überträgt dann die allgemeinen Bestimmungen der System-

---

Sozialsysteme durch Stabilisierung von Status, Rolle und institutionalisierten Verhaltenserwartungen Konflikte aussteuern bzw. ausbalancieren können. Ihm geht es wesentlich um Systemerhaltung. Für Luhmann steht das Verhältnis zwischen System und Umwelt im Vordergrund – damit das Problem der Reduzierung von zunächst systemexterner Komplexität. Der Begriffszusammenhang Luhmanns ist auf Systembildung und -veränderung hin angelegt.

konzeption auf das ›kommunikative System Rundfunkanstalt‹ und das ›Kommunikationssystem Zeitungsredaktion‹, bezieht aber die verschiedenen Medien-Systeme nicht auf das gesellschaftliche Subsystem der Massenkommunikation insgesamt, so daß dessen Umrisse im dunkeln bleiben. Zugleich spricht er unvermittelt vom ›Kommunikationssystem der Gesellschaft‹. Außerdem – und dies ist gewichtiger – sieht Rühl in den Grenzen des Mediums die Grenzen des Kommunikationssystems. Das Publikum gehört demnach zur *Umwelt* kommunikativer Systeme. So kann Rühl in der Strukturanalyse von Rundfunkanstalt und Zeitungsredaktion nicht die generelle Funktion der Massenkommunikation bestimmen. Denn erst im Rahmen der Korrelation Kommunikator-Publikum kann gezeigt werden, daß alle Systemstrukturen der verschiedenen Medien zu einer einheitlichen Selektionsleistung beitragen. Rühl erfaßt nicht den besonderen Sinnaspekt, unter dem Massenkommunikation Umweltkomplexität reduziert (s. dazu das nächste Kapitel).

Nachdem Rühl festgestellt hat, daß Kommunikation »intern wie extern jedem sozialen System eigen ist«, ordnet er den Systemen »im nur vage abgesteckten Feld der Massenkommunikation« lediglich die spezifische Funktion zu, die Kommunikation mit ihrer Umwelt zu organisieren – ihre Beziehung zur Umwelt gewissermaßen selbst zu thematisieren. Verschiedene Umweltsphären bilden gegenüber einem Kommunikationssystem heterogene Erwartungshorizonte in der Form unübersehbarer und überdies partiell einander ausschließender Programmwünsche. »Das System transponiert diese Art von Umweltkomplexität in systeminterne Komplexität, indem es Strukturen wie Rollen, Subsysteme, Programme usw. entwickelt, die sich gegenüber diesen Umweltanforderungen taktisch-rational verhalten können.«[53] (Die Vorstellung, daß ein Kommunikationssystem auf Wünsche reagiert, die an es herangetragen werden, ist irreführend. Dennoch kann die Darstellung Rühls illustrieren, wie es zur Strukturbildung kommt.) Die Sinngrenzen eines Systems werden durch dessen Strukturen festgelegt und »durch die Relevanz und/oder Irrelevanz von Handlungen für das System definiert« – auf der Ebene von sanktionierten Verhaltenserwartungen, die für absehbare Zeit konstant gehalten werden können und so die

Orientierung erleichtern. (Sozialsysteme bestehen nicht aus Personen, sondern aus Handlungen, die sich als Wechselspiel von ›Rollen‹ plausibel machen lassen.) Auch in Kommunikationssystemen kann solche Generalisierung von Erwartungen in *zeitlicher, sachlicher* und *sozialer* Hinsicht stattfinden. Die dabei entwickelten strukturell-strategischen Einrichtungen gewährleisten auf verschiedene Weise die Reduktion von Umweltkomplexität.[54]

In der *zeitlichen Dimension* werden Ereignisse und Probleme der Vergangenheit im Hinblick auf zu erwartende, künftige Prozesse (Rezeptionspräferenzen) selektiert und nach redaktionellen, stilistischen und film-, druck- und radiotechnischen Gesichtspunkten bearbeitet und aufbereitet. Die Redaktion bzw. das Lektorat oder Atelier erwartet ein bestimmtes Leser-, Zuschauer- oder Hörerverhalten, so wie das Publikum eine bestimmte Produktionsform der Zeitung, des Fernsehens usw. erwartet.[55] Indem normierte Erwartungen einander ergänzen und bestätigen, löst das Kommunikationssystem sein *Bestands*problem.

In der *sachlichen Dimension* differenziert das Kommunikationssystem zwischen verschiedenen Umwelten und Ebenen und stellt sich je spezifisch auf diese ein. Hier richten sich die wechselseitigen Verhaltenserwartungen auf bestimmte *Rollen* – etwa auf Rollen von Wirtschafts-, Feuilleton- und Lokalredakteuren und von verschiedenen Informatoren- und Lesergruppen –, aber auch auf Entscheidungsprogramme. Durch solche sinngebende Rollenverteilung reagiert das Kommunikationssystem darauf, daß Zeit und Verarbeitungskapazität angesichts der Überfülle möglicher Themen und Themenverbindungen *knapp* sind.

Schließlich muß das Kommunikationssystem auch in *sozialer* Hinsicht Komplexität reduzieren. Denn es steht im ständigen – meist latenten – *Dissens* mit anderen sozialen Gruppen und Instanzen, von denen die systemspezifischen Leistungen unter anderen Gesichtspunkten beurteilt werden (presserelevantes Recht, verlegerisches Partikularinteresse, Absichten von Auftraggebern, politische Effizienzvorstellungen). Eine Redaktion muß wissen, ob sie bestimmte dissente Auffassungen berücksichtigen oder sich von ihnen nicht anfechten lassen muß, da sie nicht in jedem Fall die Motivationen überprüfen und einschätzen kann. Daher stellt sich das Kommunikations-system durch unterschiedliche *Institutionen* (feste Verständi-gungsregelungen, Formen des Vertrauens, geschriebene und ungeschriebene Gesetze des Verkehrs) auf verschiedene Sinn-ebenen bzw. Sozialdimensionen ein. Institutionalisierte Erwartungen, die Zustimmung oder Ausgleich garantieren, strukturieren kommunikative Komplexität unter dem Gesichtspunkt der Vermeidung (bzw. der gezielten Vorberei-tung) von Konflikten mit anderen Kriterien der Selektion.*

Durch die Herausbildung bestimmter Normen, Rollen und Institutionen ist jedes Medien-System und auch das soziale Subsystem der Massenkommunikation gekennzeichnet – sofern das Publikum gewisse Erwartungen an alle Medien ins-gesamt richtet, sofern die Massenkommunikation professio-nelle Kommunikatoren-Rollen ausbildet, Arbeitsteilung auch zwischen den Medien ermöglicht und durchweg auf Zeit ver-teilende, Schwerpunkte bildende Programme angewiesen ist und sofern Medienproduktion und Medienkonsumtion öffentlich-rechtlich, verfassungsmäßig und durch die allge-meine Anerkennung von Aufmerksamkeitsregeln abgesichert werden. (Die generelle Sinnfunktion von Massenkommunika-tion ist freilich auch damit noch nicht bestimmt.) Diese Gene-ralisierungen vereinfachen und bereichern gesellschaftliche Kommunikation und machen zugleich bestimmte Kommuni-kationsformen, die technischer Hilfsmittel bedürfen, verbind-lich – und andere unverbindlich. »Ein zielgruppenorientiertes Programmangebot etwa kann [...] als die Reduktion der Komplexität inhaltlich gebundener Kommunikationsversuche angesehen werden.«[56]

Mit solcher Strukturbildung wächst ein gewisses, individuell nicht zu motivierendes *Vertrauen* der Rezipienten zur Mas-senkommunikation. Ein Totalentzug dieses Systemvertrauens gegenüber bestimmten Informationsdiensten und anderen Vermittlungen ist auf unserem historischen Niveau funktiona-ler Differenzierung unmöglich. Heute werden private Ansprüche und kommunikative Initiativen (im weiteren Sinn) auf Institutionen und deren Aktivität delegiert.

* Zur näheren Bestimmung der gegenwärtigen Strukturen der Massenkom-munikation vgl. unten: *Intention und Gestaltung der Aussage als abhängige Variablen*, S. 164 f.

Eine funktionalistische Konzeption der Massenkommunikation, wie sie hier skizziert wird, ist historisch durchaus festgelegt – auch wenn manche Autoren diese Festlegung als Beschränkung verstehen und nicht wahrhaben wollen. Sie wäre noch vor wenigen Jahrzehnten undenkbar gewesen und bezeichnet einen bestimmten Stand der gesellschaftlichen und technologischen Entwicklung. Die formalisierenden Termini sind keineswegs ›ahistorisch‹ und schließen obsolete Interpretationsmuster aus. Zugleich aber ist diese Konzeption nicht eindeutig; sie legt die sozialen Bedeutungen, die sie annehmen kann, nicht fest. Sie ist daher in jedem Fall unzulänglich und bedarf der *weiterführenden* Ausdeutung im Rahmen einer Theorie der spezifischen gesellschaftlichen Verhältnisse, in die Massenkommunikation eingebettet ist (die sich aber ohne Berücksichtigung der Massenkommunikation auch nicht bestimmen lassen). Dabei gilt es wiederum zu bedenken, daß jede Schreibweise auch Vorentscheidungen über den Gegenstand trifft, also ihren kommunikationspolitischen Hintersinn hat. Das heißt auch: die funktional-strukturelle Theorie, die bereits historisch *ist,* aber auf präzisierende Erweiterungen angewiesen bleibt, unterliegt im Zuge solcher Präzisierung selbst der Transformation. Konzeptionen, die sich gegen eine hermeneutische Umdeutung unter dem Gesichtspunkt sozialer Auseinandersetzungen absichern wollen, implizieren in der Regel Stellungnahmen für konkrete Kommunikationsordnungen, ohne dies zu reflektieren – also schlechte, widersprüchliche Stellungnahmen. So beginnt die Theorie zu vergessen, was sie selbst ist, und verliert die Fähigkeit zu ›lernen‹.

Die allgemeine Funktion der Massenkommunikation

Wenn Medienwissenschaftler die Funktion der Massenkommunikation bestimmen, begnügen sie sich in der Regel mit Aufzählungen bzw. Katalogen von Aussagetypen und Leistungen. Meist unterscheiden sie Information, Kommentar, kulturelle Überlieferung und Unterhaltung. Die Listen muten mehr oder weniger beliebig an: Sie sind auf vielfache Weise ergänzbar, und die Einzelfunktionen lassen sich nicht präzis voneinander abheben. (Information wird als Unterhaltung serviert und rezipiert; Unterhaltung kommentiert und gestaltet aktuelle Fragen.) Dabei wird der gemeinsame Gesichtspunkt nicht geklärt, auf den sich die Bestimmungen beziehen lassen. Erst dieser Gesichtspunkt bezeichnet die spezifische gesellschaftliche Bedeutung der expandierenden Massenkommunikation.

Lasswell nennt als Funktionen der ›basic communication activities‹ (die sich der Massenmedien bedienen) die Beobachtung und Kontrolle der Umwelt (Sammlung von Informationen über ›wichtige‹ Ereignisse), die redaktionelle Tätigkeit (Auswahl und Interpretation von Informationen und Kommentierung der Ereignisse) und die Übermittlung des sozialen und kulturellen Erbguts von einer Generation auf die nachfolgende.[57] Charles R. Wright hat als vierte Funktion die Unterhaltung in den Katalog aufgenommen. Zudem hat er zwischen manifesten und latenten Funktionen bzw. Dysfunktionen unterschieden, und zwar wiederum jeweils im Hinblick auf ›Gesellschaft‹, ›Subgruppen‹, ›Individuum‹ und ›Kultursystem‹.[58] Je penibler die Klassifizierungen, desto vager: Die neue Qualität organisierter Kommunikationsprozesse bleibt unbegriffen. Dies gilt auch für Ronnebergers exemplarische Bestimmung: »Unabhängig von und in Verbindung mit anderen gesellschaftlichen Subsystemen vollbringt das System Massenkommunikation eine ›öffentliche Aufgabe‹, indem es soziale Bedürfnisse von einzelnen und Gruppen aufgreift, bewußt macht, artikuliert, in Ansprüche und Forderungen transponiert, an kompetente Stellen der Gesellschaft transmissioniert, gleichzeitig aber auch Entscheidungen, die im politischen System fallen, bekanntmacht und kritisiert.«[59] Aber Massenmedien sind nicht lediglich Transmissionsmedien. (Außerdem suggeriert Ronnebergers Formulierung eine Chancengleichheit ›sozialer Bedürfnisse‹, wie sie jedenfalls heute nicht besteht.)

Ins Uferlose führt es auch, die generelle Funktion der Massenkommunikation danach bestimmen zu wollen, inwieweit diese dem ›sozialen Wandel‹ bzw. der ›Systemstabilisierung‹ dient – oder Massenkommunikation mit der Aufgabe der ›Sozialisation‹ im weitesten Sinn gleichzusetzen. Diese und ähnliche Bestimmungen sind für Massenkommunikation zu weit und zugleich zu eng. Zu weit sind sie insofern, als sich in ihnen keine *spezifische* Funktion des Kommunikationssystems erkennen läßt. (Alle sozialen Subsysteme tragen zur Integration und zum Wandel der Gesellschaft und zur Sozialisation bei.) Zu eng sind sie insofern, als unter keine der allgemeinen Prozeßkategorien (Absicherung, Vergesellschaftung, Anpassung, Wandel) alle Einzelfunktionen der Massenkommunikation zusammengefaßt werden können. Wird mit Hilfe solcher Kategorien eine vom gesellschaftlichen Zustand unabhängige Dauerbestimmung der Massenkommunikation gesucht und diese damit *überdeterminiert*, so wird gerade das historisch veränderliche Verhältnis von Medienorganisation und spezifischer gesellschaftlicher *Kommunikations*weise der Reflexion entzogen. Im übrigen reizen Begriffspaare wie ›Gleichgewicht‹ und ›Konflikt‹ bzw. ›Integration‹ und ›Wandel‹ dazu, die Gegensätze aufzulösen und ineinander überzuführen.[60]

Der gemeinsame Bezugspunkt der verschiedenen Leistungen der Massenkommunikation zeigt sich aber im Hinblick darauf, daß es sich bei Information, Kommentierung, Tradierung, Unterhaltung usw. gleichermaßen um *Selektionsvorgänge* bestimmter Art handelt: Selektiert werden *Themen* und nicht Meinungen oder Entscheidungen.* Dringlich sind spezifische Aussonderungs- und Auswahlprozesse, die sich auf Themen beziehen, da heute eine praktisch unbegrenzte Zahl möglicher Themen und Themenverbindungen einerseits zur Verfügung stehen und andererseits ständig auf wenige Themen reduziert

---

* Beim Stichwort ›Information‹ denke man an die Arbeit der Nachrichtenagenturen und Redaktionen. Kommentare wählen die Nachricht des Tages oder der Woche aus und verschaffen dieser besonderes Gewicht. Die Themen, die in Unterhaltungsprogrammen geläufig werden, erlangen ebenfalls über den Medienempfang hinaus Bedeutung: alltägliche Krisensituationen, verschiedene Freizeitbetätigungen, Moden für alle Lebensbereiche und Varianten der Körperbeherrschung und des Rekords, aber auch kulturelle Identifikationsmuster und standardisierte Handlungsabläufe. Auch hier steht jedes offerierte Thema für unzählige andere, die nicht zum Zug kamen. Schließlich üben die Medien in herrschende soziale Normen und in Normenkonflikte ein, indem sie nach immer neuen sinnfälligen Thematisierungen suchen und aus der Fülle des Überlieferten die Symbolgehalte herausgreifen, die man in bezug auf gegenwärtige Wertvorstellungen hoch einschätzt. – In den meisten Produktionen der Massenkommunikation überlagern und verschränken sich Information, Kommentar, Tradierung und Unterhaltung. Man wendet *allgemeine* Selektionsregeln an: die der ›öffentlichen‹ Aufmerksamkeit (s. u.).

werden muß. Die soziale Interaktion wird von Sinngehalten strukturiert, deren Zahl begrenzt sein muß. Also müssen Thematisierungen auf eine Weise ausgewählt werden, die sie zugleich virtuell für alle Mitglieder der Gesellschaft qualifiziert, die sie mehr oder weniger ›öffentlich‹ verbindlich, *verallgemeinerungsfähig* macht. Themen, die sich jeweils als Reduktion der übermäßigen Komplexität von möglichen ›öffentlichen‹ Kommunikationsgehalten bestimmen lassen, ordnen und erleichtern wiederum die späteren Selektionsprozesse und damit ihre eigene Umformung oder gar ihr Verschwinden.

Organisiert werden diese Prozesse vom massenkommunikativen Zusammenspiel von ›Sendern‹ und Medienkonsumenten. Dabei werden die Verhaltenserwartungen, die für Kommunikatoren ebenso wie für Rezipienten generalisiert sind, auch wechselseitig aufeinander *gerichtet:* Die zu reduzierende Themenkomplexität erscheint dem Publikum als Programmangebot und den Kommunikatoren als soziales Spektrum von Wünschen und Bedürfnissen. Diese beiden sich kreuzenden Projektionen sind jedoch selbst schon Reduktionsmuster. Indem sich beide Gruppen derart aufeinander beziehen, selektieren sie nach Maßgabe des ›öffentlich Interessanten‹. (Die *Umwelt* des Systems der Massenkommunikation ist die übermäßige Komplexität möglicher Themen, nicht die Vielzahl der Zuschauer-, Hörer- und Leserwünsche. Die Wünsche, die der einzelne als *Rezipient* äußert – und er ist vor dem Fernsehapparat Rezipient, nicht ›Mensch schlechthin‹ –, sind immer auch schon die Wünsche der Medien, nämlich Selektionen nach bestimmten Regeln der Massenkommunikation.) Auch dann, wenn ein Rezipient sich die Kommuniqués auswählt, die ›für ihn wichtig‹ sind, wird Massenkommunikation nicht zum individuellen, partikularen Dienst. Sein besonderes Selektionsinteresse richtet sich nur auf das, was vorab als verallgemeinerungsfähig qualifiziert ist. Die ›individuelle Nutzung‹ des Programmangebots unterbricht nicht den Ratifizierungsprozeß, der zur generellen Anerkennung von Themen führt, sondern setzt ihn fort. Das kann aber nicht die grundlegende Einsicht relativieren, daß Massenkommunikation ihre Reduktionsleistung nur aufgrund des Auseinandertretens von Kommunikatoren und Rezipienten vollbringen kann. Die verschiedenen generalisierten Verhaltenserwartungen, die im vorigen Kapitel umrissen wurden, bezeichnen Strukturen des Zusammenhangs *getrennter* Gruppen. Die gemeinsame Funktion dieser sanktionierten Erwartungen ist die Selektion von Themen, die gesellschaftliche Kommunikation strukturieren.

Solche Themen sind »mehr oder weniger unbestimmte und entwicklungsfähige Sinnkomplexe« (Luhmann) wie z. B. das Steigen der Preise, Flugzeugentführungen, Bodenspekulationen, Minirock, Willy Brandt, Nostalgie usw. Eine kritische Theorie der Massenkommunikation hat die Regeln zu kennzeichnen, nach denen in unserer Gesellschaft Themen bevorzugt oder zurückgestellt und verdrängt werden. »Die legitimationswirksam hergestellte Öffentlichkeit hat vor allem die Funktion, die Aufmerksamkeit durch Themenbereiche zu strukturieren, d. h. *andere* Themen, Probleme und Argumente unter die Aufmerksamkeitsschwelle herunterzuspielen und dadurch der Meinungsbildung zu entziehen.«[61]

Massenkommunikation legitimiert nicht Meinungen und Einstellungen, sondern die Bedeutung der sanktionierten Themen und die Irrelevanz der vorerst abgewiesenen. Für die hergestellte Öffentlichkeit gilt erst recht das, was Luhmann im Hinblick auf den Reduktionsmechanismus der öffentlichen Meinung feststellt.[62] Dieser besteht nicht aus Meinungen, sondern aus institutionalisierten Themen der organisierten umgangssprachlichen Kommunikation – unabhängig davon, ob Themenpräferenzen und Meinungsintentionen verschmolzen werden oder nicht. Auch die Propagierung einer bestimmten Meinung fördert zunächst die Prominenz des Themas. »Themen können als institutionalisiert bezeichnet werden, wenn und soweit die Bereitschaft, sich in Kommunikationsprozessen mit ihnen zu befassen, unterstellt werden kann.«[63] Somit ist die »Öffentlichkeit« eines Themas »die Unterstellbarkeit seiner Akzeptiertheit«.

Daß ein Thema ›Karriere‹ macht, heißt nicht, daß es an eine bestimmte Meinung fixiert, sondern bedeutet, daß es, zur Sprache oder ins Bild gebracht, Aufmerksamkeit garantiert. Das System der Massenkommunikation hat wesentlich dazu beigetragen, daß die Regeln, nach denen Aufmerksamkeit zugewendet wird, nicht mehr den Motivationen entsprechen, die das Verhalten disponieren. Um populär zu werden und in Berichterstattung und in Gesprächen als bekannt unterstellt werden zu können, müssen Sinngehalte erst verschiedenen Aufmerksamkeitsregeln – die selbst der Veränderung unterworfen sind – genügen. Diese Regeln erfüllen gewissermaßen eine Filterfunktion, die den Kommunikationsprozessen »vorgeschaltet ist«.[64] Sie werden mehr oder weniger von allen Gliedern der »gesamtgesellschaftlich-alltäglich-unspezifizierten Lebenswelt« anerkannt. Nur ›öffentliche‹ Themen werden meinungs- und entscheidungsreif. Dies schließt nicht aus, daß Themenselektion fast immer schon unter Berücksichtigung »absehbarer oder sich herausstellender Konsens- oder Dissenschancen« erfolgt, daß man bei der Auswahl von Themen gewisse Meinungsgegensätze und Problemlösungen erwartet.

Als Aufmerksamkeitsregeln, die den Thematisierungen im *politischen* Subsystem vorgeschaltet sind, nennt Luhmann: Überragende Priorität bestimmter Werte, Krisen oder Krisensymptome, Status des Absenders einer Kommunikation, Symptome politischen Erfolges, die Neuheit von Ereignissen, Schmerzen oder zivilisatorische Schmerzsurrogate.[65] Auf gesamtgesellschaftlicher Ebene hat ein Thema nur dann Aussicht, prominent zu werden, wenn es auch den Regeln entspricht, denen die Massenmedien selbst unterliegen. – Freilich werden alle Themen, die sich durchgesetzt haben, auch einmal »ihre werbende Kraft verlieren« und »altern«. »Die Lebensgeschichte eines Themas ist zugleich eine Geschichte der Sinnverdichtung und Konkretisierung.«[66] Indem ein Thema als Medium von Verständigung und Auseinandersetzung allmählich seine Offenheit verliert (seine Distanz zu einer bestimmten Meinung bzw. Entscheidung), nutzt es sich ab. Soll es weiterhin Aufmerksamkeit auf sich lenken, muß es in der Form eines neuen Themas wiederauftauchen.

Öffentlich akzeptierte Themen erlauben es, daß sich Kommunikator und Rezipient gemeinsam auf einen identischen Sinn beziehen, und strukturieren so die verschiedenen Bereiche direkter und indirekter sozialer Kommunikation – vor allem in zwei typischen Situationen: Man hat einen Partner und sucht dafür ein passendes Thema, oder man hat ein Thema und sucht dafür einen Partner. Die Themen möglicher

Kommunikation »fungieren als Regeln für die laufende Aktualisierung von Erwartungen in der konkreten Interaktion und steuern dadurch die Meinungsbildung«.[67] Dabei bedingen und entsprechen einander die Komplexität des Gesellschaftssystems, »d. h. die Zahl und Vielseitigkeit der in ihm aktualisierten Möglichkeiten des Erlebens und Handelns«, und seine Themenkapazität, d. h. die »thematische Strukturierung seiner Kommunikationsprozesse«.[68] Nicht zuletzt dient die Unterscheidung von Themen und Meinungen dazu, die Komplexität von Kommunikationsprozessen zu erhöhen.*

Auch wenn man die enge Verflechtung von Privatinteressen und Massenkommunikation berücksichtigt, bleibt es ein bedenkenswertes Novum, daß die Auswahl verallgemeinerungsfähiger Themen nicht mehr durch wie auch immer geartete interpersonale oder Gruppenkommunikation geleistet wird, sondern durch ein spezifisches, eben durch diese Funktion bestimmtes Mediatisierungssystem erfolgt. Die Selektionskraft eines rezipierenden Individuums kann sich eigentlich nur gegenüber Meinungen und Informationen (gegenüber dem, was sie an inhaltlichen ›Überraschungen‹ mit sich bringen) behaupten. Die rezipierende Arbeit – zugleich Moment des Selektionsprozesses – ist aber kaum fähig, ständig wiederholte Thematisierungen gewissermaßen auszublenden und die latenten Aufmerksamkeitsregeln durch private Regeln zu ersetzen. Die Bestimmung der generellen Funktion des Massenkommunikationssystems übergreift vorab die Frage nach der ›Wirkung‹ der Kommuniqués, erlaubt es aber auch, diese Frage besser zu verstehen.

Heute werden Anlässe und Themenbereiche der interpersonalen Kommunikation bereits weitgehend (nicht gänzlich,

---

* Als Autoren, die zuerst versucht haben, die Luhmannsche Systemtheorie für eine Theorie der Massenkommunikation fruchtbar zu machen, sind Manfred Rühl (a.a.O.) und Dieter Baacke (*Kommunikation und Kompetenz*, München 1973) zu nennen. Beide begnügen sich mit formalen Bestimmungen; Baacke verzichtet zugunsten seines pädagogischen Ansatzes darauf, aus seinen Einsichten in die veränderte Formbestimmung des Öffentlichen Konsequenzen für die Bestimmung der (emanzipatorischen) gesellschaftlichen Kommunikation zu ziehen. Ausgangs- und Zielpunkt seiner Überlegungen bleibt der einzelne als einzelner, seine Sprach-, Handlungs- und kommunikative Kompetenz (als allgemeiner, überhistorischer Basis-Wert). Massenkommunikation wird zu einer Frage der Erziehung, und die darüber räsonierenden Erzieher nehmen den Platz von externen Subjekten ein.

was sehr wichtig ist) von der Rezeption der Massenmedien festgelegt. Gewiß könnte man nun empirisch feststellen, daß auch das Umgekehrte der Fall ist, aber es sind wiederum die Massenmedien selbst, die diese Wechselbeziehung als verallgemeinerte, vereinheitlichte und reflexive ermöglichen. Schon die Angleichung der Gesprächsthemen und -formen über große Entfernungen hinweg – in jeweils klassenspezifischer Weise, aber auch ungeachtet der Klassenschranken – muß zu denken geben. Auch Ansprüche, Aktionen und Initiativen, die sich interpersonaler Kommunikation verdanken (Bürgerinitiativen, spontane Streiks, Selbstorganisation von Erfahrungen am Arbeitsplatz, im Wohnviertel, in der Familie usw.) müssen erst über die Massenmedien thematisiert und gemäß hochkomplexen kollektiven Wahrnehmungsmustern aufbereitet werden, um als verbürgte ›Realität‹ aufgefaßt zu werden – und dies gilt auch für die Handelnden selbst. Eine *gesellschaftliche*, nicht nur intime Rezeption von ›Realität‹ muß in jedem Fall *auch* durch die organisierte Massenkommunikation vermittelt werden. Die Themen des gesellschaftlichen Zeitgesprächs sind ohne Ausnahme mediatisiert.

Zwar *entscheiden* die Programme der Massenkommunikation nicht darüber, welche Bedürfnisansprüche und Befriedigungschancen zugelassen werden, aber sie verleihen Ansprüchen und Chancen öffentliche und daher ›allgemeine‹ Bedeutsamkeit. Und dies nicht durch Propagierung, sondern einfach durch Thematisierung. (Massenkommunikation ist an der Festlegung der Aufmerksamkeitsregeln beteiligt und wird dabei von den herrschenden sozialen Maximen, in erster Linie vom privatistischen Leistungsmotiv, geleitet; zugleich kann sie die Regeln modifizieren und umfunktionieren – Regeln, die abstraktere Prämissen der Erlebnisverarbeitung unterstellen oder fordern, aber dies in der *Form* konkreter Prämissen.) Da die Sphäre der Öffentlichkeit sich aufgelöst hat und somit auch der Prozeß einer genuin demokratischen Herausbildung eines emanzipatorischen ›Allgemeininteresses‹ nicht fortgeführt werden kann, müssen die Kommunikationsmedien eine Sphäre des allgemeinen Interesses improvisieren (als lockeren Zusammenhang von allgemein anerkannten Sinnkomplexen). »Denn das ›allgemeine Interesse‹, auf dessen Basis allein eine rationale Übereinstimmung öffentlich konkurrierender Mei-

nungen zwanglos sich einspielen konnte, ist genau in dem
Maße geschwunden, in dem die publizistischen Selbstdarstellungen privilegierter Privatinteressen es für sich adoptie-
ren.«[69]

Die institutionalisierte Massenkommunikation vermittelt
den »allseitigen gesellschaftlichen Zusammenhang« (Bis-
ky/Friedrich), indem sie die unbegrenzte Zahl möglicher Thematisierungen auf eine hochselektive öffentliche Kommunikationsstruktur reduziert. Mit anderen Worten: die *Ausschaltung* der großen Mehrzahl möglicher Themen, die von der
jeweiligen Konstellation von Aufmerksamkeitsregeln nicht
zugelassen werden (aber als Selektionspotential erhalten bleiben), trägt zur *Selektion einer öffentlichen* Realität* bei.

Massenkommunikation ist also nicht lediglich ein ›neutrales‹
Instrument der wirtschaftlichen, religiösen, kulturellen, politischen, wissenschaftlichen, erzieherischen, juristischen und
familiären Subsysteme zur Informationsversorgung und zum
Austausch der verschiedenen systemspezifischen Leistungen.
Sie ist nicht einfach ein von diesen Subsystemen gemeinsam
unterhaltenes Transportsystem, das dazu dient, die speziali-
sierten Kommunikationen (und die ›Kommunikationsmedien‹
Geld, Macht, Wahrheit usw.) zu vermitteln. Bestünde ihre
Funktion im wesentlichen darin, nacheinander oder gleichzeitig verschiedenen Aktions- und Kommunikationsprogrammen
dienstbar zu sein, wäre Massenkommunikation nur ein techni-
sches Medium, das sich den jeweiligen generalisierten Verhaltenserwartungen unterwirft, ohne eigene Strukturen heraus-
zubilden. Eine auf Dauer gehaltene, gesamtgesellschaftlich
institutionalisierte wechselseitige Versorgung und Vermittlung aller Leistungsbereiche – zumal im Hinblick auf das
Verhältnis von Subsystemen und ›psychischen Systemen‹ – ist
aber nur möglich, wenn diesem Verkehr auch gemeinsame
Strukturen des Austausches zugrunde liegen, die es erlauben,
Kommunikation als Kommunikation zu organisieren. Die
gemeinsamen Kriterien sind die der allgemein verbindlichen
Themenselektion.

* ›Öffentlich‹ wird hier nicht mehr als Gegensatz zu ›privat‹ verstanden
(wenn auch noch als Negation von ›geheim‹). Der Ausdruck bezieht sich auf
Themen, Intentionen, Strukturen und Gelegenheiten, die ›allgemein‹ im Sinne
von *ubiquitär* und *omnipräsent* sind.

Eine Theorie, die Massenkommunikation als Allzweck-Dienstleistungsapparatur auffaßt, muß mit Evidenzvorstellungen operieren und die Selektivität des Öffentlichen leugnen. Dies zeigt exemplarisch eine Bemerkung von Dieter Baacke: »Das Fernsehen als Massenkommunikations-System [...] ›tut so‹, als sei alles noch ein Ganzes, oder muß doch das Allgemeine aus dem Speziellen wieder herausholen. Seine Aussagen sind insofern ein Regreß auf ein wenigstens vorindustrielles Gesamtsystem Gesellschaft ohne Funktionsdifferenzierung. Eine Folge ist die häufig kritisierte Personalisierung etwa politischer Strukturzusammenhänge: als Herausarbeitung des persönlich Interessanten, human-interest-story, Darstellung von repräsentativen Akten usw. Dies Verfahren stellt oft die einzige Möglichkeit dar, Kommunikation so zu kommunizieren, daß sie interessant ist, Aufmerksamkeit erweckt und ihre speziellen Inhalte wenigstens ansatzweise verstanden werden.«[70] Mehrere Komponenten einer Technologisierung der Massenkommunikation kommen hier zum Ausdruck: Massenkommunikations-Systeme werden auf Medien reduziert; die Bestimmung dessen, was das ›Allgemeine‹ ist, erscheint als vorentschieden, gleichsam als naturwüchsig; die Personalisierung politischer Vorgänge (›Herausarbeitung des persönlich Interessanten‹) wird nicht als (abstrakte) Selektionsleistung der Massenkommunikation dargestellt, sondern als eine Maßnahme, die von der Rezeptionsfähigkeit und dem – vorgegebenen – Rezeptionsinteresse der psychischen Systeme aufgenötigt wird. Der Strukturwandel der Öffentlichkeit bleibt bei solchen Interpretationen unberücksichtigt. Er vollzieht sich keineswegs als technologische Anreicherung des zwischenmenschlichen Umgangs.

Massenkommunikation destruiert die letzten Zonen der bürgerlich-liberalen, kritisch-exklusiven Öffentlichkeit und tritt an deren Stelle. Sie löst den Anspruch der Öffentlichkeit ein und verwirft ihn zugleich. Doch die professionalisierte Öffentlichkeit der Massenmedien verwaltet nicht nur das allgemeine Räsonnement, sondern übernimmt auch Funktionen der Sphären des Intimen, des Sozialen (des Markts) und der öffentlichen Gewalt – der Sphären, die sich auflösen, indem sie einander durchdringen. Für die Massenkommunikation ist alles (Intimität, Privatinteresse und politische Macht) in seiner unmittelbaren, isolierten Gestalt ›öffentlich‹ interessant und grundsätzlich dazu geeignet, thematisiert zu werden.

Die umgangssprachliche Verständigung verliert ihre primäre *bildende*, nicht zuletzt politische Relevanz. Nun wird die fundierende Leistung alltagssprachlicher Kommunikation, mit der Geburt und Geschichte von Themen einen meinungsbildenden Diskussionsprozeß zu verbinden, von den Medien reduziert und ersetzt. Diese »können nun die Leerstelle einnehmen, die der Zerfall der bürgerlichen Familie freigab«.[71] Um sich zu bestätigen, konsumiert die auf sich selbst zurückgeworfene Privatsphäre ihren eigenen Abglanz (die Darstellung des Privaten in den Medien und die private Atmosphäre bestimmter Sendungen) und treibt so ihre Auflösung voran. Die alltäglichen Formen des nunmehr *sekundären* Gesprächs orientieren sich an den Stoffen, die von den Medien für die Herstellung von Übereinstimmungen und Kontroversen und für Affektprojektionen vorgeschlagen werden.

Die Werbung für Waren, Interessengruppen und Parteien fördert die unumgängliche Mediatisierung (und damit die Modifizierung) von Privatinteressen. Auch hierbei zeigt sich, daß die Sphäre des Warenverkehrs und der gesellschaftlichen Arbeit ihre Autonomie verloren hat. Über Public relations, die von allen Medienkommunikationen hergestellt werden und für Firmen und Branchen quasi-politischen Kredit mobilisieren, müssen sich Privatinteressen ihre Anerkennung verschaffen. Dies ist nicht nur unter dem Aspekt der steigenden Werbekosten bedeutsam. Es betrifft auch das sozialpolitische Selbstverständnis der Privatinteressen. Diese sind nämlich gezwungen, sich ständig im Sinne der generalisierten Aufmerksamkeitsregeln zu interpretieren.

Für das politische Entscheidungssystem (dem die bürgerliche Öffentlichkeit konfrontiert und zugleich integriert war) hat die Auswahl und Bevorzugung bestimmter Themenkomplexe eine doppelte Funktion: Sie strukturiert als professionelle ›öffentliche Meinung‹ die politische Auseinandersetzung und legitimiert zugleich die Zielfunktionen der Entscheidungen, die im Bereich dringlich gemachter Themen fallen.

Politisches System und organisierte öffentliche Meinung

Fast alle Definitionen von ›öffentlicher Meinung‹ in Fachwörterbüchern und Schulsoziologien geraten zu Beschwörungen einer von unten nach oben wachsenden Demokratie. Ob ›öffentliche Meinung‹ nun als Produkt individueller Meinungen verstanden wird, deren Bildung ihrer Formierung vorausgehen muß, ob sie als gruppenspezifisches Verteilungsbild individueller Meinungen (Hofstätter) oder als »beständiges, vielstimmiges, öffentliches Gespräch« (Sternberger) gesehen wird, stets wird implizit ein Ausgangspunkt des Prozesses gesetzt, das offenbar originäre Individuum. Will man diese Fiktion nicht länger tradieren, kann man den Begriff erneuern, indem man sich an die Funktion öffentlicher Meinung bei der Vermittlung konkurrierender Interessen und deren Subsumtion unter politische Entscheidungen erinnert und danach fragt, welche Prozesse heute diese Entscheidungsfindung vorbereiten. Dann gilt es, öffentliche Meinung »funktional als Selektionshilfe« zu verstehen, nicht mehr »kausal als bewirkte und weiterwirkende Wirkung«[72]. Da aber ein ausdifferenziertes politisches System mit gestiegener Eigenkomplexität nur noch dann bindende Entscheidungen herstellen kann, wenn es im Hinblick auf die Themen, über die zu entscheiden ist, und im Hinblick auf die Motive der Entscheidung keine festen Bindungen mehr eingeht, sondern sich offenhält[73], wenn es also zwischen Themen und Meinungen differenziert, müssen unter den unübersehbar vielen ausformulierbaren Problemen zunächst entscheidungsreife Themen bestimmt werden. Es erweist sich heute, daß der *Reduktionsmechanismus* der öffentlichen Meinung gar nicht aus den Meinungen selbst, sondern aus den Themen der politischen Kommunikation besteht. Die öffentliche Meinung »muß Themen erzeugen können, die trotz der hohen Komplexität des Systemkontextes in konkreten Interaktionen als Regeln der laufenden Artikulation sinnvoller Erwartungen fungieren können und Bedürfnisse der Gesellschaft in politisch zu entscheidende Probleme übersetzen.«[74] Für die politischen Entscheidungsprozesse liegt die Bedeutung der öffentlichen Meinung somit nicht in der Vernünftigkeit von Meinungen und in der Durchsetzung des Willens, »sondern in der Unsicherheit absorbierenden, Struktur gebenden Leistung von Themen«.[75] Öffentliche Meinung und politische Herrschaft stehen nicht im Verhältnis von Ursache und Wirkung, sondern in dem von Struktur und Prozeß.

Nun ist aber die Institutionalisierung von Themen in der Kommunikation zwischen Politikern, Verwaltung und Publikum kein sich selbst initiierender und fortführender Prozeß, sondern wird von der Massenkommunikation *organisiert.* (Dieses Problem wird von Luhmann ausgeklammert.) Bestimmte, nicht alle Themen, die in der Massenkommunikation sich als öffentliche durchsetzen, strukturieren als öffentliche Meinung die politischen Kommunikationsflüsse: den Austausch von Informationsgehalten und Interesseninterpretationen und die Konfrontierung von Einstellungen in Erwartung von Kompromissen. Als wichtigste politische Kommunikationsebenen können unterschieden werden: unmittelbare Korrelationen zwischen Interessenverbänden, Parteien, Regierung (Legislative) und staatlichen oder privaten Verwaltungen (dabei vermitteln Verbände und Parteien zwischen ›Bürgern‹ und Staat); Kontakte zwischen den verschiedenen Bereichen von Regierung und Verwaltung; Kommunikation zwischen Regierung und Gesellschaft sowie zwischen nichtorganisierten ›Bürgern‹ und Regierung (Meinungsbefragungen, Petitionen).*

* ›Öffentlichkeit‹ als eine Dimension, in der sich Rollenanforderungen aus verschiedenen Teilsystemen der Gesellschaft *neutralisieren* lassen, kann nur noch in den Teilsystemen selbst, gewissermaßen intern, hergestellt werden. Die funktionale Differenzierung der Gesellschaft »ist so weit fortgeschritten, daß eine Integration der Gesamtgesellschaft durch öffentliche, keinem Teilsystem besonders verbundene Meinungen höchst unwahrscheinlich geworden ist. Das zwingt dazu, den Begriff der Öffentlichkeit von ihrer Funktion her neu zu interpretieren und ihn so in die Teilsysteme, hier in das politische System der Gesellschaft, zu übertragen. Öffentlichkeit hieße dann, daß das politische System Situationen herstellt, in denen die Neutralisierungsfunktion öffentlicher Situationen erfüllt werden kann – in denen also Kommunikationen nicht durch nichtpolitische Teilsysteme der Gesellschaft (z. B. durch Familien, Forschungsgruppen, Banken, schichtenspezifische Clubs) und auch nicht durch die Besonderheiten engerer Teilsysteme des politischen Systems (z. B. einzelner Interessenverbände, politischer Parteien, Ressorts) strukturiert sind, sondern allein durch Themen der öffentlichen Meinung.« (Niklas Luhmann, a.a.O., S. 21) – *Teilöffentlichkeiten* bilden sich auch innerhalb von Organisationen und Interessenverbänden. Obwohl aber öffentliche Meinung nicht mehr das ganze

Dabei zeigt sich die besondere Interdependenz von politischem System und Massenkommunikation: Im selben Maß, wie die organisierte öffentliche Meinung die politische Kommunikation ordnet, wird Massenkommunikation von Regierung, Verbänden und Parteien in Anspruch genommen. Daß Massenkommunikation die öffentliche Meinung organisiert, heißt nicht, daß sie Meinungen *macht*. Wohl aber besagt dies, daß die Meinungen der dominierenden politischen Gruppen in ihrem thematischen Kontext das Selektionsverfahren der Massenkommunikation absolvieren müssen. Und eben dadurch sichern sich die privilegierten Verbände und Parteien ihre Vorrangstellung. Die ›öffentlich-manifestierte‹ (veröffentlichte) Meinung der räsonierenden Publizistik, die von der »quasi-öffentlichen Meinung« (Habermas) zu unterscheiden ist, erfüllt dabei eine zusätzliche Funktion.

Im Kommunikationsfluß zwischen dem kapitalistischen Staat und seinen ›Bürgern‹ kommt heute der Massenkommunikation eine wesentliche *legitimatorische* Aufgabe zu. Die bevorstehenden und getroffenen Entscheidungen des politischen Subsystems bedürfen der Selbstrechtfertigung vor einer großen Mehrheit von Politik-Konsumenten, weil nur ständige Werbung und Erzeugung politischer Symbole die Zersetzung der »normativen und symbolischen Existenzgrundlagen der politisierten kapitalistischen Ökonomie« aussteuern kann. Überdies garantiert gerade die Einhaltung formaler demokratischer Spielregeln die Entpolitisierung der Massen.[76] Die intern betriebene politische Kompromißbildung sucht allgemeinen Kredit oder wenigstens die vertrauensvolle Indifferenz des Publikums; so demonstriert sie öffentlich ihre allgemeine Verbindlichkeit – auch im Interesse der Rückkoppelung von Dysfunktionalität. Indes richtet sich dieses politische Marketing heute nicht mehr nach traditionell ideologischen Anpassungsmustern aus (Kampf um inhaltliche Übereinstimmung). Es bewährt sich darin, daß durch ständig *wiederholte* Thematisierung in repräsentativen Publikumsmedien die Entscheidungsdringlichkeit bewußt gemacht wird, daß Entschei-

Gesellschaftssystem, sondern nur noch das politische integriert, können ihre Themen auch den politischen Kommunikationen *außerhalb* des politischen Systems (z. B. zwischen opinion leader und opinion receivers) Struktur geben, haben also gesamtgesellschaftliche Bedeutung.

dungen mit dem Auftreten prominenter Politiker, die selbst
bereits öffentliche Themen sind, verquickt werden und daß
die Meinungen zu Themen auf eine begrenzte Zahl reduziert,
zu Standards (affirmativen und kritischen) verarbeitet und in
Umlauf gebracht werden. Diese Bemühung um öffentliche
Ratifizierung von Entscheidungen, die auf Massenkommunikation angewiesen ist, hält zumindest die Diskussion unter
Kontrolle. Obrigkeitliche Autorität wird »durch ein Arrangement mit der ›Öffentlichkeit‹ ergänzt und teilweise schon
ersetzt«.[77]

Innerhalb der Massenkommunikation ist es die spezifische
Funktion der öffentlich-manifestierten Meinung (der Publizistik), jene Meinungen, die in den Bahnen institutionalisierter
Themen kursieren, für die ›pluralistische‹ Diskussion zu stan-
dardisieren – nicht zu indoktrinieren. Die in den Medien
veröffentlichte Meinung organisiert die Zirkulationssphäre
der öffentlichen Meinung, aber macht sie nicht. (Hier wird
nicht danach gefragt, wie Individuen und Gruppen bestimmte
Meinungen – oder ›Einstellungen‹ und ›Verhaltensweisen‹ –
annehmen und aufgeben. Der Gebrauch der Massenmedien
als *Propaganda*mittel impliziert Probleme, die im Rahmen
einer Kritik der Wirkungstheorien abzuhandeln sind.)

Von der ›Kritik- und Kontrollfunktion‹ der Massenkommunikation gegenüber dem politischen System ist viel die Rede,
denn darin wird der positive Aspekt des Meinungmachens
gesehen. In der Praxis beschränkt sich freilich die Autonomie
der Publizistik (die Suche nach dem eigenen Standpunkt) auf
die Bearbeitung und Präsentation der Meinungskomplexe der
gut eingeführten politischen Institutionen. Die Arbeitsteilung
zwischen verschiedenen Medien und Organen widerlegt dies
nicht. Selektierende und generalisierende Kommunikationen
kontrollieren die Ausübung von Macht nur insofern, als sie
dafür sorgen, daß die publizistisch standardisierten Standpunkte sich in der ›Öffentlichkeit‹ gegenseitig kontrollieren.
Im Rahmen anerkannter Themen führt die Selektion, Präpa-
rierung und Kombinierung von Meinungen dazu, daß sie nun
selbst als Themen behandelt werden können. Dies hat den
Vorteil, daß man sich, während man sie vorbringt, zugleich
von ihnen distanziert. *Thematisierung von Meinungen* ist
heute das typische Verfahren, durch das einerseits Meinungen

wie Spielmarken (als Subthemen) in Umlauf gebracht werden können und andererseits der Anforderung, Themen und Meinungen zu unterscheiden, entsprochen wird. – Selbstverständlich ist es Bedingung der Fungibilität des politischen Systems, daß dessen verschiedene Untergliederungen und Gruppen durch nie unterbrochene informative und Leistungen übertragende Kommunikationsströme verbunden sind. Dem entspricht die ›politische Informations- und Bildungsaufgabe‹ der Massenkommunikation.

Die Vorstellung von den meinungmachenden Medien verführt auch dazu, diese zur Basis zu erklären und öffentliche Meinung als massenkommunikativen Rückkoppelungseffekt zu begreifen: »Der Rezipient reagiert in irgendeiner Weise auf die Aussage des Kommunikators, und diese Reaktion wirkt sich aus auf das zukünftige Verhalten des Kommunikators. Es ist aber meist nicht der Rezipient selbst, der antwortet, sondern es ist seine Gruppe, seine ethnische, religiöse oder Berufsgruppe, die von der Aussage betroffen war oder sich betroffen fühlte: Deren meist durch formale Organisation feststehende Repräsentanten reagieren, obgleich diese oft gar nicht direkte Rezipienten waren und noch seltener die Gesamtheit ihrer Gruppe um eine Stellungnahme bitten.«[78] Es ist sinnvoll, Rezipienten von Verbänden und Institutionen zu unterscheiden. Diese fungieren nicht nur als Rezipienten, sondern auch als politische Agenturen, die ihre (bereits bekannten oder neuformierten) Meinungen nicht ausreichend repräsentiert sehen und daher für deren Standardisierung und Thematisierung sorgen. Nicht erst durch ihre Reaktion entsteht öffentliche Meinung. Vielmehr hat die ›Rückkoppelung‹ wie auch die als einseitig empfundene veröffentlichte Meinung bereits die Zirkulationssphäre strukturierender Themen zur Voraussetzung.

Im übrigen darf die ›Antwort‹ selektierender Rezipienten nicht mit informeller, wenig spezialisierter und ›diffuser‹ interpersonaler Alltagskommunikation verwechselt werden. Deren partiell nichtinstitutionalisierte Themenansätze, Meinungen und Kommunikationsformen erreichen die Kommunikatoren nur zensiert und verkürzt, da sie von Meinungsführern und Organisationen auf ihre massenkommunikative Verwertbarkeit hin korrigiert werden. In jedem Fall ist unter

›Auswirkung auf das Verhalten des Kommunikators‹ die
Erhöhung der zu reduzierenden Themenkomplexität oder die
Bearbeitung renommierter Meinungen zu verstehen.

Die Meinungen der politischen Organisationen und Institutionen hallen in der öffentlich-manifestierten Meinung wider.
Daß sie in strategischer Absicht zu Alternativen gebündelt,
programmatisch verfestigt oder formelhaft zitiert werden,
erhöht ihren Bekanntheitsgrad. Doch es müssen Meinungen
zu Themen sein, die sich in der Massenkommunikation
bewährt haben, bevor sie die Kommunikationen des Entschei-
dungssystems orientieren können. Die *öffentlichen* Themen
strukturieren auch die *geheimen* Verhandlungen zwischen
Verbänden, Gewerkschaften, Parteien und Institutionen und
die nicht öffentliche Verwaltungstätigkeit, hinter die sich der
Staat zurückzieht. Das Ausblenden der Öffentlichkeit dient
gerade nicht dazu, Überraschendes, Gewagtes ins Spiel zu
bringen, sondern der Abwehr aller nicht offiziösen, nicht
öffentlich akzeptierten Positionen. Was sich zwischen Bürgern und Verbänden abspielt, wiederholt sich verbandsintern:
Thematisierungen und Meinungen, die in der quasi-öffentlichen Meinung nicht institutionalisiert bzw. nicht standardi-
siert worden sind, werden zurückgewiesen.* Auch dies erinnert daran, daß Macht nicht mehr durch das Prinzip und im
Medium des öffentlichen Räsonnements rationalisiert wird.
Die Verbandsspitzen haben insofern die Mitglieder mehr zu
fürchten als die ›Öffentlichkeit‹.

* Vgl. dazu Claus Offe: »Die Formulierung negotiabler Verhandlungsposi-
tionen entzieht sich notwendig auch der verbandsinternen Öffentlichkeit; eine
Verhandlungsstrategie nähme sich, wäre sie an ausdiskutierte Weisungen und
bindende Beschlüsse der Mitgliedschaft gebunden, alle Erfolgsaussichten, weil
diplomatisches Taktieren und flexibles Ausnutzen unvorhergesehener Situationen dann unmöglich würden. Wenn aber die *Nicht-Öffentlichkeit* der Verhandlungsstrategie zur funktionalen Erfolgsvoraussetzung wird, trifft dasselbe auf
die Entdemokratisierung der innerverbandlichen Struktur zu: Vorstände, Ver-
handlungskommissionen und Lobbyisten müssen gegen ›unsachliche‹, ›unreali-
stische‹ Forderungen einfacher, nicht ›eingeweihter‹ Verbandsmitglieder abgeschirmt werden, wenn nicht die eigentliche Verhandlungsposition in Gefahr
geraten soll. Das setzt eine dauernde Disziplinierung der Mitglieder durch die
Verbandsspitze jedenfalls in den Verbänden voraus, die bei ihren Mitgliedern
das Risiko ›utopischer‹ Bedürfnisäußerungen einkalkulieren müssen; vornehmlich also in den Gewerkschaften.« *Politische Herrschaft und Klassenstrukturen*, in: Gisela Kress / Dieter Senghaas (Hrsg.), *Politikwissenschaft*, Frankfurt
1972, S. 148.)

Politisches System und ökonomisches System, deren Strukturen korrelieren, bestimmen weitgehend die Eigentumsverhältnisse und die Organisationsform der Massen*medien*. In Interdependenz mit den generalisierten Verhaltenserwartungen der Massen*kommunikation* und relativ verselbständigten, abstrakten soziokulturellen Motivationsmustern konstituieren sie die verbindlichen Aufmerksamkeitsregeln und die gesellschaftliche Kommunikationsstruktur (dieser Begriff bedarf noch der Klärung). So läßt sich die historische Bedeutung des gegenwärtig institutionalisierten Themenzusammenhangs nur in der Konstellation mit ausgehöhlten, aber nach wie vor verhaltenssteuernden *privatistischen* Leistungsmotiven[79], kapitalistischen Produktionsverhältnissen und den Mechanismen postdemokratischer Entscheidungsfindung erfassen.

Man wird in die Irre geführt, wenn man das Gewicht politisierter Verwertungsstrategien für die Massenkommunikation daran zu ermessen versucht, ob die Rundfunkaufsicht mißbraucht wird, ob Rundfunk- oder Verwaltungsräte »statt Kontrolle Einfluß ausüben«, indem sie Programme verhindern oder favorisieren (Versuche direkter Einwirkung). Die Funktion dieser Strategien zeigt sich darin, daß die Aufmerksamkeitsregeln, die den Anerkennungsgrad von Themen der quasi-öffentlichen Meinung bestimmen, von der Massenkommunikation nicht willkürlich gesetzt und beliebig variierbar sind, sondern an die Strukturen des politischen Systems ›anschließen‹.[80]

Themen, die Aufmerksamkeit nicht für bevorstehende bzw. dringliche Entscheidungen, sondern für Konsumverhalten, Interaktionsmuster, überliefertes Wissen usw. beanspruchen, werden dagegen nach Regeln selektiert, für die kulturelle Normierungen und soziale Einstellungssyndrome maßgeblich, aber nicht determinierend sind, da sie variable Ausdeutungen zulassen.

Was es für eine Theorie der Massenkommunikation bedeutet, daß Firmen Werbezeit, Werbefläche und Public-relations-Dienste kaufen und die meisten Medien kommerziell organisiert sind (und sich daher noch mehr als die öffentlich-rechtlichen Medien der ›Rezipientenwünsche‹ als projizierter Selektionsraster bedienen), kann nur eingeschätzt werden, wenn man davon ausgeht, daß sich allgemeiner Konsumdruck und individuelles Leistungsmotiv nicht erst auf der Ebene von Reklame durchsetzen. Die Probleme, die sich hier aufdrängen, beziehen sich eher auf die Wirkung von Kommuniqués als auf die Korrelationen sozialer Systeme. – Ein anderes Problem ist es, daß heute *alle* Produktionen der Massenkommunikation den Charakter von Werbesendungen haben. Sie müssen immer drastischere Mittel anwenden, um Aufmerksamkeit zu erregen, da deren Schwelle immer höher rückt. Darin manifestiert sich, daß heute die massenkommunikativen Aufmerksamkeitsregeln letztlich *willkürlich* festgelegt werden. Diese Willkür hat zwei Aspekte. Zum einen steht die Massenkommunikation, deren Selektionsleistungen *überall* akzeptiert werden, nahezu unvermittelt einer Grauzone alltäglicher Kommunikation gegenüber, deren Artikulationen verleugnet oder denunziert werden und deren Interaktionsmuster nicht mehr verallgemeinerungsfähig sind (d. h. auch nicht mehr Legitimationsgrundlage einer Emanzipationstheorie sein können). Zum anderen läßt sich die Geltung jener Aufmerksamkeitsregeln nicht mit der Fungibilität von Sozialsystemen gleichsetzen, denn diese wäre auch bei Regeln gewährleistet, die keine pseudoprivatistischen Varianten des privatistischen Leistungsmotivs mehr enthalten.

Willkürliche Selektivität

Die Programmindustrie der Massenkommunikation, zumal in Fernsehen, Hörfunk und Presse, erhebt den Anspruch, die *Universalität* der Zeitinhalte zu vermitteln. Aber die Intention auf repräsentative Widerspiegelung der gesamten Welt[81] ist Trug; Vollständigkeit, ›Vielseitigkeit‹ und ›Ausgewogenheit‹ der Medienprogramme sind Schein. In unserer Gesellschaft garantiert die Konstellation von latenten Aufmerksamkeitsregeln gerade eine *einheitliche Einseitigkeit* der Themenselektion für gesellschaftliche Kommunikation.

Der immens anwachsende Bedarf an schneller Informationsvermittlung zwischen den sozialen Subsystemen und an überall in gleicher Weise sinngebenden semantischen Strukturen und visuellen und akustischen Signalen zwingt dazu, Kommunikation zu organisieren und im Hinblick auf Form und

Thematik bis zu einem gewissen Grad zu vereinheitlichen – denn nur so ist auch der schnelle Wechsel von Form und Thematik möglich. Ein ›generalisiertes Programmangebot‹ verweist auf eine ›generalisierte Rezeptivität‹ des Rezipienten, der nie lediglich mit Einzelerfahrungen in dieser oder jener Sendung korrespondiert, sondern »mit dem Gesamtangebot, einer hochindustrialisierten Leistung umgeht«.[82]

Doch die historischen *Kriterien*, nach denen diese Generalisierung heute erfolgt, sind Ausdruck ›monopolistisch‹ konservierter Trägheitseffekte und gewährleisten eine bornierte Standardisierung von Inhalten (Sinnkomplexen) und Formen (der Wahrnehmung). Der massenhafte ständige Austausch von Selektivität gegen Aufmerksamkeit (bei Rezipienten *und* Kommunikatoren) richtet sich nach ›Institutionen‹, d. h. ›universal verwertbaren Präferenzen‹, nach Bevorzugungs- und Vernachlässigungsmustern, die sich durch die Prozesse, die sie präformieren, nicht mehr in Frage stellen lassen. Daß die Geltung dieser Regeln des formierten Kommunikationsmarkts mit der Permanenz *willkürlicher Abstraktion* von nichtsanktionierten Aspekten und Gehalten gleichbedeutend ist, wissen die Kommunikatoren und Rezipienten nicht.* Alternative Ansprüche, die unmittelbar an die Medien gerichtet werden, folgen immer schon den fungiblen Ordnungsprämissen.** »Unter bestehenden monopolistischen Strukturen wird ›Kommunikation‹ zur Übermittlung abstrakter institutionalisierter ›Botschaften‹ an ein solipsistisch in Subgruppen je isoliertes und in traditionalistischen Bindungen systemnotwendig befangenes ›Publikum‹ [...].«[83]

Die historisch-konkrete Selektivität des Massenkommunika-

---

* Vgl. Dieter Prokop, *Zum Problem von Konsumtion und Fetischcharakter im Bereich der Massenmedien*, in: D. Prokop (Hrsg.), *Massenkommunikationsforschung 2: Konsumtion*, Frankfurt 1973, S. 13. Prokops Rekurs auf einen Begriff von Tauschtotalität wird hier nicht nachvollzogen, denn dieser suggeriert einen einheitlichen Sinnzusammenhang der Gesamtgesellschaft, eine Gesellschaft, die nach wie vor auf *einem* Prinzip basiert. Er insistiert auf einem Begriff, der noch die Auflösung seiner historischen Konstituentien (der Momente eines revolutionspraktischen Antagonismus) überlebt.

** Daß alle Individuen, die an der Massenkommunikation teilhaben, die institutionalisierten Aufmerksamkeitsregeln ›anerkennen‹, besagt nicht, daß sie mit ihnen auch einverstanden sind, sie rechtfertigen u. ä. Wohl aber besagt dies, daß sie die Regeln ›verstehen‹ und nach ihnen selektieren.

tionssystems ist durch den Ausschluß ganzer Themengruppen und durch die »systematisch verzerrte Wahrnehmung« (Offe) bestimmter Sinnaspekte gekennzeichnet. Eine Konfiguration willkürlich institutionalisierter Aufmerksamkeitsregeln, die zugleich Ausschließungsregeln sind, ein verselbständigtes Filter- und Begünstigungssystem registriert, selektiert und sortiert Traditionsgehalte, Phänomene, Daten und Benennungen und entzieht bereits artikulierte Bereiche und ›abweichende‹ Aspekte der allgemeinen Beachtung.

Wenn festgestellt wird, daß die ›Neuheit von Ereignissen‹ und ›Symptome politischen Erfolgs‹ die Verteilung von Aufmerksamkeit und damit die Themenbildung regeln, täuscht dies noch die Indifferenz bzw. die freie Ausdeutbarkeit der Regeln vor. ›Neuheit‹ und ›Erfolg‹ aber werden in der Massenkommunikation vorab unter einem restringierten Sinnaspekt aufgefaßt und mit diesem einseitigen Verständnis gleichgesetzt. Schlechthin sind sie auch gar nicht bestimmbar: nicht differentiell, also nicht selektiv. Die restriktiven Optionen auf die Begriffe des Erfolgs und des Neuen bezeichnen die eigentlichen Aufmerksamkeitsregeln.

Daher sind auch die öffentlich akzeptierten Thematiken nicht einfach neutrale Interaktionsmedien, die nur sich selbst und diskussionswürdige Stoffe vorgeben. Vielmehr reproduzieren sie als Sinnstrukturen der ›öffentlichen‹ Kommunikation immer auch jenen besonderen selektiven Sinnaspekt, der sie konstituiert hat (und der nichts mit ›Meinung‹ zu tun hat). Gilt Aufmerksamkeit einem Thema, dann gilt sie zugleich den Superthemen ›Erfolg‹ und ›Neuheit‹. (Ein Thema wird nie nur von einem, sondern mindestens von mehreren, wenn auch nicht stets von allen Aufmerksamkeitsregeln festgelegt.) Alle Prämissen der Themenselektion sind Dauerthemen, die Themen im Thema. Spricht man von der Olympiade oder von einer Sängerin, so spricht man auch vom Erfolg, von Statuskonkurrenz, von Übereinstimmung, Abweichung usw. Die Aufmerksamkeitsregeln, ein Syndrom von kohärenten soziokulturellen Einstellungsmustern und ideologischen Restbeständen, erhöhen die Zahl und die Kapazität der wechselnden und in sich veränderlichen Kommunikationsbahnen nur unter einem Vorbehalt: Sie delegieren nicht nur die Themen, die Aufmerksamkeit auf sich lenken, sondern formen auch die

Qualität der Aufmerksamkeit selbst, die zu verteilen ist. Unter der Herstellung einer ›restriktiven Öffentlichkeit‹ ist heute letztlich diese Konditionierung gesellschaftlicher Aufmerksamkeit zu verstehen.

Im folgenden wird versucht, die dominierenden Aufmerksamkeitsregeln und ihre Funktion für die Programmgestaltung der Medien näher zu bestimmen. Die Formulierungen dieses Katalogs können keine apodiktische Gültigkeit beanspruchen und lassen Spielraum für Umbenennungen, die Herstellung anderer Querverbindungen und die Umstrukturierung der Regelkonstellation. Doch beansprucht der Katalog, alle wesentlichen Ausrichtungen massenkommunikativer Aufmerksamkeit zumindest annähernd zu erfassen.

Als Kriterien der Themenselektion fungieren:

(1) *Der Bezug aufs PERSÖNLICHE, PRIVATE und INTIME unter dem Gesichtspunkt der Reduktion aufs Vertraute, des normierenden Vergleichs und der Identifikation mit der Autorität.* Im Sinne dieses Leitmotivs werden die Erfahrungsstrukturen der Individuen, die sich, wie die Unterschichtangehörigen, vor allem an der alltäglichen Nahwelt orientieren, unvermittelt auf politische Komplexe übertragen. Dies führt zur »formalisiert-demokratischen Beachtung des ›Alltäglichen‹, ›Normalen‹ in den untersuchten Phänomenen«.[84] Vertrauensvorschuß haben im allgemeinen Themen, die sich mit dem ›Eigenen‹, ›Echten‹, ›Individuellen‹ befassen und Formen der Annäherung an dieses behandeln (Konsum). ›Human interest‹ wird gewöhnlich als Interesse an autoritativen Vorbildern (Idolen), als Neugier auf das Privatleben der Berühmten und Einflußreichen und als Bedürfnis nach Distanzverringerung und Bestätigung der eigenen Lebenshaltung interpretiert. Im Hinblick darauf werden in nahezu allen Medien – man denke insbesondere an die Fernsehzeitschriften, die Illustrierten, die Regenbogenpresse und die Boulevardblätter – *Prominente* aus dem Bereich der Freizeitindustrie, der Politik, des Sports und der high society thematisiert (allerdings auch unter anderen Gesichtspunkten).[85] Die Darstellung der ›Machtelite‹ und der Stars erfüllt somit Funktionen der ›Lebenshilfe‹. Ähnliches gilt für die klischeehafte Popularisierung intimer Sitten und Verhal-

tensweisen bestimmter Berufsgruppen, Suburbias, Kleinstädte, Ferienlandschaften und Gruppen der ›Gesellschaft‹, für die ›Reports‹, die sich auf Sex konzentrieren, und für die standardisierten Handlungsabläufe in Romanheften (Generalthema ›romantische Liebe‹) und Filmen. – Die Schlagzeilen der Boulevardblätter, die politische Ereignisse, soziale Trends und die Misere der Kleinfamilie in Geschichten von Personen übersetzen, bieten Anschauungsmaterial für die Popularität des konkretistisch Nachvollziehbaren. Auch für Redakteure von Fernsehen und Hörfunk gilt die goldene Regel, Themen zu bevorzugen, die ›den Menschen direkt betreffen‹, nicht zuletzt seine Sehnsucht nach der Natur (Tiersendungen). In den Tageszeitungen »nehmen die Einzelthemen ›Rollenhandeln von Politikern‹ und ›Werdegang und Privatleben von Politikern‹ [...] einen noch größeren Platz ein als beim optischen Medium. [...] Die Berichterstattung über die Parteien oder die Fraktionen des Bundestags geschieht weitgehend über die Spitzenpolitiker oder -Funktionäre.«[86] Die Publikumszeitschriften schließlich erwarten Resonanz in erster Linie von den Themenkategorien ›Klatsch und Tratsch‹, ›individuelle Lebensprobleme‹, ›Prominenz‹, ›Haushalts- und Familienprobleme‹ und ›zwischenmenschliche Beziehungen‹.[87]

(2) *Symptome des ERFOLGS unter dem Aspekt der Quantifizierbarkeit und der persönlichen Zurechenbarkeit (des Prestigegewinns).* Der hier zugrunde liegende Erfolgsbegriff wird auf Symptome reduziert, d. h. scheinbar neutralisiert. So kann er stillschweigend mit abstraktifizierender Leistungsmaximierung und der abergläubischen Vorstellung von ›Fortune‹ gleichgesetzt werden. Die Symptome des Erfolgs werden von ihren Systembedingungen isoliert und als Eigenschaften von Individuen ausgegeben. – Auch kraft der Attraktivität von Erfolg wird Aufmerksamkeit an Prominentenberichte verteilt. Beliebt sind Veröffentlichungen von Umfrageergebnissen und Artikel über Karrieren, Jet-set-Partys und persönliche Ausstrahlungskraft im richtigen Moment bei den richtigen Leuten. Die »Zelebrierung der Illustrierten- und Fernsehprominenz« kulminiert in der »Etablierung eines Persönlichkeitskults« (Holzer). Bei Themen mit Idol- und Traumcharakter ist die routinierte Spekulation auf den Erfolgsmythos deutlich. Selbst Unterhaltungssendungen sind mehr oder weniger

Potpourris, die das Superthema Erfolg im small talk variieren.*

(3) *NEUHEIT, NEUARTIGKEIT, ›MODERNITÄT‹ von Ereignissen (Phänomen) – unter stillschweigender Voraussetzung eines abstrakt quantifizierenden Zeitbegriffs und unter dem Aspekt der Fixierbarkeit (Isolierbarkeit) von Phänomen.* Das von Massenkommunikation generalisierte Maß der Neuheit ordnet die Sukzession des ›Aktuellen‹ nach dem Muster einer Produktion, die den Zeitstoff zu formalen Einheiten verarbeitet. Dies gilt auch für Modeströmungen, für ›Trends‹: Wenn ein Zeitquantum verstrichen ist, wird es Zeit für eine neue Welle. Ronneberger spricht vom »Wahrheitsverdacht des Neuen«, der in »modernen« Kulturen an Boden gewinne.[88] Solche Priorität von ›Neuheit‹ begünstigt einen Progressivismus, der Themen nicht durch Veränderung des sozialen Zusammenhangs, sondern durch das Verstreichen von Zeit veralten läßt. Daher ist die täglich sich wiederholende Ausbeutung in einem lateinamerikanischen Staat für die Massenkommunikation kein aktuelles Thema – nicht einmal der geschickte Wandel der Praktiken nordamerikanischer Trusts –, wohl aber die Gefährdung des Karnevals durch ein Unwetter in demselben Staat.

(4) *Symptome der HERRSCHAFTSAUSÜBUNG (als Exekution staatlicher Gewalt und als Entfaltung von Repräsentation).* In der innenpolitischen Berichterstattung finden die Bereiche ›Regierung‹, ›Bürokratie‹ und ›Rechtsprechung‹ besonders große Beachtung[89]; in den Fernsehnachrichten »entfällt ein bemerkenswert hoher Anteil der Meldungen auf

* Dagegen hat der »Status des Absenders einer Kommunikation«, von Luhmann als Aufmerksamkeitsregel für die Selektion von Themen der öffentlichen Meinung aufgeführt, nicht die Bedeutung einer Aufmerksamkeitsregel der Massenkommunikation. Zwar finden »politische Führer, bekannte Namen, gesellschaftliche Größen [. . .] für ihre Mitteilungen eher Aufmerksamkeit und Echo als Leute, die nicht über prominenten Status verfügen«, und »der Status färbt gleichsam auf die Mitteilung ab«. (N. Luhmann, *Öffentliche Meinung,* a.a.O., S. 17) Aber dies nur deshalb, weil Prominente selbst bereits *Themen* sind, die unter Beachtung verschiedener Aufmerksamkeitsregeln öffentlich anerkannt werden. Neue Themen, die Personen mit hohem sozialen Status als Kommunikatoren einbringen wollen, finden Anklang, wenn sie mehreren generalisierten Selektionsregeln gerecht werden. Ist dies nicht der Fall, dann hat das Kommuniqué kein weiteres Thema, sondern eben nur eines: den Prominenten selbst.

allgemeine außen- und sicherheitspolitische Fragen sowie innenpolitische Ereignisse anderer Länder«.[90] Unter dem, was vermeldbar wäre, werden mit Vorliebe Ereignisse mit hohem Symbolgehalt (Abspielen von Hymnen und Abschreiten der Ehrenformation bei Staatsempfängen, Abzeichnen von Verträgen) herausgepickt. Berichte über Rüstung und Waffensysteme und über Strafprozesse (Rechtsprechung überhaupt), Ganztagssendungen aus dem Bundestag und die Darstellung des Rollenhandelns führender Politiker verraten u. a. das allgemeine Interesse an den Einzelheiten der *manifesten* Machtausübung und an den Konfrontationen von Machtgruppen.

(5) *Unterscheidung von NORMALITÄT UND ANOMALITÄT, Übereinstimmung und Abweichung im Hinblick auf individuelle Verhaltensorientierung und Wertung.* Aufmerksamkeit erregen Themen, die sich auf eine solche Unterscheidung beziehen und in deren Rahmen die Zuweisung des einzelnen und der anderen zu Mehrheiten bzw. zu Minderheiten möglich ist. Die Sex-und-Crime-Themen der Boulevardzeitungen, Illustrierten und Wochenendblätter und die entsprechenden Filmhandlungen konstituieren ausdrücklich oder unausdrücklich einen Gegensatz von akzeptierter Konvention und denunzierter Abweichung. Mehr oder weniger tun dies nahezu alle Abhandlungen, Reports und Human-interest-Artikel über Familienverhältnisse, Probleme des Haushalts, der Lebensführung und der Erziehung, sexuelle Neigungen, Berufschancen, psychologische Fragen und Verstöße, Vergehen und Verbrechen. Auch die ›Bunten Abende‹ des Fernsehens präsentieren Themen (standardisierte Lehrstücke) des ›Sympathischen‹, allseits Anerkannten: Liedertexte, Witze, Gesprächsthemen in der Begegnung ›von Mensch zu Mensch‹. Prominente Persönlichkeiten werden nicht zuletzt unter dem Aspekt ihres Vorbildcharakters offeriert. Schilderungen von persönlichen Eigenheiten finden als potentielle Anpassungs- und Vergleichsmuster Interesse.

(6) *GEWALT, AGGRESSIVITÄT, SCHMERZEN und ZIVILISATORISCHE SCHMERZSURROGATE als Belege des ständigen Bedrohtseins (Unabsehbarkeit) und der Schicksalhaftigkeit sowie unter den Aspekten der ›Stellvertretung‹ (Projektion auf Täter und Opfer; Erfahrung, noch einmal davongekommen zu sein).* Vordringlich sind Berichte über

Katastrophen, Kriegsereignisse, Verbrechen und Unfälle, aber auch Hinweise auf Gefährdungen von Funktionen des alltäglichen Lebens. »Drohende physische oder organische Belastungen, ›Streß‹, Gefährdung von Intimbeziehungen, an denen man hängt, Geldverluste, Haushaltskürzungen, Positionsverluste, besonders meßbarer und vergleichbarer Art, haben eine hohe Alarmstufe, wenn sie nicht mehr in institutionelle Selbstverständlichkeiten eingebunden sind und auch nicht durch die Vorstellung eines sinnvollen Opfers kompensiert werden können.«[91]

Eine individualpsychologische Deutung der Aggressivität und Brutalität in den monopolistisch kontrollierten Massenmedien hat Prokop gegeben. (»Die sadistische Zerstörung des Glücks, der ›Abweichungen‹ anderer [...] ist unmittelbar mit der intrapsychisch zensierenden Instanz identisch, die im Individuum reale Lustansprüche unterdrückt.«[92]) Sie ist ein Hinweis auf den Zusammenhang von sadomasochistischen Reaktionen und massenmedialer Affinität zur Gewaltdarstellung, kann aber die routinemäßige Aufmerksamkeit, die in sozialer Interaktion den gewaltförmigen Phänomenen und den Schmerzsurrogaten entgegengebracht wird, nicht hinreichend klären und bestimmen. Diese Aufmerksamkeit reagiert regressiv auf einen soziokulturellen Zustand, in dem Individuen, Gruppen und regelinterpretierende Instanzen (Eltern, Schule, Ausbilder, Kirche, öffentliche Ratgeber u. a.) bei der Ausdeutung und Bewältigung existentieller Risiken nicht mehr auf ›institutionelle Selbstverständlichkeiten‹ zurückgreifen können. Sie werden vielmehr durch eine bestimmte Form der Isolierung gleichgeschaltet (aber nicht mehr durch einen *einheitlichen* Ideologiezusammenhang).

Im allgemeinen hat die Beachtung dieser Aufmerksamkeitsregel auch die Funktion einer Reduktion überindividueller Ereignisse und Zustände (Kriege, Klassendisparitäten, Vernachlässigung öffentlicher Bereiche wie ärztliche Versorgung, Verkehr usw.) auf nachvollziehbare Vorgänge der individuellen Nahwelt.

(7) *Berücksichtigung von Formen des WETTBEWERBS unter dem Aspekt des affektiv besetzten Kampfes, der Statuskonkurrenz und der persönlichen Rivalität.* Dieses Kriterium steht in engem Zusammenhang mit dem Bezug auf Erfolgs-

symptome und aufs Persönliche und Intime. Die Vorstellung von aufstrebenden Politikern, Funktionären in Schlüsselpositionen, Schauspielern, Intendanten und Leistungssportlern (in der Presse, in Illustrierten und im Fernsehen) wäre unvollständig ohne den Hinweis auf niederkonkurrierte oder die erkämpfte Stellung unterwühlende Rivalen. Aber auch die Beliebtheit von Fußballspielen, Sportsendungen schlechthin, die übliche Behandlung der Geschlechtsrollenproblematik, die Interpretation historischer Umwälzungen als Titanenringen großer Männer in Filmen und die Konfrontation prominenter Politiker in Fernsehdiskussionsrunden setzen die Geltung dieser Aufmerksamkeitsregel voraus.

(8) *Bezug auf die Vergrößerung des EIGENTUMS unter dem Aspekt des persönlichen Einkommens und Habens und der Bereicherung des individuellen Lebens.* Für den hierbei zugrunde liegenden Eigentumsbegriff hat das Verhältnis von Konsum, Besitz und *Bedürfnisbefriedigung* untergeordnete Bedeutung. Der entscheidende Gesichtspunkt ist die Selbstidentifizierung mit dem monetären, materiellen, physischen und psychischen Vermögen, mit der Verfügung über das ›Eigene‹.

Diese Aufmerksamkeitsregel ist bedeutsam bei der Gestaltung und Rezeption der Werbesendungen, der Public-relations-Kommuniqués und ›Service‹-Artikel in Zeitschriften und für die Thematisierungen des privaten Bereichs in Filmhandlungen. (Sendungen und Texte mit explizitem oder implizitem Werbecharakter stellen aber keineswegs nur den Bezug auf persönliches Eigentum her, sondern beachten jeweils auch mehrere andere Aufmerksamkeitsregeln.) Im übrigen betonen auch Human-interest-Themen die possessive und individualisierende Seite des ›Eigenen‹.

Im Zusammenhang mit der Präferenz eines spezifischen Eigentumsaspekts steht auch die typische Einengung des Kommunikationsgegenstandes ›Wirtschaft‹ in den entsprechenden Sparten der Tageszeitungen. Die Produktionsverhältnisse erscheinen als Einrichtungen und Verfahren zur Herstellung von Produkten – d. h. von absetzbaren Gütern, von potentiellem Eigentum –, nicht aber als Formen der Beziehungen der Gesellschaftsmitglieder.[93]

(9) *KRISEN und KRISENSYMPTOME unter dem Aspekt*

der Sicherung einer formal bestimmten ›Systemstabilität‹ gegen aktuelle Gefährdungen. Die Aufmerksamkeit richtet sich in der Regel auf Oberflächensymptome, auf öffentlich sichtbare und konkretisierbare Ereignisse. Von diesen wird dann auf die Bedrohung des Systembestands geschlossen. So wird denn auch ›Systemstabilität‹ fast durchweg mit *manifester* Ruhe, Sicherheit und Beständigkeit gleichgesetzt: mit dem Ausbleiben nichtstaatlicher Gewalt, mit der Aufrechterhaltung ›öffentlicher‹ Ordnung und mit der Stetigkeit der Besetzung von staatlichen Spitzenpositionen. (Das Thema der Bildungskrise ist nicht institutionalisiert, denn es mangelt ihm an Aktualität.) Erst wenn latente Krisen – also Nicht-Ereignisse – das ›eingelebte Anspruchsniveau‹, das von sozialen Disproportionalitäten bedingt ist, bedrohen, erst wenn der äußere soziale Frieden (Arbeitsfrieden) gestört ist, wird die Aufmerksamkeit alarmiert. Als ›Stabilität‹ erscheint demgegenüber ein ›Gleichgewicht‹, das sich unter der Voraussetzung einer grundsätzlich ungleichen Gewichtung von Kapital und Arbeit eingependelt hat. – Der ›Frieden‹ als Gegensatz zum ›Krieg‹ – gewissermaßen der Superkrise – ist erst dann gestört, wenn in Waffengängen zwischen Staaten oder nationalen Lagern Blut fließt, nicht durch nationales und internationales Leiden und Elend. Erst der so gestörte Frieden erregt die kontinuierliche Aufmerksamkeit der massenhaften sozialen Interaktion.

(10) *Beachtung des AUSSERGEWÖHNLICHEN, ABSONDERLICHEN und EXOTISCHEN im Sinne der Abgrenzung und Bestätigung des Eigenen, der Verfügung über Scheinalternativen zum Alltagsleben, kultureller Projektion und konsumierender Aneignung.* Symptome der Geltung dieser Aufmerksamkeitsregel sind u. a. die Zeitungssparte ›Gemischte Nachrichten‹, die Sensationsberichterstattung der Boulevardblätter und Illustrierten, die Werbeinhalte, die Thematiken ganzer Verlage, Bücherreihen und Comics-Serien und die Handlungsschemata (zu denen auch die jeweils bevorzugten Gegenden gehören) in vielen ›Wellen‹ von Kinofilmen (Abenteuerfilme, Seeräuberfilme, Horrorfilme, Italo-Western usw.). »Das Ausgefallene, Absonderliche, Elitäre, Exzentrische, Ausgestoßene, Anomale wird in Millionenauflage zum Gegenstand des Staunens gemacht.«[94] – In den

spezifischen Diensten der öffentlich-rechtlichen Medien findet diese Aufmerksamkeitsregel eher weniger Beachtung. Vgl. aber auch hier die Sendungen mit Idol- und Traumcharakter.

Da die herrschenden Aufmerksamkeitsregeln zugleich Ausschließungsfunktion haben, werden alle Themen, die sich jenen Kriterien nicht fügen, von Kommunikatoren und Rezipienten gänzlich verdrängt oder zumindest vernachlässigt und zensiert. Dies betrifft nicht nur alle *möglichen* Themen, die bisher weder in der Massenkommunikation noch in direkter Kommunikation eine Artikulationschance hatten (und daher utopisch, zumindest abwegig anmuten), sondern auch eine Vielzahl von Materien, mit denen sich die Mehrzahl der Menschen täglich befaßt: Die Familien-, Alters-, Berufs- und Freizeitgruppen müssen sich mit nichtinstitutionalisierten Themen *isoliert, in nichtorganisierter Weise* befassen. Als Inhalte bzw. Medien je isolierter Interaktion werden die Themen partiell nach abweichenden Regeln konstituiert. Die unterprivilegierten und verdrängten Sinnkomplexe werden auch so lange nicht kontinuierliche ›öffentliche‹ Aufmerksamkeit erlangen, wie deren Regeln auf willkürliche Weise festgelegt werden.

Zwar können auch die Nicht-Themen durchschlüpfen, wenn sie gemäß den sanktionierten Regelaspekten modifiziert werden (und dies geschieht nicht selten). Doch dann treten sie als andere Themen auf. Und selbst diese in der Massenkommunikation umgemodelten Gehalte stehen immer im Schatten der favorisierten Themen. Erst durch kontinuierliche Berücksichtigung setzten sie sich öffentlich durch. Themen nur sehr sporadisch anzudeuten und zu behandeln ist eine Form der Abwehr. Sie tauchen einmal auf und rationalisieren so ihre Verdrängung. (Typisch: sexuelle Minderheiten, sozial Schwache, Arbeitswelt, Tod usw.)

Die Bemühung, nichtsanktionierte Themen anzumelden, wiederholt anzuzeigen und in die Programme zu lancieren, wird die herrschenden Aufmerksamkeitsregeln nicht erschüttern, eher noch bestätigen. Allenfalls kann sie das Bedürfnis nach Überprüfung und Aufhebung dieser Regeln wecken bzw. bewußt machen und stärken.

Unvollständige Liste unterrepräsentierter und verdrängter Themen:
Freizeit und Massenkommunikation. – Umgang mit den Medien. – Familiäre Alltagskommunikation: Freizeit; Entscheidungen über Budget, Wochenendgestaltung, gemeinsame Projekte; Unterdrückungsformen; Auflösungserscheinungen; Alternativen zur Kleinfamilie. – Dokumentationen über das Familienleben in verschiedenen sozialen Klassen. – Orientierung in Freizeitmärkten.

Hausfrauen: soziale Stellung, Selbstverständnis, Arbeitsweisen, Horizonte. – Massenkonsum: Tendenzen, Absatzstrategien, Marktformierung, Verkaufstricks in Supermärkten. – Tägliche Konsumberatungen: Preisvergleiche, Hinweise auf Wucherpreise und relativ Preiswertes; Warentests; Vergiftung der Nahrungsmittel, chemische Zusätze, gesunde und ungesunde Ernährung; Einkaufstraining.

Warenästhetik. – Plakatwelt. – Öffentliches Ansprechen von Partialtrieben. – Gebrauchsästhetik.

Diskussion vertrauter und neuer Modelle der Sozialisation. – Sexuelle Bedürfnisbefriedigung von Kindern und Jugendlichen: Materialien, Hemmnisse, Gelegenheiten, Initiativen. (Bisher beschränkt auf biologische Aspekte und die Verklärung der ›ersten Liebe‹.)

Der Alltag am Arbeitsplatz: Einstellung und Reaktionen auf stumpfsinnige, mechanische Arbeit. – Kommunikation zwischen Kollegen. – Tagträume. – Betriebsräte und Jugendvertreter. –Regelmäßige Reports und Diskussionen zu strukturellen und aktuellen Problemen. – Die Praxis und die Ausbauchancen der Mitbestimmung in verschiedenen Sektoren und Entscheidungssystemen. – Hierarchien im Betrieb, im Büro und im Dienstleistungssektor. – Organisation von Kollegen außerhalb des Arbeitsplatzes. – Die Bedeutung der Klassenunterschiede für das eigene Selbstverständnis.

Mietprobleme, Rechte der Mieter. – Selbstorganisation von Mietern. – Wohnungsmarkt (heute werden lediglich das Bausparen, die beschwerlichen Wege zum Eigenheim und die Probleme der Bauindustrie behandelt). – Die Wohnsituation in verschiedenen Regionen, Städten und Stadtteilen. – Stadtteilinitiativen, Nachbarschaftshilfen. – Kommunikationszentren für Jugendliche und Ältere. – Belästigung durch Geräusche und Abgase. – Slumgegenden. – Sanierungsfragen. – Boden-spekulation.

Lebensläufe von Menschen aus den Unterschichten und Randgruppen. – Reportagen über Ehen nach zehn oder zwanzig Jahren.

Probleme, die sich aus dem Wandel bzw. der Auflösung von Geschlechtsrollen ergeben. (Allgemein anerkannt ist dieses Thema unter dem Gesichtspunkt der Unterlegenheit und Überlegenheit, der Kraft und der Ohnmacht, des Kampfes.) – ›Sozialisationsdefizite‹: Kommunikationsstörungen, Massen-phänomen Einsamkeit. – Ängste und Ohnmachtsgefühle. – Leistungsangst, Prüfungsangst. – Angst vor dem Altern. – Eifersucht. – Ordnungssucht, Sauberkeitswahn. – Ticks, Zwänge, Gewohnheiten. – Psychotherapie.

Lage der Arbeiter und Angestellten in bestimmten Branchen und einzelnen Unternehmen. – Berichte aus den verschiedenen expandierenden und zukunftslosen Wirtschaftszweigen. – Eigentums- und Einkommensverhältnisse der verschiedenen sozialen Gruppen. Veröffentlichung der Gehälter, Löhne und Honorare. – Internes aus großen Firmen. – Regelmäßige Berichterstattung über Kapitalbewegungen: Fusionen, Eroberung neuer Márktanteile, Zentralisation des Kapitals, Zusammensetzung und Umbesetzung von Aufsichtsräten, multinationale Konzerne und ihre Politik. – Werbung: ökonomische Bedeutung, Strategien, Rezeptionsformen.

Internes aus Parteien und Verbänden: zentrale Vorstände, Ortsverbände. – Internes aus den öffentlich-rechtlichen und kommerziellen Medien: Organisation, Produktion, Konflikte, Medien als Arbeitswelten, Programmgestaltung, Kampf um Mitbestimmung. – Bundeswehr: Strukturprobleme, Führungsprobleme, innere Demokratie, Standortprobleme, soziale Fragen der Bundeswehrangehörigen. – Offenlegung der Arbeit der Bürokratien: Wie wird verwaltet? Wie werden Anträge bearbeitet? Nach welchen offiziellen und praktischen Kriterien wird entschieden? – Massensport: Vereinsinternes, ökonomische Bedeutung, Umsätze.

Das Leben der Alten. (Sofern dies nicht unter das Thema ›Abstieg‹ und ›Leistungsabbau‹ subsumiert wird, also nicht nur den Vergleich mit der Jugend heraufbeschwört, beläßt man es bei gutgemeinten Ratschlägen. Aufmerksamkeit finden

Altersangaben, nicht die alltäglichen Lebensumstände der Alten.) – Geisteskranke. – Nervenkliniken, Heilstätten. – Kriminelle. – Gefängnisse. – Geistig und körperlich Behinderte. – Sonderschulen und Hilfsschüler. – Erziehungsheime. – Fürsorgeerziehung, Arbeit der Jugendämter. – Sozialhilfeempfänger, Tätigkeit der Sozialämter. – Barackensiedlungen, Notunterkünfte. – ›Aufnahmeheime‹ von Hilfsorganisationen, Männerheime, Obdachlosenasyle, Bahnhofsmissionen, Heilsarmee. – Ungelernte Arbeiter. – Arbeitslose. – Gastarbeiter. (Beachtung finden die Aufdeckung besonders krasser Mißstände, die Kriminalität der Gastarbeiter und ihr wirtschaftlicher Nutzen.) – Weibliche und männliche Homosexuelle. – Der Alltag sexueller Minderheiten.

Sozialpolitik insgesamt (Altersversorgung, Vermögensbildung, Bildungswesen, Gesundheitswesen, Städtebau, Krankenversicherung usw.).[95] – Chancen der Angehörigen verschiedener sozialer Klassen im Hinblick auf Erziehung, Ausbildung, Status, Versorgung, Entfaltung individueller Fähigkeiten, Planung des eigenen Lebens usw. – Bildungskrise. (Dagegen sind der Numerus clausus, die Unruhe an den Universitäten und überfüllte Klassen Themen der ›öffentlichen Meinung‹.) – Berufsausbildung: Ausbildungsmethoden, Abhängigkeit und Willkür, Bedingungen und Aussichten in den verschiedenen Branchen und Firmen, Berufsschulen. (Hingegen werden thematisiert: ›Der Schritt ins Leben‹, d. h. eine oberflächliche Berufsberatung, die sich am Bedarf der Industriezweige orientiert; Leistungschance und Leistungsforderung; Aufklärung über Schwierigkeiten der Ausbildung ohne Namensnennungen.) – Kindergärten, Vorschulerziehung. – Alltag in den Schulen: Mißstände, Prüfungen, Lehrpläne, Mitbestimmung der Schüler und Eltern, Lehrerinitiativen, Auseinandersetzungen zwischen Ministerien und Lehrern und zwischen Lehrern und Schülern, Zustände an bestimmten Schulen. – Universitäten: Internes, Studienbedingungen, Berufungen, Prüfungen, Abhängigkeiten, Macht der Ordinarien, Bedingungen der Forschung, Mitbestimmung der Studenten, Studentenselbstverwaltung. – Krankenkassen. – Versicherungen. – Krankenhäuser. – Städteplanung. – Regionalplanung. – Strukturell unterentwickelte Gebiete.

Tägliche Informationen über den Grad und die Formen der

Luftverschmutzung und Umweltgefährdung (in Nachrichten-sendungen). – Anregung und Organisation von Tauschaktio-nen in der Bevölkerung und Information darüber: gebrauchte Gegenstände, Kleider, neue, unbefriedigende Artikel, Dienste, Wohnungen, Arbeitsstellen. – Öffentliche Vermittlung von Kontakten: zwischen Individuen mit ent-sprechenden sexuellen Bedürfnissen, zur Gruppenbildung, für Hobbyisten, als Erfahrungs- und Informationsaustausch, zwi-schen Gleichgesinnten und Initiativgruppen. – Informationen für ›soziale‹, sexuelle und ethnische Minderheiten. – Dienste für alternative und experimentelle Freizeitgestaltung. – Anre-gungen und Informationen zu nichtinstitutionalisierten und nichtkommerziellen Veranstaltungen, Meetings und Festen. – Regelmäßige Diskussion latenter Probleme zwischen Angehö-rigen verschiedener sozialer Gruppen zu festgelegten Sende-zeiten und auf bestimmten Seiten. – Wie kann das Leben mit einem Minimum an Arbeit und an Kapital auf verschiedene Weise gestaltet werden? – Wie ändert man seine Gewohnhei-ten (Tageslauf/Arbeitsweise/Konsum/Sex/Mode)? – Wie löst man sich aus einer für einen oder beide Partner unerträglich gewordenen Ehe? – Wie wechselt man Art und Bereich der Tätigkeit?

Geschichte der Arbeiterbewegung. – Geschichte der ›utopi-schen‹ Versuche, die Lage der Menschen zu ändern. – Geschichte des Gescheiterten, Untergegangenen, Unter-drückten, in der Geschichtsschreibung Verdrängten. – Geschichte der Erziehungsmethoden. – Geschichte der Unter-drückungsformen (Sklavenhaltung, Ausrottungskriege, Ver-folgungen, Internierungsformen). – Geschichte der sexuellen Gewohnheiten. – Kulturgeschichte der Familienformen und der Wohnkultur. – Geschichte der Kolonialisierung und des Imperialismus. – Kirchengeschichte: soziale Funktion, Macht-kämpfe, Organisationsstrukturen, Formen der Inquisition und der Bedürfniskonditionierung.

Die Verfassung der BRD bzw. anderer Staaten: Möglichkei-ten verfassungskonformer Umgestaltung; Informationen über Rechte, die in Vergessenheit geraten sind. – Lebensbedingun-gen, Infrastrukturen, sozialpolitische Entwicklungstendenzen in Ländern der ›Dritten Welt‹ (unabhängig von ›aktuellen‹ Ereignissen), so etwa in Kolumbien, Venezuela, Ekuador,

Peru, Brasilien und den mittelamerikanischen Staaten. – Geschichte der asiatischen, afrikanischen und amerikanischen Regionen. – Die ökonomische und strategische Bedeutung der ›Entwicklungshilfe‹ für die Monopolstaaten des Westens und Ostens.

Lebensentwürfe, Glücksansprüche und Lebenspraxis. – Modelle des ›Glücks‹, Bilder von ›freiem Leben‹. – Entwürfe ›utopischer‹ Sozialisations- und Assoziierungsformen. – Alltägliche Phantasien, Wunschträume, ernst genommen und konsequent entfaltet. – Sanktionierte und nichtsanktionierte Lüste (unter dem Aspekt ihrer inneren Konsequenz, nicht unter dem des normierenden Vergleichs). – Formen lustvoller ›Unterhaltung‹ (Amüsements): exzessive Feste ohne zwanghafte Selbstdarstellungen, Interaktionsspiele, Rollenwechsel, Meditationen, unabsehbare Beteiligungsformen, ekstatische, rauschhafte Zustände als Formen virtuell angstloser Selbstverschwendung.

Berichte über Kommunikationszentren in Städten und Anregung zu solchen. – Kontaktchancen, Kontaktformen, deren Wandel. – Innovative Kommunikationsformen. – Initiierung von Gesellschaftsspielen mit tabuierten bzw. unüblichen Partizipationsformen zur Aufhebung der Isolierung von Kleingruppen. – Mode als Zeichensystem, als Kommunikationssystem, als Form der Verwandlung, als Resultat und Ausdruck von Gruppenprozessen, als von Firmenmärkten unabhängiges Medium. – Alternative Urlaubsgestaltung als Erprobung neuer Lebensweisen (Arbeit, Familie, Bildung). – Projekte des öffentlichen Massenverkehrs, die den Primat des Individualverkehrs aufheben. – Neue Berufszweige und Arbeitsformen. – Großfamilien (Erfahrungsberichte und praktische Anregungen). – Chancen der Solidarität in Bereichen, die durch Isolierung gekennzeichnet sind. – Kooperativen in Betrieben, neue Organisationsformen geistiger Arbeit (Team, Koordinierung räumlich entfernter Projektgruppen). – Genossenschaften (Konsum, Landwirtschaft, Kindererziehung, Eigentum). – Gemeinsame Nutzung von Gebrauchsgütern (Familien, Bezirke, Kollegen). – Antipsychiatrie. – Zusammenleben von Kommunen und bislang Internierten. – Kooperative Haushaltsführung.

Die Willkürlichkeit der Themenselektion besteht nun nicht darin, daß die ›konkreten‹ Intentionen und Artikulationen nicht allesamt und unverändert von Massenkommunikation verbreitet werden. Auswahl und Zurückstellung von Themen nach allgemein geltenden Kriterien ist heute unabdingbar. Willkürlich aber ist der *Modus der Festlegung von Aufmerksamkeitsregeln.*

Diese Festlegung gehorcht massenkulturellen Hypostasierungen, historisch ihrer Legitimation beraubten, doch erstarrten Motivationstypen, »generell befolgten, fetischartig undurchschauten und ritualisierten Kulturmustern« und Präferenzen.[96] Zugleich fügt sie sich den Mechanismen eines ohne Assoziierung und wirtschaftliche Selbstbestimmung der Produzenten und Konsumenten formierten Markts (der auch ein Markt der Themen und Meinungen ist). Sie wird nicht durch die Formen und Inhalte interpersonaler Kommunikation vermittelt und hebt diese nicht auf. Da die willkürliche Festlegung und Durchsetzung der Aufmerksamkeitsregeln sich heute aber gerade als *Abweisung* strukturverändernder Sozialisationsmuster, Partizipationsweisen, Leistungsmotivationen und Identifikationskriterien vollzieht, ist sie nicht als autoritäres Gutdünken, sondern als *blinde Verselbständigung* und reflexartige Reproduktion des Tradierten, Eingespielten zu verstehen.

Solche Fortgeltung von Selektionsprinzipien, die in vielen Teilsystemen der Gesellschaft bereits dysfunktional geworden sind (wie an den Aufmerksamkeitsregeln unschwer aufzuzeigen wäre), wird durch die Verschränkung *isolierter Strukturen* und durch *Mechanismen der Isolierung* ermöglicht. Voneinander isoliert sind die an der Massenkommunikation als Kommunikatoren und Rezipienten beteiligten Individuen und Gruppen. In wechselseitiger Isolierung stehen einander das System der Massenkommunikation (Themenselektion) und die Komplexe der direkten Interaktion gegenüber. Gewisse *Formen* der ökonomischen, politischen und alltäglichen Kommunikation werden von Massenkommunikation nicht integriert oder entziehen sich dieser. Sie werden zu leeren Ritualen degradiert oder bleiben exklusiv – in jedem Fall sind sie borniert. (Gerade in ihrer Verselbständigung aber sind sie von Massenkommunikation abhängig.) Auch was lediglich gleichgeschaltet ist, bleibt unvermittelt. So sind die Publikationsstrukturen der Massenmedien und deren Produktionseinheiten aufeinander abgestimmt und doch gegeneinander verselbständigt.

Isolierte Strukturen (von Gruppen, Individuen, Redaktionen, Medien, Teilmärkten, Öffentlichkeiten, Programmausschüssen, Konsumentenverbänden, Werbeabteilungen usw.) sind im Interesse monopolistischer bzw. bürokratischer Steuerung besser kalkulierbar. Entscheidend aber ist, daß innovative Komplexität (Negationen, Virtualisierungen, Alternativen, Antizipationen, *erhöhte Reflexivität*) von isolierten Strukturen *formal*, d. h. als Ansammlung unzusammenhängender, quantifizierbarer und abstrakt gleichwertiger (indifferenter) Möglichkeiten erfaßt und aufgearbeitet wird. Sie erscheint primär als Vergrößerung der *Unsicherheit*, die zu beseitigen, zumindest weitgehend zu reduzieren ist. Isolierten Strukturen mangelt es an Flexibilität. Sie neigen daher dazu, auf ›bewährte‹ Kriterien und Techniken der Selektion zurückzugreifen, die gerade dadurch, daß ihr Begründungs- und Funktionszusammenhang zerfällt, an Beharrungskraft gewinnen und praktisch unersetzlich zu werden scheinen. Daß die selbstverständlichen Bindungen sich auflösen und die Orientierung schwieriger wird, kommt den tradierten Regeln zugute, obwohl ihre Kontingenz nun nicht mehr zu verbergen ist. Darauf beruht die Selbstbehauptung der willkürlichen Selektion. Dank der Isolierung erscheint die formale Verarbeitung des Innovativen als Abwehr permanenter Unsicherheit und Überlastung, wobei gerade diese Unsicherheit sich der Bestimmung entzieht. (›Isolierung‹ meint nicht ›Ausdifferenzierung‹. Ausdifferenzierte Teilsysteme müssen auf *spezifische* Weise kommunizieren, ihre Leistungen vermitteln. Isolierung suspendiert oder erschwert diese Kommunikation.)

Unübersichtliche Stoffülle und maß-loser Zeitmangel bzw. Platzmangel – zumal in den Medien der periodischen Massenkommunikation – sind Ausdruck der »*Willkürlichkeit der permanenten Stoffbeschneidung*«.[97] Abstrakt-einseitige Regelauslegungen reduzieren, sortieren und strukturieren den Stoff (die potentiell unendlich große Sendemasse), *bevor* sich Selektionskriterien aus der Zuordnung und wechselseitigen Durchdringung verwandter Themen ergeben könnten. Selek-

tiert und generalisiert werden somit unvermittelt aneinander-
gereihte Themen – und nicht vorselektierte Themenkonnexe,
zwischen denen Korrelationen hergestellt worden sind. »Da
die schmale Sendebasis bereits im Anfang jeder Fernsehpro-
duktion die Entfaltung des Materials behindert, entstehen gar
nicht erst Materialzusammenhänge, die dann auch Kompri-
mierung ermöglichen würden. Die Regelung der Stoffülle
wird daher dem Zeitmangel selber überlassen, das heißt, der
Stoff wird mechanisch und administrativ durch die Grenzen
der zur Verfügung stehenden Sendezeit eingeteilt.«[98] Dabei
ist die Aufteilung der Gesamtsendezeit (der gesamten Druck-
fläche) in einzelne Sendezeiten (Sparten, Rubriken und Käst-
chen) Ausdruck der blinden Tradierung ›anarchischer‹
Regeln, Schemata und Gewohnheiten. Die Willkürlichkeit
der Ausschließungsregeln erscheint auch als ein »ständiges
Schwanken zwischen zuviel und zuwenig Stoff«.[99]

Freilich ergeben sich die Kriterien einer komprimierenden
Zuordnung, d. h. einer wesentlichen Selektionshilfe, nicht ›aus
den Stoffen selber‹. Solche Kriterien könnten lediglich eine
die Isolierung direkter Interaktion durchbrechende organisierte Gruppenkommunikation vermitteln. Nur in solcher
Vermittlung könnten die ›Stoffe‹ zu Kommunikationsnetzen
konfigurieren, denn nur dann erwiesen sie sich nicht nur als
Themen, sondern als intentionale Elemente sozialer Interaktion. (Dies beseitigte allerdings nicht die Notwendigkeit organisierter Themenselektion.) Die Verselbständigung der die
öffentliche Kommunikation thematisch strukturierenden Aufmerksamkeitsregeln gegenüber den Formen dieser Kommunikation verhindert dies und bedingt die je spezifische Rigidität
und Beschränktheit der voneinander isolierten Komplexe.

Die willkürliche Konstituierung der Aufmerksamkeitsregeln
schließt bestimmte Thematisierungen von vornherein aus.
Zudem werden auch die ausgewählten, zugelassenen ›Ansprüche‹ (Thematiken) – und all das, was an ›konkreten‹ Bedürf-
nisartikulationen von der Massenkommunikation aufgegriffen wird – gemäß den gängigen Regelauslegungen *formalisiert* und *abstraktifiziert* und sodann erst massenhaft reproduziert.

Techniken der Überschreitung von
Wahrnehmungsschwellen

Neben der Ausbildung einer generalisierten, Aufmerksamkeit sichernden Themenstruktur besteht eine andere wesentliche Funktion der Massenkommunikation in der Verstärkung und Erhöhung von *Wahrnehmungs*schwellen – nach Skalen sensorischer Aufmerksamkeit, die vom Rhythmus des Konsums und des Verbrauchs (des Verschleißes), vom Wandel der Formen des Produktionsprozesses, der Absatzstrategien, des Straßenverkehrs und der Warenästhetik, vom ›Lebensrhythmus‹, kurz: durch die Erhöhung der gesellschaftlichen Komplexität des Erlebens (in der spätkapitalistischen Hemisphäre) festgelegt und generalisiert werden. Indem Massenkommunikation diese Generalisierung beschleunigt, erhöht sie die Geschwindigkeit, mit der sich bestimmte Reize und Techniken verbrauchen, und trägt zu deren Intensivierung und Perfektionierung bei. Wenn Themen institutionalisiert sind, heißt dies noch nicht, daß die Form, die Sequenz, der Kontext oder die Sendung, in denen sie angezeigt und behandelt werden, Aufmerksamkeit garantieren. Dazu bedarf es der Komposition von Signalen und Darstellungsweisen, die auf die verschiedenen Wahrnehmungsschwellen abgestimmt sind und die Reaktionen des Sensoriums und die Intensität der Wahrnehmung steuern bzw. gewohnheitsmäßig provozieren.
  Die gesamtgesellschaftlich relevanten Formen der Aufmerksamkeitserregung könnten aber von einer Wahrnehmungspsychologie nicht erschöpfend behandelt werden. Sie legen auch nicht fest, *wie* im einzelnen *was* wahrgenommen wird. Aus ihnen lassen sich keine Anwendungsregeln zur Erzielung von (Einzel-)Wirkungen ableiten. Die im Vergleich zum alltäglichen Leben der Individuen erhöhte Aufmerksamkeitsschwelle der hochindustrialisierten Medien (die ›Ballung‹, die Konzentration zeitstrukturierter Erfahrung, die Spannung zwischen den rasch, prägnant und pointiert versinnlichten Gegenständen, die ›Intensität‹ einer in komprimierter Form mediatisierten ›Welt‹, wie sie für alle Mischprogramme kennzeichnend ist), entspricht einer »*gesellschaftlichen Geschwindigkeit*«, der sich »hochbeschäftigte Berufstätige an der Spitze

der gesellschaftlichen Entwicklung« anpassen müssen.[100] Kommuniqués, die diese Geschwindigkeit nicht erreichen, werden auf je verschiedene Weise von sozialen Gruppen und unterschiedlich disponierten Individuen perzipiert – aber sie überschreiten nicht die Schwellen, von deren Höhe und eigentümlichem Symbolcharakter die gesellschaftliche und daher maß-gebende Aufmerksamkeit *selbst strukturiert* wird. Sie erlangen nicht die *ubiquitäre* Aufmerksamkeit, die durch einen bestimmten Grad und eine bestimmte Ausrichtung gekennzeichnet ist und wiederum für den Umgang mit dem Gesamtprogramm der aufeinander verweisenden Medien erforderlich ist. Daher haben die generalisierten Wahrnehmungsregeln ebenfalls ausschließende, Unaufmerksamkeit forcierende Bedeutung.

Rezipiert wird nie nur eine bestimmte ›Mitteilung‹ und auch nie nur das Mischprogramm eines bestimmten Mediums (des Fernsehens, des Hörfunks, einer Zeitung, einer Publikumszeitschrift), sondern immer auch das Mischprogramm des Gesamtangebots der Massenkommunikation. Mischprogramme aber relativieren die Bedeutung einzelner *Aussagen* und erhöhen die Bedeutung der formalen Mittel der Sendungen, Filme und Artikel. Denn Mischangebote, die durch die Zäsuren zwischen den verschiedenen Programmelementen und durch Umschalten, Umblättern und Medienwechsel gegliedert werden, zerfasern und überfordern die Rezeptionskräfte. Sie erweitern den Wahrnehmungsrahmen und lassen seine Konturen verschwimmen. Diesen Rahmen bilden nicht mehr Hinweise auf die öffentliche Bedeutung von Aussageinhalten, sondern abstraktifizierte Regeltechniken für Aufmerksamkeitszustände. So impliziert der oft hervorgehobene Unterhaltungscharakter der Produktionen aller Massenmedien eine generalisierte Programmstruktur und generalisierte Rezeptionsstrukturen, die in der latenten Anerkennung von herrschenden Selektionsregeln übereinstimmen.

Im Unterschied zur Themenselektion ist die Errichtung von Wahrnehmungsbarrieren und die Bestimmung der ›gesellschaftlichen Geschwindigkeit‹ des Erlebens nicht die spezifische Leistung des Systems der Massenkommunikation. Doch Massenkommunikation errichtet und erhöht diese Barrieren auch in Lebensbereichen, in denen die Regeln der Erlebnisverarbeitung zunächst kaum formalisiert und auch nicht generalisiert sind (Freizeit, Familie). Schockapperzeption, Anspannung, Zersplitterung und Erschöpfung der Aufmerksamkeit und der ständig ausgeübte Werbedruck sorgen dafür. Formelhaft und verkürzt läßt sich sagen, daß Aufmerksamkeitsregeln generalisierte *Sinn*strukturen für Kommunikation festlegen (›Inhalte‹, Thematiken, nicht aber Aussagen, Wissensinhalte, Informationen), während die Kriterien der generalisierten Wahrnehmungsschwellen und die Techniken der Überschreitung dieser Schwellen sich auf die *Form* der Aufmerksamkeit beziehen (nicht aber auf ›Formulierung‹, auf Aussage-Verknüpfung). Diese Techniken und jene Regeln ergänzen einander, lassen sich aber nicht aufeinander zurückführen.

Die wichtigsten Techniken der Überwindung von Wahrnehmungsschwellen scheinen zu sein:
Aktionsbetontheit bzw. formale Betriebsamkeit. Bewegung, Rhythmus, ›designerische und akustische Betriebsamkeit‹, die mit formalen, technischen Mitteln erzeugt wird, ist die Essenz der ›Unterhaltung‹: der Shows, Bunten Abende, Quiz usw., aber auch der Darbietung von ›Aktualitäten‹. Auf »äußere Action« sind »die vom typischen Medienaktiven bevorzugten [...] Serienwestern, Krimiserien, Abenteuerprogramme und Sportprogramme« angelegt, »Programme, deren wichtigste strukturelle Komponente eine latente oder manifeste ›Sportlichkeit‹ ist: die Betonung eines technisch-formalen Ablaufs, der zugleich Dynamik, Belebtheit und Klarheit aufweist«. Ähnliches gilt für Popmusik.[101] Diese »technisch perfekt und pluralistisch arrangierte Betriebsamkeit« in Unterhaltung, Sport und Sex garantiert gerade deswegen allseitige Aufmerksamkeit (und damit Markterfolg), weil sie gänzlich entspezifiziert ist. Sie absorbiert alle Inhalte und macht sie gleichgültig.[102] Bei den Fernsehnachrichten »läßt sich eine deutliche Tendenz erkennen, Ereignisse mit hohem Show-Wert zu bevorzugen. Daher spielen Berichte über Konferenzen und Tagungen, offizielle Besuche und Empfänge sowie militärische, paramilitärische oder polizeiliche Aktionen eine vergleichsweise große Rolle.«[103] Mit anderen Worten: Nachrichtensendungen sollen Unterhaltung bieten. Nach einer Unter-

suchung von *infratest* (1966/67) war die *Tagesschau* die beliebteste Sendung des Fernsehens, gefolgt von Tierfilmen, Bunten Abenden, Quiz-Sendungen und Varieté-Programmen.[104]

Perfektion, Aufwand und technische Vielfalt. Einen hohen Show-Wert vermitteln außer dem Aktionsbetonten, formal Dynamischen auch das ›Festliche‹, Dekorative, Geschäftige, der ›kostbare, große Rahmen‹ und die ›Perfektion‹, also »formale Momente von Farbe, Bewegung, Rhythmus«, »buntes Dekor, Virtuosität« usw. Solche technische Perfektion, die als exakte Organisation von Sendungen und Informationsdiensten imponiert, und solche Vielfalt, die formale Wahlmöglichkeiten offeriert[105], verleiht den Ereignissen, wie sie in den Konzentraten der Nachrichtensendungen ins Haus kommen, gleichsam »Starcharakter«, die »Intensität der ›großen Welt‹«. »Sind es im Film der 30er Jahre die Stars, das heißt einzelne Idole des arrivierten Lebens, so ist es hier die ganze Gesellschaft, der Weltrahmen großer Ereignisse von Politik und Unterhaltung, die den Idolcharakter annehmen.«[106]

Gewaltförmigkeit (aggressive Form und Atmosphäre) als Bedingung der Schockapperzeption in harten Schnitten, kontrastreichen Einstellungen, grellen Farben und Tönen, Sequenzen, Texten und Serien mit bedrohlichem und brutalem Charakter (wobei die Thematik gleichgültig wird) und bei Darstellungen von Regelverletzungen, Kämpfen, Körperverletzungen und Tötungen in Szenen, die sich in schockartigen Überraschungen und ›thrill‹ überbieten. Neben der Betonung von Action, neben dem Lebhaften und ›Amüsanten‹ ist es der Reiz des Gewaltförmigen und Schockhaften, der den ›Sendewert‹ von Berichten über Katastrophen, Todesfälle, Unfälle und Kriegsereignisse ausmacht. Denn hierbei wird ein »normales verdinglichtes Regelsystem oder ein Zeitablauf, dessen normale Folge der Zuschauer beurteilen kann, durchbrochen«, was »beim Zuschauer ein kompensatorisches Bewußtsein von seiner Anteilnahme an den Ereignissen in der Welt auslöst, das im normalen Produktionsablauf und in der gewöhnlichen Freizeit nicht wirklich besteht«.[107] Sensationelle Nachrichten und ›hard action‹ sprengen die alltägliche Umwelt und den gewohnten Tagesablauf und bringen einen Hauch von ›Wirklichkeit‹ in die Höhlen des Interiors. Die

Technik der Gewaltförmigkeit steht daher in engem Zusammenhang mit den Techniken der
Suggerierung von Authentizität. In Dokumentationen und Nachrichtensendungen führen diese Techniken zu Konkretismus, Ritualisierung unmittelbaren Dabeiseins, Reduktion des Informationskontextes auf das Präsentieren von Fakten, Isolierung von Problemen, zur Zusammenhanglosigkeit und zum Mangel an Hintergrundinformationen und Kontextanalysen. In der Presse stellt sich Politik weitgehend »über fertige Ergebnisse, über das Resultat politischer Prozesse dar. Es überwiegt eine statische Behandlung, der Willensbildungsprozeß mit seiner Auseinandersetzung bleibt meist ausgeklammert. Dem entspricht eine geringe Zukunftsorientierung in den Kommentaren und Berichten.«[108] Im Fernsehen führt der Versuch, »Nachrichten mediengerecht zu präsentieren, [...] zur Bevorzugung ›schaubarer‹ Informationen«.[109] Beides schützt vor der Anstrengung, Informationen zu verarbeiten.

Bildberichte suggerieren in besonderem Maße Authentizität; dem entspricht heute ein verstärkter journalistischer Impetus zum »unmittelbaren Dabeisein, dem Aufbruch aus den vier Wänden des Studios auf die Straßen und Plätze, dem Drang zur Live-Reportage, zur individualistischen Aussage mit ›einfachen‹, d. h. vornehmlich mobilen technischen Mitteln, dem Stilelement der living camera [...].«[110] Daraus erklärt sich auch die Bevorzugung ›entschiedener Meinungssendungen‹ und ›harter Dokumentationen‹. Authentizität wird zum Fetisch, wenn in Reportagen über blutige Umstürze (*Tagesschau, heute,* Sendungen mit Auslandsberichten) die Kamera sich eine halbe Minute und länger in die Gesichter behelmter Soldaten auf Lastwagen und in Straßenwände mit unleserlichen Aufschriften und Einschüssen frißt (mangels lohnender Objekte, aber auch weil die Soldatengesichter und die Mauer sagen: Das ist es, das ist die Realität). Realität, die in die Höhle des Fernsehwohnzimmers hineindokumentiert wird, ähnelt hier der Oberfläche des Mondes, die stundenlang ›authentisch‹ Zeugnis davon ablegt, daß hier welche dabeigewesen sind (Direktübertragung erhöht den Wirklichkeitsgrad). Realität muß Auflagen erfüllen, um real zu erscheinen; nur so überholt sie noch die durchgängige individuelle Erfahrung, daß alle Realität vieldeutig, weil auf vielfache Weise inszeniert ist. Wenn Umstürze, Katastrophen und Zeremonien den Reportern und Rezipienten versprechen, daß sich ›wirklich‹ etwas ereignet, wenn der Korrespondent ›direkt‹ am Schauplatz ist und ›direkt‹ überträgt, dann würde es notfalls genügen, eine Straßenecke, die bisweilen von Passanten mit ausdruckslosen Gesichtern belebt wird, eine Viertelstunde lang abzulichten. Der Schein unmittelbarer Teilhabe an den Brennpunkten der Realität (bzw. an der Realität der Brennpunkte) und das Gefühl einer gewissen ›Eigentätigkeit‹ können in nichtdokumentarischen Sendungen nur durch Konzentration formaler Mittel (verwirrende Vielfalt, die zur Anspannung aller Sinne nötigt) ermöglicht werden. Suggerierung von Authentizität wird ergänzt durch das Stilmittel der *Personalisierung, Privatisierung und Intimisierung.* Die Erzeugung einer privaten und intimen Atmosphäre taugt in besonderem Maße dazu, Unmittelbarkeit zu beschwören. Im Unterschied zur Aufmerksamkeitsregel bezieht sich die Technik der Personalisierung auf die vorherrschenden Formen der Schaulust (Augenerotik), d. h. des massenhaften Voyeurismus, die Art und Weise des Umgangs mit Prominenten, die Personifikation als Mythusbildung (Harry Pross), den Tonfall und die Stimmung in Interviews und Diskussionsrunden, die ›hautnahe‹ Wiedergabe häuslicher Szenen und persönlicher Eigenheiten und den *Grad* der Intimisierung, den ›human touch‹ der Nachrichtensendungen und Shows, auf das ›menschlich Ansprechende‹, ›Glaubwürdige‹ und ›Lebensnahe‹ von Charakteren und Filmhandlungen und die Emotionalität, die für Personen des öffentlichen Lebens in prekären und festlichen Situationen angerührt wird.

Besonders Filmberichte und bebilderte Nachrichten eignen sich zur »Personalisierung gesellschaftlicher Tatbestände und Intimisierung öffentlicher Angelegenheiten« und zum Installieren von Politikern als »volkstümlich-vertrauenerweckender Vaterfiguren« mit Verkündigungscharakter und »patriarchalisch-autoritärer Pose«. Solche Techniken faszinieren nicht zuletzt deshalb, weil sie den Schein »unmittelbarer persönlicher Involviertheit und direkter Kontrollteilhabe bei gesellschaftlich relevanten Ereignissen« erwecken.[111] Berichte von internationalen Konferenzen und von Kriminalfällen haben eine prinzipiell personalisierende Tendenz. Als Interviewpartner bevorzugt werden glatte, smarte, entertainerhafte, flüssig formulierende Persönlichkeiten von Politik, Show, Religion, Sport und Kultur (man denke etwa an die Psychoanalytiker Friedrich Hacker und Tobias Brocher). Ähnliches gilt für die Moderatoren und Interviewer.

Relativer Traumcharakter (Mixtur aus Traumhaftem und Vertrautem). Die Technik der Produktion relativer Traumwelten (mit resignativen, wenn nicht gar masochistischen Komponenten) findet großes Interesse, weil sie triviale Verhaltensmuster und Szenerien mit ungewohnten in Verbindung bringt, sie auf diese Weise in ein anderes Licht rückt und durch das Angebot (formal bleibender) Wahlalternativen von ihrer Fatalität befreit. Relativer Traumcharakter überwiegt in den meisten Illustrierten, in der Regenbogenpresse, vielen Roman- und Comicsreihen und in den meisten Kino- und Fernsehfilmen, aber auch in ›unterhaltenden‹ Produktionen der öffentlich-rechtlichen Medien. »So erscheint die Illustrierten-›Traumwelt‹ fast stets als immanent relativiert durch eine den Lesern nur schwer durchschaubare Kopplung von einem zumeist sehr vordergründig gemeinten Lust- mit einem ebensolchen Realitätsprinzip.«[112] Fernsehspiele sollen nicht allzu traumhaft, märchenhaft und phantasievoll sein, um dem Zuschauer die Projektionsmöglichkeit nicht zu nehmen; sie müssen zumindest den alltäglichen Lebensbereich berühren, ihn aber auch auf ›interessante‹ Milieus und ungewöhnliche Situationen hin überschreiten.[113]

Die zuverlässigste, Aufmerksamkeit provozierende und zugleich auslaugende und aufsplitternde Technik ist die *Ballung* bzw. die Mischung von formaler Betriebsamkeit, Perfektion, Vielfalt, Gewaltförmigkeit, ›Authentizität‹, Personalisierung und Traumhaftigkeit (vor allem in Fernsehen und Film, aber auch in Illustrierten und Hörfunk und als Mischtechnik in anderen Medien). Diese Konzentration der Mittel reizt zum »Einsatz aller Muskeln, Nerven, Sinne und Verstandeskräfte in einer gleichförmigen Anspannung«[114] und ermöglicht eine isoliert-abstrakte und rituelle Eigentätigkeit.

Die Programmdifferenzierung im Hinblick auf die Klassenzugehörigkeit der Rezipienten* berührt nicht die generelle

* So richten sich etwa das Abendprogramm des Fernsehens (vor allem die

Geltung der Aufmerksamkeitsregeln und Techniken, deren Willkürlichkeit sich mit der Perpetuierung der Klassenschranken gut verträgt, aber durch die Beseitigung dieser Schranken allein nicht aufgelöst werden kann. Die Differenzierung bezieht sich auf die *Aussage*form der Darbietung, auf *Wissensprobleme,* auf die Unterscheidung von ›leicht‹ und ›schwierig‹ und ›affirmativ‹ und ›kritisch‹, auf den Gebrauch verschiedener Sprachcodes und auf gewisse Schwerpunktverlagerungen *innerhalb* der institutionalisierten Themenstruktur, doch nicht auf die Selektionsprinzipien selbst.

Diese Prinzipien reduzieren und vereinheitlichen auf unvermittelte, willkürliche Weise die artikulationsfähigen Kommunikationsgehalte und Reaktionsweisen. Der eigentliche Inhalt der Massenkommunikation (des ›Angebots‹ und der Rezeption) ist diese Vereinheitlichung.

Da die Identifizierung mit der Nahwelt und interpersonales Gespräch sich in keiner Weise mehr als Substrate und Initiativen eines öffentlichen, gemeinsamen Klärungsprozesses bewähren, erwarten die Individuen von der organisierten Allgemeinheit massenhafter Kommunikation die Einordnung vieldeutiger Erfahrungen, isolierter Eindrücke und divergierender Bedürfnisansprüche in einen alles erfassenden Erlebniszusammenhang. »Die empirischen Bedürfnisse [...] suchen einen Sinnzusammenhang und antworten deshalb vorrangig auf solche Warenangebote, die nicht einzelne Befriedigungen [...] verschaffen, sondern ganze Zyklen davon in Form von Lebenszusammenhang organisieren. Unter diesen Bedingungen tritt jetzt [...] der Medienverbund auf. Er rafft diese Tendenzen zusammen und organisiert sie von

Familienserien), der Werbefunk und die Schlagerparaden vornehmlich an untere Einkommensklassen. Frauenzeitschriften wie *Constanze, Brigitte, Für Sie* und *Petra* befassen sich vor allem mit Familie, Wohnung, Kinderaufsicht, Kochen und Nachbarschaft, also mit »Primärerfahrungen« (Franz Dröge, *Wissen ohne Bewußtsein,* a.a.O., S. 180 f.). Dagegen erweitern die Zeitschriften für Leserinnen oberer Einkommensklassen ihr Orientierungsspektrum auf »Sekundärerfahrungen, also auf öffentliche Handlungssituationen wie Beruf, Theater oder überregionale Gesellschaft (vom selben Status, also Eliten)« (a.a.O., S. 181). Die Gestaltungsprinzipien und die inhaltlichen und formalen Aussagemomente der Spätprogramme und der dritten Programme des Fernsehens und die Nachtstudios des Hörfunks haben »Signalfunktion«, »um von vornherein schichtfremde Publika von den Sendungen fernzuhalten« (a.a.O., S. 182 f.).

außen.«[115] Der Sinnzusammenhang, den die Medienkonzerne und Massenkommunikation überhaupt als ein Bündel von Waren (Unterhaltung, Information, Bildung) offerieren, besteht letztlich aus der Konstellation von Aufmerksamkeitsregeln und dem Repertoire stimulierender Techniken. Die Individuen »können sich untereinander nur wiedererkennen über diese Apparatur [...]. Es wird, was sie sind, organisiert, aber abzüglich ihrer Selbsttätigkeit. Noch besser: der Schein dieser Selbsttätigkeit wird anschließend separat hinzugefügt.«[116]

Daß die Komplexität der Thematiken, Stoffe, Signalements und Darstellungsformen unkontrolliert und mechanisch auf bestimmte Stereotypen, gewissermaßen auf wenige Warenzeichen reduziert wird, bezeichnet nur die andere Seite dieses Prozesses. Dabei ist es von untergeordneter Bedeutung, ob die Aussagen zu Themen und in Sendungen kritischer oder konformer und reaktionärer Natur sind. Bewußtseinsindustrie, die ›private Aneignung‹ und ›Fremdbestimmung‹ der öffentlichen Kommunikation, muß heute als eine spezifische Form abstrakter Willkürlichkeit bestimmt werden: Die gesellschaftlichen Interaktionsweisen (die Tätigkeitsform der Menschen als Kommunikation betrachtet) und die generell favorisierten Themen- und Wahrnehmungsstrukturen sind nicht durcheinander vermittelt. Ihr Zusammenspiel wird von Fall zu Fall für äußerliche Zielfunktionen in Gang gesetzt und unterbrochen.

Die Selektionsregeln, die das Maß und die Sinngehalte der Aufmerksamkeit in der Massenkommunikation festlegen, sind relativ autonom gegenüber den kapitalistischen Produktionsverhältnissen (der monopolistischen Marktform) und – in anderer Weise – gegenüber der administrierten Verbandsdemokratie. Dies gilt nicht für ihre *Genese,* die in erster Linie von den Verwertungsinteressen bestimmt wurde; aber gegenüber den Bedingungen ihrer Genese haben sich die Selektionsregeln verselbständigt – was wiederum den modifizierten Verwertungsinteressen entgegenkommt. Einerseits muß der Regelkomplex den Werbecharakter aller Sendungen, Bilder und Texte, eine permanente Aufmerksamkeit für Waren garantieren, so daß die Selektionsarbeit des Rezipienten immer auch angeleitete Konsumwahl ist. (Gewisse andere denkbare Aufmerksamkeitsregeln und Wahrnehmungspräferenzen können also unter den herrschenden Produktionsverhältnissen nicht durchgesetzt werden.) Andererseits können die Aufmerksamkeitsregeln und Techniken nicht aus den ökonomischen und politischen Strukturen kausal deduziert werden. Sie haben eine über die bloße Absicherung von Produktions- und Machtverhältnissen hinausgehende kulturelle, kommunikative Selektivität. Diese Verhältnisse könnten sich heute bereits ganz andere Selektionsprämissen ›leisten‹. *So würde auch eine Umwälzung der Produktionsverhältnisse nicht per se zu einer Änderung der Regeln gesellschaftlicher Aufmerksamkeit und zu einer Aufhebung der willkürlichen Form ihrer Durchsetzung nötigen.** Wiewohl die Selektionsregeln sich systematisch als Mechanismen der Absicherung von Herrschaft und der kompensatorischen Integration von Individuen (Herstellung eines Mindestmaßes an psychischem ›Gleichgewicht‹) darstellen lassen (wobei der Begriff der Absicherung weniger eindeutig ist, als er meist erscheint), lassen sie sich auf diese Funktion nicht reduzieren. Freilich ist eine Änderung der dominierenden Kommunikationsweise ohne die Beschleunigung von Vergesellschaftungs- und Partizipationsprozessen im ökonomischen und im politischen System undenkbar.

Aufmerksamkeitsregeln ordnen die Reduktion von Komplexität. Wenn im Bereich organisierter Kommunikation Aufmerksamkeit gewonnen werden soll, müssen sie beherzigt werden. Sie determinieren nicht die Formen und Funktionen der alltäglichen bzw. systeminternen Interaktion, regulieren nicht die gesellschaftliche Kommunikationsstruktur (die heute u. a. durch Mechanismen der Isolierung, durch praktischen Solipsismus[117] gekennzeichnet ist). Die Willkürlichkeit *manifestiert* sich in der besonderen aufzeigbaren Selektivität, ist aber nicht mit dem Regelkonnex gleichzusetzen. Erst in bezug auf das Verhältnis von Massenkommunikation und nichtorganisierter Interaktion wird das Problem der gesamtgesellschaftlichen Kommunikationsstruktur deutlich und dringlich und jene Willkürlichkeit bestimmbar, die über die praktische Festlegung von sinngebenden Selektionsregeln

---

* Und auch in nichtkapitalistischen Gesellschaften kann die Formierung des Markts ohne Assoziierung und wirtschaftliche Selbstbestimmung der Produzenten und Konsumenten erfolgen.

entscheidet. Die Willkürlichkeit erweist sich dann als die Form, in der Aufmerksamkeitsregeln und Kommunikationsweisen als wechselseitig isolierte Strukturen aufeinander verwiesen sind. Sie erweist sich als reflexartige Selbstbehauptung überkommener Normierungen, die *Reflexivität* (als Bedingung erhöhter Flexibilität) abwehrt.

Erst in diesem Rahmen ließe sich auch ein Modus der Festlegung von Aufmerksamkeitsregeln konzipieren, der nicht mehr willkürlich wäre. Die Überlegungen dieses Abschnitts gehen nicht über das System der Massenkommunikation hinaus; sie intendieren die Verdeutlichung der spezifischen Selektivität. Um eine massenkommunikative Gegenstrategie, eine ›Verflüssigung‹ der systeminternen und externen Prämissen der Aufmerksamkeitsgewichtung und eine nicht willkürliche Selektivität zu bestimmen und nahezulegen, muß die Untersuchung weiter ausgreifen.

Anmerkungen

1 Jürgen Habermas, *Strukturwandel der Öffentlichkeit*, Neuwied/Berlin 1962, 5. Auflage 1971.

2 René Descartes, *Von der Methode*, Hamburg 1960, S. 51.

3 Vgl. Hartmut von Hentig, *Öffentliche Meinung, öffentliche Erregung, öffentliche Neugier*, Göttingen 1969, S. 23 ff.

4 Jürgen Habermas, *Strukturwandel der Öffentlichkeit*, a.a.O., S. 60 ff.

5 Ebd., S. 73.

6 Ebd., S. 63.

7 Vgl. Franz Adam Löffler, *Über die Gesetzgebung der Presse, ein Versuch zur Lösung ihrer Aufgabe auf wissenschaftlichem Wege*, Leipzig 1837. Auszug abgedruckt in: Otto B. Roegele (Hrsg.), *Presse-Reform und Fernseh-Streit*, Gütersloh 1965.

8 Johann Georg August Wirth, *Deutsche Pflichten*, in: *Deutsche Tribüne* vom 3. 2. 1832, zitiert in Otto B. Roegele (Hrsg.), a.a.O., S. 41-43.

9 Hans-Jürgen Krahl, *Thesen zum allgemeinen Verhältnis von wissenschaftlicher Intelligenz und proletarischem Klassenbewußtsein*, in: *Konstitution und Klassenkampf*, Frankfurt 1971, S. 332 f.

10 Jürgen Habermas, *Strukturwandel der Öffentlichkeit*, a.a.O., S. 171.

11 Ebd., S. 188.

12 Ebd., S. 189 f.

13 Hans-Jürgen Krahl, *Thesen zum allgemeinen Verhältnis von wissenschaftlicher Intelligenz und proletarischem Klassenbewußtsein*, a.a.O.

14 Walter Benjamin, *Über einige Motive bei Baudelaire*, in: *Charles*

Baudelaire. Ein Lyriker im Zeitalter des Hochkapitalismus. Zwei Fragmente, Frankfurt 1969.

15 Eberhard Knödler-Bunte, *Zu einem gesellschaftlichen Begriff des Mediums,* in: Hermann K. Ehmer (Hrsg.), *Visuelle Kommunikation. Beiträge zur Kritik der Bewußtseinsindustrie,* Köln 1971, S. 385.

16 Oskar Negt / Alexander Kluge, *Öffentlichkeit und Erfahrung. Zur Organisationsanalyse bürgerlicher und proletarischer Öffentlichkeit,* Frankfurt 1972.

17 Ebd., S. 23.
18 Ebd., S. 45.
19 Ebd., S. 24.
20 Ebd., S. 23.
21 Jürgen Habermas / Niklas Luhmann, a.a.O., S. 42.
22 Ebd., S. 67.
23 Ebd., S. 58.
24 Ebd., S. 97.
25 Ebd., S. 34.
26 Ebd., S. 37.
27 Ebd., s. 397 f.
28 Ebd., S. 23.
29 Ebd., S. 82.
30 Ebd., S. 83.
31 Ebd., S. 44.
32 Ebd., S. 15.

33 Franz Ronneberger, *Sozialisation durch Massenkommunikation,* in: F. Ronneberger (Hrsg.), *Sozialisation durch Massenkommunikation,* Stuttgart 1971, S. 83.

34 Jürgen Habermas / Niklas Luhmann, a.a.O., S. 375.

35 Franz Dröge, *Wissen ohne Bewußtsein – Materialien zur Medienanalyse der Bundesrepublik Deutschland,* Frankfurt 1972, S. 137.

36 Horst Holzer, *Massenkommunikation und Demokratie in der Bundesrepublik Deutschland,* Opladen 1969, S. 79.

37 Franz Dröge, a.a.O., S. 138.

38 Vgl. Jürgen Habermas, *Strukturwandel der Öffentlichkeit,* a.a.O., S. 233 ff.

39 Ralf Zoll / Eike Hennig, *Massenmedien und Meinungsbildung,* a.a.O., S. 26.

40 Vgl. Jürgen Habermas, *Strukturwandel der Öffentlichkeit,* a.a.O., S. 287 ff.

41 Stefan Müller-Doohm, *Medienindustrie und Demokratie. Verfassungspolitische Interpretation – sozioökonomische Analyse,* Frankfurt 1972, S. 36 ff.

42 Ebd., S. 50.

43 Franz Ronneberger, a.a.O., S. 41.

44 Vgl. L. Bisky und W. Friedrich, *Massenkommunikation und Jugend,* Berlin (DDR) 1971, S. 26 ff.

45 Vgl. Henner Hess, *Ein soziologischer Bezugsrahmen für die Massenkommunikationsforschung,* in: *Publizistik,* Heft 3/69, S. 277-286.

46 L. Bisky und W. Friedrich, a.a.O., S. 17.

47 Dies betont Peter Müller, *Die soziale Gruppe im Prozeß der Massenkommunikation,* Stuttgart 1970.

48 Ebd., S. 3.

49 Vgl. die Bestimmungen von Morris Janowitz / Robert Schulze (*Neue Richtungen in der Massenkommunikationsforschung*, in: *Rundfunk und Fernsehen*, Heft 1/1960), Denis McQuail (*Towards a sociology of mass communications*, London 1969), Gerhard Maletzke (*Psychologie der Massenkommunikation*, Hamburg 1963), Franz Ronneberger (*Sozialisation durch Massenkommunikation*, a.a.O.).

50 Talcott Parsons / Winston White, *Die Massenmedien und die Struktur der amerikanischen Gesellschaft*, in: Dieter Prokop (Hrsg.), *Massenkommunikationsforschung 1: Produktion*, Frankfurt 1972, S. 277 ff.

51 Die deutsche Publizistik- und Zeitungswissenschaft kennt verschiedene Strukturmodelle des Massenkommunikationsprozesses, in denen – auch graphisch – die verschiedenen Faktoren in einem Interaktions- und Interdependenzverhältnis dargestellt sind. So unterscheidet Henk Prakke (*Kommunikation der Gesellschaft*, Münster 1968) die Faktoren ›sozio-kulturelles System‹, ›Zeichensystem‹ (Sprache, Gestik), ›Kommunikator‹, ›Kanal‹, ›Aussage‹ (›Information‹, ›Kommentar‹, ›Unterhaltung‹) und ›Rezipient‹. Gerhard Maletzke (*Psychologie der Massenkommunikation*, a.a.O.) koordiniert in einer Art Beeinflussungsmodell den ›Kommunikator‹, seine ›Stoffauswahl‹ und sein Bild vom Rezipienten, die ›Aussage‹, den ›Zwang‹, der von ihr ausgeht, das ›Medium‹, dessen ›Zwang‹ und ›Wirkung‹ und den ›Rezipienten‹ und seine ›Selektion‹, seine ›spontane Antworten‹ und sein ›Bild vom Kommunikator‹. Zudem werden Kommunikator und Rezipient von spezifischen sozialen und psychischen Faktoren beeinflußt. – Das Prozeßmodell der Münchner Schule der Zeitungswissenschaft (d'Ester, Groth, Aswerus, Starkulla, Wagner u. a.) differenziert zwischen ›Ausgangspartner‹, ›repräsentiertem Ausgangspartner‹ (Rezipienten, die sich mit der Mitteilung des Kommunikators identifizieren) und ›Ausgangsgruppen‹, ›ursprünglicher‹ und ›bearbeiteter Aussage‹, ›Vermittlungssystem‹ (›Vermittler‹ und ›Medium‹), ›Zielpartner‹ und ›repräsentierter Zielgruppe‹ sowie der Rückkoppelung von Rezipienten zum Vermittler und ›direkter‹ und ›massenkommunikativer Rückäußerung‹ vom Zielpartner zum Ausgangspartner. – Amerikanische Modelle, die eine bestimmte Deutung bzw. Umdeutung der Wirkungsproblematik ausdrücken, bleiben hier unerwähnt.

52 Manfred Rühl, *Systemdenken und Kommunikationswissenschaft*, in: *Publizistik*, Heft 2/69, S. 185-206.

53 Ebd., S. 193.

54 Vgl. Niklas Luhmann, *Soziologie als Theorie sozialer Systeme*, in: *Soziologische Aufklärung*, Opladen 1970, S. 113 ff.

55 Manfred Rühl, a.a.O., S. 198 f.

56 Holger Rust, *Kommunikationssoziologische Dimensionen des Öffentlichkeitsbegriffs*, in: *Rundfunk und Fernsehen*, Heft 4/72, S. 444.

57 Harold D. Lasswell, *The Structure and Function of Communication in Society*, in: Lyman Bryson (Hrsg.), *The Communication of Ideas*, New York 1948.

58 Charles R. Wright, *Mass Communication*, New York 1964.

59 Franz Ronneberger, a.a.O., S. 45.

60 Vgl. Alphons Silbermann / Udo Michael Krüger, *Soziologie der Massenkommunikation*, Stuttgart 1973, S. 96.

61 Jürgen Habermas, *Legitimationsprobleme im Spätkapitalismus*, Frankfurt 1973, S. 99.

62 Niklas Luhmann, *Öffentliche Meinung*, in: *Politische Planung*, Opladen 1971, S. 9-34.
63 Ebd., S. 22.
64 Ebd., S. 16.
65 Ebd., S. 16 f.
66 Ebd., S. 19.
67 Ebd., S. 14.
68 Ebd., S. 15.
69 Jürgen Habermas, *Strukturwandel der Öffentlichkeit*, a.a.O., S. 232.
70 Dieter Baacke, *Kommunikation und Kompetenz*, München 1973, S. 357.
71 Eberhard Knödler-Bunte, a.a.O., S. 388.
72 Niklas Luhmann, *Öffentliche Meinung*, a.a.O., S. 10.
73 Niklas Luhmann, *Soziologie des politischen Systems*, in: *Soziologische Aufklärung*, a.a.O., S. 159.
74 Niklas Luhmann, *Öffentliche Meinung*, a.a.O., S. 28.
75 Ebd., S. 15.
76 Vgl. Claus Offe, *Strukturprobleme des kapitalistischen Staates*, Frankfurt 1972, S. 60 f. und 103 f.
77 Jürgen Habermas, *Strukturwandel der Öffentlichkeit*, a.a.O., S. 235.
78 Henner Hess, a.a.O., S. 283.
79 Vgl. Jürgen Habermas, *Legitimationsprobleme im Spätkapitalismus*, a.a.O., S. 106 ff.
80 Vgl. Niklas Luhmann, *Öffentliche Meinung*, a.a.O., S. 17.
81 Oskar Negt / Alexander Kluge, a.a.O., S. 201.
82 Ebd., S. 201.
83 Dieter Prokop *Zum Problem von Produktion und Kommunikation im Bereich der Massenmedien*, in: *Massenkommunikationsforschung 1: Produktion*, a.a.O., S. 10.
84 Dieter Prokop, *Zum Problem von Konsumtion und Fetischcharakter im Bereich der Massenmedien*, a.a.O., S. 20.
85 Vgl. Horst Holzer, *Massenkommunikation und Demokratie in der Bundesrepublik Deutschland*, a.a.O., S. 39 ff.
86 Ralf Zoll / Eike Hennig, a.a.O., S. 184.
87 Ebd., S. 210.
88 Franz Ronneberger, a.a.O., S. 68. Vgl. auch Niklas Luhmann, *Öffentliche Meinung*, a.a.O., S. 5.
89 Horst Holzer, *Massenkommunikation und Demokratie in der Bundesrepublik Deutschland*, a.a.O., S. 32.
90 Heribert Schatz, *Tagesschau* und *heute* – *Politisierung des Unpolitischen?*, in: Ralf Zoll (Hrsg.), *Manipulation der Meinungsbildung*, Opladen 1971, S. 113.
91 Niklas Luhmann, *Öffentliche Meinung*, a.a.O., S. 17.
92 Dieter Prokop, *Zum Problem von Konsumtion und Fetischcharakter im Bereich der Massenmedien*, a.a.O., S. 22.
93 Vgl. Klaus Peter Kisker, *Public relations statt objektiver Berichterstattung*, in: Eckart Spoo (Hrsg.), *Die Tabus der bundesdeutschen Presse*, München 1971, S. 49.
94 Eckart Spoo, *Die Tabus der bundesdeutschen Presse*, a.a.O., S. 120.
95 Vgl. hierzu Heribert Schatz, a.a.O., S. 113 f.; Horst Holzer, *Massenkom-*

munikation und Demokratie in der Bundesrepublik Deutschland, a.a.O., S. 32; Ralf Zoll / Eike Hennig, a.a.O., S. 156 f., 184, 210.

96 Dieter Prokop, *Zum Problem von Konsumtion und Fetischcharakter im Bereich der Massenmedien,* a.a.O., S. 10.

97 Oskar Negt / Alexander Kluge, a.a.O., S. 202.

98 Ebd., S. 203.

99 Ebd., S. 201.

100 Ebd., S. 205 f.

101 Dieter Prokop, *Zum Problem von Konsumtion und Fetischcharakter im Bereich der Massenmedien,* a.a.O., S. 18.

102 Dieter Prokop, *Nachwort,* in: H. H. Diederichs, *Konzentration in den Massenmedien,* München 1973, S. 202 f.

103 Heribert Schatz, a.a.O., S. 112.

104 Heinz D. Jaenicke, *Papier-Seelsorge,* in: Ralf Zoll (Hrsg.), *Manipulation der Meinungsbildung,* a.a.O., S. 188 f.

105 Dieter Prokop, *Zum Problem von Konsumtion und Fetischcharakter im Bereich der Massenmedien,* a.a.O., S. 12.

106 Oskar Negt / Alexander Kluge, a.a.O., S. 206.

107 Ebd., S. 184.

108 Ralf Zoll / Eike Hennig, a.a.O., S. 185.

109 Heribert Schatz, a.a.O., S. 112.

110 Dieter Stolte 1972, zitiert bei O. Negt / A. Kluge, a.a.O., S. 192.

111 Horst Holzer, *Politik in Massenmedien – Zum Antagonismus von Presse- und Gewerbefreiheit,* in: Ralf Zoll (Hrsg.), *Manipulation der Meinungsbildung,* a.a.O., S. 74.

112 Horst Holzer, *Kommunikationssoziologie,* Reinbek 1973, S. 162.

113 Dieter Prokop, *Zum Problem von Produktion und Kommunikation im Bereich der Massenmedien,* a.a.O., S. 21.

114 Oskar Negt / Alexander Kluge, a.a.O., S. 212.

115 Ebd., S. 244.

116 Ebd., S. 246.

117 Dieter Prokop, *Zum Problem von Konsumtion und Fetischcharakter im Bereich der Massenmedien,* a.a.O., S. 11.

Die Beschränktheit der Wirkungsforschung als Ausdruck isolierender Massenkommunikation

Die Verfänglichkeit der Wirkungsfrage

Für die Wirkungsforschung wurden und werden mehr finanzielle Mittel aufgebracht und mehr Untersuchungen angeregt als für alle anderen Bereiche der Kommunikationswissenschaft. Darüber hinaus leisten auch Kommunikator- und Rezipientenforschung sowie Inhalts- und Medienanalysen Zubringerdienste. Sie erarbeiten Materialien, die zur Taxierung der Beeinflussungspotenzen von Massenkommunikationen und der Nutzungserwartungen beitragen. Unter Berufung auf die öffentliche Schlüsselposition der Kommunikatoren werden über deren Ausbildung, Status, Selbstbild, Arbeitsweise und Organisation Untersuchungen durchgeführt, die das Verhältnis von Sozialcharakter und publizistischer Intention klären sollen. Vielen Inhaltsanalysen, nicht zuletzt denen, die wir kritischen Theoretikern verdanken, liegt stillschweigend die Annahme zugrunde, daß der Trend der Aussagen-Inhalte auch die Stoßrichtung auf einen Effizienz-Schwerpunkt erkennen lasse. Rezipientenforschung schließlich will Daten liefern, die es bei der Gestaltung von Sendungen möglich machen, Bereitschaften, Verhalten und Wünsche verschiedener Publikumsgruppen für Steuerungsabsichten zu nutzen. Das Interesse an den verschiedenen Zweigen der Massenkommunikationsforschung verdankt sich überwiegend dem Interesse an Verhaltenstechniken.

Auftrieb erhielt die Wirkungsforschung, insbesondere seit den vierziger Jahren, durch Aufträge großer Unternehmen, Werbeagenturen, Parteien, der um öffentliche Ämter Konkurrierenden und der Medien selbst. Die angewandte, meist kommerzielle Forschung bietet Kommunikationsstrategien an, mit deren Hilfe sich absetzbare Waren und Überzeugungen noch besser absetzen lassen. Die Expansion der empirischen Wirkungsforschung in den USA »ist auf die Konkurrenz der privatwirtschaftlichen Presse- und Funkmedien am Werbemarkt zurückzuführen. Die werbetreibende Wirtschaft verlangte bei dem sponsor-System der amerikanischen Funk- und später Fernseh-networks Nutzungs- und Wirkungsanalysen einzelner Sendegattungen und -arten, um ihre Streukonzeptionen zu optimieren. Das wirkt auf die Programme in ihrer Dienstleistungsfunktion zurück.«[1] Doch auch die universitäre Forschung, die nicht von kurzfristigen Verwertungs- und Manipulationsinteressen motiviert ist, benutzt ein wichtiges Instrument des ökonomischen und politischen Marketings: den verhaltenstechnischen Wirkungsbegriff selbst.

Gewiß haben auch die Medienproduzenten ein verständliches Interesse daran, Aufschluß über die Funktion ihrer einzelnen Tätigkeiten und damit auch über ihren gesellschaftlichen Status zu erlangen. Immer wieder stellen vor allem Redakteure von Presse, Fernsehen und Hörfunk Fragen, die davon zeugen, daß es noch keine *organisierte* und institutionalisierte Rückkoppelung von Reaktionen der Rezipienten gibt: Was tun wir eigentlich? Was richten wir aus, und was können wir ausrichten? Inwieweit dienen Medien und einzelne Beiträge der Aufklärung und Aufrüttelung bestimmter Bevölkerungsgruppen, und inwieweit dienen sie der ›Bestandserhaltung‹? Lösen Sensationsberichterstattung und Spielfilme eine Zunahme der Gewaltkriminalität aus? Die in solchen und ähnlichen Fragen und in der Forderung nach einer auch für den Einzelfall praktikablen Wirkungstheorie sich artikulierende Verunsicherung der Kommunikatoren ist auf das chronische Defizit an Selektionsregeln (soweit es nicht um die Fesselung der Aufmerksamkeit geht) zurückzuführen.*

---

* Bedingungen und Ausdruck dieses Defizits sind auch die manifesten Krisen der Medienorganisation: Eine oft noch feudal anmutende Abhängigkeit – anarchische Konkurrenz, ein Leben im tariflosen Zustand. Die Auseinandersetzung um Redaktionsstatuten und Mitbestimmung, auch ›innere Pressefreiheit‹ genannt. Die Folgen der Pressekonzentration. Der Mangel an überzeugenden Kriterien bei der Gestaltung der Programme, Sendungen und Artikel. Widersprüche der privaten Organisation gesellschaftlicher Kommunikation. Die Abhängigkeit von Werbeeinnahmen. Statt Gruppenkommunikation über die Medien gelegentliches Inszenieren von ›Zuschauerbeteiligung‹. Die Personalpolitik in den verschiedenen Institutionen der Massenkommunikation. Die Abhängigkeit redaktioneller Arbeit von Einschaltquoten.

Doch auch das Bedürfnis der Kommunikatoren nach publizistischen Erfolgskontrollen ist mit dem Bedürfnis der Firmen und Parteien nach Einflußnahme verwandt. Ob solche Beeinflussung nun nachgewiesen werden kann oder nicht, ob nun die Hoffnungen auf Manipulationserfolg berechtigt oder illusorisch sind – die bei Auftraggebern wie bei Kommunikatoren vorherrschende Steuerungs*absicht* und der entsprechende *Wirkungsbegriff* geben selbst schon einigen Aufschluß über die gesellschaftliche Kommunikationsstruktur. Hinter der Wirkungsfrage der kommerziellen Institute, der Publizisten und der universitären Forschung steht das Interesse an »Menschenführung«, an politischer Kontrolle und an einer Kalkulierbarkeit, wie sie die Naturwissenschaften versprechen. Propaganda und Werbung weichen nur insofern von anderen publizistischen Aktivitäten ab, als in ihnen dieses Interesse sich offen eingesteht. Die gängige Frage repräsentiert einen Zustand, in dem die sozialen Gruppen sich nicht in Massenkommunikation mitteilen und vermitteln und daher als Objekte gesehen werden können.

Damit ist freilich noch nicht gesagt, daß die *Beantwortung* dieser Wirkungsfrage, die Geschichte und die innere Konsequenz der Wirkungsforschung und -theorie nicht zu Einsichten führen können, die gerade die Frage selbst fragwürdig machen. Jedenfalls zeigt aber die Affinität der Kommunikationswissenschaft zu direkter und indirekter Wirkungsforschung, daß soziale Kommunikation nach dem Muster der Rationalität von Mittel und Zweck kanalisiert werden soll. Ein solches Verständnis mag von vornherein zum Scheitern verurteilt sein; als Mißverständnis offenbart es jedoch mehr über die dominante Form des gesellschaftlichen Umgangs und der Verständigung als alle Einzelresultate ebendieser Wirkungsforschung. Im übrigen verändern auch Mißverständnisse den Gegenstand, zumindest langfristig.

Die instrumentelle Verwertungsabsicht reduziert den Gegenstand, die massenhafte Kommunikation, auf wenige Aspekte und isolierte Relationen. Denn diese sind empirisch kalkulierbar und scheinen der Überredung zugänglich und ausgeliefert zu sein. Eine solche Relation ist das Verhältnis einer bestimmten Aussage (in einem bestimmten Medium) zu einem bestimmten Individuum – etwa bei der Rezeption eines

Werbeimpulses. Was bleibt, ist die Unmittelbarkeit einer psychischen Reaktion, wobei die Einsicht, daß jede Unmittelbarkeit vieldeutig ist, von vornherein verdrängt ist. Es geht ja auch gar nicht um *Verstehen*. Angestrebt wird die Meßbarkeit einer isolierten Verhaltenskonsequenz. Solche Forschung, die vom historischen Strukturzusammenhang abstrahiert und in einem Pluralismus unzusammenhängender Problemstellungen die Wissenschaftlichkeit gewahrt sieht, vermag gar nicht mehr zu reflektieren, was sie eigentlich tut und wie sie selbst ist. Massenkommunikation schrumpft zur schematisierten Zwei-Personen-Interaktion. »Damit wird die gesamtgesellschaftliche Konstitution kommunikativer Vermittlungen methodisch in Funktionszusammenhänge singulärer Prozesse aufgelöst [...].«² Diese Auflösung ist erforderlich, um den Begriff einer quantifizierbaren und eindeutig zurechenbaren Wirkung und das Modell von Reiz und Reaktion (*stimulus* und *response*) funktionsfähig zu erhalten. Es ist evident, daß eine Forschung, die nur singuläre Kommunikationsprozesse untersuchen kann, auf *kurzfristige* Wirkungen fixiert bleibt.

Nur allzu oft unterscheidet sich die ›kritische‹ Kommunikationswissenschaft von der ›bürgerlichen‹ allein dadurch, daß sie mehr Sendungen mit progressiver Tendenz fordert; Programme, die kein ›Fluchtmaterial‹ anbieten und für die ›wahren Interessen‹ der Bevölkerungsmehrheit eintreten. Denn auch sie versteht unter Massenkommunikation häufig nur eine Apparatur zum Erzielen von Wirkungen. ›Emanzipatorischer‹ Mediengebrauch ist dann wie der ›affirmative‹ der fixen Idee einer (simplen oder komplexeren) Kausalitätsbeziehung von Subjekt und Objekt, von aktivem Kommunikator und passivem, mehr oder weniger widerspenstigem Rezipienten verpflichtet – auch dann, wenn dieser politisch aktiviert werden soll. Hier wie dort sehnt man sich nach Produktions- und Übertragungstechniken, mittels derer man Individuen zu einer bestimmten nachhaltigen Rezeption, d. h. zu Bewußtseins- und Einstellungsveränderungen (oder zum Festhalten an Einstellungen) überreden kann. Viele Untersuchungen, die in überzeugenden Inhaltsanalysen die ›ideologische Funktion des Medienangebots‹ aufzeigen, sehen das Heil in »publizistisch bewirkter Aufklärung« (diese ist etwa für Stefan Müller-Doohm die ultima ratio) und huldigen der Vorstellung vom entschlossenen, handelnden, eingreifenden Subjekt – dem Publizisten. Sie vertrauen derselben Methode wie die Auftragsforschung. So wie diese verkennen sie die Interdependenz von Methode und Gegenstand, die es mit sich bringt, daß sich bei kritischer Überprüfung des Stimulus-Reaktions-Schemas auch der Gegenstand der Forschung ändert.

Die Hauptschwäche des Kausalitätsmodells zeigt sich darin, daß es regelmäßig dazu verführt, die Frage nach den Motivationen, den Präferenzen, der Organisationsform und der Arbeitsweise der Kommunikatoren (der organisierten Stimulus-Produktion) *getrennt* von der Frage nach den Dispositionen und ›Wünschen‹ der Rezipienten abzuhandeln. Die isolierte Relation Kommunikation-Rezipient wird in zwei Forschungsbereichen bearbeitet, die nur jeweils einseitig verbunden werden, also selbst wiederum voneinander isoliert sind. Die beiden Seiten (›Ursache‹ und ›Wirkung‹, Subjekt und Objekt, Kommuniqués und Rezipienten als Individuen) bleiben jeweils unvermittelt, selbst dann, wenn die umgekehrte Kausalbeziehung behandelt wird: die ›Rückkoppelung‹ in der Massenkommunikation, die ›Antwort‹ auf die Botschaft, die jeweilige oder ständige Erwartung bzw. Berücksichtigung der Rezipientenwünsche durch den Kommunikator. Bestenfalls legt es eine solche Erfassung von sich überkreuzenden Kausalitäten (Wechselbeziehung) nahe, zugleich von zwei Seiten aus zu denken; aber auch hierbei wird nie nach dem gefragt, was allen Überredungsversuchen, Berücksichtigungen und Rückkoppelungen vorab gemeinsam ist, was sie überhaupt erst ermöglicht und erklärt, was die Charakteristika von Kommunikationen und Rezipienten übergreift.

Die in der Methode angelegte prinzipielle Isolierung der verschiedenen Faktoren (Kommunikator, Aussage, Rezipient und andere) begünstigt die Vorstellung eines gegebenen und jeweils exklusiven *Bestandes.* Je nachdem, ob man von der einen oder der anderen Seite aus ansetzt, erscheint dieser Bestand als übertragbar oder als Objekt, auf das eingewirkt wird.

– Der Stimulus erscheint – ungeachtet der Kommunikatorforschung – als ein voraussetzungsloser Anfang, als erste Ursache von Wirkungen. Er gilt als bewußte Intention, die mehr oder weniger starken Verzerrungen (›intervenierenden

Variablen‹) ausgesetzt ist, als ein Konnex mehrerer einander ergänzender oder widersprechender Absichten, an deren Stelle freilich beliebig viele andere treten können. (Alle Stimuli sind austauschbar. Nach welchen Gesetzmäßigkeiten gerade diese oder jene Intentionen sich zeigen, ist für die Wirkungsforschung ohne Belang.) Dem Kommunikator bzw. dem Kommuniqué eignet etwas, das auf die Rezipienten übertragen und ihnen beigebracht werden soll.

– Das Publikum oder ein bestimmter Rezipiententyp erscheint als vorgegebenes Konglomerat erforschbarer Dispositionen, Haltungen, Bedürfnisse und Wünsche, als eine in sich geschlossene, gegenüber der Massenkommunikation autonome und primäre Realität interpersonalen Umgangs. Den Kommunikatoren kommt dann die Aufgabe zu, die Vielfalt des Gegebenen aufzugreifen und zu repräsentieren. Sie berichten *über* die soziale Realität (und nehmen sich und ihren Apparat aus) und vermitteln scheinbar das bereits Vorliegende mit sich selbst. Mit den Ergebnissen von Nutzungsanalysen und Wirkungsforschungen vertraut, befriedigen sie die faktischen Rezipientenwünsche oder nutzen die Eigenschaften des Publikums zur Durchsetzung ihrer – gleichfalls gegebenen und nicht befragten – Ziele (so wie der Naturwissenschaftler die Naturgesetze erforscht und ›vorfindet‹, um die Natur zu beherrschen).

Gerhard Maletzke sucht die verschiedenen Wirkungen, die von Massenkommunikation initiiert werden, zu klassifizieren. Er unterscheidet Veränderungen im *Verhalten,* im *Wissen,* in den *Meinungen* und *Attitüden,* im »*emotionalen* Bereich« und »in den Tiefensphären des *Psychischen*« und physische Auswirkungen (Augenschäden, Schlafstörungen, Einflüsse auf Nervensystem und Kreislauf usw.).[3] Das Fragwürdige einer solchen Unterscheidung sei zunächst dahingestellt. In diesem Zusammenhang ist wesentlich, daß die von Maletzke referierte Forschung bei jeder Wirkungs-Klasse die Intention der Kommunikation (bzw. die den verschiedenen Medien jeweils eigentümlichen Rezeptionsanforderungen) als *äußere* Ursache, als *Fremdmotiviertes,* als ein Erstes ansetzt. (Daß die eintretenden Veränderungen nicht *ausschließlich* auf Fremdimpulse zurückgeführt werden, ist dabei unerheblich.) Wäre es nicht so, würde die Forschung darauf verzichten, den Anteil des Kommuniqués, der Meinungsführer (der Bezugsgruppen) und der individuellen Prädispositionen an Einstellungsänderungen möglichst minuziös gegeneinander abzuwägen und von isolierbaren Ursachen auszugehen. Vielmehr würde man sich der generellen Interaktionsstruktur, zumindest dem generellen Leistungstypus der Prozesse in den Interdependenz-Netzen der Massenkommunikation zuwenden.

Trotz des Einbezugs vieler psychologischer und soziologischer ›intervenierenden Variablen‹ (s. u.) ist die Kommunikationsforschung nach wie vor an das alte Stimulus-Reaktions-Schema gebunden. »Dies äußert sich vor allem darin, daß die zentrale Frage der Kommunikationsforschung überwiegend noch in der Untersuchung der Wirkung bestimmter Kommunikationsstimuli gesehen wird.«[4] Mit der Anreicherung des Schemas durch intervenierende Variablen wird das Netz der Wechselwirkungen engmaschiger. Zugleich wird der Wirkungsbegriff auch unter dem Aspekt der Steuerungsabsicht immer untauglicher. Aber der entscheidende Schritt über das Kausalitätsmodell hinaus wird nicht getan.

Dies gilt letztlich auch für das ›Transaktionsmodell‹, das die Initiativen des Rezipienten berücksichtigt, ein Gleichgewicht zwischen Kommunikator und Publikum (zumindest auf lange Sicht) unterstellt und Einstellungsänderung nicht auf die Intention der Aussage zurückführt, also von mechanistischen Vorstellungen frei ist (s. u.). Auch die Transaktionstheorie kommt über die scheinradikale Anerkennung von Wechselwirkungen nicht hinaus und reduziert Massenkommunikation auf isolierte Verhaltenssequenzen. Obwohl der einzelne scheinbar als agierendes Subjekt anerkannt wird, bleibt das Interesse an seinen Eigenschaften und Regungen ein manipulatives, gewissermaßen ein Vorwand, um sie durch Veränderung der Stimuli (gemäß den Vorlieben der Konsumenten) noch besser verwerten zu können.[5] Da das »Selbstverständnis der Forscher instrumentalistisch-technizistisch ist und die Methode Vorrang vor der Reflexion ihrer Funktion im gesellschaftlichen Rahmen hat«[6], bleibt die Kommunikationsstrategie von Stimulus und Reaktion noch in ihrer ›Überwindung‹ maßgebend.

Der Gegenstand der Wirkungsforschung

Wirkungsforschung kümmert sich in erster Linie nicht um die Kommunikation selbst, nicht darum, ob eine Mitteilung verstanden wird oder eine Sendung ›ankommt‹. Vielmehr will sie ausfindig machen, wie Individuen und Gruppen, die bestimmte Stimuli über Medien empfangen, im Hinblick auf ein *bestimmtes Objekt* oder einen Sachbestand reagieren. Allenfalls von sekundärer Bedeutung ist dafür die *Beliebtheit* eines Medienprodukts, die etwa bei Jugendlichen mit der Frage »Welches sind die besten Fernsehsendungen?« ermittelt wird. Die Wirkungsforschung entwickelt auch keine Instrumentarien zur Messung der *Erlebnisintensität* der Medienrezeption, und sie untersucht die *Nachhaltigkeit* dieses Erlebens (der Dauer, der Permanenz, des Umfangs und der Schärfe der Erinnerung) nur insofern, als es gegenstandsspezifisch ist. Sie fragt nicht, inwieweit empfangene Botschaften und Reize fragmentarisch perzipiert bzw. verarbeitet und dem Erfahrungszusammenhang integriert werden. Ebensowenig mißt sie Verbreitungsräume, Auflagen, Einschaltquoten, Streuweiten und Bekanntheitsgrade. (Dennoch richtet sie ihre Aufmerksamkeit fast nur auf massenhaft verbreitete Kommunikationen, in der Erwartung, daß sich Einzelwirkungen multiplizieren.)

Was soll bewirkt werden? Gerhard Maletzke hat festgestellt, daß über den Wirkungsbegriff in der Massenkommunikationsforschung keinerlei Übereinstimmung besteht, obwohl gerade dies meist stillschweigend unterstellt wird. Denn nur höchst selten wird der Begriff problematisiert. Zwar ist man sich darin einig, daß Wirkung (›effect‹, ›impact‹, ›reaction‹, ›response‹, ›success‹) immer eine objektbezogene Veränderung bzw. eine Zustandsänderung meint. Doch in welcher Dimension? Auf der Ebene des Wissens und Bewußtseins – als Zunahme von Kenntnissen und Erweiterung oder Verengung des Horizonts? In der Struktur der Emotionen, Affekte und Wünsche? Im Bereich der Motivationen, Attitüden, Meinungen, Bereitschaften, Erwartungen und Interessen? Oder kann sich Wirkung nur als Beeinflussung des faktischen Verhaltens zeigen? Überdies ist meist unklar, ob der Begriff nur die Veränderungen meint, »die *nach* dem Einwirken der Aussage festzustellen sind«, oder auch Prozesse der präkommunikativen und der »eigentlichen kommunikativen Phase« einbegreift.[7] Maletzke erörtert ein Wirkungsverständnis, das alle drei Phasen und alle auf Massenkommunikation zurückzuführenden Verhaltens- und Erlebensprozesse berücksichtigt, entscheidet sich aber für einen engeren Begriff, der dem *allgemeinen Sprachgebrauch* nahekommt und ›pragmatisch festgelegt‹, d. h. leichter quantifizierbar ist. Dieser Begriff bezieht sich auf den *Verhaltens*aspekt der kommunikativen Phase und »die gesamte postkommunikative Phase«, nicht aber auf die Prozesse der präkommunikativen Phase und »den Bereich des *Erlebens* in der kommunikativen Phase«.[8] Die Neigung zu einem reduzierten Verständnis ist nicht nur dadurch zu erklären, daß der Begriff auf verwertbare Resultate hin konzipiert sein muß. Eine konsequente Reflexion auf die präkommunikativen Prozesse – als eine aus den späteren Prozessen nicht herauszutrennende Phase – würde zu einer Erschütterung der Wirkungskonstruktion selbst führen. Immerhin räumt Maletzke ein, daß der engere Wirkungsbegriff ›willkürlich‹ abgegrenzt sei.

Nun beseitigt aber auch der engere Begriff nicht die Schwierigkeit, daß unter den Prozessen, »die sich in der postkommunikativen Phase als Folgen der Massenkommunikation abspielen«, sowohl kognitive als auch affektive Prozesse oder beobachtbare Verhaltensweisen zu verstehen sind – Prozesse, die empirisch kaum auseinanderzuhalten und ebenso schwer unter einem Oberbegriff zu vereinigen sind. »Die psychischen Prozesse, die wir als Wirkungen der Massenkommunikation bezeichnen, vollziehen sich nicht isoliert und unabhängig voneinander; vielmehr bringen Veränderungen im einen Bereich oft auch Veränderungen in anderen Bereichen mit sich. Wenn beispielsweise durch die Massenkommunikation die Attitüden eines Menschen beeinflußt werden, so müssen wir damit rechnen, daß sich auch sein Wissen, seine Antriebslage, seine emotionale Reaktionsbasis und sein Verhalten ändern. Die verschiedenen Arten von Wirkungen hängen also funktional voneinander ab. [...] So begegnen dem Forscher nicht selten Wirkungsphänomene, die er weder eindeutig der einen noch der anderen Gattung oder aber ebensogut beiden zuordnen kann, beispielsweise der ›sleeper effect‹, der zwischen Wissen und Attitüden steht, oder die politische Wahlhandlung, die man sowohl als Verhaltensweise wie auch als Meinungs- oder Attitüden-Äußerung auffassen kann.«[9] Wohl entschließt sich Maletzke trotz allem dazu, im Sinne einer nicht determinierenden, sondern lediglich akzentuierenden Begriffsbildung innerhalb des psychisch-kognitiven Integrationszusammenhangs Veränderungen im Verhalten, im Wissen, in den Meinungen und Attitüden, im emotionalen Bereich, in der psychischen Tiefendimension und im physischen Bereich zu differenzieren. Außerdem läßt er sich darauf ein, die vorliegenden Untersuchungen nach den verschiedenen Wirkungsarten, auf die sie sich beziehen lassen, einzuteilen. Doch da er sich darüber im klaren ist, daß die verschiedenen Bereiche ineinander übergehen, muß die Beschränkung auf einen Katalog von Wirkungsarten auch für ihn unbefriedigend bleiben. Es liegt gerade im reduzierten Erkenntnisinteresse der Wirkungsforschung, einen subsumierenden, vereinheitlichenden und operationalisierbaren Oberbegriff zu fordern.

Man kann diese in vielen systematischen Bestandsaufnahmen der Wirkungsproblematik anklingende Forderung unterlaufen, indem man sich bewußt auf eine bestimmte Wirkungsart beschränkt, aber eben auf einen Änderungstypus, der noch weniger als die anderen abgrenzbar ist und daher zentrale Bedeutung zu haben scheint. Richtungsweisend ist die Option Hovlands und seiner Mitarbeiter. Sie konzentrieren sich auf ›Einstellungen‹ und ›Meinungen‹, die einem Kommunikationsstimulus konfrontiert werden. Nun müssen nur mehr diese beiden Klassen – Teilaspekte derselben Dynamik – in ihrem Verhältnis zueinander definiert werden. Auch hier weichen die verschiedenen Bestimmungen voneinander ab, doch die meisten sind plausibel. Als Beispiel soll eine Definition von Maletzke dienen: »Während *Meinungen* Stellungnahmen mehr äußerlicher Natur sind, die relativ leicht verbalisierbar sind und nur eine verhältnismäßig geringe Motivationskraft für das Handeln aufweisen, sind *Attitüden* als Stellungnahmen aufzufassen, die sehr viel tiefer in der Persönlichkeit des Menschen verankert und in hohem Maße mit anderen Teilbereichen der Persönlichkeit integrativ und funktional verbunden sind; daher sind Attitüden stabiler,

weniger leicht verbalisierbar und von stärkerer Motivationskraft als Meinungen. [...] Das gegenseitige Verhältnis von
Attitüden und Meinungen ist dann so zu denken, daß sich
beide Phänomene graduell durch die Intensität des Stellung-
nehmens voneinander unterscheiden. Außerdem wird der
Bereich der Attitüden häufig als der Nährboden für die in den
Meinungen verbalisierten Stellungnahmen aufgefaßt.«[10]

Hovland sieht in den Meinungen eine »breite Klasse von
Antizipationen und Erwartungen«, in Attitüden dagegen »die
allgemeinen Orientierungen der Annäherung und Ablehnung« gegenüber Dingen, Personen, Komplexen und Vorgängen.[11] Dabei können sich Meinungsänderungen und Einstellungsänderungen gegenseitig beeinflussen, da manifeste
Äußerungen nicht nur der Ausdruck fundamentaler Haltungen sind, sondern diese auch ergänzen und einüben.

In Anlehnung an Hovland haben Dröge, Weißenborn und
Haft bei ihrem Systematisierungsversuch[12] überwiegend jene
Untersuchungen aufgearbeitet, die sich mit der Stabilisierung
und Veränderung von Meinungen oder Einstellungen befassen, da sie »publizistisch besonders interessant und bisher am
weitesten empirisch abgedeckt sind«.[13] Allerdings prüfen die
Autoren auch, inwieweit die Beeinflussung von Attitüden mit
Wandlungen im affektiven Bereich und »externen Verhaltensänderungen« verbunden sind. Als Richtgrößen für die Stabilität von Überzeugungen werden vor allem der Grad der
Intensität, mit der Meinungen und Einstellungen behauptet werden, und der Grad der *Ich-Beteiligung (ego-involvement)* des Rezipienten an einer Einstellung genannt. Doch
unternehmen die Autoren nicht den Versuch zu begründen,
warum für sie eine Beobachtung von Attitüden Vorrang
gegenüber einer Beobachtung von Verhalten, Perzeption und
Bewußtsein unter dem Einfluß der Massenkommunikation
hat.

Diesen Versuch machen erst Frank Bledijan und Manfred
Stosberg im Anschluß an Erwin Roth. Auf der Suche nach
einem Begriff, der im Vergleich zu konkurrierenden Kon-
strukten »arbeitsfähiger«, »relativ leicht zu operationalisieren«
und zur »Erarbeitung einer allgemeinen Theorie menschlichen
Verhaltens« geeignet ist, plädieren sie für eine allgemeine
Ratifizierung des Begriffs der *Einstellung* bzw. der *Attitüde*

im kommunikationswissenschaftlichen Bereich. Diese Emp-
fehlung verstehen sie nicht mehr als Anregung zu einer unum-
gänglichen Einschränkung, sondern als den Versuch, die
Unterscheidung zwischen verschiedenen Wirkungsarten aufzuheben. Nach Bledijan und Stosberg hat ein formalisierter
Einstellungsbegriff, in den auch der Meinungsbegriff integriert ist, nicht allein den Vorteil, daß er mit bereits gebräuch-
lichen Begriffen der amerikanischen Verhaltensforschung –
etwa mit ›opinion‹ oder ›Prädisposition‹ – eng verwandt ist
und daher die systematische Zuordnung verschiedener Theorieansätze erleichtern kann.[14] Für ihn spricht vor allem, daß
er eine kognitive Komponente (subjektives Wissen über einen
Gegenstand), eine affektive Komponente (Emotionen in
bezug auf einen Gegenstand) und eine Handlungskomponente (Bereitschaft, im Sinne dieses Wissens und dieser Emotionen zu handeln) zu koordinieren und zu vereinigen
erlaubt[15], so daß auf die problematische, durch Forschungstechniken kaum zu berücksichtigende »Abgrenzung
zwischen den Wirkungen auf den kognitiven Bereich, auf
Emotionen und den Wirkungen auf das Verhalten« verzichtet
werden kann.

Eine komplexe und doch pragmatisch bewährte Begriffskon-
struktion soll das Dilemma beseitigen, in das die Wirkungsforschung gerät, wenn sie in Erhebungen und Untersuchungen
ausschließlich die Beeinflussung des unmittelbar beobachtbaren Verhaltens bestimmen will. Ohnehin lassen sich Einstel-
lungs- und Verhaltensbereich weder praktisch noch theore-
tisch strikt auseinanderhalten. Zwar kann die »Handlungskomponente der Einstellung [...] durch die Überredungskommunikation beeinflußt werden. In der Regel sind dann
aber die Wirkungen auf das offene Verhalten nur eine Folge
der Einstellungsbeeinflussung.«[16] Wollte man nun formali-
sierbare Hypothesen darüber aufstellen, unter welchen
Umständen Handlungsbereitschaft (die in der ›Einstellung‹
impliziert ist) zu ›offenem‹ (manifestem) Verhalten bzw. zur
Verhaltensänderung führt, müßte man so viele potentielle
Determinanten (intervenierende Variablen) in Betracht ziehen, daß für ein Modell der Überredungskommunikation
nicht alle funktionalisiert werden könnten. Auch die Unterscheidung zwischen einem Wissens- und einem Einstellungs-

bereich ist empirisch kaum nachvollziehbar, da die Erweiterung (bzw. Verringerung oder Verlagerung) des Wissens über einen Gegenstand und der Wandel der Emotionen gegenüber diesem Gegenstand sich wechselseitig bedingen und verstärken. Grundsätzlich gilt, daß Einstellungen den »Lernprozeß und damit die Wissenserweiterung beeinflussen können«.[17]

Nach Roth und Bledijan sind Einstellungen durch vier Merkmale charakterisiert. Sie sind nicht »direkt beobachtbare Größen«, sondern »hypothetische Konstrukta«, die aus beobachtbaren Reaktionen – verbalen Stellungnahmen, d. h. Meinungen, und offenen Handlungen – erschlossen werden müssen. (Um Meinungen operationalisieren zu können, um bewußte oder unkontrollierte Verzerrungen auszuschalten und einen Meinungswechsel zuverlässig indizieren zu können, bemüht man sich darum, Testbedingungen herzustellen, »in denen offene und innere Reaktion annähernd isomorph sind. In den Untersuchungen [werden] folgerichtig Kommunikationsstimuli gewählt, die dem Individuum relativ wenig Motivation zu Unterdrückung oder Verzerrung seiner Meinung geben«.[18] Ferner sind Einstellungen immer auf einen bestimmten Gegenstand bezogen. Sie werden »im Laufe der individuellen Geschichte nach den allgemeinen Gesetzen des Lernens erworben« – durch die Befriedigung von Bedürfnissen, bei der Erfüllung bestimmter Funktionen, durch Anerkennung von Vorbildern und Gruppennormen oder im Verlauf eines Informationsaustauschs. Schließlich haben Einstellungen »System«-Charakter; sie können als Komplex interdependenter Einheiten verstanden werden. Die Grundhaltungen und Überzeugungen, die in der »Einstellungsstruktur einer Persönlichkeit« verschränkt sind, setzen sich jeweils aus drei Komponenten (der kognitiven, der affektiven und der Handlungskomponente) zusammen. Jede dieser Komponenten besteht wiederum aus verschiedenen »Elementen«, gewissermaßen den Grundeinheiten einer Einstellung.[19]

Nun lassen sich anhand dieser vier Merkmale verschiedene Dimensionen angeben, »auf denen Einstellungen variieren können« und deren »getrennte Operationalisierung« von der Kommunikationsforschung angestrebt wird. Solche Dimensionen sind die *Richtung* einer Einstellung (positive, neutrale und negative Haltungen), die *Extremität* und *Intensität* einer

Einstellung (die Entfernung einer Einstellungsposition von einem neutralen Mittelpunkt bzw. der Nachdruck, mit dem ein Individuum eine Einstellung vertritt), der Grad ihrer *Bedeutsamkeit* bzw. *Zentralität* (die Position einer – dauerhaften oder nur sporadisch aktualisierten – Einstellung zu einem bestimmten Objekt »innerhalb der gesamten Einstellungshierarchie eines Individuums«), die *Komplexität, Differenziertheit* und *Verbundenheit* eines Einstellungsgefüges (die Anzahl der Einstellungen, der Grad der Trennung zwischen verschiedenen Einstellungen und deren Elementen und der Grad der Zusammengehörigkeit von Einstellungen) und die *Konsistenz* (subjektive Vereinbarkeit zwischen den Bestandteilen) von Einstellungssystemen. Diese Dimensionen sollen insbesondere zur Kennzeichnung der präkommunikativen Einstellungsstruktur von Rezipienten dienen.[20]

Um verwertbare Resultate für den gezielten Gebrauch von Massenkommunikationen zu erbringen, befaßt sich die Wirkungsforschung als Verhaltensforschung ausschließlich mit der *kurzfristigen Wirksamkeit der Überredungskommunikation gegenüber Einstellungen.*[21] Bledijan zählt fünf Varianten von Einflüssen auf, denen ein rezipierendes Individuum ausgesetzt sein kann:

»1. Neubildung von Einstellungen oder nur von kognitiven und/oder affektiven Elementen.

2. Bekräftigung von Einstellungen oder nur von kognitiven und/oder affektiven Elementen, d. h. Einstellungsänderung, die sich auf eine Zunahme der Extremität bezieht.

3. Abschwächung von Einstellungen oder nur von kognitiven und /oder affektiven Elementen, d. h. Einstellungsänderung, die sich auf eine Abnahme der Extremität bezieht.

4. Umkehrung von Einstellungen oder nur von kognitiven und/oder affektiven Elementen, d. h. Einstellungsänderung, die sich auf eine Änderung der Richtung und möglicherweise der Extremität bezieht.

5. Kein Einfluß.«[22]

Den Hypothesen und Untersuchungsmethoden, mit denen die Stabilisierung und Veränderung *verhaltensrelevanter Einstellungen* gemessen wird, liegt ein Wirkungsbegriff zugrunde, der die willkürliche Isolierung von Phänomenen evident und plausibel macht. Nur isolierte Verhaltensfragmente können erfaßt, quantifiziert und prognostiziert werden. Weil es Einzelwirkungen zu präsentieren und zu planen gilt, werden »Einstellungen als Resultate voneinander unabhängig wirksamer Faktoren betrachtet« und wird Bewußtsein »letztlich als additiv verknüpftes Einstellungsbündel gegenüber einer Welt unvermittelter Bestände von Einstellungsobjekten« aufgefaßt.[23] Doch wie sorgfältig die methodenstrategischen Leitbegriffe auch ausgewählt sein mögen und wie komplex das Instrumentarium von Skalen und Kriterien auch sein mag, die Vorentscheidung darüber, wo die Kausalketten beginnen und enden sollen (etwa bei dem, was sich als Intention eines Kommunikators oder einer Aussage zeigt, bzw. bei der ›Gegebenheit‹ einer Einstellung), oder darüber, welcher Sektor des Faktorennetzes herausgelöst und erforscht werden soll, ist wissenschaftlich nicht begründbar. Exaktheit, Meßbarkeit und Verfügbarkeit werden mit der Beliebigkeit von Grundoperationen erkauft – und daher auf lange Sicht wieder in Frage gestellt. Je ›konkreter‹ die Zuordnung von Kommunikationsfaktoren und Einstellungsveränderungen bestimmt wird, desto unbestimmter ist der Erkenntnisgewinn für eine Forschung, die ein Verständnis ihrer selbst gewinnen und ihre eigenen Bedingungen klären will, um endlich mehr zu wissen.

Die Bestärkungshypothese und die Theorie der vermittelnden Faktoren

Nach der Einführung des Rundfunks währte der Glaube an die Allmacht der technischen Medien noch gut zwanzig Jahre. Man deutete das Verhältnis zwischen Kommunikator und Rezipient als eindimensionalen, mechanischen Stimulus-Reaktions-Prozeß, vertraute der Erfahrung erfolgreicher Propagandafeldzüge bei der Mobilisierung der amerikanischen Bevölkerung im Ersten Weltkrieg und bei der Überschwemmung des Markts mit neuen Produkten und berief sich auf eine angeblich geschlossene ›Theorie der Massengesellschaft‹. Diese unterstellte, daß die publizistische Absicht dem Publikum direkt injiziert werden könne und voll als Wirkung durchschlage, weil der einzelne aus seinen primären Gruppenbindungen (Familie, Verwandtschaft, Nachbarschaft) herausgelöst sei, von denselben Instinkten beherrscht werde wie alle anderen und schutzlos den raffiniert gestalteten Stimuli ausgeliefert sei. Man vermutete also, daß die Kommunikationsangebote von allen Individuen auf ähnliche Weise angenommen würden.

Anfang der vierziger Jahre vergewisserte man sich, daß der einzelne auch in den großen Städten seine familiären, nachbarlichen und freundschaftlichen Bindungen nie gänzlich abgestreift habe und daß die Infiltration der Medien durch verschiedene soziale Meinungsbildungs- und Beeinflussungssysteme abgefangen, zensiert und umgeleitet werde. Zugleich entdeckte man den aktiven, den auf verschiedene Weise auswählenden Rezipienten. Dies war nun zwar keine Widerlegung jener kritischen und kulturpessimistischen Theorie der ›Massengesellschaft‹. Denn diese Theorie behauptete nicht das empirisch nachprüfbare Isoliertsein, Alleinsein des Individuums, sondern ging von einer qualitativen Einschätzung dieser Primärgruppenbeziehungen aus und kam zu dem Ergebnis, daß sie von unpersönlichen Herrschaftsmechanismen abhängig seien (nicht mehr Öffentlichkeit konstituieren könnten), zu Konkurrenz- und Unterwerfungsverhalten ermunterten, Solidarität verhinderten und so das gesellschaftliche Urteil über den einzelnen, eben Gleichschaltung und Isolation, vollstreckten. Dennoch brachte die Einsicht, daß im massenkommunikativen Wirkungsprozeß neben Intention und Medienaussage viele andere Momente beteiligt sind, eine entscheidende Wende: Die Kommunikationstheorie erhöht ihre Komplexität und schafft die Voraussetzungen zu ihrer Selbstkritik.

Den Anstoß zur Revision der Hypothese von der direkten Kollektivwirkung geben Paul Felix Lazarsfeld und seine Mitarbeiter. Diese Forschergruppe untersucht in der ersten Hälfte der vierziger Jahre die Veränderung des Leseverhaltens bei regelmäßigem Radiohören, die Beurteilung der in den USA üblichen Form der Programmfinanzierung (sponsor-System) durch die Hörer und die Wirkungen von Werbeeinblendungen und Rundfunkserien *(daytime serials)* auf das Publikum. Grundlegende Bedeutung aber gewinnen eine Panel-Umfrage bei Rundfunkhörern in einem begrenzten Gebiet (Erie County, Ohio) in einem bestimmten Zeitraum (vor der Präsidentenwahl 1940) und der Bericht über diese

Studie.[24] Die Forschergruppe kommt zu dem Schluß, daß die Nutzung von Rundfunk (und Presse) allenfalls eine geringe, jedenfalls aber keine meßbare Beeinflussung der individuellen Wahlentscheidungen mit sich bringt, ja daß gerade die eifrigsten Mediennutzer immun bleiben, da sie gewöhnlich bereits eine feste Meinung vertreten. Mehr als durch die Medien werden die Entscheidungsprozesse durch Variablen, die in das Verhältnis zwischen Stimulus und Reaktion intervenieren, beeinflußt. Es handelt sich dabei um soziale Faktoren wie Klassenzugehörigkeit, religiöse Überzeugung, Erziehungs- und Bildungsniveau, Wohnort, Alter, Geschlecht und Verstädterungsgrad. Die wichtigsten Faktoren erweisen in *persönlichen Kontakten* ihre Prägekraft. Daher wird der interpersonalen Einflußnahme die wichtigste Wirkungsfunktion zuerkannt. Die Restwirkung, die man bei der Rekonstruktion der Meinungsbildung den Wahlsendungen und Pressekommentaren zuschreibt, wird noch zusätzlich relativiert. Sie wird nur dann für wahrscheinlich gehalten, wenn Medienaussage und Gruppennormen übereinstimmen. Fortan orientiert sich die Kommunikationsforschung daran, daß soziale Gruppen und informelle Beziehungen zwischen Massenmedium und Individuum vermitteln. Die Wähler ohne traditionelle Sympathien, die sich erst während oder kurz vor dem Ende des Wahlkampfs auf einen bestimmten Kandidaten festlegen, tun dies unter dem Eindruck von Gesprächen und averbalen Identifikationen mit Familienmitgliedern, Freunden und Arbeitskollegen. Besonders aktiv in solchen Überzeugungsprozessen sind diejenigen, die mehr als andere an politischen Problemen interessiert sind, häufiger als andere über verschiedene Medien Berichterstattung und Diskussion rezipieren und ihre Ansichten ihren Bekannten darlegen. Diese *Meinungsführer,* die in allen sozialen Schichten zu finden sind, gelten als Knotenpunkte und Initiatoren der Kommunikationsdynamik, die gleichwohl immer noch, entsprechend der allgemein anerkannten Versuchsanordnung, bei der Aussage ihren Anfang und beim Publikumspartikel ihr Ende haben soll.

Lazarsfeld und seine Mitarbeiter machen deutlich, daß es nicht die Hauptaufgabe eines mit großem Medieneinsatz geführten Wahlkampfes ist, die Wähler zu anderen Überzeugungen zu bekehren. Vielmehr geht es in erster Linie darum, die Wähler, die sich einer bestimmten Auffassung angeschlossen haben oder sich ihr annähern (vor allem die, denen dies noch nicht bewußt ist), zu mobilisieren, das Interesse an der Wahl selbst zu beleben und die strittigen Fragen in den Mittelpunkt der Aufmerksamkeit zu rücken. Dabei werden im Verlauf der Zeit die Meinungen in den verschiedenen Kleingruppen aufeinander abgestimmt. Je weiter der Wahlkampf fortschreitet, desto homogener werden Familien und Freundschaftsgruppen.[25]

Auch viele andere empirischen Untersuchungen legen die Ansicht nahe, daß Informations- und Aufklärungskampagnen und progressive wie reaktionäre Erneuerungsbestrebungen mit Hilfe der Medien ihren Erfolg der Aktivierung bereits bestehender Prädispositionen und Attitüden und der Kanalisierung eines Verhaltens, das sich schon eingespielt hat, verdanken. Nach einer ›good-will‹-Kampagne für nationale Toleranz, bei der in Rundfunksendungen der spezifische Beitrag der verschiedenen Nationalitäten zur amerikanischen Lebenskultur hervorgehoben wurde, stellte sich heraus, daß die Serie keineswegs Vorurteile abgebaut hatte, da nur jeweils die Angehörigen der gerade vorgestellten Volksgruppe zugehört hatten, um sich ihr kollektives Selbstbild zu bestätigen.[26] Die beliebte Sängerin Kate Smith, die sich während des Zweiten Weltkriegs in großen Rundfunksendungen für die Zeichnung von Kriegsanleihen einsetzte, bewirkte nur die Rekrutierung der Bereitwilligen.[27] Die Aufklärungs- und Propagandafilme, von denen man sich die Stärkung der Kampfmoral amerikanischer Soldaten versprach, erhöhten das Informationsniveau, aber änderten nicht die Grundeinstellung der Soldaten, weder im Hinblick auf die Einschätzung des Kriegseintritts der USA noch im Hinblick auf die jeweilige Neigung des einzelnen, sich am Krieg zu beteiligen.[28] Ein Film, der gegen rassistische Vorurteile ankämpfte, verbreitete Kenntnisse, aber ließ die wechselseitigen Projektionen unangefochten.[29] Engagierte Dokumentationssendungen des Rundfunks über Atomenergie brachten keine Einstellungsänderungen.[30] Auch bei einer Propagandakampagne für die Vereinten Nationen[31], bei einem Public-relations-Feldzug für die Erdölindustrie (untersucht vom Bureau of Applied Social Research 1954) und bei einer Aufklärungssendung der BBC über die Todesstrafe blieb die ›Übertragung‹ aus. Initiatoren von publizistischen Aufklärungsversuchen, Aufrufen und gemeinnützigen Werbeaktionen müssen also erwarten, daß nur die Aussagen, die den jeweiligen konsolidierten Einstellungen entsprechen, wirklich gesehen, gehört und gelesen, sinngemäß verstanden und bedacht werden, während Informationen mit abweichendem Inhalt abgewehrt werden. Die Hauptschwierigkeit für Medienstrategen ist die *Selbstselektion* der Rezipienten.

Daß die Angebote der Massenkommunikation *selektiv* wahrgenommen werden und die Wirkung der Medien vor allem in der *Verstärkung* präkommunikativer Überzeugungen und Haltungen besteht, ist die schwerstwiegende Feststellung Lazarsfelds. Je mehr sich die Aussagen mit den Filtern der Einstellungen decken, desto größer ist die Reaktionsbereitschaft und damit das, was als Wirkung, als Kanalisierung verhaltensrelevanter Einstellungen – im Sinne von Stabilisierung oder im Sinne von Veränderung – verbucht werden kann. Es gilt geradezu als Prinzip der Massenkommunikationsforschung, daß die Wirkung mediatisierter Überzeugungsabsichten weniger von den Eigenschaften der Kommunikation selbst als vielmehr von der Richtung, Konsistenz und Organisation der Dispositionen und Erwartungsperspektiven abhängig ist. Diese auf den *old experiences* basierende Selektivität des Rezipienten ist der Hauptfaktor im Wirkungsnetz der Massenkommunikation.[31a]

Auf dreifache Weise bemüht sich der Rezipient darum, solche Aussagen und Eindrücke zu absorbieren, die seine sozialen und psychischen Prädispositionen bestätigen und mit seinen Interessen ›konsonant‹ sind, und solche Argumente und Assoziationen abzublocken, zu verdrängen oder zu korrigieren, die mit seinen Prädispositionen ›dissonant‹ sind und damit Unsicherheit vergrößern. In der ersten, der präkommunikativen Phase wählt er aus, welchen Medienangeboten er sich überhaupt aussetzen will *(exposure)*. In der zweiten Phase empfängt und versteht er die Kommunikation auf eine bestimmte, vorbelastete Weise *(perception)*. In der dritten, der postkommunikativen Phase bearbeitet schließlich noch das Gedächtnis die Aussagen, die von den entsprechenden Prädispositionen abweichen; es ›vergißt‹ oder behält *(retention)*. Dabei wird nicht nur die Aussage, sondern auch der

Kommunikator, das Medium und die Empfangssituation selektiert.[32]

Nicht selten wird zugunsten der Konsolidierung vorgefaßter Meinungen aus einer Aussage sogar das Gegenteil dessen, was ausgedrückt werden soll, herausgelesen, herausgehört oder herausgesehen. Eine Analyse der Bedingungen, unter denen dieser *Bumerang-Effekt* möglich und wahrscheinlich ist, erklärt, warum viele Anstrengungen der bewußten Überredungskommunikation (Werbung, Propaganda, Aufklärungskampagnen) unergiebig sind oder sogar die Ausgangsposition der Initiatoren erschweren. Der Kommunikator läuft vor allem dann Gefahr, daß die Reaktion der Rezipienten seine Intention in ihr Gegenteil verkehrt, wenn er von einem falschen Publikumsbild ausgeht, wenn sein Publikum so heterogen ist, daß er sich nicht auf alle Teilgruppen einstellen kann, wenn verschiedene Teile der Aussage sich zu widersprechen scheinen und wenn die Beispiele, die er gebraucht, um seine Thesen plausibel zu machen, mit der Erfahrung des Rezipienten divergieren.[32a]

Ausgehend vom Phänomen der selektiven Wahrnehmung beschäftigt sich die Kommunikationsforschung zunehmend mit der Bestimmung und Klassifizierung intervenierender Variablen, um zu erklären, warum dieselben Stimuli unterschiedlich aufgenommen werden und verschiedene Reaktionen auslösen. Man fragt nach den Dispositionen, Abwehrmechanismen, Interpretationspräferenzen, Wertvorstellungen und Neigungen und dem Wahrnehmungsvermögen sozialer Gruppen, u. a. auch mit Hilfe von Methoden der Gestalttheorie. »Zunächst resultierte aus [der Entdeckung des differentiellen Aussageempfangs] eine Modifikation des Konzeptes schrankenlosen Medieneinflusses: Massenmedien – so hieß es jetzt – können unterschiedliche Wirkungen bei unterschiedlichen Leuten erzeugen: wenn man die Menschen aber in Gruppen einteilen kann, so kann man auch die Auswirkung der Aussagen in den Medien jeweils für bestimmte Gruppen von Menschen vorhersagen.«[33] Aber auch diese Strategie erwies sich als inadäquat. Nicht nur nehmen Individuen aus heterogenen Gruppen und Schichten die Stimuli unterschiedlich auf; sie nutzen auch die Medien auf verschiedene Weise. So wird oft die Aussage gar nicht direkt rezipiert, sondern erst in bereits zensierter Form, übersetzt in ein spezifisches Symbolsystem, mittels persönlicher und Gruppenaktivitäten aufgearbeitet. Die Rezipientengruppe, in der sich vor, während und nach der Rezeption durch Meinungsaustausch und Anpassung gemeinsame Erwartungen und ›prädisponierende Standortbestimmungen‹ herauskristallisieren, steht nun im Mittelpunkt des Interesses. Diese Gruppenaktivität, die freilich selbst wiederum habitualisiert ist (also nicht ihrerseits zum ersten Glied einer Wirkungskette erklärt werden kann), entscheidet darüber, ob und wie der einzelne auf das Kommuniqué reagiert und wie und was er selektiert.[34]

Den Versuch, das selektive Verhalten des Rezipienten psychologisch zu erklären, hat Leon Festinger unternommen. Festingers zentrale These ist, daß der Rezipient mit Hilfe des Medienkonsums versucht, offene oder drohende Widersprüche (Dissonanzen) zwischen seinen Einstellungen, seinen Grundsätzen, seinem Wissen und seinem Handeln zu reduzieren bzw. zu verhindern und möglichst weitgehende Konsistenz und Kongruenz in seiner psychisch-kognitiven Struktur – vordringlich in seiner Selbstwahrnehmung – herzustellen. Diese *Theorie der kognitiven Dissonanz*[35], die inzwischen von einer ganzen Reihe begrifflich höchst differenzierter *Konsistenztheorien* aufgegriffen und weiterentwickelt worden ist (s. u.), füllt eine Deutungslücke der Bestärkungshypothese. Sie kann nämlich verständlich machen, warum es zu Meinungswandel oder Verhaltensänderung mittels Programmselektion und Aussagenperzeption kommen kann, ohne daß dieser Wandel kausal-linear auf einen Medien-Stimulus zurückgeführt werden muß. In einer Situation, in der eine ausgeführte Handlung nicht durch bestehende Überzeugungen abgedeckt werden kann (oder diese nicht durch jene), nutzt das Individuum das unerschöpfliche Medienangebot, um durch neue Informationen entweder sein zunächst unabgesichertes Handeln zu rechtfertigen – dies erscheint dann als Meinungsänderung –, oder aber, wenn die Handlung nicht allzu schwerwiegend war, um seine Überzeugung zu bekräftigen und ›zu sich zurückzufinden‹ – dies erscheint dann als Verhaltensänderung. Im günstigsten Fall offerieren die Programme Interpretationsmuster, die es erlauben, die abweichende Handlung doch noch als übereinstimmende zu rationalisieren. Letztlich erweitert Festinger den Begriff der *Verstärkung*. Indem der Begriff funktionalisiert wird, bezieht er sich nicht mehr lediglich auf Bestehendes, sondern auch auf relativen Wandel: auf Kongruenzsicherung bzw. Dissonanzverminderung.

Bei Festinger ist der Rezipient kein Individuum, das eine Einstellung hat und dann danach handelt und sie durch Medienempfang bestätigt, sondern ein Individuum, das gewöhnlich durch irgendeine Spannung – meist zwischen einer Handlung und einer hinderlichen Auffassung – gekennzeichnet ist. Der Rezipient *hat* immer schon gehandelt und bedarf jetzt, um sein Gleichgewicht wiederzufinden, der Vergewisserung, die richtige Entscheidung getroffen zu haben. Eine solche präkommunikative Dissonanz besteht auch, »nachdem ein Mensch sich zwischen zwei Alternativen entschieden hat, die beide recht attraktiv sind. Nachdem er eine der Alternativen gewählt hat, ist alles, was er über die positiven Seiten der ausgeschlagenen anderen Möglichkeit weiß, gegenüber der ausgeführten Handlung, also seinem eigenen Entschluß, dissonant. Wenn das so ist und wenn als Ergebnis eine Dissonanzminderung einsetzt, dann würde man annehmen, daß der Mensch nach einem solchen Entschluß die Rechtfertigung seines Handelns zu stützen trachtet, indem er sich selbst dazu überredet, die gewählte Alternative für weit attraktiver zu halten, als er ursprünglich geglaubt hatte.«[36] Festinger hat dies am Beispiel von Autofahrern, die sich für die Marke A und damit gegen die Marke B entschieden haben, illustriert: Die Fahrer entwickeln *nach* dem Kauf der Marke A das Bedürfnis, durch Lektüre von Werbebroschüren und durch geschicktes Interpretieren sachbezogener Aussagen ihre Wahl und die Ablehnung der Marke B zu bekräftigen (*bolstering effect*).

Die Konsequenzen für eine Abschätzung der Beeinflussungsmöglichkeiten durch Medienaussagen sind klar. Wenn sich ein Individuum von Meinungsänderung eine Verringerung seiner Spannungen erhoffen darf, wird es gegenüber Sendungen und Mitteilungen, die ihm diese Umstellung erleichtern, sehr empfänglich sein. »Kommunikationen mit dem Ziele der Überredung sind sehr wirksam, wenn sie eine Dissonanz vermindern, sie bleiben wirkungslos, wenn eine Beeinflussung die Dissonanz nur steigern würde.«[37] Allerdings ist in der *Massenkom*munikation eine Planung der Überredung nahezu ausgeschlossen, abgesehen davon, daß die Divergenz zwischen der Absicht des Kommunikators (Durchsetzung einer bestimmten Meinung) und der des Rezipienten (Dissonanzminderung) die Wirkung erneut relativieren würde: Die Meinung würde wieder preisgegeben werden, sobald sie dissonant werden würde. Erst recht chancenlos sind Kommunikatoren, die Rezipienten zu abweichenden Handlungen verleiten wollen, um auf diesem Umweg die entsprechende Meinungsanpassung vorzubereiten.

Die Theorie der kognitiven Dissonanz bietet nicht zuletzt eine Erklärung für den *sleeper effect,* für das Phänomen, daß Aussagen, die während und unmittelbar nach der Rezeption keinen Eindruck machen oder skeptisch aufgenommen und abgewiesen werden, nach einiger Zeit doch akzeptiert werden. Hierbei wird zunächst der Kommunikator bzw. das Medium abgelehnt; doch dann wird nach dem Prinzip der Aufhebung kognitiver Dissonanz die *von einem gewissen Zeitpunkt an* Konsistenz versprechende Aussage begrüßt. Die Quelle des früher oder später als spannungslösend erkannten Inhalts wird schneller vergessen als der Inhalt. Auch der *sleeper effect* ist für den Publizisten unabsehbar und überdies als ›Wirkung‹ vieldeutig.

Seitdem die Vorstellung eines direkten *stimulus-response-*Verhältnisses diskreditiert worden ist, neigt man in der amerikanischen Massenkommunikationsforschung dazu, nicht nur die unbegrenzte Macht der Medien, sondern schlechthin jede publizistisch-propagandistische Wirkungschance zu leugnen. Die durch ›die Fülle der empirischen Belege‹ bekehrten Forscher und die Manipulatoren, die weiterhin an ihre Beeinflussungspotenz glauben und sich zugleich vor den Kritikern freisprechen wollen, halten an der Antithese zur *transmission belt theory* fest: an der Lehrmeinung von der relativen oder totalen *Wirkungslosigkeit* der Medienkommunikation. Da sie vom Wirkungsmodell nicht loskommen, können sie dort, wo keine Wirkung zu messen ist, nur Ohnmacht feststellen oder die Wirksamkeit an die intervenierenden Faktoren delegieren.

Bei Klapper wird die Bestätigungs- und Verstärkungstheorie

bis zu einem Punkt vorangetrieben, an dem die Schwächen des revidierten Wirkungsmodells offenkundig werden.[38] Auch Klapper versteht Wirkungen größtenteils als *reinforcement effects* und nur zum geringsten Teil als intendierte Einstellungsänderung – unter dem Vorbehalt, daß die bewußte Absicht des Kommunikators kein Kriterium sein kann. Er berücksichtigt Hinweise der Lernpsychologie und der Dissonanztheorie und verwirft die zähe Erwartung, die Wirkungen der Massenkommunikationen – als Resultanten von immer mehr und immer neuen Komponenten – doch noch nach dem Impfnadel-Modell berechnen zu können. Statt dessen befaßt er sich – wie ansatzweise schon Lazarsfeld, Merton und andere – mit dem Funktionszusammenhang von Stimulus, interpersonalen Einflüssen und Umständen der Medienrezeption. Und wie bei seinen Vorgängern wird in diesem Interdependenz-Zusammenhang der *mediating factors* die ›Wirkung‹, die strenggenommen vom Wechselspiel der unabhängigen Variablen jeweils neutralisiert wird, immer noch als die abhängige Variable, als *Ziel* des Kommunikationsprozesses pointiert.

Aber im Unterschied zu den Wegbereitern der Bestätigungshypothese denkt Klapper nicht mehr von der Warte des Kommunikators aus. Er *beginnt* seine Untersuchung mit der Unterscheidung verschiedener Wirkungsgrade und fragt erst dann danach, welches Gewicht die verschiedenen *mediating factors* beim Zustandekommen der Wirkung gehabt haben. Als abhängige Variablen (als Arten der Beeinflussung von Einstellungen) hält er kreativen Effekt, Verstärkungs-, geringfügigen und Konversionseffekt (Bekehrung) und Effektlosigkeit auseinander. Klapper merkt auch gleich an, daß in der weitaus größten Zahl der Fälle *reinforcement*, relativ selten ein geringfügiger und kreativer Effekt und fast nie ein Konversionseffekt festzustellen ist.

Man kann sämtliche unabhängigen Faktoren, die für die Wirkung von Massenkommunikationen (Übertragungen von Aussagen mit bestimmten Intentionen über technische Medien) bedeutsam sind, mit Frank Bledijan zunächst drei Variablenkomplexen zuordnen: den Merkmalen der Persönlichkeitsstruktur des Rezipienten, den Merkmalen des kommunikativen Stimulus und denen der Situation während und nach dem Aussageempfang (der situationalen Stimuli).[39] Zum ersten Komplex gehören die Prädispositionen und anderen Eigenarten, von denen Zuwendung, Wahrnehmung und Erinnerung des Individuums vor, in und nach der Empfangssituation beeinflußt werden: die präkommunikative Einstellungsstruktur, die Antriebslage, die Erwartungen, Affekte, politischen und religiösen Überzeugungen und Wertpräferenzen, der Grad der psychischen ›Stabilität‹, die Toleranzbelastbarkeit und die soziale Lage, die Gruppenzugehörigkeit, das traditionelle familiäre Wahlverhalten, das Geschlecht, das Alter, die Schulbildung, der Intelligenzgrad, die Kenntnisse usw. Zum zweiten Komplex gehören thematischer Zusammenhang, Standpunkt, Schlußfolgerung, Argumente, rhetorische Gestaltung, Stil, Aufmachung und Verständlichkeit der Aussage sowie deren Einbettung im Gesamtprogramm, Charakteristika, Rolle, Auftreten und Ansehen des Kommunikators und ökonomische Struktur, technische Eigenarten und Ansehen des Mediums. Als situationale Stimuli können die Art der Tätigkeit beim Empfang, die Form der Interaktion (Einzel- oder Gruppenempfang, Diskussionen) und Umweltfaktoren, insbesondere aber die interpersonelle Verbreitung von Medienaussagen durch Gruppenmitglieder und Meinungsführer wirkungsrelevant sein. Bei dieser Aufzählung ist aber zu bedenken, daß alle unabhängigen Variablen und auch die Relationen zwischen den Variablen (z. B. das Prestige des Kommunikators und des Mediums: als Ausdruck von Interpretationen dieser Faktoren durch Rezipienten) »ihrerseits überlagert, überformt, variiert [werden] durch den Rezipienten als Persönlichkeit in einer bestimmten Situation«.[40] Da es um Wirkungen in der Einstellungsstruktur des Rezipienten geht, können letztlich alle Faktoren, auch die beobachtbaren unabhängigen Variablen des kommunikativen bzw. situationalen Stimulus (zweiter und dritter Komplex) als Persönlichkeitsfaktoren bestimmt werden, da sie ja nur als individuell erfahrene intervenieren. Will man dies aber nicht tun, ist es konsequent, den Begriff der intervenierenden Variablen bzw. der *mediating factors* in einem engeren Sinne aufzufassen und unter ihnen die Faktoren zu verstehen, die zwischen den beobachtbaren unabhängigen Variablen des Gesamtstimulus und den beobachtbaren abhängigen Variablen der Einstellungsänderungen vermitteln, ohne selbst Momente der Massenkommunikation zu sein (im wesentlichen die Prädispositionen des Rezipienten).

Die *Übereinstimmung* bzw. Nichtübereinstimmung zwischen den Variablen des Kommunikators, der Aussage und der Umwelt einerseits und den Variablen des Rezipienten andererseits entscheidet nun darüber, welche ›Wirkung‹ eintritt. Obwohl im Funktionszusammenhang jeder Faktor wirkt und bewirkt wird, bleibt der Wirkungsbegriff der Bestimmung von Rezipientenbeeinflussungen vorbehalten. Klapper erweitert den Rahmen des Subjekt(Stimulus)-Objekt(Reaktions)-Schemas, aber verläßt ihn nicht.

Von den Thesen, in denen Klapper seinen theoretischen Ansatz umrissen hat, sollen hier die wichtigsten zitiert werden:

»1. Im Normalfall ist Massenkommunikation keine notwendige und hinreichende Ursache für Wirkungen beim Publikum. Vielmehr fungiert sie innerhalb und mittels eines Verknüpfungszusammenhangs von vermittelnden Faktoren und Einflüssen.

2. Diesen vermittelnden Faktoren ist es zu verdanken, daß Massenkommunikation bezeichnenderweise ein mitwirkender Stimulus, nicht aber alleinige Ursache im Prozeß der Verstärkung gegebener Bedingungen ist. (Unabhängig von den jeweiligen Bedingungen – seien es nun die Wahlabsichten von Mitgliedern des Publikums, ihre Neigung zu delinquentem Verhalten oder ihre Haltung gegenüber dem Leben und seinen Problemen – und unabhängig davon, ob es sich um soziale oder individuelle Effekte handelt, gilt, daß die Medien eher Verstärkung als Wandel bewirken.)

3. In den Fällen, in denen Massenkommunikation Veränderung bewirkt, ist wahrscheinlich eine von zwei Bedingungen erfüllt: Die Mittlerfaktoren sind unwirksam, so daß die Wirkungen der Medien direkt sind, oder aber die Mittlerfaktoren, die normalerweise eine Verstärkung begünstigen, drängen selbst auf Veränderung hin.«[41]

Klapper nennt auch die Bedingungen, unter denen es zu einer kreativen Wirkung und zu einer Umkehrung von Einstellungen (Konversionseffekt) kommen kann. Ein kreativer Effekt kann eintreten, wenn sich zu einem bestimmten Thema

(Entscheidungsobjekt) noch kein Bezugsrahmen *(frame of reference)* gebildet hat, d. h. noch gar keine Meinung besteht. Denkbar wäre dies etwa, wenn wichtige Sozialisationsinstitutionen (Familie, Schule) ihre Funktionen plötzlich nicht mehr ausüben. In diesem Fall ist es allerdings zweifelhaft, ob die Bemühungen der Kommunikatoren mehr als eine bloße Zurkenntnisnahme von Meinungen erreichen und ob Einstellungen, die nur von Massenkommunikation angeregt und nicht auch über interpersonale Kommunikation vermittelt worden sind, verhaltensrelevant werden können.

Eine Umkehrung von Einstellungen ist möglich, wenn ein Individuum gegensätzlichen Gruppeneinflüssen *(cross pressures)* ausgesetzt ist, so daß es nach einem dritten Weg sucht, wenn es dazu überredet oder genötigt wird, eine bestimmte Rolle zu spielen, die nicht mit seiner Gesinnung übereinstimmt *(role playing)*, und/oder wenn eine fundierte Einstellung nicht direkt angegriffen, sondern mittels der Erschütterung von Überzeugungen, die sie stützen und mit ihr verschränkt sind, unterminiert wird *(side attack)*. Eine solche ›Bekehrung‹ ist nach Klapper äußerst selten. Wesentlich aber ist, daß ihre Genese nicht bis zur Intention eines Kommunikators zurückverfolgt werden kann. Wie es auch zur Umkehrung gekommen ist, in jedem Fall hat das bekehrte Individuum versucht, gewissermaßen durch eine innere Schwergewichtsverlagerung kognitive Dissonanz zu vermindern. Es hat eine Einstellung revidiert, die ohnehin gefährdet war, und eine andere favorisiert, die nicht nur von ›außen‹ herangetragen wurde, sondern sich auch latent anbot. Die Zuwendung zur spezifischen Massenkommunikation hat also die Austragung eines bereits bestehenden Widerspruchs und einen inneren Anpassungsprozeß *beschleunigt* (einen Prozeß, der sich wiederum nicht nur ›innen‹ und individuell abspielt). Gewiß können auch seltene Konversionseffekte sehr folgenreich sein – bekehrte Meinungsführer können einen *snowball effect* auslösen.[42] Doch grundsätzlich gilt, daß Konversion und Weiterwirkung nur dann möglich sind, wenn zugleich verschiedene, nicht durchweg operationalisierbare *mediating factors* bestätigt werden.*

---

* Feststellungen zur Überredungskommunikation, die den Eindruck der Gesetzmäßigkeit vermitteln und auf den ersten Blick Richtlinien für *gezielte*

Bezeichnend ist, daß aus Klappers Thesen keinerlei Prognosen für spezifische Wirkungen von spezifischen Aussagen abzuleiten sind, schon deswegen nicht, weil er aus gutem Grund die Fragestellung umkehrt und von den beobachtbaren ›Wirkungen‹ selbst ausgeht. Die ›mehrstufigen Filterprozesse‹ entspringen keinem ersten Ausgangspunkt. ›Wirkung‹ läßt sich nicht als Korrelat publizistischer Anstrengungen darstellen, da diese aus der Interdependenz mit anderen Faktoren nicht herauszulösen sind und selbst der Erklärung bedürfen. Dem Begriff wird der Boden entzogen: die Meßbarkeit (Isolierbarkeit) des Verhältnisses von input und output. Dies feststellen heißt nun aber nicht die *Wirkungslosigkeit* der Massenkommunikation behaupten. Daß Medienoutput. Dies feststellen heißt nun aber nicht, die *Wirkungslotet* weder auf ihre meßbare Wirksamkeit noch auf ihre Wirkungslosigkeit hin[43], sondern auf die Unzulänglichkeit des Kausalitätsmodells. Ebensowenig ist auszumachen, ob die Bestätigung ›bestehender‹ Einstellungen zur Aufrechterhal-

Manipulation zu enthalten und die Steuerungskapazitäten des Publizisten zu vergrößern scheinen, erweisen sich nach Besinnung auf bestimmte *mediating factors* (und auf deren Bedingtheit) als wesentlich problematischer und unpraktikabler. So wird in vielen Kompendien hervorgehoben, daß sich kreative Wirkungen leicht erzielen (wenn auch wiederum nicht anpeilen) ließen, wenn irrelevante Attitüden initiiert werden. Individuen nehmen Mitteilungen und Wertungen leichter an, wenn es sich um unvertraute, periphere Themen von geringem Interesse handelt und sie daher auf diese nicht vorbereitet sind. Doch was heißt hier ›annehmen‹? Zugespitzt ausgedrückt: wenn der Kommunikator keine Wirkungen (verhaltensrelevante Einstellungsveränderungen) erzielen will, kann er Wirkungen erzielen. – Ähnliches gilt für eine andere Regel: Einstellungen – aber eben nicht alle, sondern ganz bestimmte – werden leichter erfaßt, akzeptiert und behalten, wenn der Rezipient dringend verhaltensorientierender Einstellungen bedarf (etwa dann, wenn traditionelle Richtwerte versagen, wenn Bezugsgruppen sich auflösen, wenn der einzelne isoliert bzw. seine soziale Integration schwach ist oder wenn er ein extrem schwaches Selbstvertrauen hat). – Daß Meinungen zu Personen sich relativ leicht ändern lassen (im Vergleich zu Meinungen gegenüber Sachfragen), beruht in unserem Sozialsystem auf der grundsätzlichen Bereitschaft, Personen wie Firmenmarken und Waren schnell ›altern‹ zu lassen und auszutauschen. Solche Meinungen sind nicht fest verankert; Personen haben gleichsam eine höhere »Durchlaufgeschwindigkeit«. Publizistische Feldzüge können auch hier nur die Entwicklung beschleunigen oder Spielmarken austauschen – und es müssen die richtigen Spielmarken sein. Im übrigen vergesse man nie, daß der Kommunikator bzw. sein Auftraggeber selbst dann, wenn er imstande sein sollte, eine Überredung zu planen und zu plazieren, nicht das erste Glied einer Kette ist, daß er nicht *beliebig* plant und hinwirkt.

tung des Status quo beiträgt oder nicht. (Sie forciert auch die Polarisierung sozialer Kräfte.) Einstellungsänderungen lassen sich feststellen, doch sie lassen sich nicht als Auswirkungen konkreter Stimuli und nicht als »Endpunkte« (Klapper) qualifizieren. Um sie einzuschätzen, dürfte sich die Kommunikationsforschung nicht länger auf die Messung individuellen Verhaltens kaprizieren.

Die Revision der Stimulus-Reaktions-Theorie durch die Selektions- und Bestätigungsthesen behält ihre Bedeutung auch für die gegenwärtige Auseinandersetzung, in der oft die Auffassung zu hören ist, diese Hypothesen seien im Hinblick auf die Macht der Medien zu pessimistisch. Von anderer Seite wird den Vertretern der Verstärkungsthesen vorgeworfen, sie versuchten vorschnell und aus durchsichtigen Beweggründen, die Harmlosigkeit der manipulativen Werbe-Medien nachzuweisen.[44] Aber auch wenn man Bestätigung als Manipulation, nämlich als Ausschluß von Alternativen bestimmt, darf man nicht die Hoffnung erwecken, bereits *heute* könnten dezidiert nicht-manipulative, kritische Sendungen, die auf kein Fluchtmaterial zurückgreifen, ›Wirkung‹ erzielen, ohne sedimentierte Einstellungen zu bestätigen. Hinter der ausgesprochenen oder unausgesprochenen Mutmaßung, die Menschen würden allein schon dadurch mündiger, daß man ihnen anderes Material anbietet, steht die Überzeugung, es käme auf die *Entscheidung* aufgeklärter Individuen in Schlüsselpositionen an, auf die Entschlossenheit, neue Programme durchzusetzen. In vielen spätmarxistischen Medientheorien vertraut man auf eine neue Spielart des Stimulus-Reaktions-Modells.

Aufschlußreicher ist ein anderer Blickwinkel: *Wenn* sich nämlich andere Programme durchsetzen lassen – und das wird ja ständig versucht – und *wenn* die Forderung nach anderen Programmen massenhaft erhoben wird, deutet dies darauf hin, daß sich die Bedingungen, unter denen Kommunikatoren arbeiten, bereits zu ändern beginnen. Doch eben dann, wenn die Demokratisierung der Medien Fortschritte macht, ist es nicht *entscheidend,* was als Resultat von zunehmend selbstregulierten Produktionsprozessen gesendet oder gedruckt wird. Vielmehr ginge es dann um die Durchsetzung einer ›horizontal‹ Massenkommunikation zwischen den sich wandelnden und bildenden Gruppen. Was im einzelnen veröffentlicht wird, ist auch heute nicht entscheidend. Dabei bestätigt unsere Massenkommunikation jederzeit *konträre* Einstellungen. Daß sie fast ausschließlich bestätigt, ist freilich symptomatisch für das gesamtgesellschaftliche Selektionsverhalten vor dem Hintergrund einer von der Massenkommunikation abgesonderten Groß- und Kleingruppendynamik. Dieser Hintergrund wird jedoch auch durch kritische Sendungen nicht tangiert. Mit anderen Worten: damit es bedeutungsvoll *werde*, was gesendet und gedruckt wird, damit es einmal darauf ankommt, welche Aussagen in Massenkommunikation gemacht werden, muß die soziale Interaktionsstruktur aufgehoben, muß sie mittels neuer Organisationsformen in den Medien mit sich selbst konfrontiert, müssen mehr und leistungsstärkere Partizipationssysteme ausdifferenziert werden.

Zurück zur Ambivalenz der Selektions- und Bestätigungsthesen. Zwar sollten die Untersuchungen, die zu ihnen führten, den politökonomischen Strategen Kommunikationstechniken zur Verfügung stellen, und gewiß zeugt auch Klappers Theorie der *mediating factors* vom Fortleben der manipulativen Einstellung und von der Fortgeltung des Stimulus-Reaktions-Schemas. Aber in den Untersuchungen und Thesen manifestiert sich zugleich das Scheitern dieses Schemas – zumindest für unsere historische Stufe funktionaler Differenzierung, auf der die Versorgung mit Kommunikation kein Problem mehr ist. Dagegen bleibt die Propagierung der Wirkungslosigkeit der Massenkommunikation dem Schema ja gerade verpflichtet.

Die Hauptschwäche, die Inkonsequenz der *reinforcement*-Theorien zeigt sich auf einer anderen Ebene. Diese Theorien unterstellen allesamt, daß es im Hinblick auf die Internalisierung und Entäußerung von Prädispositionen, die interpersonale Kommunikation und die Gruppenbildung (im Hinblick auf Form, Inhalt und Funktion dieser Prozesse) keinen Unterschied ausmache, ob sich ein System der Massenkommunikation herausgebildet hat oder nicht. Im Grunde leugnen sie, was ihren Gegenstand konstituiert. Indem sie nur nach kurzfristigen, qualifizierbaren und individuellen Wirkungen fahnden und von einem bestimmten Punkt an nicht mehr weiterentwickelt werden, kaschieren sie, daß heute jede Kommunikation, auch die, die nicht durch die Zuwendung zur Medienproduktion definiert wird, von den historischen Strukturen der Massenkommunikation geprägt und auf eigentümliche Weise blockiert wird. Indem sie ihre Frage- und Themenstellung zeitlich und sachlich einengen, nähren sie die Illusion, die Individuen und ihre Bezugsgruppen selektierten nach autonomen Kriterien: sie *räsonierten* noch. Verhaltensdispositionen und die aus ihnen abgeleitete selektive Wahrnehmung erscheinen als Konstanten, die nun einmal gegeben sind, ungeachtet dessen, daß ihre Filterfunktion weitgehend davon abhängt, wie diese Prädispositionen und die entsprechenden sozialen Bezugssysteme entstanden sind: nämlich in einem Sozialisationsprozeß, der die Verallgemeinerungskapazität wie auch die willkürliche Exklusivität der Massenkommunikation zur Voraussetzung hat.[45] Der Versuch, den Anteil der Selbstselektion des Rezipienten und den Anteil des Stimulus bei Einstellungsänderungen gegeneinander aufzurechnen, verrät bereits die Verkürzung der Problematik. Dabei werden wichtige methodische und inhaltliche Vorentscheidungen verschwiegen. Solange aber die Verhaltensforschung (gewissermaßen als Inbegriff der über ihre Chancen rätselnden Kommunikatoren) nicht ihre eigenen strukturellen Bedingungen und die Implikationen ihrer Methode erforscht, wird es ihr nicht gelingen, die Reaktionen der Rezipienten zu durchdringen und Aussagen darüber zu machen, wie Kommunikationsprozesse beschaffen sein müssen, damit die Mechanismen der Rezeption sich ändern können.

Die Bedeutung der Massenkommunikation zeigt sich nicht auf der Ebene möglicher Wirkungen. Sie zeigt sich in dem, was jedem Manipulationsunternehmen bereits zugrunde liegt und jede Verhaltensänderung relativiert. Will man nur wissen, ob man Wirkungen erzielen kann oder nicht, ob manipuliert werden kann oder nicht, befindet man sich in dem Glauben, *davon* hinge das Urteil über die Medien und die Einrichtung der Massenkommunikation ab. Wirkungen bewirken nichts, oder besser: sie bestätigen dasselbe wie das Ausbleiben von Wirkungen: daß heute die ›Massen‹ an der ›Massenkommunikation‹ nicht teilhaben. Nur isolierte Individuen und isolierte Gruppen ›nutzen‹ als Objekte von Publizisten und

Kommunikationswissenschaftlern die rück- und fortschrittlichen Dienstleistungen.

Wenn man die Prädispositionen von Rezipienten kennt, kann man sie mittels gewisser Techniken abrufen und den dabei freiwerdenden Energien bestimmte Richtungen, bestimmte Objekte anbieten. Dieser Satz ist banaler, als es zunächst den Anschein hat. Instruktiver und dringlicher ist es zu fragen: Unter welchen Umständen *tut* man es? Und: Ändert die ›Wirksamkeit‹ bzw. die ›Wirkungslosigkeit‹ des Stimulus etwas an diesen Umständen (und am Zusammenhang von Umständen und Prädispositionen)?

Die kritische oder politstrategische Fixierung an Überredungsfeldzügen und Verhaltensmanipulationen erspart es den Gegnern und Verteidigern der herrschenden Medienpraxis, auf Massenkommunikation selbst zu reflektieren. Sie läßt im dunkeln, wie, ungeachtet der jeweiligen Publikumsreaktionen, die Bedingungen, Bahnen, Formen und Chancen sozialer Kontakte von der Organisation und den Leistungen der Massenkommunikation bestimmt werden.

Primärgruppen im Einflußprozeß

Mit der Berücksichtigung des persönlichen Einflusses, der in Primär- und Bezugsgruppen auf den einzelnen Rezipienten ausgeübt wird, glaubt man in der Massenkommunikationsforschung die Einseitigkeit der restriktiven Wirkungsfrage und die methodischen Mängel isolierender Stichprobenbefragungen überwunden zu haben. Man betont, daß Mediengebrauch nicht als bloßes individuelles Verhalten verstanden werden könne, sondern als Manifestation gruppenspezifischer Kommunikationsregeln im Beziehungsgeflecht von Familien, Nachbarn, Kollegen, Freunden und Altersgenossen gedeutet werden müsse. Der Blickwinkel erweitert sich: Die assoziierten Rezipienten gelten nicht mehr als die Endstationen, zu denen die Botschaften der Medien unterwegs sind, sondern als die aktiven Mitspieler, die mögliche Beeinflussungssituationen überhaupt erst herstellen. Der zunächst vernachlässigte Gruppenprozeß, letztlich der jeweilige Normenkomplex der Gruppe, rangiert nun als wichtigster *mediating factor* zwischen dem Stimulus und dessen Bedeutung für den Rezipienten. Die Einstellungen des einzelnen, wie sie sich etwa im Wahlverhalten oder im Konsumverhalten äußern, werden auf die prägende Kraft unmittelbarer informeller Kontakte zurückgeführt. Dabei liefert die Massenkommunikation nur das Material, dessen Intentionen entweder abgeschwächt und korrigiert oder verstärkt, jedenfalls nach den Bedürfnissen der Gruppe umfunktioniert werden. Sie liefert Informationen; der Wandel verhaltensrelevanter Einstellungen aber wird in erster Linie von Gesprächspartnern bzw. vom Sog einer – manifestierten oder vermuteten – Gruppenmeinung bewirkt.[46] Meinungsänderungen bei wichtigen Themen sind demnach nur in Ausnahmefällen durch den direkten Einfluß von Massenkommunikationen zu erwarten – in der Regel aber dann, wenn sich die Haltung der Primär-, Sekundär- oder Bezugsgruppe selbst ändert.

Den Durchbruch zur Betonung des Gruppenaspekts brachte die später vielfach modifizierte Hypothese vom Zwei-Stufen-Fluß (*two-step-flow*) der Kommunikation: Medienaussagen gelangen über Radio und Presse zu bestimmten Meinungsführern (*opinion leaders*) und von diesen zu dem weniger aktiven Teil der Bevölkerung.[47] Viele Informationen und Überredungskommunikationen erreichen jeweils einen Teil des Publikums nicht direkt, sondern indirekt über die Relais- und Vermittlungsstellen interpersonaler Kommunikation, eben über die Meinungsführer. In der *Decatur*-Studie, die Einstellungsänderungen auf den Gebieten der politischen Meinungen, des Lebensmittelkonsums, der Mode und des Kinobesuchs untersucht, wird festgestellt, daß der Einfluß der Meinungsführer, die sich durch intensivere Mediennutzung auszeichnen und empfangene Aussagen sowohl selektieren und verbreiten als auch interpretieren, »häufiger und wirksamer« ist als der Einfluß durch die Massenmedien selbst. Je größer der Informationswert eines Kommuniqués, desto einflußreicher ist die personale Kommunikation und desto schneller werden die Materien und Meldungen bekannt. Im zweistufigen Diffusions- und Beeinflussungsprozeß durchdringen sich das mediale Kommunikationssystem und die Gruppen- und sektoralen Kommunikationssysteme. Dabei bleibt in den frühen Studien unklar, »ob Meinungsführer tatsächlich innovieren oder ihren Beeinflußten bereits bekannte Aussagen im persönlichen Gespräch nur reaktualisieren und der Einfluß durch ihr thematisches Expertenprestige ausgeübt wird«.[48] Doch unabhängig davon, ob die Erstrezeption bestimmter Inhalte als Mediennutzung oder beim Kontakt mit Meinungsführern erfolgt – in jedem Fall werden die Medieninhalte auch nach dem Empfang Gegenstand informeller Kommunikation, und hierbei geben die Meinungsführer zumindest zusätzliche Informationen und Wertungen zu diesem Gegenstand an andere Gruppenmitglieder weiter.

Meinungsführer nehmen zentrale Positionen in interpersonalen Kommunikationsnetzen ein. Dies wird dadurch bestätigt, daß sich andere Personen an sie wenden und Beratung, Urteil, Aufklärung, Korrekturen und ergänzende Hinweise erwarten (*Rovere*-Studie). Um ihre Position zu halten, müssen Meinungsführer leicht zugänglich und umgänglich sein und sich durch eine erhöhte soziale Kontaktfrequenz und einen größeren Kontaktradius auszeichnen. Alle Untersuchungen stimmen auch darin überein, daß Meinungsführer mehr überregionale Informationsquellen nutzen als ihre Kommunikationspartner. Sie sind in allen Klassen, Schichten und Berufsgruppen zu finden, keineswegs nur unter Gebildeten, besonders Geachteten, Prominenten oder Begüterten. Als anerkannte Experten in bestimmten Lebensbereichen üben sie nur einen themen- und problemspezifischen Einfluß auf die Angehörigen ihrer sozialen Schicht (vor allem innerhalb der Familien und Altersgruppen) aus. Chancen und Grenzen dieses Einflusses werden von der Arbeitsteilung (der Rollenstruktur) der Kleingruppe festgelegt. Wer bei Gemeindeangelegenheiten den Ton angibt, wird fast nie um eine Stellungnahme zu allgemeinen Fragen der nationalen und internationalen Politik gebeten.

Persönlicher Einfluß verläuft meist horizontal und nicht vertikal. Nur selten kommt es vor, daß Angehörige der Oberschicht Angehörige der unteren Schichten beeinflussen. (Denkbar ist dies in Fällen, in denen etwa die Oberschicht die Bezugsgruppe eines Angehörigen der Mittelschicht darstellt.) *Opinion givers* sind nicht nur enge Bekannte der *opinion askers*; sie haben nicht nur dieselben charakteristischen Gruppenmerkmale, sondern sprechen auch den Normen der

Gruppe mehr Verbindlichkeit zu als die eher passiven Kommunikationspartner.[49] Am besten können sich diejenigen als Meinungsführer behaupten, die mit den Werten und Normen ihrer Umgebung vertraut sind. Ihre Funktion ist es, relevante Aspekte der Umwelt auszuwählen (die Medienstimuli mit Überredungsintentionen aufzuarbeiten) und mit den Zielen und Normen der Gruppe zu vermitteln. Gruppenmitglieder in kommunikativen Schlüsselstellungen bilden keine ausdifferenzierte Untergruppe. Die Beziehung zwischen Meinungsbildner und Meinungsempfänger ist nicht hierarchisch und auch nicht notwendig durch ein Prestigegefälle bestimmt; kaum jemals entspricht die Position des Meinungsbildners der des offiziellen Gruppenführers. Der *opinion leader* ist stets in seiner Gruppe verwurzelt. Dies gilt allerdings nicht für alle *Innovatoren*. Diese sind oft gerade von ihrer Bezugsgruppe isoliert, wie viele Befunde der Agrarsoziologie ergeben – nämlich dann, wenn die Gruppennormen eher eine ablehnende Haltung gegenüber Neuerungen nahelegen.[49a]

Für eine theoriegeschichtliche Zuordnung der *two-step-flow*-Hypothese ist es aufschlußreich, daß Lazarsfeld, Berelson und Gaudet zwischen den Kommunikationsaspekten der Information und der Einstellungsbeeinflussung keinen Unterschied machen. Ungewollt drückt sich darin noch die Überzeugung aus, Kommunikation über Massenmedien sei ein Einflußprozeß schlechthin. Die Funktion der Transmission (*relay function*) bzw. der Diffusion und die der Persuasion (*reinforcement function*) werden gleichgesetzt, die Leistungen des *gate keeper* und die des *opinion leader* nicht auseinandergehalten. In der Annahme, daß die Meinungsführer allein schon durch Transmission beeinflussen, setzt sich die traditionelle Vorstellung auch noch in der *Decatur*-Studie von Katz und Lazarsfeld durch.[50] Er zeigt sich in dieser Studie auch darin, daß nur Dyaden, nur Beziehungen zwischen einem Führer und einem Beeinflußten untersucht werden. Solche methodische Isolierung von Gegenstandspartikeln soll das Messen von Wirkungen erleichtern. Es ist überhaupt kennzeichnend, daß die *opinion leaders* vielfach schlicht *influentials* genannt werden (im Unterschied zu den *non-influentials*). Trotz des Einbezugs von Primär- und Sekundärgruppen, trotz der Beteuerung, man sehe in den Rezipienten nicht mehr eine anonyme, ungegliederte Masse von Einflußobjekten, bleiben die Studien zum *two-step-flow* dem Stimulus-Reaktions-Modell verpflichtet. Man stellt den ›ohnmächtigen‹ Medien die Meinungsführer als die wirklich Einflußreichen gegenüber und demonstriert damit, daß man immer noch den Gesetzmäßigkeiten von Beziehungen zwischen einem Subjekt-Pol und einem Objekt-Pol auf der Spur ist. Und stets wird der *personale Einfluß* in informellen Kontakten *relativ* zu den Einflußchancen der formellen Kommunikation untersucht. Wenn Katz und Lazarsfeld die von den Primärgruppen selbst ausgehende Beeinflussung bestimmen wollen, dann deshalb, um sie mit der Wirksamkeit von Medienstimuli zu vergleichen.

Man sucht nun notgedrungen nach der *indirekten* Wirksamkeit der Medieninhalte, nach einer Überredungskapazität, die durch persönliche Meinungsführung *vermittelt* wird, nach Wegen, um die offenbar nicht nur räumlichen, sondern auch sozialen Entfernungen zwischen Stimulus und Rezipient zu überwinden. Es geht darum, die Ausrichtung von Medieninhalten auf die Reaktionen von Personen zu beziehen, die für die Gestaltung der Gruppenmeinung zentrale Bedeutung haben, um auf diese Weise Massenkommunikationen in den persönlichen Einfluß einmünden zu lassen, um auf den Einfluß Einfluß zu nehmen. Man fragt nach dem psychosozialen Bezugsrahmen, nach den Bedingungen, Projektionen, Identifikationen und Erwartungen von Gruppen in bestimmten Interaktionssituationen, um den Kommunikationsfluß auf den Stufen zwischen Kommunikator und Rezipient möglichst weitgehend kontrollieren zu können. Man konzediert, daß die Funktion der Medienangebote von der selektiven Zuwendung der Gruppen, von der filternden Aktivität der Meinungsführer abhängt; doch dies wird weiterhin unter dem Obertitel ›Wirkung der Massenkommunikation‹ abgehandelt. In diesem Sinn würdigt man bei der Produktion von Wahlpropaganda und Konsumwerbung gern die ›Eigengesetzlichkeit‹ der interpersonalen Kommunikation. Nachdem bei Aufklärungs- und Werbefeldzügen festgestellt worden ist, daß die zweiseitige Kommunikation (persönliche Besuche, Gruppengespräche) der einseitigen an Effizienz überlegen ist, entschließt man sich häufig dazu, durch Nutzung persönlichen Einflusses die Breitenwirkung der Medien zu ergänzen bzw. überhaupt erst zu erzeugen.[51] Auf die wechselseitige Verstärkung von Massenkommunikations- und Gruppenprozessen hoffen viele erfahrene Propagandisten. »Daher ist die Teilnahme an bestimmten Massenkommunikationsinhalten und die Diskussion darüber in der Gruppe natürlich zum obligatorischen Bestandteil sogenannter Aufklärungskampagnen geworden, die sowohl von rechts- wie linksgerichteten Positionen, aber auch von unpolitischen Persönlichkeiten wie Billy Graham bei ihren Kampagnen eingesetzt werden.«[52] Gruppendiskussionen sind im übrigen ein probates Mittel, um Mitglieder mit abweichenden Auffassungen wieder zur vorherrschenden Ansicht zu bekehren.

Auch in den vielen *Diffusions- und Innovationsstudien* befaßt man sich vor allem deshalb mit der Bestimmung des Anteils und der Einstellung von Meinungsführern bei der Verteilung von Informationen, Ideen und Praktiken, um Daten und Regeln für Steuerungsstrategien zu gewinnen. Wenn in agrarsoziologischen Arbeiten festgestellt wird, daß die Menschen in festgefügten Wohngegenden mit intakten Nachbarschaftsbeziehungen ihre Informationen überwiegend aus zwischenmenschlichen Kontakten beziehen, während Personen in aufgelockerten Siedlungen ohne engere Bindungen meist von Massenmedien informiert werden[53], so waren die Forscher im wesentlichen daran interessiert zu erfahren, ob Einfluß direkt oder indirekt ausgeübt werden sollte. Im Vordergrund steht die Frage, wie schnell sich Neuerungen in bestimmten Gruppen mit bestimmten Kommunikationsnetzen und Sozialstrukturen, Normen und Werten durchsetzen lassen. In mehreren Untersuchungen innerhalb der Ärzteschaft kommt man zu dem Ergebnis, daß neue Behandlungsverfahren und Medikamente, die auf Tagungen und in Fachzeitschriften empfohlen werden, zunächst von beruflich kooperierenden Gesprächspartnern, dann von befreundeten und schließlich auch von relativ isolierten Ärzten angenommen werden. (Man kann auch zwischen Innovatoren, frühen Übernehmern als den eigentlichen Meinungsführern, früher Mehrheit, später Mehrheit und Nachzüglern unterscheiden und verschiedene Adaptionsphasen und -formen definieren.) Der Grad der Integration des einzelnen Übernehmers in der Berufsgruppe erweist sich als die entscheidende Variable.[54] Hierbei ist das vorherrschende Erkenntnisinteresse darauf gerichtet, die Bedingungen der Verzögerung und Behinderung, der Beschleunigung und der Richtungskorrektur von Einflußnahmen zu ermitteln.

Allerdings hat sich seit der ersten Formulierung der *two-step-flow*-Hypothese das Bild, das man sich vom Beeinflussungsprozeß macht, verändert. Von mehreren neueren Forschungsberichten werden Bestandteile der Hypothese, die bereits für gesicherte Erkenntnis gehalten wurden, in Frage gestellt. Immer wieder zeigt sich nämlich dank verfeinerter Beobachtungs- und Befragungstechniken, daß die Meinungsführer, die Medieninhalte in soziale Kommunikationsnetze einschleusen und für unterschiedliche Verständnisniveaus bearbeiten, selbst auf Rat und Auskünfte von anderen Meinungsführern angewiesen sind. Denn auch ihr Rezeptions-, Vermittlungs- und Anpassungsvermögen ist begrenzt. Außerdem gehen die meisten Forscher heute davon aus, daß im Hinblick auf Mediennutzung zwischen Meinungsgebern und Meinungssuchenden kein deutlicher Unterschied besteht und daß die Meinungsführer keineswegs mehr durch Massenkommunikation als durch interpersonale Kommunikation beeinflußt werden. In einer Studie von Troldahl und van Dam zeigt sich ein zunächst überraschendes Bild: In Gesprächen zwischen *opinion givers* und *opinion askers* findet ein fast ständiger Rollenwechsel statt, ein wechselseitiges Geben und Nehmen (was nicht ausschließt, daß sich eine Rollenverteilung zumindest andeutet). Die *givers* und *askers* weichen weder hinsichtlich der Zuwendung zu den Medien noch hinsichtlich ihrer sozialen Kontaktfähigkeit signifikant voneinander ab.[55] Überdies kommt es zum Meinungsaustausch vor allem *nach* der Mediennutzung. Die Hauptaufgabe der Meinungsführer ist es also nicht, die anderen Gruppenmitglieder mit Themen, Informationen und Meinungen bekanntzumachen (Relaisfunktion). Die meisten Medienbotschaften werden direkt empfangen, und nach dem Empfang äußert sich häufig ein Bedürfnis nach Deutung und Bewertung. Der größte Teil der sich daraus entwickelnden Gespräche besteht aus *opinion sharing*, wobei die Meinungsführer sich als die aktiveren Kommunikatoren erweisen. Sie vermitteln häufiger, rezipieren aber auch öfter.[56]

Daher hat man sich den Kommunikationsfluß nicht zweistu-fig, sondern vielstufig und vielphasig vorzustellen. Dieser *multi-step-flow* verläuft »von den Massenmedien über meh-rere Zwischenglieder von Meinungsbildnern, die miteinander im Austausch stehen, bis hin zu den schließlichen Mitläu-fern«.[57] Der Zwei-Stufen-Weg erweist sich nun als bloßer Sonderfall eines vielstufigen Kommunikationsablaufs. Dies zeichnet sich bereits in der *Elmira*-Studie und der *Decatur*-Studie ab. Heute besinnt man sich darauf, daß auch in der *Erie*-Studie lediglich nachgewiesen wurde, daß die Vorstel-lung eines *one-step-flow* unangemessen ist.

Das *Institut für Demoskopie Allensbach* führte zwischen 1960 und 1967 Erhebungen durch, in denen die Verbreitung von Aussagen der Waschmittelwerbung durch Meinungsfüh-rerinnen untersucht wurde. Die Ergebnisse lassen sich mit dem ›Führermodell‹ (sternförmige Einflußfigur) nicht mehr vereinbaren, wohl aber mit einem ›*netzartigen Einflußmo-dell*‹. Auch die Polarisierung von Ratsuchenden und Raterteil-lenden erweist sich nach diesen Ergebnissen als unhaltbare Vereinfachung. Als angemessen erscheint nun die Unterschei-dung zwischen Personen, die um Rat gefragt werden und selbst um Rat fragen, und einer fast ebenso großen Gruppe von Personen, die weder um Rat gefragt werden noch selbst an andere herantreten. Sowohl die Ratsuchenden als auch die Raterteilenden zeichnen sich durch einen überdurchschnitt-lich großen Medienkonsum und eine hohe Kontaktfrequenz aus. So scheint der Kommunikationsfluß von interessierten und Meinungen artikulierenden Individuen mit einiger Ver-zögerung zu dem mehr oder weniger passiven Bevölkerungs-teil zu verlaufen.[58]

Die Kritik an der Hypothese vom Zwei-Stufen-Fluß der Kommunikation täuscht aber nicht darüber hinweg, daß die Frage der Zwei- oder Mehrstufigkeit und die Konkurrenz der Einflußmodelle nur dann von Interesse sind, »wenn man struk-turelle Ansatzpunkte sucht, um den Rezipienten als Wähler oder Konsumenten in seinen Vorurteilen umzumanipulieren, zu *überreden*, statt den Intellekt und die Genußfähigkeit anzusprechen«.[59] Die von den Forschern geäußerte Überraschung darüber, daß persönliche Gespräche unter dem Gesichtspunkt der Einstellungsänderung effektiver sind als individuelle Medienrezeption, führt schließlich doch nicht zur Selbstkritik des Indoktrinationsinteresses.

Die entscheidende Schwäche des Meinungsführer-Konzepts besteht darin, daß es nicht erklären kann, warum Meinungsführer bzw. der meinungsbildende Bevölkerungsteil – also Personen mit erhöhter Medienaktivität – sich gegenüber persuasiven Kommunikationen als durchweg resistent erweisen, während sie den Meinungstrends der informellen Kommunikation weit weniger Widerstand entgegensetzen. Ebensowenig kann die Theorie des mehrstufigen Kommunikationsflusses erklären, warum direkte Wirkungen von Medien-Kommuniqués auch dann nicht nachweisbar sind, wenn keine *opinion givers* als Filter dazwischengeschaltet sind. Um ihre Plausibilität wiederherzustellen, darf sie den Meinungsführern nicht einmal mehr relative Autonomie zusprechen. Offenbar muß die Bedeutung der Gruppennormen noch stärker hervorgehoben werden. Der Konformitätsdruck, der in erster Linie die Meinungsführer dazu zwingt, die Normen ihres Kontaktmilieus zu verinnerlichen, kann durch abweichende Medienaussagen nicht neutralisiert werden, selbst dann nicht, wenn diese eindringlich sind und oft wiederholt werden. Ein Meinungsführer, der diese Normen mißachtet, verliert seinen Einfluß und gefährdet seine Position. »Der besondere direkte Einfluß der Meinungsführer beruht auf ihrer direkten Kontrollierbarkeit durch die bezugnehmenden Kommunikationspartner. [...] Meinungsführer können nicht nach Belieben darüber befinden, ob sie ihren Einfluß innovierend oder status-quo-erhaltend nutzen sollten [...].«[60] Sie müssen ihre informelle Aktivität vielmehr ständig vor ihrer Kontaktgruppe rechtfertigen können. Und daher müssen Aufklärungs- und Innovationsprogramme, die großen Wert auf die Beeindruckung von Meinungsführern legen, auf die Beziehungsmuster und Normierungen der Zielgruppen zugeschnitten sein.

Die Abhängigkeit der Meinungsführer von verinnerlichten Maßregeln und den Rollen, die ihnen die Gruppe zuweist, wird heute von der Forschung allgemein akzeptiert. Man ändert die Fragestellung und bestimmt nun das Agieren und Selektieren der aktiv Kommunizierenden als Funktion der Bestandssicherung und Durchsetzung von Gruppenstrukturen und deren Normen. »Personaler Einfluß im massenmedialen Wirkungsprozeß ist also eine Instanz der Meinungsstabilisierung durch den *Konformismus* der Einflußreichen.«[61] Wird ein Meinungswandel bewirkt, handelt es sich meist um die Annäherung von noch unkontrollierten und widersprüchlichen Einstellungen an das Konformitätszentrum, um die Konsolidierung eines homogenen Meinungsgefüges. Nur bei Korrespondenz von Aussage und Normsystem kann eine ›Wirkung‹ erwartet werden; abweichende Einwirkungen werden in der Regel negativ sanktioniert. Indem die Primärgruppen und quasi-Primärgruppen (Altersgenossen, Spielkameraden), aber auch die Bezugs- und Sekundärgruppen die selektiven Prozesse steuern, in denen der einzelne auf die Massenkommunikation reagiert, erneuern sie fortwährend ihren Zusammenhalt. So besteht in Kleingruppen am Ende von Wahlkämpfen fast völlige politische Homogenität. Daß eine Direktwirkung der Gruppenkommunikation im Gegensatz zur Wirksamkeit von Medienbotschaften feststellbar ist, beruht darauf, daß persönliche Beziehungen gegenseitige Kontrolle erlauben.

Jede Aussage des Medienangebots kann von Gruppen mit konträren Normen zur Bewältigung der Umweltanforderungen (der Vorgabe immer neuer Unsicherheiten), d. h. zur Identitätsfindung genutzt werden. Im Verlauf selektierender und interpretierender Verständigungen werden kognitive und emotionale Dissonanzen zwischen den Gruppenmitgliedern abgebaut. Ein Stimulus ist desto ›erfolgreicher‹, je länger er Gegenstand von Gruppendiskussionen ist und dabei gemäß den bestehenden Normen transformiert wird. Auch die Artikulation abweichender Einstellungen kann die Selektionskontrollen passieren, wenn die gruppenspezifischen Grundsätze des Verhaltens und Meinens einen solchen Wandel als opportun erscheinen lassen. Dies kann etwa dann der Fall sein, wenn bestimmte Haltungen, die als normengerecht galten, die Gruppenmitglieder mit der Umwelt in identitätsgefährdende Schwierigkeiten bringen.

Meinungsführer sind also nichts anderes als Agenten mehr oder weniger stabiler Verhaltenserwartungen, die den spezifischen Zusammenhalt der Gruppe garantieren und kennzeichnen. Als einflußreich erscheinen nun weder die Medien noch die kommunikationsaktiven Individuen, sondern »in erster Linie die [...] Normen- und Wertsysteme [...] des betreffenden sozio-kulturellen Zusammenhangs«.[61]

Unter dem Eindruck der Resistenz rezipierender sozialer Gruppen (nicht zu verwechseln mit Rezipientengruppen!) gegenüber öffentlichen Indoktrinierungsversuchen unterstellen viele Medienforscher die *Autonomie* der Kommunikationsprozesse (besser: der Prozesse, die zur Bildung, Bestärkung und Änderung von Einstellungen führen) in diesen Gruppen. Da sie dies meist stillschweigend tun, bleibt unklar, ob sie eine Autonomie nur gegenüber der Massenkommunikation oder auch gegenüber organisierten Kommunikationsprozessen insgesamt (etwa im ökonomischen und im politischen System) vermuten – oder gar gegenüber gesamtgesellschaftlichen Motivationskomplexen. Dies ist das eigentlich Interessante an der Weiterentwicklung der *two-step-flow*-Hypothese: Man gelangt zu dieser Unterstellung bei dem Versuch, die fruchtlose Aufsplitterung der Massenkommunikation in einzelne Stimulus-Reaktions-Beziehungen methodisch zu überwinden, ohne den eigenen Ansatz einer konsequenten Kritik zu unterziehen. Die neuen Positionen stehen nur scheinbar im Widerspruch zum Erkenntnisinteresse an kontrollierbaren Einzelwirkungen. Indem man die Eigengesetzlichkeit der Empfangssituation und der informellen Gruppenbeziehungen betont, rationalisiert man, daß man sie wie natürliche Ressourcen auszubeuten hofft. Man will den – meist naiven – Manipulationsvorwurf endgültig zurückweisen, versteht aber Massenkommunikation weiterhin als eine Apparatur mit einem *input* und einem *output*. Nun konzentriert sich die Forschung eben auf ›persönlichen Einfluß‹ oder auf ›Gruppeneinflüsse‹. »Dies ergibt das Bild einer Welt, in der die einzelnen Individuen von den Massenmedien in hervorragender Weise durch kleingruppenhafte Beziehungen abgeschirmt sind und in der formelle Organisationen überhaupt nicht existieren.«[62] Von den verschiedenen *Gruppenidentitäten* erwartet man, daß sie bei Manipulationsgefahr in der Lage sind, die »habituelle Ich-Schwäche« der Individuen wettzumachen. In dieselbe Richtung zielen die Hinweise, daß einer möglichen »Desintegration der sozialen Beziehungen der Rezipienten« infolge exzessiven Konsums unterhaltender

Produktionen von den Gruppen durch »Regulierungen des kommunikativen Verhaltens« entgegengewirkt werde[63] und daß dank der Beherzigung von Publikumsanalysen die Kommunikatoren selbst wiederum von der Rezipientenschaft beeinflußt werden. Wie in den Diskussionen um eine optimale Gestaltung der Stimuli wird auch in den Hypothesenbildungen im Anschluß an die Meinungsführer-Konzeptionen die fundamentale Bedeutung der Massenkommunikation ignoriert. Die Isolierung von Einzelimpulsen und Einzelwirkungen wird durch die Isolierung des neuen Fetischs ›Gruppe‹ abgelöst.

Peter Müller versichert, daß die unter den Angeboten der Medien auswählenden Primärgruppen »vor allem im Hinblick auf ihr Normensystem, aber auch im Hinblick auf die sich in ihnen vollziehenden sozialen Prozesse relativ autonom, d. h. von den Zielen und Normen sekundärer Sozialgebilde unabhängig sind (Familie, Nachbarschafts- und Freundesgruppe) [...]«.[64] Festinger spricht in diesem Zusammenhang von »spontanen« Kommunikationsprozessen. Solche Formulierungen verleiten dazu, auch jenen Prozessen gruppenspezifische Eigengesetzlichkeit zu unterstellen, die zur *Konstituierung* der jeweiligen Präferenzen, Normen und Interaktionsformen führen. Als Forscher und Kommunikator sieht man sich gewissermaßen originellen *mediating factors* konfrontiert, einem Pluralismus je gruppeneigener und auf je ursprüngliche Weise entstandener Erwartungsmuster und Selektionskriterien, die der Primärgruppe sowohl bei der Rezeption von Massenkommunikationen als auch in anderen Situationen Identität verleihen.

Zumindest die Autonomie der Meinungsbildungsprozesse wird nicht bezweifelt. Den Interaktionen zwischen Verwandten, Freunden, Kollegen und Bekannten soll das Privileg zukommen, Überzeugungen zu prägen und Entschlüsse zu fassen und zu legitimieren. Man beruft sich darauf, daß die »beeinflussungsdynamischen Prozesse« sich »letztlich stets im intra- und interpersonalen Bereich abspielen«[65], daß es sich erst im Netz wechselseitiger persönlicher Einflüsse entscheidet, welches der vielen Meinungsangebote der Massenkommunikation jeweils wahrgenommen wird. Da man annimmt, daß die selektiven Normen *unmittelbar* aus den gruppeninternen Interaktionen hervorgehen, scheint der Druck zur Konformität der Meinungen (ein Druck, der mit zunehmender Kohärenz der Gruppe wächst) die Originalität und Unabhängigkeit der Auseinandersetzungen nicht in Frage zu stellen. Doch der umgekehrte Schluß ist nicht möglich. Daß verhaltensrelevante Meinungen sich fast ausschließlich in informellen (relativ ›zwanglosen‹ und ›zufälligen‹) Begegnungen bilden und Bekehrungen sich nur bei Änderung der Gruppenstruktur selbst vollziehen, belegt weder die primäre oder schließliche Selbsttätigkeit dieser Prozesse noch die Exklusivität der Kommunikationsregeln.

Vielmehr sprechen verschiedene Überlegungen dagegen:
1. Im Gegensatz zur frühen *two-step-flow*-Hypothese erfolgt die Diffusion von Themen, Informationen und Meinungen heute kaum noch über das *relaying* von Meinungsführern. Wichtige Botschaften erreichen die Rezipienten fast ausnahmslos direkt, meist vor dem Fernsehschirm. Erst danach werden sie Gegenstand von Auseinandersetzungen und Absprachen.[66] Die Gruppen ihrerseits sind auf Themen, Mitteilungen und Anregungen, die von ›außen‹ an sie herantreten, angewiesen. Da in einem Sozialsystem mit hoher funktionaler Differenzierung keine Primärgruppe alle zu ihrer Orientierung nötigen Informationen selbst beschaffen kann, »ist anzunehmen, daß [...] selbst den Informationen, die dem einzelnen Gruppenmitglied [...] auf dem Weg der informellen Kommunikation als Handlungs- und Verhaltensalternativen zur Verfügung gestellt werden, in erheblichem Umfang massenkommunizierte Inhalte zugrunde liegen [...].«[67] Die ständige Versorgung mit allgemein zugänglichen Stoffen ist der Fundus und zugleich die stimulierende Eröffnung der selektierenden informellen Gruppenbeziehungen. Von der Themenselektion der Massenkommunikation wird die *Dimension* der Beeinflussungsprozesse bestimmt[68], denn Überredungskommunikationen – als das Material des persönlichen Einflusses, der Selbstkontrolle der Gruppe – beziehen sich in aller Regel auf Themen öffentlichen Interesses. Die Rezeption solcher Themenkomplexe bedeutet aber die Anerkennung (wenn auch nicht die ausschließliche Anerkennung) gewisser ständig prominent bleibender Aspekte und, sofern

diese Rezeption sich nach Sendungen gliedert, der Regeln, von denen die sensorische Aufmerksamkeit gesteuert wird. Daher wird auch die Interaktion der Gruppe, die sich für vorliegende Themen ihren Konsensus bildet, von diesen Regeln zumindest mitbestimmt. Dasselbe gilt für den jeweiligen Vorrat an standardisierten Meinungen (Subthemen), die sich zu institutionalisierten Themen im Umlauf befinden. Für die informelle Meinungsbildung haben solche öffentlichen Klischées von vornherein ein großes Gewicht, auch dann, wenn die Gruppe sich von ihnen distanziert. Zugleich repräsentiert die empfangene Themen- und Meinungsauswahl ein Bündel öffentlich anerkannter Verhaltensalternativen, wobei es von untergeordneter Bedeutung ist, ob eine Rangordnung erkennbar ist oder nicht.

Betrachtet man die Massenmedien und die primären sozialen Gruppen als Informations- und Wertlieferanten, dann ist meist kein Konkurrenz-, sondern ein Komplementärverhältnis, ja häufig eine Kongruenz der Funktionen zu erkennen. Dies weist darauf hin, daß gerade bei der gruppeninternen Aufarbeitung von Themen, der sich die Massenkommunikation und die interpersonale Kommunikation *gemeinsam* zuwenden, am wenigsten von einer Autonomie der Primärgruppen gesprochen werden kann. Verwandtschafts-, Alters-, Nachbarschafts- und Berufsgruppen fundieren nicht mehr die ›Öffentlichkeit‹. Ihre relative Autonomie zeigt sich nicht *in der Verschränkung* von formeller und informeller Kommunikation; vielmehr ist sie gerade in jenen Gehalten und Formen zu sehen, die sich der Massenkommunikation und den von ihr ausgehenden Mehrstufenflüssen entziehen und denen sich die Massenkommunikation ihrerseits entzieht.

2. Zwei historische Erscheinungen, deren Folgen in den vierziger Jahren noch nicht absehbar waren bzw. noch nicht bedacht wurden, relativieren heute die Bedeutung informeller Beziehungen im Prozeß der Massenkommunikation. Erst in den letzten zwanzig Jahren hat sich das *Fernsehen* als führendes Medium durchgesetzt und das Freizeitverhalten tiefgreifend verändert. Damit hat sich das Massenkommunikationssystem weiter ausdifferenziert. Die Meinungsführer sind von ihrer Filterfunktion bei der Verbreitung von Themen, Informationen und Meinungen fast völlig entbunden.

Renckstorf kommt zu dem Ergebnis, »die TSF-Hypothese sei ein Opfer kulturellen bzw. sozialen Wandels im Kommunikationsverhalten geworden«[69], und läßt es offen, ob sie etwa in den Entwicklungsländern noch heute relative Bedeutsamkeit haben könnte. Zugleich nimmt die *horizontale soziale Mobilität* (Landflucht und arbeitsbedingter Ortswechsel) immer mehr zu. Sie lockert die persönlichen Beziehungen des einzelnen, schult zur Anpassung an immer neue Umgebungen, Nachbarschaften und Verhaltensweisen und vergrößert die Abhängigkeit von unpersönlichen Kommunikationsdiensten.[70] Je weiter sich die Gruppenbindungen auflösen, desto größer wird die Anteilnahme am Medienangebot von Wertvorstellungen, Wissensinhalten und Verhaltensalternativen.

(Die Absenz von persönlichen Einflüssen rechtfertigt es freilich nicht, die Stimulus-Reaktions-Modelle zu rehabilitieren. Sie gewährt den Kommunikatoren keine Kontrollfunktion gegenüber relativ isolierten Rezipienten mittels einzelner oder kombinierter Beeinflussungen. Denn abgesehen davon, daß im gleichen Maße den formellen Kontakten in Sekundärgruppen und Organisationen mehr Zutrauen entgegengebracht wird, der einzelne sich also durchweg in selektiven sozialen Situationen befindet, führt eine engere und intensivere Beziehung zu den Medien vor allem dazu, daß die generellen normativen Patterns der Massenkommunikation ihre informelle Konkurrenz verlieren, nicht aber zu einer gesteigerten Lernbereitschaft beim Empfang einzelner Aussagen.)

Henrik Kreutz hält es sogar für wahrscheinlich, daß sich Massenmedien ihre eigenen Meinungsführer und eigenen Kleingruppen schaffen, indem sich Individuen unmittelbar an den Persönlichkeitsmerkmalen, Handlungstypen und Accessoires orientieren, die in den Medien regelmäßig mit hohem Prestige und sozialem Aufstieg gleichgesetzt werden oder lebhaftes Interesse garantieren, und auf diese Weise von den Medien und deren kalkulierten Stimulationen abhängig werden.[71] Bei Lockerung tradierter Gruppenbindungen und häufigem Wechsel der Bezugsgruppe ist es durchaus denkbar, daß gewisse Aufmerksamkeitsregeln zu spezifischen Gruppennormen umgedeutet werden. Jedoch muß dabei bedacht werden, daß diese Regeln nicht für bestimmte Programme *exklusiv* ausgelegt werden können, sondern ihre Funktion nur als generalisierte Kriterien erfüllen. Kein Kommentator, keine Ware, für die geworben wird, keine Mode, kein Präsentationstyp und erst recht nicht irgendeine Attitüde können Prestige, Erfolg, Aktualität, das Image allgemeiner Vertrautheit usw. für sich pachten. Solche medieneigenen Kleingruppen wären daher u. a. außerordentlich kurzlebig. In jedem Fall wären sie keine Objekte für Manipulationsexperimente. Doch immerhin ist damit zu rechnen, daß die Massenkommunikation unter der Voraussetzung einer temporären Auflösung persönlicher Bindungen die informellen Einflußprozesse sich unterordnen – wenn auch nicht ersetzen – kann. (Dies gilt nicht für die Stimuli der Massenkommunikation!)

3. Gewiß haben auch die öffentlich institutionalisierten Themen, die nach der Rezeption Gegenstand von interpersonalen Meinungsbildungsprozessen werden, ihren nicht-öffentlichen, gruppenspezifischen Sinn. Doch sie sind nicht mehr die Momente und Kanäle einer Meinungsbildung, die primäre individuelle Erfahrungen und Bedürfnisse vermittelt und durch die sich die Gruppe zugleich nach außen hin darstellt. Letztlich regeln sich nämlich die von der Rezeption angeregten *Beeinflussungsprozesse* ungeachtet ihres Inhalts nach generellen, keineswegs autonomen Kriterien, denen selbst die Gruppennormen untergeordnet sind: Sie werden in abstrakte Funktionen des Gleichgewichts, der Homogenität und Konformität, des Zusammenhalts und der Verhaltenssicherheit transformiert. Dies weist die informellen Stufenprozesse nicht als originell und eigengesetzlich, sondern als Fortführung öffentlicher Beeinflussungsprozesse aus. Es geht nicht mehr um einen eigentümlichen Konsensus, den die besonderen Qualitäten der Gruppe suchen und der mit der Ausbildung besonderer Formen des Umgangs verschränkt ist, sondern um eine oft maßlose Vereinfachung und Abwehr vielfältiger Wirklichkeitsangebote.

Alle öffentlich eingeleiteten Beeinflussungs- und Überredungsvorhaben und ihre Konsequenzen (›Wirksamkeit‹) sind strenggenommen indifferent, unbestimmbar und unfaßbar. Im Verhältnis von Massenkommunikation und personaler Interaktion ist unter beeinflussungsdynamischem Aspekt letztlich nie ein spezifischer Inhalt (eine qualitativ bestimmte

Änderung) gemeint, auch wenn es dem Absender des Kommuniqués so erscheint. Denn wenn ein Kommunikator, der sich bewußt ist, daß er seine Intention nur mittels einer Änderung der Gruppennormen durchsetzen kann, ein kognitives und emotionales Ungleichgewicht anstrebt, um dann seine Botschaft als dissonanzvermindernden Faktor anbieten zu können, muß er die Primärintention selbst als Funktion eines beliebigen dissonanzerzeugenden Stimulus auffassen und somit austauschbar machen. Konstantes Ziel bleibt sowohl für den Initiator als auch für den informellen Austausch allein der Energie- und Tempogewinn aus der Aktivierung und Verminderung von Dissonanzen. Die Schlichtheit einer publizierten Meinung ist der Komplexität des Systemgefüges, das in Betrieb genommen werden soll, um die Meinung durchzusetzen, völlig unangemessen und sieht sich am Ende auf ein – unbestimmbares – Moment von bloßer Funktionstüchtigkeit reduziert.

Daß die Beziehung zwischen Massenkommunikation und interpersonaler Kommunikation als Beeinflussungsverhältnis bestimmt ist, die einzelnen Einflußnahmen aber in ihrer Bedeutung nicht erfaßbar sind und für die Zielgruppe äußerlich bleiben, deutet darauf hin, daß formelle und informelle Kommunikation nicht vermittelt werden: daß zwischen ihnen *keine kommunikative Beziehung* besteht. Will man die Intentionen auf Einstellungsänderung – etwa in der Form des Interesses an Aufklärung und Verständigung – einschätzen, objektivieren und reflektieren, müssen die Gruppennormen und deren Änderung als spezifische Interaktionsformen behandelt und zugleich auf die Bedingungen der Publikationspraxis bezogen werden. Die so verstandene Änderungsabsicht aber ist kein isolierter, blinder Einwirkungsversuch mehr: Massenkommunikation gestaltet und reflektiert sich in dem, was in allen Beeinflussungsversuchen von vornherein herausgefallen ist.

4. Das Individuum kann selbst in seiner engeren sozialen Umwelt nur dann seine Rollen ausüben, wenn – trotz der Ausdifferenzierung eines Systems der Massenkommunikation – verschiedene Primär- und Sekundärgruppen auch untereinander Informationen und komplementäre Leistungen austauschen. Diese Kooperation mag in direkten Kontakten oder

gelegentlich über Massenmedien erfolgen – sobald die gruppeninterne Kommunikation sich zur Kommunikation zwischen Gruppen ausweitet und sich somit exponiert, ist sie in noch größerem Maße als zuvor von den allgemein verbindlichen Standards der Massenkommunikation, den Verhaltenserwartungen öffentlicher Verständigung, den Spielregeln der Selbstdarstellung und der Beschränkung auf die offiziöse Auswahl von Standpunkten verpflichtet. Auch viele Funktionen der gegenseitigen Zuwendung homogener und heterogener Gruppen wurden der organisierten Kommunikation übertragen.

5. Schließlich mißachtet die Unterstellung, verhaltensrelevante Einstellungen bildeten sich in autonomen informellen Prozessen, auch die Abhängigkeit der Primärgruppen von den *formellen Organisationen*. Auf die Möglichkeit, daß solche Organisationen assoziierte Kleingruppen aufbauen und/oder über besondere Einflußpersonen steuern und indoktrinieren, hat wiederum Kreutz hingewiesen.[72] Interessenverbände können ihre soziale Peripherie in Kleingruppen untergliedern, die von geschulten Kadern betreut werden. Sie können dabei auch *verbindliche Normen für die Rezeption der Massenmedien* festsetzen, um für eine Selektion des öffentlichen Angebots zu sorgen, die ihren Zielvorstellungen entspricht.[73] – Zugleich sind die größeren Organisationen an der Zusammensetzung des Meinungsspektrums im Rahmen öffentlich anerkannter Themen beteiligt. In den Aufsichts-, Verwaltungs- und Programmkommissionen der öffentlich-rechtlichen Medien erfüllen sie schließlich je spezifische Kontrollfunktionen bei der Abwehr und Moderierung unterprivilegierter Konfliktbereiche, Ansprüche und Artikulationsformen. Auch dies bestätigt, daß die historische Gesamtfunktion der Massenkommunikation wesentlich vom Zusammenhang von Strukturen innerverbandlicher Entscheidungsfindung, von Organisationsformen der Medien und Determinanten der Gruppendynamik bestimmt wird.

Wenn nun von einer Autonomie der einstellungsbildenden, verhaltensorientierenden Prozesse in den Kleingruppen nicht die Rede sein kann, sind dann nicht historische Situationen denkbar, in denen die interpersonale Kommunikation zu völliger Bedeutungslosigkeit und Ohnmacht verurteilt werden und der Medien-Verbund manipulative Allmacht erlangen könnte? Hängt die Selektionskraft der Primärgruppen davon ab, daß sie überhaupt zwischen Alternativprogrammen und einer Vielzahl öffentlich manifestierter Standpunkte wählen können? Viele Autoren, die sich mit *geschlossenen Kommunikationssystemen* in totalitären Staaten befassen, bejahen diese Frage.

Propaganda zur Änderung und Neubildung von Einstellungen scheint immer dann erfolgreich zu sein, wenn eine uneingeschränkte Monopolisierung der Massenmedien, etwa unter der Herrschaft einer Einheits- und Staatspartei, erzwungen wird. Dadurch, daß jegliche Gegenpropaganda unterdrückt wird, Gegenargumente entweder nicht mehr artikuliert oder diskriminiert werden und die eigene Linie pausenlos und massenhaft verkündet wird, kann das Selektionsverhalten zumindest bei der Auswahl der Sendungen und Texte kontrolliert werden. Die einseitig-einheitliche Argumentation suggeriert allgemeine Übereinstimmung und setzt auf die Dauer verschiedene *mediating factors* außer Kraft, so daß die ursprüngliche Intention der demagogischen Aussagen gewissermaßen näher an die Rezipienten heranrücken kann. Der kollektiven Gehirnwäsche kommt auch zugute, daß viele Personen in totalitären Systemen gezwungen sind, gegen ihre Überzeugung zu handeln und zu argumentieren, und dann dazu neigen, ihre Einstellungen mit ihrem Verhalten wieder in Übereinstimmung zu bringen. Dabei können sie dann auf Argumente zurückgreifen, die sie zunächst abgelehnt oder skeptisch rezipiert und kaum beachtet hatten.

Doch wurde in verschiedenen Diktaturen und bei vielen politischen Kampagnen unter quasi-monopolistischen Bedingungen auch das Versagen der Propaganda beobachtet. Große Teile der Bevölkerung bleiben immun, wenn tradierte Wertvorstellungen und tiefverwurzelte Überzeugungen in direktem Zugriff geändert werden sollen, wenn sie nicht *kanalisiert*, d. h. in einem anderen Zusammenhang bestätigt werden.[74] Außerdem versagt Propaganda stets dann, wenn sie nicht auf einer bereits eingeleiteten und die publizistische Aktivität *begleitenden gesellschaftlichen Mobilisierung* basiert. Sie ist auf die systematische Auflösung überkommener

Gruppenbindungen und die Organisierung neuer Gruppierungen angewiesen. »Wissenschaftler, die sich mit Massenbewegungen beschäftigt haben, sind nicht der Ansicht, daß Massenpropaganda an und für sich eine Bewegung schaffen oder aufrechterhalten kann. [...] Die Medien spielten eine untergeordnete Rolle. Sie ergänzten die Anwendung von organisierter Gewalt, organisierter Verteilung von Gratifikationen für Konformität und von organisierten Zentren lokaler Indoktrinationen.«[75] Als flankierende Arrangements, die einen Klammer-Effekt auslösen sollen, dienen Gruppendiskussionen nach dem Gemeinschaftsempfang, die Übertragung politischer Kundgebungen in die Betriebe und Häuser und verschiedene Formen aktiver Teilnahme an Massenveranstaltungen, die auch für Schwankende und Reservierte Bekenntnischarakter annehmen. Viele, denen der Gedanke, Außenseiter zu sein, Unbehagen bereitet, richten dann ihr Verhalten nach der Gesinnung aus, die sie aufgrund öffentlicher Sendungen und Kundgebungen für die Einstellung der Mehrheit halten (*bandwagon effect*).

Doch selbst diese Inszenierung eines monopolisierten und allgegenwärtigen Zwangs ist zumindest in Gesellschaften, in denen eine vorwiegend unpersönliche Herrschaftsausübung nur durch die Sicherung unpolitischer Loyalität optimiert werden kann, abhängig von der Disposition großer Klassen und Schichten, sich mit den gewaltsam durchgesetzten Maßnahmen und Ideologien zu identifizieren. Deshalb können und dürfen die nach der Machtergreifung getroffenen Maßnahmen die eingespielten Mechanismen des Vertrauens und der Selbstkontrolle in den Kleingruppen nicht radikal in Frage stellen; vielmehr muß die direkte und indirekte Indoktrinierung an diesen Mechanismen anknüpfen. »Die praktische Anwendung der Theorie der menschlichen Gruppe als Strategie der Attitüdenänderung findet dort ihre Grenzen, wo durch die ›manipulation of the social setting‹, also Entzug jedweder positiven sozialen Kontrolle, jedweder kognitiven, emotionalen und normativen Orientierungsmöglichkeit, Zerschlagung etablierter Gruppenstrukturen, Führungsaustausch, Isolation etc. – dies alles zugunsten eines völlig neuen Orientierungssystems –, die Anpassungsfähigkeit und -bereitschaft des einzelnen überfordert wird.«[76] Ein Wandel der Wertvorstellungen – der etwa dann erforderlich ist, wenn der einzelne der Liquidierung sozialer Minderheiten teilnahmslos zusehen soll – ist nur dann möglich, wenn der einzelne unmittelbar erfährt, daß dieser Wandel von seiner Eigengruppe praktisch gutgeheißen oder wenigstens toleriert wird. Die Anpassungsprozesse in den Primärgruppen können gleichgeschaltet, aber nicht durch öffentlich eingesetzte Machtmittel ersetzt werden. Massenveranstaltungen und regelmäßige Gruppengespräche sollen den Eindruck der Nachvollziehbarkeit und Authentizität von ansonsten unkontrollierbaren großen Ereignissen vermitteln, die abstrakten Parolen konkret und lebendig werden lassen und die formierende Staatsgewalt mit dem Konformitätsdruck der Primär- und Sekundärgruppen, die das persönliche Erleben formen, vereinbaren. (Es gibt Anzeichen dafür, daß diese ständige Mobilisierung der Massen für die Machthaber nicht risikolos ist. Man denke an die Rolle der SA im nationalsozialistischen Staat bis 1934 und an die Steigerung des Selbstbewußtseins der Arbeiterklasse, die auch stalinistische Regimes in Kauf nehmen mußten.)

Für totalitäre Gesellschaften, in denen die Reaktionsweisen durch eine komplexe Apparatur von Einschüchterungspraktiken vorprogrammiert sind, lassen sich relativ einfache Antworten auf Wirkungsfragen geben. Doch ist es fragwürdig, das Abrufen eines präformierten Verhaltens und bereits angereizter Affekte als Beleg für die spezifische Wirksamkeit eines geballten Medieneinsatzes zu werten. Auch in Zeiten der Zwangsherrschaft und in Phasen revolutionären Umbruchs besteht die Funktion, die der Massenkommunikation zugewiesen wird, wohl vor allem darin, die gesellschaftlichen Umstrukturierungen (die sich gleichfalls in den verschiedenen Kommunikationssystemen vollziehen) widerzuspiegeln, zu ergänzen und zu stabilisieren. Propaganda kann sich keinen quantifizierbaren Anteil am Wandlungsprozeß zuschreiben. Indem sie herrschende Ansichten bekräftigt (und zugleich zur Ablehnung dieser Ansichten Anlaß gibt), verdeutlicht sie das, was die Medien auch in formaldemokratischen Gesellschaften bewerkstelligen.

Offenbar erfüllt die interpersonale Kommunikation Aufgaben drastischer Komplexitätsreduzierung, konstanter Symbolisierung und identitätssichernder Verständigung, die von der

Massenkommunikation nicht übernommen werden kann, jedenfalls nicht in ihren bestehenden Strukturen. Daß auch die Organisierung massenhafter Kommunikation nicht wieder rückgängig gemacht und durch Aktivierung persönlicher Kontakte aufgehoben werden kann, muß hier nicht mehr begründet werden. Weder der Versuch, ein Gebäude gesellschaftlicher Kommunikation von unten nach oben aufzubauen, noch die Installierung einer geschlossenen Medienwelt könnte den Komplementärzusammenhang von formellen Medien und persönlicher Interaktion zerreißen. Indoktrinationsversuche, die stets von einem *fiktiven* Pol der Subjektivität aus unternommen werden, wollen die Komponenten dieses Zusammenhangs auf spezifische Weise nutzbar machen, imitieren aber nur bewußtlos die Mechanismen, aus denen er heute besteht. Die Atomisierung und Isolierung von Rezeptions- und Gruppenbeziehungen, wie sie von Forschern und publizistischen *influentials* betrieben wird, ist Reflex und Ergänzung der einseitig determinierten Tauschbeziehungen zwischen dem System abstraktifizierter Filtertechniken (Massenkommunikation) und den abgekapselten, sich selbst nicht mehr reflektierenden, überforderten Kleingruppen. Was die organisierte und die direkte, personelle Kommunikation im Verhältnis wechselseitiger Isolierung vereinigt, ist der Mechanismus *bestimmungsloser Selbsterhaltung*. Wer überzeugen und kollektive Normen verändern will, aber die Bedingungen kennt, unter denen sein Versuch erfolgreich sein kann, wird wissen, daß er schon deswegen gescheitert ist, weil er die *nicht isolierbaren* Bedingungen und die Genese seiner eigenen Absicht nicht kennt bzw. bei seiner publizistischen Arbeit nicht *praktisch* in Betracht ziehen kann. Er wird seinen Versuch vielleicht dennoch unternehmen – denn auch die Unterlassung würde nichts ändern –, aber er wird sich nicht mehr viel von propagandistisch-aufklärerischen Kraftakten versprechen.

Entscheidend ist die Einsicht, daß Massenkommunikation heute strenggenommen nicht der Übermittlung von Aussagen dient, sondern im wesentlichen *Situationen* der blinden Selbstbestätigung isolierter Beziehungsmuster herstellt und dabei alle kommunikativen Intentionen verwertet. Offenbar verdient die Wirkungsforschung nicht den Rang, der ihr allgemein zuerkannt wird. Die Strukturen und normativ-kulturellen Muster, die sowohl der Massenkommunikation als auch der interpersonalen Kommunikation einen isolierten Platz zuweisen, verdienen größere Aufmerksamkeit.

Intention und Gestaltung der Aussage als abhängige Variablen

Trotz oder gerade wegen des Vorrangs, den die Analyse der Gruppenprozesse und der Dispositionen in der Massenkommunikationsforschung seit den vierziger Jahren hat, suchen in den letzten Jahrzehnten mehrere Teams von Wissenschaftlern hartnäckig nach den spezifischen Wirkungschancen kommunikativer Stimuli, die in bestimmter Weise gestaltet sind. Sie erkennen durchaus die große Bedeutung intervenierender Variablen an; gleichwohl wollen sie die *relative* Wirksamkeit des *input*-Faktors isolieren, indem sie mit kontrollierten Variationen von Aussageform und -inhalt experimentieren. Solche Versuchsreihen sind auch in Zukunft zu erwarten – ist doch der Ausgangs-Stimulus der einzige Faktor im Prozeß der Überredungskommunikation, der sich vom Initiator direkt kontrollieren läßt.

Angestrebt werden Wenn-Dann-Hypothesen, denen man entnehmen kann, welche Auswirkung die Formung und der Artikulationsstil von Aussageelementen auf die Einstellungen der Rezipienten haben. Dabei bemüht man sich vor allem um allgemeine Feststellungen über die unterschiedliche Effizienz 1. einseitiger und zweiseitiger Argumentation, 2. expliziter und impliziter Schlußfolgerungen, 3. möglicher Anordnungen (Abfolgen) von Aussagen bzw. Aussageelementen und 4. von furchterregenden und relativ zurückhaltenden Aussagen. Zudem fragt man nach wirkungsrelevanten Merkmalen der Kommunikatoren und der Medien. Die wichtigsten Beiträge zur neuen wissenschaftlichen Rhetorik stammen von Carl I. Hovland und seinen Mitarbeitern vom *Yale Communication Research Program.*

Hier sollen nicht die Methoden und beträchtlichen Schwierigkeiten der kontrollierten Laboratoriumexperimente und die resultierenden Unstimmigkeiten im einzelnen erörtert, sondern lediglich einige Ergebnisse nebeneinandergestellt werden.[77]

Einseitige und zweiseitige Argumentation:
Eine Aussage ist wirksamer (im Hinblick auf den angestrebten Einstellungswandel beim Rezipienten), wenn sie auch Gegenargumente enthält oder zumindest erwähnt, daß es solche Argumente gibt. Sie ist weniger wirksam, wenn sie nur Argumente für die propagierte Auffassung enthält. – Wenn jedoch der Rezipient von vornherein mit der vertretenen Ansicht übereinstimmt, ist die einseitige Argumentation wirksamer. – Personen mit höherem Bildungsniveau werden von Aussagen, die auch den oppositionellen Standpunkt darstellen, leichter beeinflußt als Personen mit niedrigerem Bildungsniveau; diese sprechen überwiegend auf einseitige Argumentation an. – Personen mit höherem Bildungsniveau, die eine von der Aussageintention abweichende Einstellung haben, bringen der einseitigen Argumentation noch größeren Widerstand entgegen. – Wenn ein Kommunikator (bzw. eine Aussage) den Anspruch erhoben hat, alle Aspekte eines strittigen Gegenstands zu berücksichtigen, und wenn er (sie) diesen Anspruch nicht erfüllt, ist zweiseitige Argumentation weniger wirksam als einseitige ohne diesen Anspruch.[78] – Wenn eine rezipierte Auffassung durch zweiseitige Argumentation unterstützt wird, immunisiert sie gegen konträre Aussagen, die nach einiger Zeit rezipiert werden – selbst dann, wenn diese Aussagen neue, noch unbekannte Gegenargumente enthalten. Empfänger von Kommuniqués mit einseitiger Argumentation erweisen sich als weniger widerstandsfähig.[79]

Explizite und implizite Schlußfolgerungen:
Ist eine Aussage, in der die Ansicht bzw. die Schlußfolgerung des Kommunikators ausdrücklich geäußert wird, wirksamer als eine Aussage, bei der es den Rezipienten überlassen bleibt, die Schlußfolgerung aus den Ausführungen selbst zu ziehen? Wenn die implizit bleibende Auffassung ebensogut verstanden wird wie die Darstellung mit expliziter Schlußfolgerung, ist dies nicht der Fall. Eine Aussage, die ihre Schlüsse implizit läßt, ist sogar die wirksamere Darbietungsform, wenn den Rezipienten das Thema und die Attitüden, die affiziert werden, vertraut sind. – Wenn hingegen eine Darstellung relativ schwer verständlich ist und überdies Thema und Mei-

nungen für den Rezipienten keine zentrale Bedeutung haben (geringes *ego-involvement*), ist die explizite Stellungnahme der impliziten überlegen.[80] – Die Gültigkeit dieser Hypothesen ist abhängig von Eigenschaften der Kommunikatoren (Grad der Glaubwürdigkeit) und der Rezipienten (von ihrem Intelligenzgrad und davon, wie komplex und zentral ihre Einstellungen zu den Gegenständen sind, die berührt werden).

Die Anordnung der argumentativen Elemente in einer Aussage (Darstellungsfolge der Argumente) und in einer Folge verschiedener Aussagen:

Wenn mehrere, von verschiedenen Kommunikatoren präsentierte Aussagen mit jeweils einseitiger Argumentation aufeinander folgen, üben die zuerst rezipierten Aussagen keinen größeren Einfluß aus als die zuletzt rezipierten. – Wenn Rezipienten nach dem Empfang einer Aussage, die in einer strittigen Frage einseitig Stellung bezieht, dazu gebracht werden, öffentlich ihre Auffassung zu dieser Frage zu äußern, wird die Wirksamkeit einer später von denselben Personen rezipierten Aussage mit ebenso einseitiger Gegenargumentation vermindert (im Verhältnis zu Rezipienten, die sich nicht öffentlich festgelegt haben). – In einem Kommuniqué mit einander widersprechenden Einzelaussagen, das von nur einem Kommunikator publiziert wird, haben die zuerst präsentierten Argumente eine größere Einflußchance als die zuletzt präsentierten. – Diese gewinnen nur dann eine größere Effizienz, wenn die Rezipienten nach dem Empfang der zuerst präsentierten Argumente auf deren Fragwürdigkeit aufmerksam gemacht und durch bestimmte Verrichtungen abgelenkt werden.[81] – Wenn die Aufmerksamkeit der Rezipienten erst auf eine Aussage gelenkt werden muß (weil zunächst nur geringes Interesse vorhanden ist), dann ist es wirkungsvoller, die stärkeren Argumente am Anfang und die schwächeren am Ende der Aussage zu plazieren. Wenn Aufmerksamkeit unterstellt werden kann, gilt das Umgekehrte.[82] – Vor allem Rezipienten mit ›relativ schwachem Wissensdrang‹ werden durch Aussagen beeinflußt, in denen zunächst bestimmte Bedürfnisse geweckt und anschließend durch Informationen befriedigt werden.[83] – Rezipienten werden durch Aussagen, in denen zunächst erwünschte (einstellungskonforme) und danach unerwünschte Informationen präsentiert werden, stärker beeinflußt als durch Aussagen mit umgekehrter Reihenfolge der Informationen. (Intervenierende Variablen, die diese Hypothese bestätigen oder ungültig machen können, sind der Aufmerksamkeitsgrad, die subjektive Interpretation des Aussageinhalts, der Grad der Bereitschaft, die eigenen Einstellungen zu überprüfen, u. a.[84]) – Je mehr Zeit zwischen der Rezeption zweier konträr argumentierender Aussagen verstreicht, desto größer ist die relative Einflußchance der zweiten Aussage.[85] – Ist ein Thema dem Rezipienten vertraut, dann ist von zwei aufeinander folgenden und einander widersprechenden Argumenten das erste eindrucksvoller. Ist ein Thema dem Rezipienten nicht vertraut, bewirkt das zweite Argument den größeren Einstellungswandel. (Hier erweist sich die größere oder geringere Zentralität des Einstellungsobjekts als der wesentliche wirkungsvermittelnde Faktor.[86])

Drohende, furchterregende Appelle:

Bei der Untersuchung der Wirksamkeit furchterregender Appelle in Überredungskommunikationen (Propagierung von Maßnahmen, Übermittlung von Verboten und Aufforderungen, Werbung) gelangen die Forscher in besonders auffälliger Weise zu widersprüchlichen Ergebnissen. – Vergleicht man eine Gruppe, die äußerst intensiven Drohappellen ausgesetzt worden ist, mit einer anderen Gruppe, auf die nur zurückhaltende Drohappelle gerichtet worden sind, so zeigt sich, daß die zweite Gruppe stärker im Sinn der appellativen Aussage beeinflußt wird als die erste und daß sie auch gegenüber später empfangenen Aussagen mit konträren Auffassungen resistenter bleibt als die erste Gruppe. (Offenbar ruft der intensivere Drohappell eine stärkere Abwehr hervor.)[87] – Furchteinflößende Botschaften fördern die Übernahme der in ihnen nahegelegten Haltungen.[88] – Bledijan nimmt an, daß bestimmte Variablen, die bei den Experimenten nicht berücksichtigt wurden (Zentralität des jeweils angesprochenen Einstellungsobjekts, furchtreduzierende Hinweise des Kommunikators) die Divergenz der Ergebnisse erklären können. Droh- und Furchtappelle scheinen dann am erfolgreichsten zu sein, wenn sie mit Spannung verringernden Informationen bzw. Wertungs- und Verhaltensempfehlungen gekoppelt sind.[89]

Wiederholungen:

Bei häufiger Wiederholung bestimmter überredender Aussagen (Propaganda u. a.) kommt es nicht zu einer Kumulation von Bekehrungen, sondern zu einer Festigung bereits vorhandener Meinungen. Dies gilt vor allem bei einem hohen Grad von Ich-Beteiligung.[90]

Kommunikatoreigenschaften:

Je glaubwürdiger (kompetenter und vertrauenswürdiger) ein bestimmter Kommunikator einem Rezipienten erscheint, desto eher ist dieser bereit, die Aussagen des Kommunikators anzuerkennnen.[91] – Gilt ein Kommunikator als attraktiv (›fair‹, ›sauber‹, ›geschmackvoll‹, ›gut‹, ›angenehm‹ und ›wertvoll‹), ist beim Rezipienten ein Einstellungswandel entsprechend der Intention der Aussage wahrscheinlicher als dann, wenn der Kommunikator für unattraktiv gehalten wird.[92] – Der Inhalt der Kommunikation wird länger als die Quelle erinnert: Je mehr Zeit nach dem Empfang der Aussage vergeht, desto irrelevanter wird die Differenz von Glaubwürdigkeit und Unglaubwürdigkeit des Kommunikators. Der Proband kehrt schließlich zu seiner früheren Auffassung zurück.[93] – Wenn dem Kommunikator keine Überredungsabsicht unterstellt wird, ist die Einflußchance seiner Aussage größer als dann, wenn ihm diese Absicht unterstellt wird. Gilt der Kommunikator aber als attraktiv und angesehen, erhöht das Eingeständnis einer Überredungsabsicht (etwa in der Weise, daß er seine eigenen Argumente demonstrativ den Gegenargumenten voranstellt) die Wirksamkeit der Aussage.[94] – Der Kommunikator, der einer Bezugsgruppe des Rezipienten angehört, argumentiert bei strittigen Fragen wirkungsvoller als der widersprechende Kommunikator einer ›Außen-Gruppe‹. – Rezipienten ›lernen‹ von unglaubwürdigen Kommunikatoren ebensoviel wie von glaubwürdigen Kommunikatoren, aber sie akzeptieren nicht im gleichen Maße ihre Aussagen. (Umgekehrt gilt: Glaubwürdigkeit und Attraktivität von Kommunikatoren sind wiederum nicht gänzlich unabhängig von den Einstellungen, die sie vertreten.)

Eigenschaften des Mediums:

Bei Individuen mit niedrigerem Bildungsgrad genießen die Hör- und Bildmedien größeres Vertrauen; bei Individuen mit höherem Bildungsgrad erweckt Gedrucktes mehr Vertrauen. – Interpersonale Kommunikation ist im Hinblick auf Einstellungsänderungen wirksamer als Massenkommunikation (trotz des höheren Prestiges der Massenmedien). Massenmedien sind in Unterweisungssituationen wirksamer als direkte Kommunikation, vor allem die visuellen Medien, in denen Bild und Ton synchron sind.

Die Verhaltensforscher versuchen jeweils, die Daten, die sie aus ihren Experimenten gewonnen haben, durch sozialpsychologische Deutungen plausibel zu machen. Dabei wird deutlich:
— Fast alle Ergebnisse sind — gemäß der Situation bei den Laboratoriumsexperimenten — an interpersonellen Überredungskommunikationen orientiert. Sie mißachten die Differenz von Fern- und Nahkommunikation (im sozialen Sinn). Massenkommunikationsforschung geht in allgemeine Sozialpsychologie und Lerntheorie über.
— Infolgedessen begreift man die Beziehung zwischen Aussage, Kommunikator, Medium einerseits und Rezipient andererseits nach dem Muster der *face-to-face-communication* und gerät so in Gefahr, Wirkungen (Einstellungsänderungen) zu unterstellen, wenn man nur flüchtigere Lerneffekte vor sich hat.
— Viele Hypothesen implizieren stillschweigend die Permanenz bestimmter historischer Formen von Gruppenprozessen und setzen die Wirksamkeit auch anderer *mediating factors* voraus. Folglich haben diese Hypothesen nur scheinbar generelle Gültigkeit. Jeder Überredungsversuch muß die Beachtung des Rezipienten finden, muß sich auf sein Verständnisniveau und seine Gruppensituation einstellen und bestimmte Bedürfnisse wecken bzw. eine Dissonanz hervorrufen und zugleich Mittel zur Befriedigung bzw. zur Spannungsverminderung anbieten. Wenn aber alle diese Faktoren in die Hypothese aufgenommen würden, gelangte man zu so komplizierten Formulierungen, daß die dabei postulierten Situationen (Wenn-Komponenten) höchst unwahrscheinlich wären. Niemand könnte solche Thesen in praktische Anweisungen übersetzen. »Angenommen, wir würden in umfangreichen und langwierigen Serien von Experimenten eine ganze Reihe der zusätzlichen Variablen bzw. Bedingungen finden, unter denen ein Merkmal des kommunikativen Stimulus einen Einstellungswandel zur Folge hat, dann stellt sich die Frage, ob die

Aufstellung solcher Hypothesen sehr sinnvoll ist. Möglicherweise würde sie in ihrer Wenn-Komponente so viele einschränkende Bedingungen aufweisen, daß ihr Aussagewert sehr begrenzt wäre. Denn unter der Voraussetzung, daß sich der Gehalt der Dann-Komponente nicht ändert, sinkt der Gehalt der gesamten Hypothese, wenn der Gehalt der Wenn-Komponente – d. h. die Zahl der einschränkenden Bedingungen – steigt. Das bedeutet geringere Allgemeinheit und geringeren Informationsgehalt dieser Hypothese.«[95] – Bei allen durchgeführten Experimenten ist zu vermuten, daß auch *unkontrollierte Variablen* den gemessenen Einstellungswandel beeinflußt haben. Wenn aber auch nur eine determinierende Variable außer acht gelassen wird, ist der gemessene Einfluß der im Experiment kontrollierten Variablen fragwürdig. Daher erfassen die Wirkungsexperimente keine kausale Beziehung zwischen unabhängigen und abhängigen Variablen.

– Die Künstlichkeit, Unangemessenheit der Laboratoriums-Situationen ist vielen Forschern (auch Hovland) selbst aufgefallen. Die Bedingungen des Laboratoriums sind zu beschränkt, als daß der Empfang von Inhalten gesamtgesellschaftlich erwarteter Kommunikation simuliert werden könnte. Im einzelnen gibt Bledijan folgendes zu bedenken[96]: Die Hypothesen werden fast nie vor dem Hintergrund eines klaren theoretischen Konzepts formuliert; vielmehr handelt es sich um Erkundigungsexperimente. Es wurden bisher kaum Versuche gemacht, die sehr unterschiedlichen Ansätze in einen größeren Rahmen zu stellen, zu präzisieren und zu vereinheitlichen. Daher ist es kaum möglich, die Ergebnisse der verschiedenen Experimente zu vergleichen bzw. die Experimente wechselseitig als Falsifizierungsversuche auszuwerten. Schließlich geht man meist von unterschiedlichen operationalen Definitionen aus. Ergebnisse gelten also nur für die speziellen Bedingungen des jeweiligen Experiments – strenggenommen nicht einmal dafür, denn es haben jeweils verschiedene unkontrollierte Variablen mitgewirkt.

Auch im Dauerexperiment öffentlicher *Werbung* wurden keine Patentrezepte für eine optimale Aussagengestaltung gefunden. –

Besonderes Interesse an der Messung und Vergleichbarkeit

der Effizienz unterschiedlicher Stimulusvariationen haben die Kunden der Marktforschungsinstitute und Werbeagenturen und diese selbst. Die Auftraggeber verlangen für ihre immensen Werbeaufwendungen eine zuverlässige Erfolgskontrolle, um Zielplanung und Wirkung aufeinander abstimmen zu können. In diesem Sinn hat man mit großem Aufwand in Feldstudien die relative Wirksamkeit verschiedener Werbetechniken, Werbetexte, unterschiedlich langer Einblendungen der Rundfunk- und Fernsehwerbung und der Wunschanreizung in Kindersendungen zu ermitteln versucht. Die Marktforschung will durch die Ausforschung der Dispositionen potentieller Verbraucher von Konsumartikeln und politischen Ideen ein Instrumentarium für die gezielte und differentielle Beeinflussung des Kaufverhaltens bereitstellen. Die Maßnahmenplanung von Werbeagenturen enthält die Bemühung um eine positive *Profilierung* des Unternehmens bzw. der Marke oder des Produkts in der Kundenöffentlichkeit (Image-Aufgaben) und Kampagnen, die direkt der *Absatzförderung* dienen (Auslösung der Teilnahmebereitschaft auf den verschiedenen Vertriebsstufen, Sicherstellung der Unterscheidbarkeit und Identifikation des Produkts mittels ›konzertierter Werbung und Verkaufsförderung‹, Streupläne für die Provokation von Neugier und konkreter Nachfrage). Gesucht und angereizt werden neue Kaufmotive (›Motivanstöße‹), die eine weitere Produktionsdifferenzierung erlauben.

Da man nach einer Ära mehr oder weniger spontaner Werbepraxis begriffen hat, daß Werbung, die wirtschaftlich eingesetzt werden soll, nicht *an alle* gerichtet sein kann, arrangiert man Streuung und Gestaltung der Werbemittel im Hinblick auf *Zielgruppen.* Man bemüht sich um eine Segmentierung der Konsumentenbevölkerung in definierte Zielkreise und zugleich um ein dementsprechend aufgegliedertes Produktionsprogramm, das mit Hilfe gruppenspezifischer Semantiken und fortschreitender Marktsegmentierung diese Zielkreise erschließen soll. Gefordert wird ein ›Zieldenken vom Verbraucher her‹. – Zunächst arbeitete man mit einem Schubladensystem, das demographisch erfaßte Gruppen mit relativ wenigen statistischen, ökonomischen und sozialen Merkmalen unterschied (etwa bestimmte Alters- und Einkommensklassen, junge Mittelstands-Hausfrauen, erfolgreiche Männer mittleren Alters, sportlich Interessierte, Leute mit einer Vorliebe für bestimmte Produkte usw.). Auf diese Weise hoffte man große Streubreiten zu erreichen. Da die Zweckinformationen zunächst überhaupt erst einmal aufgenommen werden mußten, suchte man *generalisierte* Reaktionsmechanismen auszulösen. Dies konnten aber nur die Mechanismen der Massenkommunikation sein, denn zwischen Absender und Empfänger der Botschaft waren Medien mit spezifischen Produktionsbedingungen und eigenen Standards geschaltet. Der Irrtum solcher Werbung bestand darin, daß sie die Erregung öffentlicher Aufmerksamkeit mit der Summierung von Einzelwirkungen verwechselte.

Damit die Botschaft nicht nur aufgenommen, sondern auch richtig verstanden wird, differenziert man heute die Zielgruppen nach Attitüden-Komplexen. Man stellt zielgruppentypische Verbrauchergruppen zusammen und beobachtet sie in ihrem Tagesablauf und bei Gruppendiskussionen und Interviews, um ihr Kommunikationsverhalten kennenzulernen. Die Planung kann sich nicht an Persönlichkeitsstrukturen allein orientieren, da diese erst im Rollenzusammenhang von Bezugsgruppen auf je verschiedene Weise verhaltensrelevant werden. Die neuen Werbestrategien bringen aber eine andere Schwierigkeit mit sich: Bei präziser Ortung homogener Publikumssegmente wird die Anpeilung der Zielkreise über die komplexe Apparatur der Massenkommunikation tendenziell unmöglich – oder sie ist nicht mehr lohnend, da die Streuverluste zu hoch sind.

Werbeerfolg ist gleichbedeutend mit der Kanalisierung bereits gegebener Einstellungen. Diesen werden wechselnde Objekte angeboten. (Dabei können sich die Einstellungen zwar ändern, aber dies wären unkontrollierbare Konsequenzen.) Es geht nicht um Einstellungsänderungen, sondern etwa darum, die Vorliebe für Verfügungsgewalt über Maschinen und Betäubung durch Geschwindigkeit, das mütterliche Fürsorgebedürfnis oder den Bedarf an prestigefördernden Identitätsstützen an wechselnde Präferenzen zu binden. Auch die ›Schaffung neuer (künstlicher) Bedürfnisse‹ ist eine Funktion des Umstands, daß gewisse Einstellungen ständig neu interpretiert werden müssen, da sich ihr Substrat (ein in sich selbst determinierter Gebrauchswert) aufgelöst hat. Klapper führt den ständigen relativen Erfolg von Werbeaussagen (trotz relativer Beliebigkeit des Stimulus) darauf zurück, daß diese keine *zentralen,* d. h. resistenten Dispositionen und Gruppennormen berühren und deshalb nicht abgewehrt oder neutralisiert werden. Dem entspricht auch, daß die Werbung vor allem von den bereits Überzeugten, die den angepriesenen Artikel oder einen ähnlichen schon benutzen, wahrgenommen wird.

Da sich Einstellungen in verschiedene Richtungen kanalisieren lassen und eine bestimmte Reklame nicht allzu scharf zielen kann, führt Punkt-Werbung auch oft zu unbeabsichtigten Reaktionen: Die Werbung für eine bestimmte Zigarettenmarke stimuliert einen Kaufimpuls, der sich auf eine andere Marke richtet (wobei das Rauchen selbst die Funktion einer sedimentierten Einstellung ist). Ein anderes anschauliches Beispiel für die Oberflächlichkeit (Austauschbarkeit) des Werbeerfolgs ist die Abfolge der Kreierungen saisonaler Modetrends. Man kann nicht die Manipulationsmacht der Konzern-Medien damit belegen, daß Modetrends planbar und durchsetzbar sind, wenn man zugleich Wert auf die Feststellung legt, daß die jeweils mit anderen kleinen Extras versehenen und verschieden verpackten Angebote in der Graufärbung des Warencharakters für Kapitalisten, Produzenten und Konsumenten allesamt austauschbar sind.

Um die Effizienz der teuren Werbemedien, die auf scharf eingegrenzte Konsumentengruppen angesetzt werden, besser kontrollieren und erhöhen zu können, ergänzt man die Dienste der Agenturen durch eine direkte, zum Teil persönliche Anrede der Zielgruppen (Verkaufsförderung). Gewissermaßen imitiert man informelle Beeinflussungsprozesse. Dies ist symptomatisch für die relative Beliebigkeit der Stimulusgestaltung, selbst dann, wenn diese sich nicht an relevanten Einstellungen zu schaffen macht. Erhellender wäre es auch hier, nach der nicht-spezifischen Zusammenwirkung aller Medien-Werbungen zu fragen. Es ist anzunehmen, daß sie in der Bestätigung und Vermittlung kultureller Schemata besteht, die in der Dimension massenhaft organisierter Kommunikation dominieren – zumal in der Festigung einer spezifischen Konsumhaltung. Im übrigen ist Werbung vor allem eine Waffe im Dienst der Marktmonopolisierung: Die Konzerne mit den größten Werbeetats lenken die von Fall zu Fall modifizierte Nachfrage auf ihre Erzeugnisse und verdrängen die Alternativen. –

Wenn die Merkmale des kommunikativen Stimulus vom Publikum bewußt oder unterschwellig wahrgenommen werden, handelt es sich immer schon um Merkmale, die von den wechselnden Dispositionen des jeweiligen Empfängers und seiner Bezugsgruppen vermittelt sind. Die Versuche, über die Effizienz von Stimuli-Variationen allgemeine Aussagen zu machen, fallen insofern hinter die *reinforcement*- und *opinion leader*-Hypothesen zurück. Hier soll aber nicht noch einmal aufgezeigt werden, daß Einzelwirkungen nicht isolierbar und bestimmbar sind. Es soll auch nicht erneut dargelegt werden, daß Einstellungsveränderungen als Bestätigungen von Dispositionen und als Funktionen der Selbststabilisierung von Gruppen gedeutet werden können und sich den Techniken der Stimuli-Gestaltung entziehen. Denn die Schwierigkeiten der Laboratoriumsexperimente und die Zweifel an der Triftigkeit und Verwertbarkeit der Resultate lassen noch nicht die *primäre* Beschränktheit dieser Wirkungsforschung erkennen.

Die stillschweigende, kaum jemals in Frage gestellte Voraussetzung der Überredungskommunikation und der assistierenden Forschung ist nämlich die Vorstellung, Kommunikatoren (zumindest die weisungsbefugten und Aufträge erteilenden) entschieden sich frei (jedenfalls aus nicht operationalisierbaren Motiven) für eine bestimmte Absicht (für einen Eingriff in die Welt) und wählten dann frei ein geeignetes Transportmittel für den Weg zum Adressaten. Wäre es nicht so, klammerte man sich nicht an die fixe Idee, daß es beim Kommunikator *beginnt*, wäre wohl auch nicht der Gedanke so faszinierend, den publizierten Anstoß vielleicht gar unverfälscht ins Hirn des Rezipienten projizieren zu können. Der Reiz der Wirkungsforschung ginge verloren. Das Erkenntnisinteresse der Publizisten, Propagandisten und Werbefachleute an manipulierbaren Einflußfaktoren* wird vom Leitbild individualisti-

---

* Die Reporter und Redakteure der öffentlich-rechtlichen Medien und der kommerziellen Presseorgane sehen und verhalten sich nicht als Journalisten im strengen Sinne, sondern als Publizisten, die ihre Medien als Instrumente zur Beeinflussung und Belehrung des Publikums begreifen. Die Aufgabe der

scher Entscheidung beflügelt. Im Grunde versteht man den Hintergrund des Agierens von Auftraggebern und *gate keepers* als eine Konstellation persönlicher, der Massenkommunikation vorgeordneter Merkmale. Der Wille, diese oder jene Einstellung zu beeinflussen, erscheint problemlos, selbstverständlich, als eine erste Ursache. (Und wenn es sich um Verbände handelt, gilt doch das *Interesse* als ein Erstes.) Andernfalls würde man in jedem einzelnen Fall begründen, warum man gerade beim Kommunikator und seiner Überredungsplanung den Einschnitt macht. Solche Begründungen fehlen aber völlig. Auch die Kommunikatorforschung, die nicht mehr in den Kinderschuhen steckt, wird nicht systematisch auf die Erforschung der Publikumsdispositionen rückbezogen, sondern entwickelt sich zur Soziologie einer spezifischen Berufsgruppe.

Wenn aber der Entschluß, die Aussage und die Charakteristika von Kommunikatoren und Medien jeweils selbst als *abhängige Variablen* genereller Selektions- und Erwartungsmuster zu erkennen sind, dann erweist sich die Frage nach den Mitteln, mit denen spezifische Reaktionen im Publikum hervorgerufen werden können, als eine Frage von untergeordneter Bedeutung, die selbst der Klärung bedarf. Sobald man den Problemkreis der Bedingungen, der Motivationen und der Genese von publizistischen Aktionen betritt, stellt sich heraus, welch dürftiges und kurzsichtiges Unterfangen die Erforschung der relativen Wirksamkeit von Stimuli-Merkmalen ist. Selbst eine oberflächliche Beobachtung zeigt, daß *gate keepers* keine persönlichen Entscheidungen treffen, sondern kooperative Positionen in komplexen Auswahl- und Codierungsvorgängen einnehmen und von den Erwartungen anderer abhängig sind.

Es ist das Geschäft der Kommunikatoren (der Redakteure, Journalisten, Reporter, Presseagenturen und anderer publizistischer Einheiten und Agenten), informative, bildende und unterhaltende Inhalte zu sammeln, auszuwählen, zu gestalten

Meinungsbildung steht für sie – und auch für die freien Mitarbeiter – im Vordergrund. (Vgl. Wolfgang Langenbucher, *Der Lokalredakteur als Sozialisator und Sozialisand im Prozeß der Lokalkommunikation*, in: Franz Ronneberger (Hrsg.), *Sozialisation durch Massenkommunikation*, a.a.O., S. 160).

und weiterzuvermitteln. Die Selektionskriterien für die Ablehnung bzw. Verwendung von Nachrichten und anderen Inhalten werden von den Kommunikatoren selbst als Resultate der Berücksichtigung von Rezipientenwünschen und der Vorwegnahme von Reaktionen des Publikums gedeutet; denn für dieses sind die Texte und Sendungen bestimmt. Kommunikatoren scheinen eine Spiegelung sozialer Bedürfnisse und Prozesse anzustreben; sie müssen, um erfolgreich zu sein, das Rezeptionsverhalten und die Erwartungen, Attitüden und Vorhaben der Adressaten antizipieren, zumal dann, wenn sie überzeugen und beeinflussen wollen. Die vom Kommunikator reflektierten Präferenzen des Publikums bestimmen Inhalt und Form der Medienproduktion mit. Selbst seine persönlichen Intentionen und sein Selbstbild sind von vornherein durch den ›Zwang der Öffentlichkeit‹ vermittelt. Nur ein flexibler, zu ständigem Rollenwechsel fähiger Kommunikator kann als Medium von Sozialprozessen fungieren. Die Reziprozität der gesellschaftlichen Kommunikationsprozesse (*feedback*) zwingt den Kommunikator, nicht nur als Sozialisator zu agieren, sondern sich von den Rezipienten und der sozialen Umwelt sozialisieren zu lassen.[97] Allerdings müssen sich die Kommunikatoren immer auf eine Kombination von *mehreren* Publikumsgruppen einstellen. Der *feedback*-Prozeß innerhalb des Produktionsverlaufs selbst komponiert in mehreren Phasen, in denen vielfältige Eindrücke von früheren Publikumsreaktionen verarbeitet werden, ein komplexes Publikumsbild, mit dem der Kommunikator möglichst vielen Gruppen gerecht zu werden hofft.[98] In diesem Sinn wird davon gesprochen, daß die Rezipienten die Produktion kontrollieren, d. h. viele Beeinflussungsversuche von vornherein verhindern.

Um den latenten Rückkoppelungsprozeß zu vereinfachen und überschaubar zu machen, versuchen Kommunikatoren, Rezipientenanalysen zu nutzen und Reaktionen des Publikums auszuwerten oder gar direkten Kontakt zu verschiedenen Publikumsgruppen herzustellen. Informationen und Daten können sie auf verschiedene Weise erhalten. Sie können Aufträge an Meinungsforschungsinstitute vergeben (für Stichprobenverfahren, Stichtagerhebungen, mündliche und schriftliche Repräsentativumfragen, Panel-Befragungen, Gruppenuntersuchungen usw.) und ein repräsentatives Studiopublikum bei Produktion und Sendung assistieren lassen. Massenkommunikatoren können aber auch Rückmeldungen von Rezipienten (Briefe, Anrufe, Kritiken) und Initiativen von Rezipientenorganisationen beachten. Zugleich werden sie von ihren *früheren* Produktionen und den entsprechenden Kontrollurteilen der Publikumsgruppen verpflichtet. Überdies haben Untersuchungen ergeben, daß Kommunikatoren vor allem diejenigen Argumente beachten und im Gedächtnis behalten, mit deren Hilfe sie eine Übereinstimmung mit den Attitüden ihrer Zielgruppen im Publikum herzustellen glauben.[99] Solche generelle und permanente Rückkoppelung, die sich zwischen Rezipienten und Kommunikatoren einspielt, obwohl diese grundsätzlich in keinem direkten Kontakt stehen, ist für unsere Gesellschaft unverzichtbar: Auf ihr beruhen zum großen Teil die Informations- und Verständigungsprozesse zwischen den gesellschaftlichen Subsystemen.

Ungewiß ist aber, wieviel das Publikumsbild der großen Mehrzahl der Kommunikatoren von den Erwartungen der Schichten und Gruppen erfaßt, die *Objekt* der Mitteilungen sind (also strenggenommen nicht das Publikum), und inwieweit die Kommunikatoren sich wirklich an diesem Publikumsbild orientieren. Zunächst ist dieses Bild vom antizipierten Publikum als dem ›imaginären Gesprächspartner‹ wesentlich von den Referenzgruppen des Kommunikators bestimmt, d. h. auf diejenigen Rezipienten eines Medienprodukts bezogen, die für das professionelle Selbstverständnis des Kommunikators von Bedeutung sind, auf die Gruppen, deren Einstellungen und Reaktionen stellvertretend für die des Gesamtpublikums beachtet werden. Zu den Referenzgruppen gehören die ständigen Ausgangspartner des Kommunikators, d. h. diejenigen, die in seinem rollenspezifischen Bereich als Informatoren bedeutsam sind, und die Kollegen, Vorgesetzten und Kritiker. Sie bilden ein ständiges ›sekundäres Publikum‹, unabhängig davon, ob sie die jeweilige Aussage tatsächlich rezipieren.

Von den sozialen Gruppen, aus denen die jeweiligen Zuschauer, Zuhörer und Leser stammen, haben die meisten Kommunikatoren aber nur minimale, dürftige oder schlechthin falsche Vorstellungen.[100] Der gesellschaftliche Kommunikationsprozeß (der über die Massenkommunikation hinausreicht) ist durch diese Diskrepanz zwischen den Gruppen-Bildern der Medien-Mitarbeiter und den unterhalb der Öffentlichkeitsschwelle artikulierten sozialen Bedürfnissen und Selbstverständnissen geprägt. In der alltäglichen Praxis richten sich die Redaktionen, Ateliers usw. nach *Stereotypen*, nach *standardisierten Mustern* aus, die lediglich das bereits konditionierte Verhalten der Individuen *als je isolierte Rezipienten*, nicht aber die Intentionen der Individuen als kommunizierende Gruppenangehörige repräsentieren. Die quantitativen Abweichungen sind häufig erstaunlich.[101] Die Kommunikatoren, denen oft genug bewußt ist, daß sie von kaum begründeten Vermutungen, wenigen Anhaltspunkten und Fiktionen ausgehen, halten ihre Stereotypen aber für überlegen gegenüber alternativen Präferenzen, für realitätsgerechter als eine Berufung auf Bedürfnisse, die nur noch ›faktisch‹ sind (denn die Stereotypen sind zusammenhängend und gelten überall), und für gefeit vor der Kritik einflußloser einzelner. Sie reflektieren damit, daß sich ein spezifisches Rezipientenverhalten herausgebildet hat, das eine Ausbildung zur Konsumtion von Realität voraussetzt, dessen Strukturen sich nicht im Sinne von stimulierter Medienwirkung auf andere Lebensbereiche übertragen lassen und das jene Stereotypen wiederum auf die Kommunikatoren projiziert. Sie reflektieren, daß es in der Massenkommunikation heute nicht um die kommunikative Selbstvermittlung der gesellschaftlichen Gruppen und Subsysteme geht. Was die Kommunikatoren anstreben, ist nicht organisierte Rückkoppelung mit den Gruppen, denen die Publikumspartikel *auch* angehören, sondern ›Erfolg‹ beim Publikum.

Nach Walter Lippman entstehen in der journalistischen Praxis Stereotype von Ereignissen, Personen und Ideen als Ergebnis einer Ökonomie von Wahrnehmungs- und Kommunikationstechnik — sich fixierende Bilder einer Pseudo-Umwelt (*pictures in our head*), die dem Abgebildeten sehr wohl den Rang des Wirklichen streitig machen können, da sie in einer verwirrenden Umwelt kontinuierliche Orientierung und Stimmigkeit (*consistency*) zu garantieren scheinen.[102] Als Faktoren, die diese abstrakte Gleichförmigkeit von Publikumsbildern und sachbezogenen Klischees hervorbringen und konsolidieren, nennt Noelle-Neumann u. a.: »1. Übereinstimmende Annahmen, übereinstimmende Erfahrungen der Jour-

nalisten aller Ränge und Aufgabenbereiche über Erfolgskriterien beim Publikum, die Berichterstattung und Materialaus-
wahl als ›Nachrichtenwerte‹ leiten: Priorität für alle die
Gefühle ansprechenden Elemente, insbesondere Konflikte,
verknüpft mit ungewissem Ausgang, Überraschung; Priorität
für negative Elemente; für Klarheit, Eindeutigkeit, leichte
Verständlichkeit, Plausibilität, Übereinstimmung mit bestehenden Vorstellungen [...]. 2. Übereinstimmende Tendenz
zur Selbstbestätigung der Journalisten: Die Situation wurde
richtig interpretiert, die Entwicklung richtig vorausgesehen
(*self-fullfilling prophecy*). 3. Gemeinsame Abhängigkeit von
bestimmten Quellen (Nachrichtendiensten). 4. Starke gegenseitige Beeinflussung beim Aufbau von Bezugsrahmen: Pres-
sejournalisten orientieren sich am Fernsehprogramm, Fernsehjournalisten an der Presse. Konkurrenzblätter und -pro-
gramme werden intensiv beobachtet. 5. Das Streben nach Bei-
fall von Kollegen und Vorgesetzten spielt eine Hauptrolle in
der beruflichen Praxis [...].«[103]
Vor allem der Produktion von periodisch erneuerter Aktualität, der Nachrichtenpraxis nach normierten Erfolgskriterien, scheint ein Eigenwert zuzukommen, nicht zuletzt deswegen, weil sie die redaktionelle Kooperation steuert und
Berufsmoral und ›Objektivität‹ pragmatisch auszudeuten
erlaubt. In ähnlicher Weise formt das Publikum bestimmte
Stereotypen von beliebten Kommunikatoren aus, denen die
Medien Rechnung tragen, indem sie immer wieder ähnliche
Typen von Quiz- und Showmastern, Sprechern, telegenen
Fachleuten und Diskussionsteilnehmern, Symbolfiguren (Ko-
miker mit bestimmtem Dialekt, Karikaturen-Originale und
Comics-Helden) und prototypische Mittelklassen-Figuren in
Familien- und Westernserien präsentieren. Der als Vermittlung von Produktionszwang, ›Objektivität‹ und Erfolgserwar-
tung zustande kommende ›Nachrichtenwert‹ und die Standards
der Unterhaltungskommunikation bestimmen die Produktion
in den Medien – nicht die Bemühung um eine Überführung
gesellschaftlicher Interaktion in Massenkommunikation. Da
sich der ›Nachrichtenwert‹ eines Berichts, der Anerkennungsgrad von Ansichten und der Unterhaltungswert von Spiel-
handlungen unabhängig von den Neigungen eines Kommunikators bestimmen läßt, kann mit großer Wahrscheinlichkeit

für alle Medien vorausgesagt werden, welche Inhalte sich jeweils in Meldungen verwandeln werden, *welche Überredungsversuche gemacht werden* und welche dramatisierten Konflikte in den nächsten Monaten und Jahren der Zerstreuung dienen sollen. (Ohnehin spielt der Redakteur am Fernschreiber nur eine untergeordnete selektive Rolle. Maßgeblich ist die genormte Vorauswahl der Nachrichtenagenturen.) Die eigentümliche Gleichförmigkeit, die von den übereinstimmenden bzw. sich ergänzenden Projektionen von Produzenten und Konsumenten perpetuiert wird, garantiert die Selbstbestätigung der Rollen in allen Teilen des Massenkommunikationssystems.

Kommunikatoren als Individuen können nicht als die Subjekte der Kommunikationsprozesse anerkannt werden. Da sie nie nur die Intentionen einzelner Personen und Gruppen vermitteln, sondern stets mehreren, ja oft sogar möglichst vielen Publika gefallen wollen und somit viele Publikumsbilder vereinigen müssen, da sie sich unter abstraktem Erfolgsdruck auf Unsicheres nicht einlassen können, da sie eine Arbeitssituation vorfinden, in der alle spezifischen Rückkoppelungen vom Rezipienten zur Redaktion gestört sind, müssen sie sich ständig und blindlings auf die latent anerkannten Stereotypen und rückgeblendeten Publikumsbilder als Selektionshilfen verlassen. Es ist bezeichnend für den kurzen Atem der Massenkommunikationsforschung, daß sie nicht diese Stereotypen, sondern die austauschbaren Absichten von Kommunikatoren (in der Form der Stimulusgestaltung) als unabhängige Variablen und als Kausalitätspole einsetzt.

Die Standards des Interessanten, Verständlichen, Wichtigen und Beliebten, nach denen die überredenden Aussagen ausgewählt und codiert werden, sind keineswegs nur der Ausdruck eines ›technologischen‹, ›medien- und produktionsbedingten‹ Sachzwangs (der als Folge der Bewältigung des Nachrichtenrohmaterials, der Schnelligkeit des Informationsflusses und der Nutzungskosten des Telex- und Abnehmernetzes dargestellt wird) – und sie sind nicht einmal auf den ›Einfluß‹ des organisatorischen bzw. institutionellen Rahmens zurückzuführen. Sie bestimmen das publizistische Handeln, gleichgültig, ob sich Redaktionen als Forum für Publikumsinteressen oder als ökonomisch-politische Agenten verstehen, unabhängig davon, ob Journalisten, Filmemacher und Autoren als ›ehrliche Makler‹ gegebener Bedürfnisse und Zustände oder als Initiatoren, Provokateure und Propagandisten auftreten. Beide Kommunikatoren-Typen orientieren sich an ›erfolgreichen‹, Beachtung sichernden, einseitigen und überprivilegierten Verständnis- und Bearbeitungsmustern. Diese gewährleisten einen kontinuierlich-regelmäßigen Ausstoß von Kommunikationsanlässen in allen Medien und zugleich (aus der Sicht des Publikums) den permanenten Konsum eines attraktiven, allgemeinverständlichen, immer neuen und doch vertrauten Wirklichkeitsangebots, das freilich die Interaktion der Bereiche und Ebenen der Gesellschaft nicht ersetzen kann. Sie sind *Ausdruck der historischen Strukturen* (generalisierten Verhaltenserwartungen) *der Massenkommunikation*.

– In der *zeitlichen* Dimension formieren sich die dominierenden Verhaltenserwartungen zu einem periodischen, mit sozialen Verständigungsprozessen nicht rückgekoppelten, auch der organisierten Kommunikation jeweils vorgreifenden *Verschleiß von kommunikativen Sinnbezügen (Themen)* – zu einem verselbständigten Rhythmus der Produktion und Obsoleszenz von Aktualität. Die von allen Mitgliedern der Gesellschaft erwartete (Vergangenheit und Zukunft trennende und vermittelnde) *Effizienz* der Massenkommunikation besteht in der abstrakten Verwertung von Aufmerksamkeit, die dabei als beziehungsloser Rohstoff behandelt wird. (Von dieser Strategie blinder Bestandserhaltung – wie von den anderen Strukturen des Subsystems – wird auch die Verkäuflichkeit aller produzierten Kommunikationen, die Nutzung der Massenkommunikation als Verbund formierter Teilmärkte, garantiert.)

– In der *sachlichen* Dimension üben die Kommunikatoren, Informatoren und Rezipienten (von Politik, Wirtschaft, Familienfragen, Sport, Wissenschaft, Kunst usw.) ihre *Rollen* nicht nach dem Gesichtspunkt der jeweiligen Begegnungs-, Verständigungs- und Organisationsformen in den verschiedenen Sektoren und Teilsystemen aus. Sie fungieren als Zubringer, Filter und Verteiler, die eine Konstellation öffentlicher Themen institutionalisieren, ohne auf die Festlegung und Reproduktion der verschiedenartigen Kommunikationsordnungen Rücksicht und aktiven Bezug zu nehmen. Massenkommunikation versäumt es, je spezifische Austauschbeziehungen zu den verschiedenen Systemen, Sektoren und Gruppen zu organisieren. Daher nutzt sie auch nicht die Vorselektionen, die darin bestehen, daß in den Netzen interpersonaler Kommunikation *verschiedene Gegenstandsbereiche* im Hinblick auf ihre situationäre Bedeutung für das Erleben und Handeln auseinandergehalten werden. Die Rollen der Spezialisten (oder die Entscheidungsprogramme) für Politik, Wirtschaft, Show, Lokales, Kulturelles, Sport usw. beziehen sich auf im schlechten Sinne gleichwertige (indifferente) Themen, nicht auf Kommunikationsdefizite und -chancen. Massenkommunikation kommuniziert mit ihren Umwelten, indem sie Kommunikation unterbindet.

– In der *sozialen* Dimension reduzieren sämtliche *Institutionen,* die Form und Spielraum der Teilnahme an der öffentlichen Kommunikation definieren (Verteilung der Chancen des Zugangs zu den Medien nach ökonomischen und politischen Kriterien, die nähere Festlegung des Verhältnisses von Kommunikatoren und Rezipienten und der Bedeutung von Rollenwechseln, Kommunikatorenqualifikationen, Umgangsregeln und Sprechweisen), die Problemebene der *Variabilität von Massenkommunikationsweisen* auf Fragen der *Verfügung* über die Massenkommunikationsmittel (auf die Regelung der Ansprüche von Privatleuten und Verbänden auf Kapazitäten und Kompetenzen). Insofern wird Massenkommunikation auf Sendeaktivität, auf die Bereitstellung von Instrumenten für organisierte Beeinflussung, beschränkt und kann die Aufteilung von Publikationskapazitäten und die Programmplanung nicht nach Gesichtspunkten der Gestaltung von Interaktionsweisen funktionalisieren. Daher bleibt die Systemkomplexität von vornherein begrenzt. Ansätze von vergesellschafteter Massenkommunikation haben kein institutionalisierendes Gewicht und werden ignoriert. Die Verfügung über die Produktionsmittel wird nicht mit der gesellschaftlichen Funktion der Publikation/Rezeption vermittelt, so daß die Einbeziehung der interagierenden Einheiten in die Massenkommunikation verhindert wird. Dementsprechend ist die Flexibilität (problembezogene Selektionskraft) der Massenkommunikation in unvertrauten Situationen, die eine Steigerung kommunikativer Leistungen erfordern, gering.

Diesen erstarrten und restriktiven Strukturen der Massenkommunikation entspricht der Komplex historischer Aufmerksamkeitsregeln (s. o.), die man als kulturell fixierte Übersetzung generalisierter Verhaltenserwartungen in Anwendungsregeln bezeichnen könnte. Die stereotypisierte Produktion, die unvermeidliche Anpassung an Publikumsbilder und gewohnheitsmäßige Forderungen von seiten des Publikums ist in den Strukturen und Regeln befangen; keine Gestaltung eines Stimulus allein, auch nicht die leidenschaftlichste oder raffinierteste, vermöchte sie zu unterlaufen oder gar zu suspendieren.

Im übrigen vollzieht sich die Auswahl und Bearbeitung öffentlicher Aussagen zu anerkannten Themen immer schon in einem Feld prominenter, renommierter Meinungsgegensätze und -varianten. Diese werden von den Kommunikatoren zusammengefaßt, pointiert und weitervermittelt. Aussagengestaltungen, die dieses Feld verlassen wollen (ohne deswegen die Aufmerksamkeitsregeln mißachten zu können), geraten in Gefahr, nicht mehr die Öffentlichkeitsschwelle zu erreichen. Wichtigste Bezugsgruppe der Journalisten, Reporter und Redakteure sind neben den Berufskollegen die einflußreichen Informanten in kommunalen und nationalen Behörden, Verwaltungen, Polizeistellen, Vereinen, Verbänden, Konzernen, Kammern und anderen sozialen und wissenschaftlichen Instituten: die ›Verantwortlichen‹, deren Vertrauen der Journalist gewinnen will, um stets mit Nachrichtenmaterial ›aus erster Hand‹ versorgt zu sein. Die Organisationsspitzen ihrerseits zeigen eine hohe Bereitschaft, persönliche Beziehungen zu Redakteuren aufzunehmen. Da die Kommunikatoren viel Zeit dafür verwenden müssen, um diese Verbindungen zu pflegen, ist es verständlich, daß ihre Problemauffassung und ihre Wertvorstellungen von den Ausgangspartnern mitgeformt werden.[104] Die politischen Führungspersönlichkeiten und die Kommunikatoren entstammen größtenteils derselben sozialen Schicht, und daher kommt es auch kaum zu Verständigungsschwierigkeiten. »Inhaltsanalysen von Lokalteilen zeigen, daß die Redaktionen primär Vermittlungsorgane formeller Gruppen, Institutionen usw. sind, also z. B. hinsichtlich der Kommunalpolitik vor allem eine Sprachrohr-Funktion für

Ämter, Verwaltungen und die organisierte Gemeindeöffentlichkeit haben, während umgekehrt die spontane, informelle
Gemeindeöffentlichkeit nur selten manifestiert wird; die
Kommunikation über die Zeitung läuft häufiger von oben
nach unten als umgekehrt.«[105] Dabei ist es kein Widerspruch,
daß die Journalisten meist keine Neigung zeigen, sich aktiv in
Parteien und Verbänden zu betätigen oder unmittelbarem
Druck von außen nachzugeben. Gerade deswegen, weil sie
nur *privilegierten* Positionen Beachtung schenken, können
sie nicht ausschließlich eine *bestimmte* privilegierte Auffassung favorisieren.

Die Kollegen und Vorgesetzten sind die andere maßgebende
Bezugsgruppe des Kommunikators. Sein Selbstbild und seine
Wertvorstellungen gewinnt er nicht durch Reflexion auf seine
Scharnier-Funktion in der Gesellschaft, sondern in der alltäglichen Pragmatik des Redaktionsteams. Beim Abfassen eines
Artikels oder bei der Vorbereitung einer Sendung ist die
Gruppe der Berufskollegen im Vergleich zu rezipierenden
oder thematisierten Gruppen überrepräsentiert: Der Journalist nimmt ihr Urteil vorweg und wird von dem Wunsch geleitet, seine Arbeit möge von ihnen gewürdigt werden und ihm
in ihrem Kreis mehr Prestige verschaffen. Aufstieg ist für ihn
gleichbedeutend mit einem höheren Status in der In-Group,
die von einer relativ großen Einheitlichkeit der Einstellungen
und Präferenzen geprägt ist.

In den redaktionellen Anpassungsprozessen setzt sich die
jeweilige *Organisationsform* des Mediums durch. Auch hierbei zeigt sich, daß die funktionale Ausdifferenzierung, die
relative Autonomie von generalisierten Verhaltenserwartungen der Massenkommunikation nicht etwa einen Dauerkon-
flikt mit den Strukturen der Kapitalverwertung und der Verbandsdemokratie zur Folge hat. Eher findet sie ihren Ausdruck darin, daß sich die institutionalisierte Öffentlichkeitsform und die Formen der Produktion und der verbindlichen
Entscheidungsfindung gegenseitig in Anspruch nehmen und
praktisch interpretieren.

Der Verleger sichert die Konformität mit seinen Zielvorstellungen – d. h. die Anerkennung seines Weisungsprivilegs in
der kommerziellen Medienorganisation – nicht durch direkte
Kontrolle journalistischer Arbeit. Der neue Mitarbeiter wird

bei der Einstellung nicht über die Richtlinien der Zeitungs- oder Verlagspolitik aufgeklärt. Doch eine latente Zensur ist bereits das Rekrutierungsverfahren: Zeitungen wählen Mitarbeiter meist unter denen aus, die sich selbst bewerben und folglich bemüht sind, sich von vornherein auf die Ausrichtung eines Verlags einzustellen. Die Bewerber haben außerdem oft bereits Beziehungen zu integrierten Mitarbeitern, von denen sie Fürsprache und Einweisung erwarten. Und schließlich sind es die leitenden Redakteure, die über die Einstellung entscheiden – Vertrauensleute, die in ihrer Funktion der Verlagspolitk nicht langfristig entgegenarbeiten können.[106]

Nach der Aufnahme in die Redaktion fördern andere latente Kontroll- und Erziehungsmechanismen die selbstselektive Tendenz des neuen Mitglieds. Durch Erfahrungen bei Gesprächen mit Kollegen, bei Nachrichten- und Redaktionskonferenzen und durch die Lektüre des eigenen Blattes, durch Beobachtung des Vorgesetzten und über Hausmitteilungen und Klatsch lernt er die Haltung und Neigungen des Verlegers oder Herausgebers kennen und verinnerlicht die spezifischen Normen, Rechte und Verpflichtungen seines Status in der Organisationshierarchie (seine Mitgliedsrolle). Für die Entstehung eines konformierenden Gruppenbewußtseins sind konstitutiv der Respekt oder die Dankbarkeit, die der neue Kollege gegenüber manchen altgedienten Mitarbeitern empfindet, und die gewöhnlich hohe Selbsteinschätzung der Journalisten, die mehr Informationen bekommen und mehr verschiedenartige Erfahrungen machen als andere Werktätige, gelegentlich in vertrauliche Unterlagen Einblick erhalten, mit geachteten Persönlichkeiten verkehren, mit der ›Macht‹ in Berührung kommen und die »Hand am Puls der Zeit« haben.[107]

Freilich instruieren nicht nur informelle Lernprozesse den *gate keeper* über seine institutionelle Abhängigkeit. Auch Straf- und Belohnungsaktionen spielen eine große Rolle. Herausgeber und Chefredakteure können einzelne Artikel herausnehmen, zensieren und kürzen und dabei Zeitdruck oder Platzmangel als Gründe angeben. Sie können den Artikel auch zuverlässigeren Mitarbeitern überlassen. Leitende Redakteure können Diskussionen vorbeugen, indem sie auf die vorauszusehende Reaktion des Verlegers hinweisen. Zur schärfsten Disziplinierungsmaßnahme, der Kündigung, kommt es fast nie. Bereits ein distanziertes oder wohlwollendes Verhalten der Vorgesetzten, das man auf die eigene Arbeit oder die Arbeit von Kollegen zurückführt, motivieren dazu, die Erwartungen der Verlagsspitze zu beherzigen. Ob dies aus Überzeugung geschieht oder nicht, ist dabei gleichgültig. Die wichtigste integrative Funktion haben Personalentscheidungen jeder Art bzw. die Erwartung solcher Entscheidungen. Um alles zu vermeiden, was unliebsames Aufsehen erregen und einen möglichen Aufstieg behindern könnte, antizipiert der Journalist die autoritären Sanktionen. Er bemüht sich um engeren Kontakt zu den Vorgesetzten und sammelt Pluspunkte (z. B. dadurch, daß es ihm gelingt, eigene Vorschläge als ›Aufmacher‹ durchzubringen). Mit zunehmender *Pressekonzentration* (zunehmender Arbeitsplatz-Konkurrenz) verstärkt sich der Konformitätsdruck, der von den Normen der organisierten Bezugsgruppe ausgeht. Das System der ›Nachrichtenbürokratie‹ und die informellen Beziehungen zwischen den Kollegen haben durchweg größeres Gewicht als das offizielle professionelle Motto der ›Verantwortung gegenüber dem Rezipienten‹.

Mit gewissen Einschränkungen gilt dies auch für die redaktionelle Arbeit in den öffentlich-rechtlichen Medien. Im Gesamtprogramm von Fernsehen und Rundfunk (in der BRD) sollen alle ›in Betracht kommenden Kräfte‹, die ›Gesamtheit der organisierten politischen und gesellschaftlichen Interessen‹ zu Wort kommen. Als Richtnormen für die Festlegung des Programms gelten daher die Bemühungen um ›Überparteilichkeit‹, ›Neutralität‹, ›inhaltliche Ausgewogenheit‹, ›Sachlichkeit‹ und ›gegenseitige Achtung‹. Diese ominösen dehnbaren Bestimmungen machen die Ermessensfrage zum dauerhaften Machtmittel und garantieren gerade in ihrer scheinbaren Selbstverständlichkeit und ihrer Vieldeutigkeit die Abwehr aller Impulse, die den dominierenden, *latent* geltenden (und daher gar nicht als differentiell erscheinenden) Selektionsregeln öffentlicher Aufmerksamkeit und ›Meinung‹ nicht entsprechen – eine Abwehr bereits im Vorfeld der Programmdiskussion. Sie garantieren Dauerkompromisse unter den Monopol-Verbänden und Monopol-Parteien. Die Vertreter dieser Organisationen sitzen auch in den Rundfunk-,

Fernseh- und Verwaltungsräten und entscheiden (direkt oder indirekt) darüber, wer Redakteur, Chefredakteur, Programmdirektor und Intendant wird und wer in die Programmbeiräte kommt. Sie werden von den großen Parteien, Gewerkschaften und Arbeitgeberverbänden, Kirchen, offiziösen Kulturverbänden bzw. von Landtagen, Bundestag und Regierungen delegiert. Dabei haben die Parteien das weitaus größte Gewicht; die Vertreter der anderen Verbände schlagen sich in der Regel entweder in das Lager der CDU oder in das der SPD. So setzt sich auf allen Ebenen der personellen und programmpolitischen Entscheidungen schließlich immer ein *Proporz* durch. Er sorgt dafür, daß auf jede ›einseitige‹ Sendung die konkurrierende Entsprechung folgt. Einflußnahmen auf die Programmgestaltung und Boykottdrohungen einzelner Sender gegen bestimmte Beiträge werden gewöhnlich mit dem Hinweis auf die von den Anstalten anerkannten allgemeinen Richtlinien rationalisiert. Im Grunde aber sind sie gar nicht nötig. Denn die Redakteure konzipieren ihre Sendungen meist auch unter dem Gesichtspunkt, möglicher Kritik in den Gremien vorzubeugen. Das beste Durchkommen haben diejenigen Mitarbeiter, denen es schon zur Routine geworden ist, Sendungen zu entschärfen bzw. jeglicher Kritik einen ›konstruktiven‹ Charakter zu geben.[108]

In öffentlich-rechtlichen wie in kommerziellen Medien wird heute die formale Struktur der kommunikationsindustriellen Arbeitsorganisation, die in verschiedene kooperative Bereiche aufgegliederte Autoritätshierarchie, modifiziert. Durch technisch-organisatorische Umstellungen will man den veränderten Produktionsbedingungen gerecht werden. »Den statischen, hierarchischen und unflexiblen Organisationsmodellen werden Organisationstypen gegenübergestellt, die sich an persönlicher Verantwortung, an der Delegation und Dezentralisation von Entscheidungen, an der Möglichkeit der Improvisation und Kooperation und einem größeren Maß an Dynamik orientieren.«[109] Autorität muß sich zunehmend als Funktionstüchtigkeit, Informationsvorsprung und Qualifikation ausweisen.

Doch auch eine Umverteilung der Entscheidungskompetenzen ändert nichts daran, daß diese Kompetenzen in den privatwirtschaftlich organisierten Medien letzlich stets auf ökonomische Verfügungsrechte zurückgeführt werden. Und in der Abhängigkeit der Kommunikatoren von der betrieblichen Organisation (von der Stufe der Arbeitsteilung, den bürokratischen Funktionen, den Anforderungen der Technologie und vom Nachweis einer Qualifikation und hoher Einschaltquoten) zeigt sich auch in den öffentlich-rechtlichen Medien die Abhängigkeit von der historischen kapitalistischen Produktionsweise und den Verwertungsinteressen. Insofern reflektieren und bestätigen die Inhalte der Artikel, Berichte und Filme die gegebenen Produktionsbedingungen; und die Standardisierungen, zu denen die Redakteure in den verschiedenen Phasen des Produktionsablaufs nach und nach gelangen, lassen sich als Funktionen des Zwangs zur ökonomischen Risikoverminderung darstellen.

Allerdings können weder die Eigentümer noch die Verbands- und Parteienvertreter, die kraft ihrer Richtlinienkompetenz auf Redakteure Druck ausüben, ihre Publikationsmittel zur Förderung beliebiger persönlicher oder organisierter Ansichten und Absichten benutzen. Für diese gilt dasselbe wie für die Beeinflussungsbemühungen aller Kommunikatoren: Sie müssen, um sich öffentlich bemerkbar zu machen, auf das Raster der stereotypisierten Verhaltenserwartungen zugeschnitten sein. Und davon zeugt nicht erst die Zensierung des Gestaltungswillens, sondern bereits die redaktionsinterne Selbstdarstellung dieses Willens. Das kapitalistische Rentabilitätsprinzip und die allgemeinen Aufmerksamkeitsregeln stellen sich gegenseitig nicht in Frage. Wenn heute Kommunikationswaren abgesetzt werden (und folglich die ›Bedürfnisse und Wünsche des Publikums‹ in Rechnung gestellt werden), so genügen sie den Eingangsbedingungen der Massenkommunikation und ordnen sich deren Strukturen unter. Die jeweilige Organisationsform publizistischer Arbeit ist Ausdruck der kapitalistischen Produktionsweise, aber als solche nicht die ›Basis‹ der formellen Kommunikation. Vielmehr übermittelt, verstärkt und konkretisiert sie den Druck zur Anpassung an die selektiven Standards der Massenkommunikation. Aus der Organisationsform allein läßt sich der Selektionsprozeß in den Apparaten, die Informationen, Publizistik und Unterhaltung produzieren, nicht ableiten.

Dieses Verhältnis relativiert zugleich die Bedeutung der

Medienbotschaften, die gegen den Widerstand von Interessengruppen oder Verlegern produziert und veröffentlicht werden. (Warren Breed zählt fünf Bedingungen auf, unter denen der Journalist »die Zeitungspolitik umgehen kann«: Die Normen der Zeitungspolitik sind nicht völlig eindeutig, so daß ein gewisser Spielraum toleriert werden muß. Mitarbeiter verfügen in bestimmten Bereichen über mehr Informationen als ihre Vorgesetzten. Berichte zu einem vom Chefredakteur gemiedenen oder mißachteten Problem werden zunächst in andere Blätter lanciert und dann dem Vorgesetzten vorgelegt, so daß es diesem nun schwerer fällt, das Thema zu ignorieren. Journalisten regen selbst bestimmte Artikel an und haben dann mehr Entscheidungsfreiheit als bei Auftragsarbeiten. Journalisten bzw. Kommentatoren sind so prominent, daß die Chefs der Blätter ihnen gewisse Privilegien zuerkennen müssen.)[110] Auch wenn der Integrationszwang der Organisation wegfällt oder die Normen der Bezugsgruppen übergangen werden, kann nicht davon die Rede sein, daß Aussagen nach ›persönlichen‹ Neigungen gesucht, geplant und stilisiert werden.

Da es sinnvoll erscheint, die Intentionen der Kommunikatoren als abhängige Variablen in die Theorienbildung einzuführen, sollte die Frage nach dem Zusammenhang von Stimuligestaltung und Einstellungsänderung in der Untersuchung der Generalisierungen und Privilegierungen aufgehoben werden, von denen die publizistische Arbeit vorab determiniert wird. Die bestehenden Strukturen des Systems der Massenkommunikation bedingen eine dauernde Störung der Rückkoppelung in den gesellschaftlichen Kommunikationsprozessen, indem sie die sinnspezifisch verstandene Umwelt des Systems (die möglichen Themen in den verschiedenen Objektklassen und -dimensionen) nicht auf die – interpersonalen – Kommunikationsformen und -gehalte in den Umweltsystemen rückbeziehen, nicht als (mögliche) Funktionen dieser Interaktionsweisen auffassen. Daher schaffen auch erhöhte Selektionsleistungen der hergestellten, formellen Öffentlichkeit zugunsten der Lösung unabweisbar gewordener gesellschaftlicher Fragen keine neuen Gelegenheiten zur Kommunikation zwischen isolierten, d. h. weitgehend lernunfähigen Ordnungsinstanzen bzw. Gruppenstrukturen, so daß die Individuen immer wieder gezwungen sind, mit obsoleten, unzulänglichen Mitteln (ohne allgemeine Nachhaltigkeit und Verbindlichkeit) Verständigungs- und Partizipationsprozesse zu improvisieren. Die Flexibilität der Programmgestaltung und der Publikumserwartungen ist sehr beschränkt; die Kommunikatoren werden daran gehindert, aus den Erfahrungen mit dem Publikum Schlüsse auf die Bedingungen ihrer Tätigkeit zu ziehen; publizistisch aufgegriffene Innovationsbestrebungen bestätigen die eingeübte Rezipientenhaltung.

Verhaltensmotivationen als Leitvariablen (Konsistenzmodelle)

Das Verfahren der *Wirkung zeigenden* Zuordnung isolierter Faktoren, die sich einzeln beschreiben lassen (Einstellungsstimuli, präkommunikative Einstellungen, Einstellungswandel), kommt zu seiner Vollendung in der Verhaltensforschung mit Hilfe verschiedener Konsistenzmodelle. Um die Faktoren herauszufiltern, die den Grad der individuellen Beeinflußbarkeit festlegen, prüft man einige ebenso vielsagende wie vieldeutige Begriffe der Individualpsychologie auf ihre Erklärungskraft und Aufnahmekapazität. Hält man diese formalisierten Begriffe für geeignet, die Wirkungsträchtigkeit der nebeneinandergereihten Faktoren zu relativieren und in einem Bedingungszusammenhang aufeinander abzustimmen, ernennt man sie zu Generalmotiven der Entstehung und des Wandels aller Einstellungen: Jeder Mensch strebt nach einem *Gleichgewicht* zwischen den Elementen und Komponenten seiner Persönlichkeit; jeder Mensch strebt einen Zustand an, in dem er sich *selbst höher einschätzen* kann.

Die verschiedenen Theorieansätze wetteifern miteinander in dem Bemühen, den Begriff der Dissonanz bzw. Inkonsistenz oder Inkongruenz so komplex zu machen, daß er alle Formen des Ungleichgewichts in sich aufnehmen kann. Denn nur dann ist es möglich, auch alle Formen der Dissonanzverminderung (der Herstellung eines Gleichgewichts) in *einem* Hypothesenbündel unterzubringen. In einem zweiten Schritt versuchen nun die Verhaltensforscher, die hohe Komplexität, die sich im Begriff des Gleichgewichts angesammelt hat, auf wenige, möglichst eine Determinante zu reduzieren: auf eine Leitvariable, mit deren Hilfe sich die situationär und individuell jeweils bevorzugte Form der Dissonanzreduzierung voraussagen läßt. Diese Leitvariable sehen heute die meisten Wirkungsforscher im jeweiligen Grad der Selbsteinschätzung. Im folgenden soll die Problematik dieser derzeit vorherrschenden Spielart der Hypothesenbildung näher dargestellt werden.

Nach der Theorie der kognitiven Dissonanz neigt jedes Individuum dazu, inkonsistente Strukturen, Zustände ›psychischer Spannung‹ zwischen kognitiven, affektiven und Verhaltens-Elementen oder ganzen Einstellungen, in konsistente Strukturen zu überführen und auf diese Weise Bewußtsein, Emotionen und Verhalten in Einklang zu bringen. Typische Fälle von Dissonanzen sind Unstimmigkeiten zwischen einer rezipierten und einer präkommunikativen Einstellung, oft nur durch die Modifizierung der affektiven oder kognitiven Komponente einer Einstellung bedingt, und Diskrepanzen zwischen Einstellungen und Verhaltensweisen. Die Relevanz (Stärke) einer Dissonanz hängt von der »Extremität, Intensität und Zentralität« der dissonanten Einstellungen und von deren Zahl ab. Je größer die Inkonsistenz, desto stärker die Neigung, sie zu reduzieren.

Je nach Problemstellung unterscheiden die Untersuchungen verschiedene Arten der Reduktion von Dissonanz: Bestimmte Elemente und Komponenten von Einstellungen können umgewertet werden (›Änderung der Vorzeichen‹), in einen anderen Zusammenhang gebracht oder weiter differenziert werden. Eine extreme Art der Spannungsverminderung ist die Verdrängung des Gegenstands.[111] Divergieren zwei Einstellungen (einer Person oder verschiedener Personen), besteht die Möglichkeit, eine von beiden oder aber beide zugleich abzuändern. Rezipienten stehen vor der Alternative, die präkommunikative Einstellung der rezipierten anzupassen oder die dissonanzerzeugende Aussage zurückzuweisen bzw. zu bezweifeln. Ein weiterer Ausweg ist die Isolierung (Ausklammerung und Unbeachtetlassen) abweichender Aussage-Elemente.[112] Oft wird der Rezipient auch seine Auffassung, die er in Frage gestellt sieht, durch Heranziehung alternativer Aussagen mit zusätzlichen Argumenten zu unterstützen versuchen. Oder er wird die Bedeutung der dissonanten Elemente herunterspielen, wenn nicht gar leugnen.[113] Eine solche Abwertung gewisser Teile der empfangenen Botschaft bzw. des betreffenden Kommunikators oder Mediums kann es dem Rezipienten aber auch erleichtern, eine zunächst abgelehnte Auffassung zu akzeptieren; die Anpassung erscheint dann nicht als Schwächebeweis oder Bekehrung. Ferner kann der Rezipient versuchen, die in einer Aussage vertretene Einstellung selbst zu beeinflussen. Darüber hinaus – dies ist die Grundannahme – zielt das Verhalten aller Rezipienten darauf ab, bereits der Gefahr einer Dissonanzenbildung vorzubeugen. Im Anschluß an die bekannten Selektivitätshypothesen formuliert Bledijan: »Wenn Personen wissen oder glauben, daß erwartete Informationen die Entstehung oder Verstärkung (die Aufhebung oder Reduktion) einer Dissonanz bewirken können, dann vermeiden (wählen) sie diese Information (aus).«[114] – Nachdem sich die Zweifel an der Generalisierbarkeit des Motivs der Dissonanzverhinderung und -verminderung mehrten, hat man die Bedeutung dieses Motivs auf eine Weise relativiert, die es zugleich bestätigt: Man argumentiert, Konsistenz werde vor dem Hintergrund der für unsere Gesellschaft typischen Sozialisationsprozesse grundsätzlich als (Bedingung von) Belohnung, Inkonsistenz dagegen grundsätzlich als Bestrafung erfahren.[115]

Nunmehr richtet sich das Interesse auf die Frage, unter welchen Umständen welche Reduktionsart bevorzugt wird. Viele Faktoren können ausschlaggebend sein: Die individuelle Fähigkeit, eine bestimmte Inkonsistenz zu tolerieren, die Eindeutigkeit bzw. Mehrdeutigkeit einer Aussage für den Rezipienten, die Intensität einer präkommunikativen Meinung, das Ausmaß der Diskrepanz u. v. a. Meist wird die Reduktionsart ›gewählt‹, die als die müheloseste erscheint. Der Rezipient modifiziert die Variable mit der geringsten Intensität (die eigene oder die konfrontierte Einstellung). Dies bewahrheitet sich freilich nur unter der Bedingung, daß die Befriedigung wichtiger Bedürfnisse nicht erschwert wird. Sonst zieht das Individuum einen schwierigeren, aber ›nützlicheren‹ und weniger ›schädlichen‹ Weg der Beseitigung des Ungleichgewichts vor.[116]

Der wissenschaftliche Eifer, der sich in einer Unzahl von Versuchsreihen und Hypothesenbildungen niederschlägt, gilt fast ausschließlich den spezifischen Determinanten *einer* Reduktionsart: der Änderung präkommunikativer Einstellungen in Richtung auf die Aussage-Intention. Dabei bestätigt sich immer wieder, daß ›adäquater Einstellungswandel‹ (Annäherung an eine propagierte Auffassung) nur dann zu erwarten ist, wenn die jeweils betroffene Einstellung des Rezipienten einen niedrigen Intensitätsgrad hat[117] und/oder wenn die Aussage mehrdeutig ist und eine relativ geringe (›mittlere‹) Einstellungsdiskrepanz besteht. (Ist sie sehr gering, wird sie häufig nicht wahrgenommen oder einfach toleriert. Vielfach unterlaufen relativ unbedeutsame Meinungsmodifizierungen die selektiven Barrieren.)[118] Dagegen ist keine Annäherung an die vom Kommunikator vertretene Auffassung zu erwarten, wenn die betroffenen Einstellungen des Rezipienten extrem, intensiv und zentral sind, wenn die Richtung der Aussage klar erkennbar wird und wenn die Einstellungsdiskrepanz hoch ist.

Nahezu jede experimentelle Überprüfung der Gleichgewichts-Hypothesen führt zu einer stärkeren Befrachtung der Wenn-Komponenten, da jeweils weitere Bedingungen einer spezifischen Reduktion kommunikativer Inkonsistenz einbezogen werden müssen. Zudem postuliert jede der angeführten Bedingungen selbst wiederum die Erfüllung ganz unterschiedlicher und vorbelasteter Voraussetzungen. Die Schwierigkeiten, die sich abzeichnen, gleichen denen bei der Begründung einer ›wissenschaftlichen Rhetorik‹. Als Beispiel eine Hypothese von Rosenberg (in der Formulierung von Bledijan): »Wenn durch eine Aussage der Überredungskommunikation oder durch andere Stimuli die affektive Komponente der Einstellung einer Person zu einem Objekt in Richtung auf Inkonsistenz geändert und a) die Toleranzgrenze der Person für diese Inkonsistenz überschritten wird und b) die Inkonsistenz weder isoliert noch außerhalb der aktiven Bewußtheit gesetzt werden kann, dann wird eine korrespondierende Änderung der kognitiven Komponente dieser Einstellung in Richtung auf Konsistenz folgen.«[119] Man beachte, daß hier die Änderung einer bestimmten Attitüdenkomponente schon als Bedingungsfaktor eingeführt wird.

Auf einen ›Hang zur Symmetrie‹, der die Rezipienten nach Bestätigung für ihre zustimmenden und ablehnenden Haltungen suchen läßt, berufen sich auch die Untersuchungen anderer Forschergruppen, insbesondere der Hovland-Schule. Diese verfolgte von Anfang an das Ziel, jene motivierenden Faktoren ausfindig zu machen, die über den Grad individueller *Suggestibilität* (als eines von der Aussage unabhängigen Merkmals der Persönlichkeit) entscheiden. Die Ergebnisse, zu denen man gelangt ist, muten nachgerade vertraut an: Mit relativ hoher Überzeugbarkeit darf gerechnet werden, wenn der Kommunikationsgegenstand relativ unbekannt, peripher oder belanglos ist, also dann, wenn für ihn noch kein Bezugsrahmen besteht: wenn nur geringe Ich-Beteiligung zu erwarten ist. So sind viele Frauen in politischen, ökonomischen, wissenschaftlichen u. a. Gegenstandsbereichen, in denen nach den Normen der tradierten weiblichen Geschlechtsrolle eine gemäßigte Ich-Beteiligung angebracht ist, leichter zu beeinflussen als Männer. Andere Variablen, die den Verlauf des Überredungsprozesses bestimmen, sind der soziale Status, der Grad der sozialen Privilegierung, Form und Häufigkeit interpersonaler Kontakte, Einbildungskraft, Alter, Intelligenz usw. – alle jene Faktoren, die in der Konzeption des Einstellungsbegriffs wiederum vernachlässigt werden. Je desolater die Lebensverhältnisse des einzelnen, desto größer seine Suggestibilität, vermutet man. Dagegen scheinen sowohl Personen, die zur Selbstisolierung neigen, als auch Personen mit festen Gruppenbindungen gegen Indoktrinierungsaktionen weitgehend immun zu sein.

Als Hauptkriterium der Überzeugbarkeit wurde der Grad der Selbsteinschätzung des Rezipienten ermittelt. Die Vermutung, daß ein Individuum eine schlechte Meinung von sich hat, liegt nahe, wenn es keine eigene Bewertungsskala besitzt, ein starkes Bedürfnis nach Schutz, sozialer Unterordnung und Übereinstimmung zeigt, fast unvermittelt schwärmerische Sympathien entwickelt, Macht bewundert, von elterlicher Autorität gebannt bleibt, bedingungslos sozialen Normen folgt und nur geringe Fähigkeit zur Kritik und Selbstkritik ausgebildet hat, sich also ständig in einer *Streß*-Situation befindet.[120] Janis gelangt zu folgenden Schlüssen: »Männliche Personen mit geringer Selbsteinschätzung, wie sie sich im

Empfinden persönlicher Unzulänglichkeit, in sozialen Hemmungen und depressiven Affekten zeigt, lassen sich leichter als andere beeinflussen, wenn sie irgendeiner Form von überredender Kommunikation ausgesetzt werden [...]. Männliche Personen mit ›außengelenkter‹ Orientiertheit sind zu einer größeren Überredbarkeit veranlagt als solche mit ›innengelenkter‹ Orientierung.«[121] Die These, daß Personen mit hoher Selbsteinschätzung kaum überredbar sind, wird unterschiedslos auf massenkommunikative wie auf interpersonale Rezeption bezogen.

Desungeachtet sieht man sich jeweils genötigt, die These durch eine Liste potentiell einschränkender Variablen zu kommentieren. So glaubt man zu wissen, daß sich Personen mit geringem Selbstvertrauen leichter von Kommunikatoren überreden lassen, die selbst als erfolglos und passiv gelten und einem ähnlichen Anpassungsmechanismus zu unterliegen scheinen. Erwähnt werden außerdem die Glaubwürdigkeit des Kommunikators, Merkmale der Aussage (Komplexität und Verständlichkeit), die subjektive Bedeutung des behandelten Gegenstands, suggestives Ansprechen der Selbsteinschätzung des Probanden u. a. Alle diese Faktoren können dazu beitragen, daß Streß-Situationen von ›ich-schwachen‹ Personen nicht durch Anpassung an die Aussageintention bewältigt werden oder daß der Begriff der Überredung ein falsches Bild vermittelt. Dies ist z. B. der Fall, wenn Personen Inkonsistenzen *suchen*. Setzt sich jemand absichtlich einer abweichenden Auffassung aus – mit der Bereitschaft, ›überzeugende‹ Argumente widerstandslos anzuerkennen –, dann ist solche Beeinflußbarkeit keine für das Überredungskalkül verwertbare Schwäche und nicht auf einen bestimmten Grad der Selbsteinschätzung zurückzuführen.

Dies wirft die Frage nach dem Verhältnis der Konsistenzmodelle und der Selbsteinschätzungs-Hypothese auf. Malewski sieht es darin, daß Dissonanzreduzierung in den meisten Fällen als eine Verstärkung des Eigenwertgefühls erlebt wird. In dieser Annahme ist die Ausnahme von der Regel mitberücksichtigt: Wenn die Tolerierung oder Herstellung kognitiver Dissonanz dem Eigenwertgefühl zuträglich ist, gilt die Dissonanztheorie nicht. In einem solchen Fall kann die Beseitigung eines Ungleichgewichts sogar als Bestrafung erscheinen. Sie hat folglich nur unter bestimmten Umständen die Bedeutung einer Belohnung.[122] Andererseits kann das Streben nach einem Zustand, der eine höhere Selbstbewertung erlaubt, die Funktion einer Form von Dissonanzverminderung sein, die sich auf die gesamte Einstellungsstruktur der Persönlichkeit bezieht. Doch auch unter diesem Aspekt bleibt die Selbsteinschätzung das oberste Orientierungs- und Verhaltensmaß: »Personen wollen immer eine höhere Selbstbewertung erreichen, und zwar auch dann, wenn dadurch andere Elemente dissonant werden.«[123] Nach Auswertung eines kontrollierten Laboratoriumsexperiments kommt Krista Stosberg zu dem Ergebnis, daß Personen mit hoher Selbsteinschätzung bei jeder Stufe der Kommunikationsdiskrepanz weniger Einstellungswandel zeigen als Personen mit geringer Selbsteinschätzung, daß aber die einen wie die anderen bei gemäßigter und geringer Diskrepanz häufiger zum Einstellungswandel bereit sind als bei hoher Diskrepanz.[124] Auf solchen und ähnlichen Thesen basiert die Überzeugung, daß der Grad der Selbsteinschätzung unter allen Umständen und bei allen Individuen in letzter Instanz darüber entscheidet, welche Art der Reduzierung kognitiver Dissonanz ›gewählt‹ wird. Insbesondere hofft man, aus einer Einschätzung des individuellen Selbstwertgefühls auf den situationären Stimulus schließen zu können, der den betreffenden Rezipienten dazu bewegen würde, sich im Dissonanzfall durch Anpassung an die Überredungsintention zu stabilisieren.

Nehmen wir an, daß heute infolge der zunehmenden sozialen Mobilität, des Zwangs zu häufiger Umorientierung und der allgemeinen Statusverunsicherung, im Strudel widersprüchlicher Erfahrungen und im Netz undurchschauter Abhängigkeiten die meisten Menschen, vor allem die Lohnabhängigen, zu einer ›geringen Selbsteinschätzung‹ gelangen.[125] Bedeutet dies, daß alle diese Menschen zum Spielmaterial elitärer Kommunikatoren werden und zur Übernahme propagierter Meinungen und Verhaltensvorbilder veranlaßt werden können? Diese geläufige Befürchtung überschätzt die Souveränität und die Reichweite publizistischer Manöver; sie unterschätzt zugleich die latenten Leistungen der Massenkommunikation, da sie die Dimension dieser Leistungen verfehlt. Der öffentliche Vorsprung gewisser Meinungstrends findet seinen

Ausdruck in der Publikation von Aussagen, die unter Wiederholungszwang stehen, aber er ist nicht auf diese Publikation zurückzuführen. Überrepräsentierte Meinungen setzen sich nicht deshalb durch, weil sie im Fernsehen und in der Presse begünstigt werden, sondern weil Fernsehen und Presse fast ausnahmslos privilegierte Meinungen verbreiten. Daß Meinungen, die von den Monopol-Verbänden nicht abgesegnet werden, keine Öffentlichkeitschance haben, deutet auf das Kernproblem hin: die Abhängigkeit der öffentlich-manifestierten Meinung von den einseitig konservierenden Strukturen des politischen Systems. Wer die Gefahr beschwört, daß Individuen mit geschwächtem Selbstbewußtsein als Medienempfänger zu einer bestimmten Problemauffassung verführt werden, unterliegt noch der Illusion von der politisch-ökonomischen Unabhängigkeit der Medien (und der sozialen Gruppen). Die Ausschließungsfunktion der immer wieder servierten Meinungsklischees hat größere Bedeutung als die spezifische Intention der Klischees; denn diese neutralisieren sich gegenseitig. (Der Versuch einzelner Parteien oder Verbände, handstreichartig – etwa mittels personeller Umbesetzungen – mehr Einfluß auf ›meinungmachende‹ Medien zu erhalten, löst Gegenmaßnahmen der anderen Funktionärsgruppierungen aus und führt letztlich stets zur weiteren Abdrängung aller weniger privilegierten Organisationen und zur Beschwichtigung verbandsinterner Kritik. Wir aber sollen glauben, solche erfolgreichen Gegenmanöver seien die geglückten Bewährungsproben einer Demokratie.) Da in den meisten, jedenfalls in den populärsten Medien die ganze Skala favorisierter Meinungen dargeboten wird (›Meinungsvielfalt‹), müßte man im Sinne der ausgebauten Dissonanztheorie vermuten, daß Personen mit geringer Selbsteinschätzung und von hoher Suggestibilität nacheinander bzw. gleichzeitig sämtliche Meinungsstandards eines angesehenen Themas verinnerlichen oder zumindest ›lernen‹. In gewisser Weise ist das ja auch der Fall. Welche Einstellungen aber *langfristig* das Verhalten und das Selbstverständnis eines Individuums bestimmen, hängt von sozialen Bedingungen ab, denen die öffentlich-manifestierte Meinung selbst unterworfen ist.

Ohnehin werden die Hypothesen der Konsistenz- und Selbsteinschätzungs-Modelle allein durch Ergebnisse von

Laboratoriumsexperimenten abgestützt. Bei »komplizierten und häufig spitzfindigen Manipulationen«, die sich meist auf die deutlich konsistente oder deutlich inkonsistente Korrelation zweier Einstellungsobjekte beschränken, wird wiederum der Unterschied zwischen interpersonaler und Massenkommunikation und zwischen nachhaltigen Neuorientierungen und bloßen Lerneffekten vernachlässigt. Um Einstellungsverhältnisse variieren und vergleichen zu können, reduziert man »die ungeheure Vielfalt der beteiligten Variablen und Variablenausprägungen« auf »einige wenige zentrale Variablen«.[126] Die Probanden haben beispielsweise keine Möglichkeit, in irgendeiner Weise die Bedingungen der Aussagenäußerung bzw. die Einstellung des Kommunikators mitzubestimmen oder bei einer interagierenden Gruppe Rückhalt für ihre präkommunikative Einstellung zu suchen. Sie werden aus dem Geflecht ihrer Bezugsgruppen und ihres kulturellen Milieus, aus den Prozessen ständiger Umverteilung von Präferenzen und Wertungen (konstitutiv für das Ausmaß der jeweiligen Ich-Beteiligung) herausgelöst und als isoliert-autonome Individuen angesprochen, allenfalls zu statistischen Gruppen gebündelt. Überdies wenden die Verhaltenstechniker noch bestimmte Druckmittel an – etwa die Technik des *role playing* –, um Einstellungsänderungen zu erleichtern. Daher sind hier dieselben Zweifel wie bei der experimentellen Erforschung optimaler Stimulus-Gestaltung angebracht: Fraglich ist die Kontrollierbarkeit der Bedingungen, bedenklich jede Verallgemeinerung der Ergebnisse. – Gewiß, auch die Massenkommunikation isoliert ihre Rezipienten. Doch auf andere Weise. Diese Isolierung steht nicht im Widerspruch zu den (restriktiven) Gruppenbindungen, und sie konstituiert und bestätigt generalisierte Verhaltenserwartungen und Selektionsregeln. Deren allgegenwärtige ›Wirkung‹ wird gerade von jenen psychologisierenden Forschungsverfahren ignoriert, die Punkt-Wirkungen mit technischen Mitteln erzielen wollen. Indem die Konsistenzmodelle die soziale Gesamtfunktion der Massenkommunikation leugnen, erweisen sie sich als Varianten der Selektions- und Bestätigungshypothesen.

Schwerlich können Kommunikatoren die Konsistenzmodelle als Anleitungen zur öffentlichen »Seelenmassage« nutzen. Die

Planbarkeit von Einstellungsänderungen und -bestätigungen ist aus mehreren Gründen äußerst beschränkt. Die Kommunikatoren dürfen zwar hoffen, verunsicherte Individuen, die von vorgeführten Meinungen und Haltungen aus dem Konzept gebracht worden sind, zu bestimmten Einstellungsanpassungen (als Dissonanzverminderungen) zu überreden, aber sie können nicht auf die Entstehung spezifischer Dissonanzen vertrauen. Sie können nämlich nicht sicher sein, daß eine publizierte Aussage von einem Rezipienten mit abweichender bzw. konformer Einstellung überhaupt als dissonant und beunruhigend erfahren wird oder ihm wenigstens beachtenswert erscheint. Vor allem beim Fernsehen und im Kino (aber auch beim Konsum von Illustrierten und anderen Medien, die mehrere Sinne oder verschiedene Perzeptionsvermögen gleichzeitig ansprechen) lenken formale Aspekte den Rezipienten von der Aussage und ihrer Richtung ab; die Botschaft präsentiert sich im Zeichensystem eines besonderen Realitätstyps.* Außerhalb des Labors müssen beträchtlich mehr Bedingungen erfüllt sein, bevor eine kognitive Inkonsistenz angeeignet wird und (die individuelle Auslegung von) Verhaltenserwartungen revidiert. Nur wenn zentrale und intensive Einstellungen abgerufen werden, ist mit Hellhörigkeit und gesteigerter Empfindlichkeit zu rechnen, doch eben bei solchen Einstellungen ist die Überzeugungschance besonders gering. Erhöhte Suggestibilität kann von Kommunikatoren nur im Hinblick auf gegenstandsspezifische Dissonanzen ausgewertet werden. Eine allgemeine Dissonanz können die Theorien nicht bestimmen, ohne den illusionären Charakter der Wirkungsbemühungen selbst zu offenbaren. Die weitere Differenzierung der Problemstellung und die Entwicklung zuverlässigerer Untersuchungstechniken kaschieren dieses

---

* Überhaupt fällt auf, daß sich die Wirkungsforschung stets mit Überredungen, Überzeugungen, Aussageinhalten, Rhetorik, Wissen, Lernen usw., also mit *kognitiven* Vorgängen befaßt, nicht aber mit Wahrnehmungsformen und Erlebnisstrukturen, nicht mit der Konsistenz und Inkonsistenz von Weltfragmenten auf verschiedenen Realitätsebenen, nicht mit einer *Ästhetik* der Themen, nicht mit Zeichensprachen und nicht mit einer allgemeinen Geographie affektbesetzter Signale. Dies bezeichnet das Naive und zugleich Prätentiöse der Wirkungsforschung: die unvermittelte Übertragung von Kategorien und Vorstellungen, die der bürgerlichen Öffentlichkeit angemessen waren, auf die Massenkommunikation der Gegenwart.

Dilemma. Im Grunde geht man wie Klapper von ›Wirkungen‹ aus, die bereits eingetreten sind: die durch die Auswahl der zu kontrollierenden Variablen und der Meßinstrumente vorprogrammiert sind. Man versucht, die Unverbindlichkeit der Stimulus-Experimente zu überwinden, und wechselt den Untersuchungsgegenstand; doch zugleich verringert sich die Manipulierbarkeit der erfaßten Faktoren.

In der wesentlich komplexeren Rezeptionssituation außerhalb des Laboratoriums, in der nur wenige Variablen neutralisiert sind, bieten sich außer der Annahme und der Zurückweisung überredender Aussagen viele andere Formen der Verminderung von Dissonanzen an. Die Wahrscheinlichkeit, daß die kognitiv-psychische Balance durch erwünschten Einstellungswandel angestrebt wird, ist gering. Rezipienten können Inkonsistenzen durch geringfügige Schwergewichtsverschiebungen innerhalb ihrer gesamten komplexen Einstellungsstruktur (z. B. durch Änderung des Extremitätsgrades völlig unberücksichtigter Einstellungselemente) aussteuern. Sie können konsonante Informationen einholen, die befremdliche Aussage bagatellisieren, vergessen oder unter verschiedenen konsistenten Aspekten aufsplittern, ihre Aufmerksamkeit abziehen oder die Inkonsistenz einfach ertragen (unterhalb einer Toleranzschwelle). Außerdem werden durch auffällige Meinungsumschwünge gegensteuernde Gruppenaktivitäten ausgelöst: »Wenn man eine Meinungsrangliste in einer Gruppe annimmt, richtet sich signifikant mehr Kommunikation auf die Gruppenmitglieder, deren Meinungen an den Extremen der Rangreihe zu finden ist, also am meisten von Gruppennormen divergieren. Da beide Male das gleiche Ziel, nämlich Verhütung von Meinungs- und Gruppenwechsel, verfolgt wird, sind einmal mehr Barrieren gegen rezipienteneigenen Meinungswechsel zu erwarten. Dieser Lösungsweg der kognitiven Dissonanz dürfte deshalb relativ selten anzutreffen sein.«[127] (Und selbst wenn öffentliche Aussagen zur Beseitigung eines Ungleichgewichts herangezogen werden, ist ungewiß, welcher Teil der Aussage bemerkt wird und ob er richtig verstanden wird. Auch Fehlinterpretationen können Dissonanzen vermindern bzw. verhindern.) – Wenn im Laboratoriumsexperiment die *relative* Wirksamkeit eines bestimmten Faktors (z. B. einer ›mittleren‹ oder ›geringen‹

Einstellungsdiskrepanz) durch eine Differenz von 10-20 %
bestimmt wird, ist anzunehmen, daß diese Differenz in
der täglichen publizistischen Praxis noch weitaus geringer
ist – daß sie gegen Null tendiert und damit belanglos wird.
Die Relativität wird noch mehrfach relativiert.

Beim Überblick über die verschiedenen Teilergebnisse dieser
Branche der Wirkungsforschung und bei Berücksichtigung
auch nur der wesentlichsten Faktoren homöostatischer Prozesse (wozu auch die *Zeit* gehört, die nach der Rezeption
vergeht), zeichnet sich ein nahezu gesetzmäßiges negati-
ves Verhältnis von Präzisierbarkeit und Auswertbarkeit ab.
Diskrepanzen sind relativ ›wirksam‹ (im Sinne des Erfolgs von
Beeinflussungsversuchen), wenn die Ich-Beteiligung gering
ist, wenn die Einstellungen, auf die der Kommunikator einwirken will, nicht zentral, intensiv und extrem sind (bei abgele-
genen Thematiken können Kommunikatoren auch mit skurri-
len Auffassungen billige Überraschungserfolge erzielen),
wenn die Aussage vieldeutig ist, der Rezipient seine eigene
Urteilsfähigkeit niedrig einschätzt und unter starker Belastung steht, wenn gewisse Einstellungen unzusammenhängend
sind, wenn die Empfangssituation nicht repräsentativ und die
Diskrepanz selbst nicht groß ist. Folglich ist die Chance, daß
eine Einstellungsbeeinflussung erzielbar, feststellbar und
meßbar ist, desto größer, je weniger verhaltensrelevant die
›Einstellungen‹ und ihre Modifizierungen sind. Meinungsänderungen, die unter mehr oder weniger unwahrscheinlichen
Umständen zustande kommen, ziehen nur in Ausnahmefällen
Verhaltensänderungen nach sich. Die Erfolgsbedingungen
mindern die Bedeutung des Erfolgs.

Individuen mit geringer Selbsteinschätzung, die sich leicht
überreden lassen, werden auch nicht mit konsumierten neuen
Auffassungen erreichen, was sie nach Auffassung der Verhaltensforscher durch Anpassungsbemühungen anstreben: eine
höhere Selbsteinschätzung. Ihre Unsicherheit überträgt sich
auf die neue Einstellung und macht sie zu einem vorzeigbaren
Provisorium. Diese ist ebenso leicht ins Schwanken zu bringen, wie sie übernommen wurde; ›Überredung‹ will nicht all-
zuviel besagen. Das gilt auch für den publizistischen Versuch,
sofern er sich auf Meinungen zu relativ belanglosen Inhalten
richtet, auf Meinungen, die eigentlich nur frühere Dressurak-

te, d. h. die Überredbarkeit selbst, repräsentieren. Eine Publizistik, die auf solche Schwächen spekuliert, hat selbst eine geringe Selbsteinschätzung: Sie erklärt mit jedem Satz und jedem Bild, daß es gleichgültig ist, was sie publiziert (weil die Zwänge, unter denen sie steht, jeden möglichen Effekt schon eingeholt haben, bevor er erzielt wird).

Kann ›Selbsteinschätzung‹ als zentrale Kategorie, gewissermaßen als Inbegriff individualisierter Einstellungen, die Untersuchungen auf einen gemeinsamen Nenner ausrichten? Alle in den Kommunikationsprozeß hineinreichenden Motivbildungen sollen sich auf das Streben nach höherer Selbsteinschätzung zurückführen bzw. in ihm vereinigen lassen. Empirismus geht nahtlos über in Anthropologie. Die Wahl dieses Leitterminus in einer Zeit, in der das Individuum als innengeleitete Urteilsinstanz wohl kaum noch Basis oder Bestimmungsaspekt der öffentlichen Kommunikation sein dürfte, verdankt die Wirkungsforschung ihrer deskriptiven Methode und den pseudoplausiblen Deutungshilfen der behavioristischen Sozialpsychologie (Theorien der ›Ich-Abwehr‹ und der ›sozialen Anerkennung‹). Sie ist an Motivationen interessiert, die sich wie Oberflächenphänomene behandeln lassen.

Koppelt man größere Überzeugbarkeit an geringe Selbsteinschätzung und geringere Überzeugbarkeit an hohe Selbsteinschätzung, vermengt man zwei Verhaltensformen, die nicht zusammengehören. Da man die – meßbare – Konstanz bzw. Veränderung präkommunikativer Einstellungen als konstante Variable benötigt, tut man so, als bedeute die Verteidigung bzw. die Preisgabe *kognitiver Einstellungen* (mit affektiven Anhängseln) für beide Sozialcharaktere – für ›Ich-Starke‹ und ›Ich-Schwache‹ – das Gleiche. Der eine gilt dann grundsätzlich als relativ unverfügbar, der andere grundsätzlich als relativ verfügbar. Doch nur diejenigen, die sich in Gesprächen, Diskussionen, Selbstdarstellungen und Publikationen zu behaupten und zu identifizieren gelernt haben, binden die Energien ihrer ›Ich-Verteidigung‹, ihren Narzißmus und ihr Selbstverständnis zu einem gewissen Teil an verlautbarte Ansichten. Lassen sie sich in Fragen, denen sie Bedeutung beimessen, umstimmen, erschüttert dies zugleich verhaltensprägende Dispositionen. Dies trifft aber nicht für Individuen zu, die ihre Selbstverteidigung nicht mittels der objektivierenden Interpretation der eigenen Person gestalten und die es nicht gewohnt sind, in einer Meinungsbildung, die den Bereich konkreten Erlebens verläßt, *sich selbst* ernst zu nehmen. Im Vorfeld der Meinungsadaption reagieren sie nach Gesichtspunkten der Defensive und Konfliktvermeidung. Doch obwohl sie leichter zu kurzfristiger Verhaltensangleichung zu verleiten sind, verfügen sie nicht über weniger Selbstbeharrungsenergien und ist ihre Gesamteinstellung nicht weniger kontinuierlich als die der anderen Gruppe. (Eskapismus, artikulierte Selbstverachtung, Verunsicherung, Verhaltensschwankungen und Depressionen können als spezifische Formen der Selbstbehauptung verstanden werden – will man schon Massenkommunikation auf Individualpsychologie reduzieren.) Die Grundmuster dieser kontinuierlichen Umweltbewältigung, die eher noch schwerer zu verändern sind als die Einstellungsstrukturen der Individuen mit ausgeprägtem Selbstwertgefühl, sind nicht in der für sozialen Druck disponibel gehaltenen Zone des Meinens, Agierens und Imitierens zu erfassen. Sie zeigen sich nicht in Form der Selbsteinschätzung. Die Wirkungsforschung müßte also mit zweierlei Maß messen. Zwar kann sie auf Einstellungswandel schließen, wenn sich Individuen mit hoher Selbsteinschätzung beeindrucken und bekehren lassen. Doch die Beeinflußbarkeit von Individuen mit resignativer Selbstbeurteilung läßt sich nicht beim Abfragen aufgedrängter Stellungnahmen ermitteln. Solange der Begriff des Verhaltens nur das Beschreibbare, Meßbare aufgreift, wird die Wirkungsforschung weiterhin offene Türen einrennen, um die geschlossenen umgehen zu können.

Als Allerweltsvokabel wird dem Begriff der Selbsteinschätzung so viel Spannkraft abverlangt, daß er einerseits immer weniger besagt (nicht mehr gegen andere Begriffe abgegrenzt werden kann) und andererseits durch den Einbau mehrerer Subvariablen überpräzisiert wird. Folglich werden die Probleme pragmatischer Auslegung in den Verästelungen des Begriffs abgelagert und auf spätere Neuformulierungen und Operationalisierungen abgewälzt.

Der Begriff soll sämtliche Einstellungen des Individuums gegenüber der eigenen Person integrieren. Objektiv versucht man, ›Selbsteinschätzung‹ meist als *soziale Adäquanz* bzw.

Diskrepanz zwischen Selbstbild und Idealbild (im Hinblick auf die eigene Leistungsfähigkeit, die eigenen Umweltbeziehungen und das Verhalten in schwierigen Situationen) zu bestimmen. Subjektiv soll sie sich als *Gefühl des Ausgeglichenseins* bzw. des Unausgeglichenseins repräsentieren, letzteres wiederum differenziert in: Gefühl der Unzulänglichkeit, Vorhandensein sozialer Hemmungen und Prüfungsangst.[128] Da der wirkungsstrategische Begriff sich nur nach willkürlicher Ausklammerung fast aller intervenierender Faktoren als allgemeines Richtmaß empfiehlt (Isolierung als Bedingung der Generalisierung), droht er sich aufzulösen, sobald man seine Subvariablen belastet. Die Belastung setzt ein, wenn man die ausgeklammerte Komplexität zurückholt – etwa dadurch, daß man das Maß der Adäquanz (zwischen Leistungs-, Kontakt- und Bewährungserwartung und den entsprechenden Fähigkeiten) bestimmten Situationen konfrontiert, in denen offensichtlich *Inadäquanz* von größerer Entschlußkraft und größerem Selbstvertrauen zeugt. So ist angesichts schnell wechselnder Umweltanforderungen die Fähigkeit bedeutsam, Inadäquanzen *herzustellen*, das Selbstbild ständig zu korrigieren, Unausgeglichenheit zu trainieren und auszuhalten, Hemmungen zu entwickeln und Ängste nicht zu unterdrücken, sondern in Kritik umzusetzen. Um das Richtmaß zu erhalten, muß die Verhaltenstheorie seine Elemente immer weiter relativieren und differenzieren. Schließlich wird es sich auch im Labor als unbrauchbar erweisen. Dies kann dann nicht mehr auf Unzulänglichkeiten der Forschungstechniken zurückgeführt werden. Im Gegenteil: allein diesen Unzulänglichkeiten verdankt das Richtmaß seine relative Zweckmäßigkeit und Plausibilität. Letzten Endes sieht sich die Wirkungsforschung auf der Suche nach fixen Kriterien für die Überredungsplanung auf ihre eigenen Bedingungen verwiesen: Will man Wirkungen kontrollieren, feststellen und messen, muß man eine beschränkte Zahl von Einstellungen isolieren.

Ähnliche Probleme ergeben sich, wenn man das Streben nach Konsistenz bzw. das Streben nach höherer Selbsteinschätzung durch eine ganze Batterie motivationaler Determinanten ersetzt. (Als Basisfunktionen, denen jede Bildung und Änderung von Einstellungen dient, unterscheidet Daniel Katz die

Maximierung von Belohnungen bzw. die Minimierung von Bestrafungen, die Verteidigung des Selbstbilds, die Bestätigung zentraler Werte des Individuums und eine optimale rationale Durchdringung der Umwelt.[129]) Die Suche nach der übergeordneten, maßgebenden Gleichgewichts- und Selbstwertkategorie ist immer auch die Suche nach dem isolierbaren, lenkbaren und meßbaren Individuum.

Eine Massenkommunikationsforschung, die auch anderes tun will, als ständig ihre eigenen Bedingungen zu erfüllen, muß sich von der manischen Frage lösen, ob sich nun kalkulierbare Wirkungen erzielen lassen oder nicht. Denn bei näherer Betrachtung zeigt sich, daß keine der möglichen Beantwortungen der Wirkungsfrage einen Erkenntnisgewinn bringt. Was diese Forschung als bloßes Datum behandelt, die individuelle Einstellung, fetischisiert sie zugleich, indem sie ihren Gegenstand als schlechthin Gegebenes einführt, als Unzusammenhängendes, als Produkt anderer unzusammenhängender, voneinander unabhängiger Einstellungen, die aufeinander einwirken können. Sie manipuliert ihren Gegenstand, als habe er einen Wert in sich selbst (warum sonst gerade ihn bevorzugen?), als sei er in sich selbst begründet – wie eine Substanz. Deshalb untergräbt es paradoxerweise die Attitüde der Wirkungsforschung, daß heute, entsprechend der zunehmenden Exzentrizität und Außenlenkung des einzelnen, Einstellungswandel und Einstellungsbeständigkeit nichts anderes mehr sein können als abhängige Variablen von öffentlicher und gruppeninterner Konsensusproduktion. Zumindest müßte man sich dazu durchringen, die gesellschaftlich begründete Bereitschaft zur Preisgabe von Einstellungen selbst als Einstellung zu begreifen. Zudem stehen die wirkungsvolle Aussage und der wirkungsvolle Kommunikator in einer Abhängigkeit, die es als wenig sinnvoll erscheinen läßt, Einstellungswandel ausgerechnet an die Aussage zurückzubinden.

Langfristige Wirkungen

In letzter Zeit werden die unbefriedigenden, unzuverlässigen Ergebnisse der Wirkungsforschung oft damit erklärt, daß man sie punktuellen, auf kurze Zeiträume bezogenen Untersuchungen einmaliger Aussagen verdankt. Daß man es bisher unterlassen hat, sich mit langfristigen Wirkungen von Aussagen, Sendefolgen und Programmen zu befassen, wird nun als schwerwiegendes Versäumnis empfunden. Kann die ganze Potenz und die eigentliche Wirkungsweise der Massenmedien nicht erst in größeren Zeiträumen zur vollen Entfaltung kommen? Neue Hoffnungen erwachen – alle Fragen scheinen wieder offen zu sein. Augenscheinlich sind Einstellungsmessungen, die unmittelbar vor und nach der Rezeption vorgenommen werden, für ein Wirkungskontinuum von Monaten oder Jahren unmaßgeblich. Da Publizistik, Propaganda und Werbung langfristige Strategien entwickeln wollen und da man den umwälzenden Einfluß von Medienapparaten, die in Entwicklungsländer verpflanzt werden, von der Stunde Null an messen will, wächst das Interesse an «Ursache-Wirkungs-Bezügen von Beobachtungszeiträumen, die Jahre anstelle von Wochen umfassen».[130] Besonders viel verspricht man sich davon, Zuschauergruppen (Lesergruppen) zu testen, die regelmäßig bestimmte Magazinsendungen (Kolumnen) verfolgen.

Vorgeschlagen wird die Kombination verschiedener Untersuchungen, die möglichst parallel und langfristig durchzuführen sind: Panel-Studien zum Gesinnungswandel von Kommunikatoren, Analysen des Medieninhalts und Feldstudien zum Einstellungswandel von Publikumsgruppen, ergänzt durch Stichprobenvergleiche. Diese Verfahren sollen es erlauben, die Multiplikation gleicher oder ähnlicher Rezeptionserfahrungen (von übereinstimmenden Plädoyers bei verwandten Thematiken) bzw. die einmalige Rezeption einer Aussage in ein Verhältnis zum Ausmaß des Einstellungswandels zu bringen, das a) kurzfristig und b) nach verschiedenen längeren Zeiteinheiten erreicht wird.* Zur Untersuchung langfristiger

---

* Untersuchungen darüber, unter welchen Bedingungen sich Wirkungen in längeren Zeiträumen abschwächen oder verstärken, beziehen sich meist nur auf die spezifische Nachhaltigkeit isolierter Aussagen. Dabei werden Lerneffekte (das Erinnern und Vergessen von Inhalten) von Einstellungsbeeinflussungen unterschieden. In welchem Umfang, mit welcher Intensität und in welcher Form (Gestalt) eine Aussage erinnert und wie schnell sie vergessen wird, hängt davon ab, ob es sich um Fakteninformationen (-) oder Meinungsaussagen (+), um

Filmwirkungen bemerkt Helmut M. Artus: »In der Anlage dieser Forschungen ist der hypothetisch anzunehmenden *Überlagerung* zweier Wirkungstrends Rechnung zu tragen: einmal der *Kurzzeitveränderung* in der nahen postkommunikativen Phase (die allerdings im Gegensatz zu den bisherigen Untersuchungen immer noch auf mehrere Tage auszudehnen wäre!), dargestellt als *Funktion des zeitlichen Abstands von der Rezeption;* zum anderen die *Langzeitveränderung* (der eigentlichen Umstrukturierung), dargestellt als *Funktion von Intensität und Häufigkeit der Rezeption relevanter Filme.* Dabei ist keineswegs vorauszusetzen, daß die jeweiligen Kurzzeitfunktionen verkleinerte Abbilder der Langzeitfunktion wären. Vielmehr wäre durchaus z. B. denkbar, daß die spezifische Wirkung von Filmen nur in zeitlich unmittelbarer Folge der Rezeption auftritt, aber keinerlei bewußtseins- oder handlungsstrukturierende Folgen hat. Daher verbietet sich eine Verallgemeinerung in zeitlicher Hinsicht.« [131]

spezifische (-) oder allgemeine Mitteilungen (+) handelt, davon, ob die Aussage vollständig (+) oder unvollständig (-) aufgenommen wird, ob die Rezeption einmalig ist (-), wiederholt (+) oder gar – zur Verhinderung von Abstumpfung – mit Variationen wiederholt wird (+ +), ob die Ich-Beteiligung groß (+) oder gering (-) ist, ob von der Aussage Prädispositionen bestätigt (+) oder negiert (-) werden, und vor allem davon, ob der Grad affektiver Beteiligung am Aussagegegenstand hoch (+ +) oder niedrig (--) ist. (›+‹ bezeichnet eine eher positive Beziehung des Faktors zu einer relativ vollständigen, intensiven und langanhaltenden Erinnerung; ›-‹ eine eher negative Beziehung. Der Grad der Abweichung von der primären Gestalt des rezipierten Inhalts, die Verzerrung, wird davon nicht berücksichtigt. Er nimmt sogar meist mit dem Grad der affektiven Beteiligung zu.)

Untersuchungen über die relative Effizienz des Zeitfaktors im Hinblick auf Einstellungswandel liegen kaum vor. Man nimmt an, daß die Wirkung einer akzeptierten und mit den Gruppennormen übereinstimmenden Aussage sich langfristig verstärkt und daß die Wirkung einer abgelehnten und von den Gruppennormen abweichenden Aussage sich langfristig weiter verringert. Von dieser These wird aber eine Vielzahl potentiell intervenierender Variablen vernachlässigt. Lediglich der *sleeper effect* fand bisher größeres Interesse. Ob eine zunächst abgelehnte oder wenig beachtete Aussage nach einiger Zeit akzeptiert bzw. reaktualisiert wird, hängt von der Schnelligkeit ab, mit der die Quelle und die spezifischen Details der Aussage vergessen werden und die ›Substanz‹ des Aussageinhalts stärker erinnert wird. Auch wenn in unvorhergesehenen Situationen das Mißachtete auf neue Weise wichtig wird, wenn Bezugsgruppen die negative Primärrezeption korrigieren und wenn Prädispositionen, die in der Rezeptions-Situation suspendiert waren, später wieder ins Gewicht fallen, können Spätwirkungen in Verbindung mit Neubewertungen auftreten. (Vgl. Franz Dröge / Rainer Weißenborn / Henning Haft, a.a.O., S. 147 ff.)

Bei der Kompensierung des Fiaskos kurzfristig-punktueller Erhebungen durch Erweiterung des Zeitraums der Untersuchung entsteht darüber hinaus die Schwierigkeit, daß in zunehmendem Maße auch die Überlagerung von opponierenden, von vieldeutigen und verwirrenden sowie von konformen, beipflichtenden Aussagen in verschiedenen Medien und Gruppenkontakten berücksichtigt werden muß. Zu solchen Überlagerungen kommt es sowohl in der postkommunikativen Phase der Rezeption *einer* bestimmten Aussage als auch während des Zeitraums, in dem sich analoge Rezeptionserfahrungen periodisch multiplizieren (etwa beim regelmäßigen Empfang einer Magazin-Sendung). Daß kontinuierliche Rezeption bestimmter Auffassungen einen meinungsprägenden Eindruck hinterlassen hat, läßt sich nur dann feststellen, wenn man ausschließen kann, daß gleichzeitig andere bestätigende Aussagen im Medien-Verbund konsumiert wurden – also nie. Höchst fraglich ist außerdem, ob die Motivation zu diesem selektiven Umgang mit dem öffentlichen Angebot durch die untersuchte Aussagenserie erworben worden ist und nicht vielmehr bereits zur Bevorzugung der Serie angeregt hat und auf diese Weise lediglich verstärkt worden ist. Weder Stichprobenverfahren noch beobachtende Panel-Verfahren erbringen Nachweise für eine eindeutige Korrelation von Aussage(nfolge) und Einstellung(swandel). Langzeit->Wirkungen< lassen sich ebensowenig wie kurzfristige auf bestimmte Kommuniqués zurückführen – es sei denn, es handelt sich um Erinnerungstests im Labor mit unbekannten oder komplizierten Gegenständen. Sämtliche entsprechenden Untersuchungen sind nicht-spezifisch, nicht-exklusiv, nicht-differentiell.

Dies kann allerdings ihren Aussagewert nur erhöhen. Je größer der Zeitraum ist, über den sich eine Untersuchung hinzieht, desto bedeutungsloser und erklärungsbedürftiger sind die Intentionen einzelner Kommunikatoren und Aussagen. Der für invariante Stimulus-Reaktions-Beziehungen zurechtgestutzte Wirkungsbegriff erweist sich vollends als untauglich. (Daher liegt kein bloßes Versäumnis vor, wenn die auf gesetzmäßige Kausalbeziehungen erpichte Forschung Untersuchungen mit kurzen Fristen zwischen dem ersten und letzten Test bevorzugt.) Es ist evident, daß Theoreme, die aus

Langzeituntersuchungen resultieren, sich auf die Funktion ganzer Medienblöcke und kollektiver Erwartungshaltungen beziehen – auf nicht planbare und steuerbare Gesamteinstellungen zu Unterhaltungstypen, Formen der Ereignisdarstellung und Meinungstrends mit ›öffentlichem‹ Vertrauensvorschuß. Sie dürften Aufschluß über generelle Projektionen, über nicht meßbare, aber die Sozialisation normierende Stereotypen und Standards des Medien- und Rezeptionsverbunds geben. Den Dauereffekt von Einzelimpulsen erforschen zu wollen, wäre unsinnig und von vornherein aussichtslos.

Von neuem wird nun auch gefragt, wie sich auf lange Sicht das Verhältnis von Absendern und Empfängern überredender Aussagen gestaltet. Kommt es zu einem Kreislauf von Erwartungen und Initiativen, den niemand mehr zu verlassen und zu steuern vermag, oder erreichen die professionellen Kommunikatoren durch ein Bombardement mit gleichen und ähnlichen Appellen jene Prägung des Publikums, die dem einzelnen Versuch versagt bleibt?

Ausgehend von den Ergebnissen der Wirkungsforschung, nach denen sich die Macht der Medien in engen Grenzen hält, und von eigenen Tests und Feldstudien versucht Raymond A. Bauer, alle Arten von Mediennutzung (Annahme und Zurückweisung der Aussage, Kenntnisnahme, Mißachtung und Verinnerlichung) als planvolles Verhalten zur Lösung alltäglicher Probleme zu deuten. Bauer erwähnt Beispiele pragmatischer aktiver Selektivität (außerhalb des Labors): Abonnenten gewinnen aus der Zeitungslektüre vielfältige Anregungen für die Kleingruppenkommunikation; amerikanische Hausfrauen übersetzen bestimmte Sequenzen von *soap operas* in Verhaltensmodelle; Werktätige nutzen das Unterhaltungsangebot, um ihre Kräfte zu regenerieren und ihr psychisches Gleichgewicht wiederzugewinnen; Ärzte entscheiden sich letztlich stets für risikovermindernde Informationsquellen. In Entscheidungssituationen, etwa im Kreuzfeuer unterschiedlicher Werbeappelle zur gleichen Sache, wenn das Selbstvertrauen auf die Probe gestellt wird, entwickeln Medien-Konsumenten unabhängig von ihrer allgemeinen Selbsteinschätzung ein ›spezifisches Selbstbewußtsein‹, das ihnen in jedem Fall erlaubt, die Kommunikation in den Dienst ihrer Bedürfnisbe-

friedigung zu stellen. Das Publikumsverhalten ist also ein
›voll entwickelter Problemlösungsprozeß‹, dem auch die for-
malisierbaren Mechanismen der sozialen Anpassung und der
Ich-Verteidigung integriert sind. Für Bauer ist es an der Zeit,
das Schema einer asymmetrischen Beziehung zwischen einem
agierenden, einwirkenden Kommunikator und einem lediglich reaktiven, defensiven Publikum zu überwinden. Nach seiner Auffassung hat das Publikum nicht nur die Wahl, sich zu
sperren oder nachzugeben, sondern auch die ›volle Gleichbe-
rechtigung im Tauschgeschäft Kommunikation‹ und damit
ständig Gelegenheit, die Initiative zu ergreifen und zu beeinflussen, was ihm vorgesetzt wird. Was bei der Rezeption an
Prozessen und Konsequenzen ausgelöst wird, kann folglich
nicht mit Kriterien des Stimulus (des Inhalts und der Intention) gänzlich begriffen werden. Die ›Wirkung‹ unterliegt
einer anderen Gesetzmäßigkeit als die ›Ursache‹ – freilich
hindert nichts die Kommunikatoren daran, das Publikumsverhalten auch aus der Perspektive *ihrer* Interessen zu beurteilen.
  Bauer knüpft an die ›funktionalen‹ oder ›Motivationsana-
lysen‹ und Klappers ›phänomenistische‹ Methode an, weil
diese sich mit den allgemeineren, vom Kommunikator nicht
kontrollierbaren Wirkungen befassen. Er möchte diese Ansätze von einer ›engen Auffassung ökonomischer Rationalität‹ befreien und für alltägliche Kommunikationsaspekte
fruchtbar machen. So gelangt Bauer zur Vorstellung eines
Austauschs von Publikums- und Kommunikatorleistungen,
der zu beiderseitigem Nutzen vorgenommen wird. Problem-
lösungs- und Beeinflussungsbedürfnisse ergänzen einander, obwohl oder weil sie sich gegenseitig mißdeuten. Die Theorie des
Transaktionismus bescheidet sich mit dem Modell eines *zwei-
gleisigen* Einflußprozesses, einer Wechselbeziehung von
Überzeugungstechniken und Rezeptionsbedürfnissen, die
langfristig ein »annäherndes Gleichgewicht im Austausch«
herstellt.[132] Das Publikum (*audience*) ist auf das vorhan-
dene Angebot angewiesen und determiniert durch seine
Erwartungen, seine Sanktionen und seine Zusammensetzung
(Bezugsgruppen) die Berufsrolle des Kommunikators.[133]
Indem Bauer darstellt, daß der Einflußprozeß auch in umgekehrter Richtung verläuft und die Wirkungsplanung sich auch
gegen die Kommunikatoren richtet, verläßt er aber nicht den

engen Rahmen der isolierenden Wirkungsbegriffe und Methoden. Das Transaktionsmodell registriert nur ein Netz sich überschneidender Stimulus-Reaktions-Beziehungen.

In der Konzeption Bauers gleicht die Massenkommunikation einem Wohltätigkeitsunternehmen, von dem alle profitieren und das allen Beteiligten ihre Autonomie beläßt. Autonom ist der Kommunikator, der die Wünsche des Publikums akzeptiert und dank der Berücksichtigung dieser Wünsche seinen Einfluß ausübt. Autonom sind die Rezipienten, deren Selektionsverhalten sich nach selbstgewählten, problemadäquaten Kriterien richtet. Der Kommunikator schmiedet seine Überredungspläne in dem Bewußtsein, daß die Durchsetzung seiner Absicht die Souveränität des Publikums nicht beeinträchtigt.[134]

Doch der zentral organisierte Austausch von Einflußchancen gegen Gebrauchschancen (Massenkommunikation) kann nicht als Arrangement individueller Nutzungsansprüche ausgewiesen werden. Seine Bedingungen, die historischen Strukturen der Verallgemeinerung kommunikativer Sinngehalte und Anlässe, entziehen sich dem persönlichen Ermessen der Kommunikationsteilnehmer. Das Publikum selbst ist keine außenstehende Gruppierung, sondern formiert sich in diesem Strukturprozeß. Gleichwohl erklärt sich der Transaktionismus die Massenkommunikation mit Hilfe eines Trugbilds von interpersonalen Tauschbeziehungen. Er sieht in ihr eine Gesellschaft mit beschränkter Haftung, zu der Produzenten und Konsumenten partnerschaftlich zusammentreten.

Da der Bedingungsrahmen der Massenkommunikation asymmetrisch ist, kann man innerhalb dieses Rahmens die Symmetrie der Beziehung zwischen Kommunikator und Publikum konstatieren. Sieht man von der grundlegenden Privilegierung bestimmter Umweltverarbeitungsaspekte, Verwertungsformen und Problemlösungen ab, so besitzt niemand ein *zusätzliches* Monopol für den exklusiven Gebrauch der Massenkommunikationen. Die Rezipienten sind daher nicht passiver und abhängiger als die Kommunikatoren. Indessen spricht die in den Studien ermittelte Selektivität des Publikums nicht für dessen Autonomie, sondern nur dafür, daß der generalisierte Tausch von Aufmerksamkeit gegen Öffentlichkeit weder als Produktion eingleisiger noch als

Netz zweigleisiger Subjekt-Objekt-Beziehungen analysiert werden kann. Die von der Wirkungsforschung regelmäßig als naiv verworfene ›Theorie der Massengesellschaft‹ reflektierte in Form der Manipulationsthese (bzw. der Kontrollhypothese) immerhin jene grundlegende Asymmetrie und Willkürlichkeit, die alle Stimulierungen und Nutzungen prädisponiert und das Mißverhältnis von Massenkommunikation und direkter Interaktion bestimmt. Der Transaktionismus verallgemeinert die Resultate isolierender Untersuchungen und präsentiert dies als theoretischen Durchbruch.

Die Vorstellung, daß sich Wünsche und Bewußtsein von Produzenten und Konsumenten in einem geschlossenen Kreislauf bestätigen und verdoppeln (Reflexionshypothese), ist unzulänglich. Sie erfaßt das Problem der Rückkoppelung nur im massenkommunikativen Austausch und läßt die Störungen im Verkehr zwischen den programmierten und den verschiedenen interpersonalen Kommunikationsprozessen außer acht. Hinzu kommt, daß die Annahme eines langfristigen Gleichgewichts von Erwartungs- und Steuerungspotentialen die Illusion nährt, jedes Individuum bzw. jede Gruppe von Rezipienten oder Kommunikatoren könne ›gegebene‹ oder innovative Bedürfnisse, Wunschbilder, Informationen, Themen und Einflußnahmen eigenwillig in die öffentlichen Kreisläufe einbringen. Massenkommunikation erscheint hier als Mechanismus demokratisierter Selbstbedienung, der zu gegenseitiger Rücksichtnahme und Anpassung zwingt, aber niemanden übervorteilt. Die Vermutung, daß sich das Gleichgewicht *langfristig* herstellt, teilt die populäre Vorstellung mit dem Transaktionismus. Sie kann in die Einsicht uminterpretiert werden, daß alle kurzfristigen Manipulationserfolge langfristig enttäuschen und daß publizistische Eingriffe auch auf Dauer nichts an den Kommunikationsschwierigkeiten der Publizistik ändern.

Ganz anders als Bauer schätzt Noelle-Neumann die Einflußproportionen von Kommunikatoren und Publikum ein. Ihre in verschiedenen Aufsätzen schrittweise vorangetriebene Revision der Wirkungsforschung[135] stellt einen beachtlichen Versuch dar, mit Hilfe neuer Einsichten die These von der Vormachtstellung der publizistischen Medien auf der Ebene langfristiger Meinungsbildung zu untermauern. Von der Unzulänglichkeit isolierender Einstellungstests ist Noelle-Neumann überzeugt. Ihre Kritik: Bereits bei der Festlegung der Versuchsbedingungen wird die Bedeutung der *Medien,* deren Effizienz ja untersucht werden soll, geleugnet. Im Labor sind die ›entscheidenden Wirkungsfaktoren‹ der Medieninhalte von vornherein ausgeschaltet: die *Omnipräsenz* (sich niederschlagend im ›Bewußtsein des Öffentlichen‹) und die *Kumulation* als Folge der Periodizität. Wesentlich ist nun, daß die Gestaltungskraft dieser Faktoren Schwankungen unterworfen ist. Die Barrieren der selektiven Wahrnehmung leisten ihr Widerstand; doch die Faktoren erreichen geradezu totalitäre Bedeutung, wenn das Selektionsverhalten des Publikums empfindlich gestört ist, wenn der Spielraum freier Auswahl immer weiter eingeengt wird. Das Publikum kann den industriellen Medienprodukten nur insofern mit seinem je spezifischen Selektionsverhalten Widerpart bieten, als ein breitgefächertes Angebot von Einstellungskontrasten ständig parat ist und zum flexiblen Umgang mit Standards schult. Beim Laborexperiment und in Staaten mit zentral gesteuertem Mediensystem ist der Selektionsmechanismus weitgehend außer Kraft gesetzt. »Je geringer die Selektionsmöglichkeit, desto weniger gilt die Verstärker-Regel, das heißt, desto größer sind die Möglichkeiten der Massenmedien, Einstellungen zu verändern.«[136] Noelle-Neumann zeigt auf, daß heute bereits die typische Empfangssituation der Fernsehzuschauer den ›Freiheitsgrad der Wahlmöglichkeit‹ verringert: Gewählt werden kann (in der BRD) nur zwischen drei Programmen. Um störenden Konfliktstoff zu meiden, kann man nur abschalten, aber nicht – wie bei Druckmedien – auf einen anderen Artikel ausweichen oder umblättern. Das Fernsehen verführt dazu, Sendefolgen wahllos, ohne Vorentscheidung, zu konsumieren. Da mehr Zeit für das Fernsehen als für alle anderen Medien zusammen aufgebracht wird, dringt dissonantes Material in größerer Menge zum Rezipienten durch. Nachrichten und Berichte werden aufgrund ihres Unterhaltungscharakters auch von politisch Uninteressierten gesehen. Das Fernsehen hat für die meisten Rezipienten eine relativ hohe Glaubwürdigkeit und Attraktivität, zumal es in besonderem Maße Authentizität suggeriert, Personen eindrucksvoll präsentiert und einen Aktualitätsvorsprung hat.[137]

Daß Fernsehen eine Sonderstellung einnimmt und heute der ›Spitzenreiter‹ der Massenkommunikation ist, steht außer Frage. Kein anderes Medium (mit Ausnahme vielleicht der Boulevardpresse und der Illustrierten) macht es der selektiven Wahrnehmung schwerer, *neben* den generalisierten willkürlichen Aufmerksamkeitsregeln, sensorischen Stimulanzien und Bezugsrahmen auch andere, besondere Maßregeln zu beachten. Allerdings dürfte der Freiheitsgrad, den eine routinierte und nicht erschwerte Rezeption anderer Medien kennzeichnet, nicht wesentlich höher sein: Rezipienten können als Teilnehmer einer organisierten, verbindlichen, hochselektiven Massenkommunikation grundsätzlich nicht nur nach persönlichen bzw. gruppeneigenen Maßregeln auswählen, wahrnehmen und aneignen. Sonst können sie nicht verstehen, nicht teilnehmen. (Eine Schwäche der Konzeption Noelle-Neumanns besteht darin, daß sie die komplexen generalisierten Selektionsvorgänge der Massenkommunikation fast durchweg auf die unmittelbare Programmwahl durch Rezipienten bzw. auf die Behinderung dieser Wahl reduziert.) Inwieweit darüber hinaus eine Monopolisierung der quasi-öffentlichen Meinungszirkulation erfolgt, hängt von der Zahl und der Kompromißbereitschaft der organisierten sozialen Kräfte ab, die auch in den Medien die Meinungsbildung vorprogrammieren.

Noelle-Neumann führt weiter aus, daß heute auch eine weitgehende *Ähnlichkeit* der Darstellung von Sachverhalten, eine Vereinheitlichung der öffentlich manifestierten Meinung in allen Medien den Selektionsmechanismus lähmt und den Einfluß von Meinungsaussagen erhöht. Dieser *Konsonanzfaktor* hat aufgrund der Omnipräsenz und Kumulation analoger Sendungen die Wirkung eines Sogs. Die ständige Wiederholung des Gleichen unterminiert die Wahrnehmungsbarrieren der Rezipienten. In nicht-totalitären Staaten entsteht solche künstliche Übereinstimmung nicht durch bewußte Verzerrung, sondern durch adaptive, bequeme formalisierte Auswahltechniken, »durch Faktoren, die mit den persönlichen Eigenschaften der Journalisten und Bedingungen ihrer Berufsarbeit zusammenhängen«.[138] Der Wunsch, Resonanz beim Publikum zu finden, die Bereitschaft, scheinbar abgesicherte Erfolgskriterien, etwa die Eindeutigkeit der Sprache, zu beherzigen, und das Interesse an der Selbstbestätigung eigener Ansichten verleiten die Kommunikatoren dazu, bestimmte Bezugsrahmen (zu Ereignissen), die »zunächst beinahe zufällig«(!) gesetzt werden, auch kontrafaktisch beizubehalten, alles ihm Entsprechende zu veröffentlichen und alles Unstimmige zu unterdrücken.

Sodann geht die Autorin auf Beispiele signifikanten Einstellungswandels in wesentlichen Fragen der politischen und sozialen Entwicklung der BRD ein: auf den Verfall des nationalen Selbstbildes in der Nachkriegszeit, die Änderung der Mehrheitsmeinung zur Todesstrafe und zum Inhalt der Ostverträge und den Wandel der Erziehungsgrundsätze. Da sie »einleuchtende Ursachen« für diese Umschwünge auf gesamtgesellschaftlicher Ebene »nicht zu erkennen« vermag oder gar nicht erst in Betracht zieht, sieht sie diese Ursachen in vorsätzlichen Überzeugungsversuchen bzw. in bestimmten, die Nachrichtenproduktion erleichternden Stereotypen der Journalisten (vor allem der Fernsehjournalisten). Ihre Hypothesen stützt sie sowohl auf jährlich beschaffte Umfrageergebnisse (die bestenfalls Momentaufnahmen sind und über die innere Konsistenz der Meinungen keine Auskunft geben) als auch auf Inhaltsanalysen von Magazinsendungen des Fernsehens und Zeitungen aus derselben Zeit.

Der Druck zum Meinungskonformismus, den die Kumulation des Konsonanten ausübt, wird schließlich noch durch den dritten Faktor, den Verteilungs- und Anpassungsmechanismus der quasi-öffentlichen Meinung, verstärkt. Noelle-Neumann unterscheidet die »tatsächliche Häufigkeitsverteilung von Meinungen« und die *Vorstellungen*, die Personen von der Häufigkeitsverteilung in ihrer Umwelt haben. Da die Individuen in keine Außenseiterposition gedrängt werden wollen und die Meinungsbildung zu öffentlichen Themen nicht mehr autark bewältigen können, richten sie ihre ›Wahrnehmungsantennen‹ auf die in der Umwelt dominierenden Meinungen und Verhaltensdispositionen. Oft gelten daher Minderheitsmeinungen und -forderungen, die als stark, entschlossen, aussichtsreich und dringlich erscheinen, als Auffassungen, hinter denen die Mehrheit steht. So gewinnen sie allmählich de facto das Übergewicht. Dazu kommt noch, daß Meinungsfraktionen, die sich selbst für überlegen halten bzw. dafür gehalten werden, dazu neigen, ohne Furcht vor Sanktionen oder Isolierung ihre Auffassung öffentlich zu vertreten, während die Anhänger der ›Minderheitsmeinung‹ entmutigt werden und häufig das Schweigen vorziehen. Diese ›Schweigehypothese‹ bringt Noelle-Neumann in Verbindung mit journalistischem Konsonanzstreben: Individuen verstehen die Kumulation veröffentlichter Aussagen als Öffentlichkeit schlechthin, zumindest als Äußerung der Mehrheit. Erklärlich ist nun auch, warum ein Meinungsumschwung in der Beurteilung der Todesstrafe erfolgte, nachdem zunächst eine relative Mehrheit von Befragten irrtümlich angenommen hatte, die meisten seien gegen die Todesstrafe (womit sich die Erwartung verbunden hatte, in Zukunft würden noch mehr dagegen sein). Eine ähnliche *self-fullfilling prophecy* lassen die zwischen 1967 und 1971 durchgeführten Umfragen zum Problem der Anerkennung der DDR und zum Problem der Ostverträge vermuten. Andere Umfragen sollten die Diskussionsbereitschaft von Anhängerinnen und Gegnerinnen der Prügelstrafe als Erziehungsmaßnahme ermitteln. Sie bestätigten die Schweigehypothese.

Den Anstoß zu all diesen Meinungsumbildungsprozessen im Rahmen entscheidungsdringlicher, aktueller und bedrängender Themen glaubt Noelle-Neumann in der konsonanten Berichterstattung und Kommentierung der Medien, letztlich in journalistischen Vorurteilen (bei der Einschätzung der Publikumserwartungen) und politischen Sympathien sowie in professionellen Konventionen und Anpassungszwängen zu erkennen. Trotz ihres Desinteresses an Einzelwirkungen und ihrer Forderung nach der Erforschung langfristiger Wirkungen, trotz eines mehrdimensionalen Ansatzes[139] und einer differenzierten Argumentation zwängt sie schließlich alle Faktoren in ein erneuertes Ursache-Wirkungs-Korsett. Sie reduziert das ›faktische psychologische Monopol‹ abgeschirmter Kompromißbildungen und Problemlösungen auf die Merkmale und die verkürzte Perspektive eines Berufsstandes. Über das, was die ›Arbeitsbedingungen‹ repräsentieren, schweigt sie sich aus. Indem sie die Prozesse an einem bestimmten Punkt *beginnen* sehen will, versucht sie, die über alle möglichen Einzelwirkungen hinausgehende Prägekraft der Massenkommunikation schließlich doch wieder mit den alten Denkmustern zu erfassen.

Doch es ist nicht einzusehen, warum journalistische Arbeits-
techniken, die Zugehörigkeit zu einer Gruppe mit gewissen
demographischen und psychischen Merkmalen und professionellen Erfolgs- und Geltungsinteressen ausschließlich zu ganz
bestimmten konsonanten Einstellungen verpflichten sollen.
Hier sind ja wohl noch andere Kräfte im Spiel. Die meinungs-
bearbeitenden Kommunikatoren sind nicht zufällig, nicht als
elitäre Minderheit und nicht unter Mißachtung der strategi-
schen Interessenlagen der Monopolverbände in ihre Positionen gekommen und dort geblieben. Außerdem geht es nicht
an, nur explizit politischen Kommentierungssendungen (und
nicht auch den Unterhaltungssendungen des Fernsehens) politische Bedeutung beizumessen und sie aus dem Rahmenpro-
gramm herauszulösen. (Die Familienserien, Regionalpro-
gramme und Nachrichtensendungen am Abend, Sendungen mit hoher Einschaltquote, zeichnen sich gewiß nicht
durch eine avantgardistische Haltung aus. Gleiches gilt für die
BILD-Zeitung und andere beliebte Blätter. Da die Konsonanz
der Sendungen und Berichte – etwa zur Frage der Ostverträge
– nur beschränkt war, da allenfalls eine gewisse Neigung
bestand, eine der beiden vorherrschenden Haltungen zu
bevorzugen, ist es fraglich, ob diese Auffassung von großen
Teilen der Bevölkerung als Mehrheitsauffassung hätte interpretiert werden können, wenn sie nicht auch gesucht worden
wäre.)

Wandlungen im Aggregatzustand der ›Volksmeinung‹ sollten
die Aufmerksamkeit zunächst auf *soziale Unterströmungen*
lenken (die aus vielen Quellen gespeist und zugleich kanalisiert sind), und erst in zweiter Linie auf die vom Bevölke-
rungsdurchschnitt abweichende Merkmalsverteilung von
Fernsehredakteuren. Auch als geschlossene Expertengruppe
könnten die Publizisten gewisse liberale Auffassungen nur
dann ständig wiederholen und erfolgreich anbieten, wenn die
Auf- und Ablösung gesellschaftlicher Affektbesetzungen und
die Änderung der ökonomischen und politischen Krisenlage
eine entsprechende ›Einschränkung der Selektionsmöglichkeit‹ begünstigen.* Aufschluß über solche Entwicklungen

* Diese These vom vollständigen sozialen Eingegliedertsein der Personen, die
in den Medien tätig sind, mag deterministisch erscheinen. Doch es ist eben

verschaffen sich die Journalisten freilich vor allem durch die sorgfältige Beobachtung der Strömungen in großen Parteien und Verbänden.** Dabei versuchen viele, schon mitzuschwimmen, bevor eine Strömung reißend geworden ist.

Die Auszehrung politisch wichtiger Motivationen und die Neuorientierung von Erwartungshaltungen in der Bevölkerung manifestieren sich erst ziemlich spät als erfragbare ›Meinungen‹. Wahrscheinlich sind daher die Umweltbeobachtungen der Individuen nicht allein auf die Mehrheits- und Minderheitsmeinungen gerichtet. Zu der Fehleinschätzung, die Noelle-Neumann konstatiert, wird auch die Erfahrung beitragen, daß manche überkommenen Haltungen die Bewältigung alltäglicher Umweltprobleme unnötig erschweren oder verhindern: daß Kinder, die man schlägt, dies später doch nicht zu honorieren pflegen (und daß bei den heutigen Wohnverhältnissen Nachbarn, deren Haltung man nicht kennt, rasch aufmerksam gemacht werden); daß man sich für die Befriedigung ›abweichender‹ Bedürfnisse nicht mehr verachten und bestrafen muß (so daß die Forderung nach der barbarischen Bestrafung anderer einiges an Vehemenz einbüßt); daß Geldverdienen mehr Selbstvertrauen bringt als die ohnehin traumatisch frustrierte Liebe zum Vaterland und zur Nation; daß internationales Krisenmanagement ›Ruhe und Ordnung‹ besser schützt als Kommunistenverteufelung, daß man geschaffene Tatsachen (DDR, Oder-Neiße) am besten akzeptiert und daß es jenseits des Eisernen Vorhangs ein

gerade inadäquat, sich in der Analyse der öffentlich-manifestierten Meinung auf *Personen* zu beziehen. Die Praxis der Redaktionen als publizistischer Einheiten wird sinnfällig unter dem Gesichtspunkt der internen funktionalen Differenzierung der Massenkommunikation; zugleich kann sie als Funktion des politischen und des wirtschaftlichen Subsystems dargestellt werden. Dabei kann auch der ›Freiheits‹-Spielraum der redaktionellen Tätigkeiten bestimmt werden. Er zeigt sich jedenfalls nicht in den individuellen Gewissensentscheidungen der Publizisten.

** Das heißt nicht, daß nur diese Parteien und Verbände behandelt werden. Für die Themenauswahl spielen auch nichtprivilegierte Organisationen und Quasi-Verbände (außerparlamentarische Opposition, Bürgerinitiativen) eine gewisse Rolle. Bei der Kommentierung beweisen die Publizisten dann regelmäßig, daß sie über die diesbezüglichen Bulletins der staatstragenden Verbände und ihrer Fraktionen gut instruiert sind. Unsicherheiten stellen sich nur ein, wenn Quasi-Verbände immens zu erstarken scheinen und die Zukunft ungewiß ist (wie es bei der ApO 1967/68 der Fall war).

vergleichbares Alltagsleben gibt, das von harmlos aussehenden Menschen geführt wird. Auch dies sind Umweltbeobachtungen. Manche ›Meinung‹ ist schon unterhöhlt, wenn sie noch geäußert wird, häufig gerade dann, wenn man sich auf sie versteift. Im übrigen dürften die Berichte des Fernsehens über Bedingungen und Probleme des Lebens in der UdSSR, der DDR und Polens, vor allem über das Triviale und Vergleichbare, den Erfahrungshintergrund des Einstellungswandels weitaus mehr mitbestimmt haben als die Plädoyers für eine neue Ostpolitik. Und dies, wohlgemerkt, ungeachtet der jeweiligen Auffassung der Bildkommentatoren. (Mindestens ebenso beziehungsreich wie Verteidigungen der Ostpolitik war das bloße *Ausbleiben* antikommunistischer Propagandasendungen, wohl noch beziehungsreicher die ständige visuelle Thematisierung, die quasi technische Namensnennung von Ländern und Politikern Osteuropas.) Bedenkt man, daß sich zentrale Einstellungen nur zögernd ändern, spricht gerade die zeitliche Parallelität von Rezeption und Meinungswandel gegen die These von der Indoktrination durch die Medien. Sowohl die Passivität stiller Mehrheiten als auch die relative Konsonanz der Sendungen tragen zur *Verstärkung, Begradigung* und *Beschleunigung* latenter Entwicklungen bei. Sofern die Medien hierbei gewisse Vorreiter-Funktionen erfüllen (oft kommen sie auch zu spät), gewöhnen sie die quasi-öffentliche Meinungszirkulation zugleich an die Perzeptionsmuster der Massenkommunikation und die institutionell subventionierten Meinungsgegensätze.

In einem Exposé für ein internationales Seminar hat Noelle-Neumann das Schlüsselproblem ihrer Untersuchungen formuliert: »Läßt sich die Frage klären, ob die Massenmedien in ihrer Bewertung gesellschaftlicher, politischer Erscheinungen der Zeit-Tendenz (allgemeiner Stimmung) folgen (die Medien als Spiegel der Zeittendenz), oder ob sie diese Tendenz hervorrufen, also zuerst bestimmte Haltungen einnehmen, die dann zunehmend von der breiteren Bevölkerung übernommen werden?«[140] Die Frage rastet in der falschen Alternative ein. Die Selektion und Institutionalisierung allgegenwärtiger Themen, die verbindliche Verteilung von Aufmerksamkeit und die Streuung inhaltlicher und formaler Standards strukturieren und begleiten eine ›Politisierung‹ und ›Modernisierung‹, die im wesentlichen kein reflexiver (›innengeleiteter‹), einstellungs-revolutionierender Überzeugungswandel ist, sondern ein einstellungsneutraler Generalisierungsprozeß, der in gewissem Sinne alle Einstellungen abwertet. Gleichzeitig verstärken und provozieren sie eine Erschütterung der lokalen, traditionsgebundenen Hierarchien von Wahrnehmungsformen und Themen, eine Ausfransung und Überdeckung kultureller Grenzen und Tabuierungen, eine Schwächung jener normativen Ausgrenzungen, die für feudale, dörfliche und kleinstädtische, auf Exklusivität hin angelegte Ordnungssysteme bezeichnend sind. Der Motor dieser Entwicklung ist nicht die Propagierung eines Neuen, sondern die Nivellierung des Alten und Neuen unter dem sinngebenden Aspekt willkürlich festgelegter sensueller und kognitiver Verkehrs-Regeln. In diesem Sinne mögen auch Informations-, Kommentar- und Unterhaltungssendungen als Katalysatoren von ›Politisierung‹ fungieren. Die Medien organisieren die quasi-öffentliche Meinung, ein Netz von Antennen, Konferenzschaltungen und Arrangements, das interpersonale Meinungsbildung absorbiert oder ignoriert, aber sie sind nicht die Quellen dieser Meinung. Durch sozialen Einstellungswandel wird heute ein autonomes ›Steuerungspotential‹ der Medien ebensowenig bestätigt wie die Originalität der Entstehung von ›Stimmungen‹ in der Bevölkerung.

Auch mit der Untersuchung langfristiger Wirkungen wird die Forschung unter dem Niveau ihres Gegenstands bleiben und ihr eigenes Verhältnis zur Massenkommunikation nicht einholen; es sei denn, sie macht sich vom Zwang der linearkausalen Ursache-Wirkungs-Vorstellung frei. Obwohl Bauer und Noelle-Neumann aus dem Bannkreis kurzschlüssiger Fragen und Antworten auf verschiedene Weise zu entkommen suchen, erliegen beide der Verfänglichkeit des ein- oder mehrgleisigen Kausalitätsmodells. Die »Solidität und Zulässigkeit« einer Wissenschaft, die sich in ihrer Bescheidenheit ausschließlich auf »höchst praxis-relevante Zweck-Mittel-Relationen« bezieht[141], ist zu bezweifeln. Diese Wissenschaft will Thesen nur aus Versuchen ableiten, bei denen alle beteiligten Variablen, alle Zwecke und alle Mittel, kontrolliert, d. h. voneinander und gegenüber anderen isoliert sind. Sie kann aber die Implikationen dieser Isolierung selbst nicht kontrollieren. Auf dieser prinzipiellen Nachlässigkeit beruhen die *Wirkungen der Wirkungsforschung.* Es bleibt ungewiß, um was es sich bei den Ergebnissen überhaupt handelt. Auf höherer Ebene konstruiert dann die Theoriebildung die generelle Anlage der Versuche nach.

Praxis und Theorie der Massenkommunikation verdanken ihre Wirkungstechniken der neuzeitlichen Tradition der Naturwissenschaften. »Dem klassischen Forschungsprinzip der Kausalität entsprach eine Theorie streng determinierter Systeme, die vollkommen isoliert existieren bzw. auf spezifische Umweltanstöße jeweils nur auf eine einzige und deshalb vorhersehbare Weise reagieren. Solche Systeme lassen sich von außen präzise steuern. Ihr Modell hat jedoch, wie auch Vertreter dieser Konzeption einräumen, im Bereich der Sozialwissenschaften kaum Anwendungsmöglichkeiten.«[142] Denn die interne Kausalstruktur von Handlungssystemen ist so komplex und variabel, »daß jeder Versuch, bestimmte Ursachen mit bestimmten Wirkungen zu korrelieren, ›ceteris-paribus‹-Annahmen machen muß, die von vornherein nur minimale Wahrscheinlichkeit in Anspruch nehmen können«.[143] Kausaldarstellungen von Phänomenen der Massenkommunikation können nicht rechtfertigen, warum sie mit einem bestimmten Faktor beginnen und bei bestimmten Faktorenzusammenhängen enden.[144] Indem sie nicht erklären, warum sie die vielen anderen Wirkungen der selektierten Ursache und die vielen anderen Ursachen der selektierten Wirkung (und ihre Korrelationen) ausschließen, unterstellen sie – zu Unrecht – eine gleichsam verpflichtende Evidenz. In der Anmaßung solcher Evidenz liegt das Geheimnis der ›Wirkung‹.

Die meisten Studien zu Prozessen der Massenkommunikation haben noch nicht einmal die Revision des kausalwissenschaftlichen Funktionalismus nachvollzogen, die sich in den Naturwissenschaften durchgesetzt hat: die Ablösung der deterministischen Denkweise durch eine wahrscheinlichkeitstheoretische. Variablenbedingungen und Variablenzusammenhänge können als Sonderfälle von kombinatorischer Wahrscheinlichkeit aufgefaßt werden. Dies hat den Vorteil, daß die Vorstellung einer Linearität (Gleismodell) gar nicht erst entstehen kann und daß der grundsätzlich provisorische Charakter von isolierenden Laborexperimenten und Feldforschungen – nicht nur im Hinblick auf die Resultate, sondern auch im Hinblick auf die Auswahl und die Definition der Faktoren – nicht mehr kaschiert wird. Dadurch wird erschwert, was eine Polarisierung von Kommunikator und Rezipient nahelegt: die strikte Festlegung, was unabhängige Variable ist und was abhängige Variable ist, was Ursache ist und was Wirkung ist. Doch auch für die stochastische Methode ist Exklusivität das Ziel. Es sollen Faktorenrelationen hergestellt werden, die wie Gesetzmäßigkeiten behandelt werden können. Die Wahrscheinlichkeit steigt mit der Zahl der ausgeschlossenen Möglichkeiten. Für Gesellschaftswissenschaften ist daher auch dieses Modell unbrauchbar.

Dagegen bietet sich für diese Wissenschaften die funktional-strukturelle Methode an. Sie ist keine exklusive Denkanordnung, die lediglich ihre eigenen Bedingungen reproduziert. Ihr ›Prinzip‹ ist gerade die hohe Unwahrscheinlichkeit (wenn man will: historische Bedingtheit) aller Beziehungen zwischen einem ›Wenn‹ und einem ›Dann‹. Systemstrukturen sind keine ›Ursachen‹ der jeweiligen Selektionsleistungen. »Eine Handlungsordnung ist [...] in dem Maße System, als sie gegenüber Umweltänderungen mehrere Reaktionsalternativen bereit hält, die unter abstrakten, systemeigenen Gesichtspunkten funktional äquivalent sind. Die relative Invarianz beruht dann nicht auf starrer Koppelung von Systemänderungen mit Umweltänderungen, sondern auf selektiven Einrichtungen im System, deren Funktion nicht davon abhängt, daß man ihr Funktionieren voraussagen kann.«[145] Für das System der Massenkommunikation bedeutet dies: Werden bestimmte Kommunikationsbahnen (Themen) und Stereotypen der Publikation und Rezeption auf generalisierte Verhaltenserwartungen und Aufmerksamkeitsregeln zurückbezogen, so informiert dies über einen konkreten Vorgang der Reduktion von Komplexität, nicht über eine invariante Notwendigkeit oder Wahrscheinlichkeit. Diese Information verweist zugleich auf das Potential vorläufig ausgeschlossener Alternativen, das dem System zur Verfügung steht, auf die bis auf weiteres stabilisierte Sinngrundlage dieses Ausschließens (die besondere Form, in der hohe Unwahrscheinlichkeit stets aufs neue reduziert wird) und letztlich auch auf die Kontingenz der selektiven Systemstrukturen selbst. Solche ›Kausalität‹ – als Grenzfall von Funktion – »ist eine heuristische, strategische, vergleichende Kategorie, die den Zugang zu anderen Möglichkeiten offenhält«.[146]

Läßt man sich auf bestimmte Grundoperationen ein (Ausklammerungen, Operationalisierung des Isolierten), dann haben Aussagen ›Wirkungen‹. Die Hoffnung auf solche Erfolge muß teuer erkauft werden: Die verschiedenen Theorieansätze, die sich auf Resultate der Verhaltensforschung stützen, lassen sich nicht zu Theorien der Massenkommunikation zusammensetzen und auch nicht komplettieren. Das Interesse an Einzelwirkungen (›progressiver‹ oder ›manipulativer‹ Botschaften) verstellt die Einsicht in die Funktionalität der Massenkommunikation für gesellschaftliche Interaktion. Aufklärungsfeldzüge kritischer Publizisten bleiben insofern fragwürdig und ziellos, als sie die Strukturbedingungen des Sendens und Empfangens, die ihre Absicht zunichte machen, ignorieren (müssen). Massenkommunikation gelangt nicht dazu, sich selbst und die beträchtlichen gesellschaftlichen Kommunikationsstörungen zu reflektieren.

Mithin bestätigt der Boom der Wirkungsforschung selbst, daß das Medien- und Publikumssystem die *Kommunikations*-potentiale und -netze in seiner Umwelt nicht im Hinblick auf die Erhöhung seiner Leistungsfähigkeit (die weitere funktionale Differenzierung und den Einbau reflexiver Mechanismen) bestimmt, sondern im Hinblick auf die Selbsterhaltung seiner geronnenen Strukturen. Diese müßten aber ihre Flexibilität und Variabilität erhöhen, um die anwachsende Umweltkomplexität erfassen und reduzieren und mit einem schneller fluktuierenden Bedarf an Variationsmöglichkeiten und Konfliktmedien kombinieren zu können. Da dies nicht geschieht, entspricht den Schwierigkeiten der Forschung, die Massenkommunikation mit Effizienz gleichsetzt, die Unfähigkeit der Produzenten und Konsumenten, aus den latenten Selektionskriterien praktische Kriterien der Anknüpfung sozialer Kontakte zu gewinnen. Nur wenn der Wirkungsmechanismus seine zentrale Bedeutung für Publizisten, Rezipienten und Wissenschaftler verliert, kann die theoretische und praktische Auseinandersetzung mit den gesellschaftlichen

Kommunikationsverhältnissen aufgenommen werden, eine Auseinandersetzung, in der es darum geht, Themen als (Ausdruck von) Interaktionsgelegenheiten und nicht mehr als bloße Aktualitätsetiketten, Gesprächsrubriken und Verschleißstoffe zu behandeln.

Worin besteht das Potential der Massenkommunikation?

Es spricht für ein verändertes Problembewußtsein, daß in letzter Zeit viele Medienforscher nicht mehr die Wirkung einzelner oder gebündelter Überredungskommunikationen auf Individuen und Gruppen ermitteln wollen, sondern daß sie statt dessen die *Gesamtwirkung* bzw. die *gesellschaftlichen Folgen (consequences)* gegenwärtiger Massenkommunikation darzustellen suchen. Jedoch werden dabei häufig Massenkommunikation und Massenmedien gleichgesetzt, und dies läßt vermuten, daß der Aspekt der sozialen Steuerung nach wie vor das Hauptinteresse der Forscher in Anspruch nimmt.

Am leichtesten zu erfassen sind die Folgen, die der Konsum der Medien, vor allem des Fernsehens, für die Gestaltung der Freizeit bzw. für den Tagesablauf hat. Es interessieren hier nicht die kurz- und langfristigen Wirkungen bestimmter Aussagen auf bestimmte Attitüden, sondern die sichtbaren Vorgänge und Begleitumstände der Rezeption selbst. Meist wird die Frage aufgeworfen, welche Funktionen und Betätigungen, die früher das Familienleben am Feierabend und am Wochenende kennzeichneten, in einer Gesellschaft der ›Fernsehsaturierung‹ verdrängt und ersetzt werden. Allabendliches mehrstündiges Fernsehen verkürzt die Zeit, die für andere Medien aufgewandt wird (Rundfunkhören, Kinobesuch, Lesen), und geht auf Kosten gemeinsamer Beschäftigungen (Gespräche, Spielen mit Kindern, Kartenspiel, Handarbeit, Abstatten von Besuchen), wohingegen ›aktive‹ Tätigkeiten des einzelnen wie Hobbys und Sport nicht nennenswert eingeschränkt werden. Ferner ist zu beobachten, daß Fernsehzuschauer seltener öffentliche Einrichtungen (Cafés, Stadien, Kinos, Theater) aufsuchen als andere. Daher spricht man von einer ›Tendenz zur Verengung auf das Privatleben‹. Diese Entwicklung kann freilich nur im Zusammenhang mit der

Auflösung größerer Quasi-Primärgruppen (schichtspezifische Subkulturen, Nachbarschaftsgruppen, Dorfgemeinschaften) richtig eingeschätzt werden.[147]

Manche Fernsehsender – etwa das ZDF – versuchen, sich auf die Lebensgewohnheiten der größten Zuschauergruppen einzustellen (und so die Einschaltquoten zu erhöhen), indem sie Daten vom Tages- und Arbeitsbeginn, vom Ende der Berufsarbeit, der Anwesenheit im Haus und dem Beginn der Schlafenszeit auswerten.[148] Das abendliche Hauptprogramm wird in der Regel zwischen 19 Uhr und 22 Uhr ausgestrahlt, in der Zeit mit der größten Sehbeteiligung. Diese Programmkonzeption scheint auf lange Sicht allerdings fragwürdig zu sein. Der Trend zur Vier-Tage-Woche, die Einführung gleitender Arbeitszeiten in den größeren und mittleren Betrieben und die wachsende Bedeutung der Dienstleistungsberufe werden die Orientierung an einem ›durchschnittlichen Tagesablauf‹ schließlich unsinnig machen.

Ohnehin haben alle Untersuchungen, die den Eingriff des Fernsehens ins tägliche Leben behandeln, nur sehr beschränkte Bedeutung für eine Funktionsbestimmung der Massenkommunikation. Sie sind indifferent gegen die Kriterien und die Struktur der Medienprogramme – jedenfalls so lange, wie die Programmgestaltung nicht mit der Freizeit selbst kommuniziert, diese nicht in sich aufhebt. Hinzu kommt, daß die Rezipienten nicht nur dann an der Massenkommunikation teilnehmen, wenn sie sich den Medien in ihrer Freizeit bewußt zuwenden. Strenggenommen rezipieren sie während ihres gesamten Lebens: Die Stereotypen der Massenkommunikation sind allgegenwärtig (auf den Plakaten, in der Kleidung, in den Bewegungen und Gesten, in den Sprechweisen, in der Erinnerung und Erwartung), und selbst die unmittelbare Medienrezeption setzt sich in vielfältigen Aufarbeitungsprozessen und in den Gruppengesprächen fort. Leistungen ausdifferenzierter sozialer Subsysteme sind grundsätzlich nicht zu terminieren.

Fruchtbarer erscheinen Untersuchungen, die in bestimmten Prozessen der Selektion und der Vereinheitlichung die sozialen Konsequenzen der Massenkommunikation erkennen. Verschiedene Autoren stellen fest, daß die Werbung, die durch Anpassung an die Motivationsstrukturen des Publikums

Erfolge erzielen will, ihre Effekte zwar nicht planen kann, jedoch eine ›Vereinheitlichung der Motivlagen‹ nach spezifischen Vergesellschaftungsmustern begünstigt (*nicht verursacht*).[149] Dies gilt wohl für Massenkommunikation insgesamt. Die Motive, die von der jeweiligen Aussagen »angesprochen« werden, sind nur Momente in einem Konnex widersprüchlicher Prädispositionen (in unterschiedlichen Aggregatzuständen). Sie lassen sich nicht einzeln stimulieren, und der gezielte Beeinflussungsversuch wird neutralisiert. Dennoch ist es bedeutungsvoll, welche Motivationslagen bevorzugt thematisiert werden. Das Individuum wird sich in seinen Selbstdarstellungen und Stellungnahmen mit Vorliebe und größerer Leichtigkeit der Bedürfnisformeln und legitimatorischen Sprachfiguren bedienen, die ›in aller Munde‹ sind, weil es dann hoffen darf, besser verstanden zu werden. (Ob die aufgegriffenen Wendungen eine Zustimmung oder eine Ablehnung bestimmter Auffassungen unterstützen sollen, ist unwesentlich.) Bestimmte Gegenstandsbezüge (Motivationen) werden öffentlich bereitgestellt; andere, öffentlich vernachlässigte Bedürfnisse müssen sich als Modifikationen der generalisierten Intentionen darstellen, um eine Artikulationschance zu erhalten. Vergleichbar ist dies mit dem politischen Marketing: Die Monopolparteien sind vor Wahlen in einer gewissen Verlegenheit, weil viele ihrer Anstrengungen, Wähler an sich zu binden, einer Verwechslung und Auswechslung der Parteien den Weg bereiten, so daß gerade die stärksten Mittel den Sieg nicht garantieren können. Zugleich aber wird die Chance anderer Parteien, sich in der ›öffentlichen Meinung‹ und parlamentarisch zu institutionalisieren, immer geringer. Der Werbeerfolg zeigt sich nicht in der Durchsetzung der differentiellen Absichten, sondern in der Reduzierung der Zahl der Alternativen. (Auch hierbei ist die Massenkommunikation nur ein Faktor unter vielen.) Die Massenkommunikation trägt zu einer bestimmten kulturellen Uniformität bei. (Nicht aber zur Aufhebung der rigiden sozialen Klassen- und Statusdifferenzierungen; diese sind vielmehr gerade von der Uniformität abhängig.)

Eine andere generelle Wirkung der Massenmedien wird darin gesehen, daß diese den Personen und Gegenständen, die sie behandeln, *Prestige* und damit besondere Privilegien verleihen, und zwar keineswegs nur dann, wenn die Produzenten einer Aussage als Experten bekannt sind. »Prestigegewinn winkt schon denen, die nur die Aufmerksamkeit der Medien erringen, ganz abgesehen von irgendeiner redaktionellen Unterstützung. Die Massenmedien verleihen Prestige und vergrößern die Autorität von Individuen und Gruppen, indem sie Bedeutung beglaubigen.«[150] — Ferner bezeichnet man es als *Folge* der Massenkommunikation, daß Individuen mit vielen Themen überhaupt in Berührung kommen, daß sie sich *irgendeine* Meinung zu bestimmten Gegenständen bilden können. Wie sich Meinungen durchsetzen lassen, ist ungewiß; sicher aber ist, daß die Medien Themen und Meinungen initiieren.[151] Folglich zeigt sich die generelle Bedeutung der Medien auch darin, daß sie gewisse Informationen *nicht* bringen, mit bestimmten Problemen nicht bekannt machen und bestimmte Anregungen nicht geben. Auf diese Weise entziehen sie Themen und Haltungen der allgemeinen Aufmerksamkeit.[152]

Alle diese Funktionen lassen sich aber nicht als Einflüsse der Massenkommunikation hinwegerklären, nicht nach einem Modell von Ursache und Wirkung, in dem die Massenkommunikation der Gesellschaft *gegenüber*steht. Was Massenkommunikation zu formieren und zu prägen vermag, ergibt sich unter dem Aspekt gesamtgesellschaftlicher funktionaler Differenzierung, unter einem Aspekt, der Massenkommunikation nicht von den Selektions- und Vereinheitlichungsprozessen (als ›Folgen‹) zu unterscheiden erlaubt. Sie steht nicht *hinter* dieser Vereinheitlichung (in der Person irgendwelcher ›Macher‹); sie *ist* die Vereinheitlichung. (Und das, was unterschieden werden kann, ist nicht der Massenkommunikation allein oder ›überwiegend‹ zuzuordnen.) Der einstellungsneutrale öffentliche Konformismus, die Einführung und Ausklammerung von Thematiken (Unterhaltungs- und Informationsstandards) läßt sich präziser als die heute vorherrschende Form der Durchsetzung von Aufmerksamkeitsregeln bestimmen.*

---

* In Teil I wurde schon ausgeführt, daß auch die bekannten Funktionsbestimmungen Lasswells (die Massenkommunikationsmittel überwachen die Umwelt und informieren das Publikum über günstige und bedrohliche Entwicklungen; sie wirken – wie Familie und Schule – bei der Tradierung des kulturellen Erbes

Die meisten Erörterungen der historischen Gesamtwirkung der Massenkommunikation berufen sich auf Thesen, die sowohl im Hinblick auf die davon berührten Syndrome als auch im Hinblick auf das spezifische Leistungspotential der Massenkommunikation irreführend sind. Scheinbar plausible Aussagen wie die Feststellung, der erhöhte Medienkonsum ›führe‹ zur Narkotisierung der Rezipienten und zu einer verfrühten Sozialisation von Kindern, sind nichts als Leerformeln für Umstrukturierungen, von denen alle Subsysteme der Gesellschaft auf verschiedene Weise betroffen sind. Beschreibt man solchen sozialen Wandel als ›Folge‹ der Massenkommunikation, erscheint er als Komplex schlechter Angewohnheiten, die durch Appelle an Redakteure und Publikum und innere Einkehr überwunden werden könnten. Der Massenkommunikation bzw. den Medien wird Subjektcharakter, der Rang einer begründenden Ursache höchst komplexer Prozesse zugesprochen. Dabei greift man zu weit und zugleich zu kurz: Einmal verfehlt man die eigentümlichen selektiven Mechanismen und Initiierungschancen der Massenkommunikation (auch in bezug auf jene Umstrukturierungen); zum anderen ignoriert man die *gesellschaftliche* Genese und Bedeutung der wichtigen Zusammenhänge. Man erledigt qualitativ neue Problemstellungen, indem man auf obsolete Kausalitätsvorstellungen zurückgreift (Fernsehen versus Gesellschaft) oder diese Probleme in naiver Weise quantifiziert: Unvermeidlich sei, daß die Menschen gegenüber den ›Apparaten‹ eine mehr oder weniger passive Rolle spielen und daß der Massengeschmack schlecht ist; aber weil es in den kapitalistischen Gesellschaften die modernen Massenmedien gebe, sei die Passivität besonders groß und der Massengeschmack besonders schlecht.

Angekreidet werden der Massenkommunikation vor allem vier krisenhafte Entwicklungen:
– Der ständige Genuß unverbindlicher Unterhaltungssendungen macht aus dem Publikum langfristig eine gleichgültige, apathische Masse, die soziale Probleme nur in attraktiver Verpackung zur Kenntnis nimmt und zu autonomer Meinungsbildung und politischem Engagement nicht mehr fähig

von einer Generation zur anderen mit) bestimmte Selektionsprozesse bezeichnen.

ist. Da bestimmte Sendungen eine permanente Anspannung fast aller Sinne ermöglichen, schätzen viele dieses totale *involvement* höher ein als die Befriedigung, die direkte, persönliche Kontakte bringen können. Die Hingabe an die Produkte der Medienindustrie bremst die Eigenaktivität und begünstigt eine Art von Dauer-Eskapismus. Lazarsfeld und Merton befürchten, daß der »interessierte und informierte Bürger [...] seine sekundäre Berührung mit der Welt der politischen Realität, sein Lesen, Zuhören und Nachdenken als Ersatz für eine Handlung [auffaßt]. Es kommt so weit, daß er das Wissen über Tagesprobleme mit dem Etwas-dafür-Tun verwechselt. Sein soziales Gewissen bleibt fleckenlos. Man ist ja interessiert, man ist ja informiert. Aber wenn man mit dem Abendessen fertig ist, wenn man Rundfunk gehört, seine Lieblingssendungen verfolgt und die zweite Zeitung am Tag gelesen hat, wird es wirklich Zeit, ins Bett zu gehen. In dieser Beziehung können die Massenmedien zu den bedeutendsten und wirksamsten gesellschaftlichen Narkotika gerechnet werden. Sie können sogar derart wirken, daß der Süchtige seine eigene Krankheit nicht einmal erkennt.«[153] Außerdem schwächt der passive Medienkonsum die Apperzeptionskraft und die Erinnerungs- und Erfahrungsfähigkeit – auch die Fähigkeit zur Erfahrung des eigenen Selbst. Gegenüber einer Welt, die als Fremdprodukt erscheint, erfährt sich der einzelne als ohnmächtig und ausgeschlossen. Die perfekte Reproduktion der Ereignisse und der sozialen Natur des Globus fetischisiert das Gegebene.

Indes kann die Habitualisierung einer rezipierenden Haltung nicht linear-kausal auf die Massenmedien zurückgeführt werden. Wenn man den einzelnen heute nach den liberaldemokratischen Vorstellungen von staatsbürgerlicher ›Aktivität‹ und ›Passivität‹ (selektive, Privilegien schützende Mechanismen von Anfang an) beurteilt und einschätzt, überfordert man ihn, mißdeutet man seine Schwierigkeiten, mißachtet man die Anstrengungen, die ihm ständig abverlangt werden, wenn er die immens angewachsene Umweltkomplexität auch nur notdürftig auf eine provisorische individuelle oder gruppenbestimmte Identität reduzieren will. Diese Anstrengung steht jenseits des Gegensatzes von Aktivität und Passivität. Der einzelne ist *als einzelner* nicht Basis und Sinn, nicht

Entscheidungs-, Kontroll- und Anrufungsinstanz dieser Gesellschaft. Das Individuum als ›Person‹, der Massenkommunikation konfrontiert – dies berührt die grundsätzliche Inkompatibilität von individuellem Erleben handgreiflicher Nahwelten und abstrakten Prämissen der Erlebnisverarbeitung, nach denen soziale Systeme ihre Umwelt bestimmen. – Durch die Inszenierung einer Scheinwelt, durch Zerstreuung und Entspannung *kompensieren* die Massenmedien die niederdrückenden Erfahrungen der industriellen Arbeitswelt. Sie lenken von den Berufs- und Alltagsproblemen ab und erleichtern es auf diese Weise dem einzelnen, sich abzureagieren und sich jeden Tag aufs neue mit den gesellschaftlichen Zwängen abzufinden. Für den einzelnen hat Massenkommunikation also die Funktion *psychischer Stabilisierung.* Vor allem Unterhaltungssendungen bieten ein *funktionales Äquivalent* für Bedürfnisbefriedigung, das Ausleben motorischer Impulse und Lebensbewältigung (Lewin). Für die Gesellschaft erfüllen die massenhafte Bereitstellung von Surrogaten (mittels journalistischer Techniken wie Personalisierung, Intimisierung und Privatisierung gesellschaftlicher Tatbestände) und die einseitige Wissensvermittlung eine sozialtherapeutische und legitimatorische Stabilisierungsfunktion (Holzer). Massenkommunikation sichert Herrschaft somit auf doppelte Weise: Sie fügt sich in die Prozesse der Warenzirkulation ein und leistet die ›bestandsnotwendige Ideologiedistribution‹ in den Massen (Dröge). Andere Forscher resümieren, daß Massenkommunikation sowohl der Erhaltung als auch dem Wandel politischer, ökonomischer und kultureller Systeme dient, gemeinsame Wertvorstellungen geläufig macht, Konformismus und Mobilität begünstigt sowie Herrschaft bedroht und aufrechterhält.

Mit der kompensatorisch-stabilisierenden Funktion werden der Massenkommunikation Aufgaben zugesprochen, die ebenfalls alle anderen sozialen Subsysteme erfüllen. Die präformierten Nutzungsbedürfnisse der Rezipienten und die eingeübte Nutzungshaltung gegenüber vorgestanzten Inhalten lassen sich nicht als Wirkungen bzw. Folgen der einzelnen Medienproduktionen (oder der Summe aller Produktionen) erklären. Sie entsprechen vorab den generellen Strukturen der Massenkommunikation und können daher von den verschiedenen ideologisch befrachteten Beiträgen weder etabliert noch unterhöhlt werden. Allenfalls könnte man diese Strukturen selbst als Ideologie bestimmen. Überdies ist nicht einzusehen, daß die psychische Stabilisierung und das ›Sich-Abfinden‹ von Rezipienten mit ›Aufrechterhaltung von Systemstrukturen‹ und die Verhinderung psychischer Stabilisierung mit ›Erschütterung von Systemstrukturen‹ gleichzusetzen sind. Eine Systemkrise kann gerade dadurch ausgelöst werden, daß alle sich ›abfinden‹ (etwa mit persönlichem Besitzstreben als oberstem Kriterium ihres Handelns). Andererseits können Systemstrukturen heute dadurch gefestigt werden, daß viele sich nicht mehr mit Bestehendem ›abfinden‹. *Haltungen* von Individuen lösen keine Krisen aus und verteidigen keinen Status, indem sie sich lediglich summieren.

– Viel ist auch die Rede von den Auswirkungen der Massenkommunikation auf die Sozialisationsprozesse: Da Kinder oft dieselben Fernsehsendungen wie Erwachsene sehen und dabei unversehens mit Themen, Reizen, Slogans, Handlungsstandards und Denkweisen konfrontiert werden, die ihnen viele Pädagogen lieber nach und nach oder gar nicht ›verabreichen‹ würden, spricht man von einer ›Verfrühung des Sozialisationsprozesses‹. Diese kann nach Klapper für die Kinder, die darauf drängen, am Leben der Erwachsenen teilzuhaben, verschiedene Konsequenzen mit sich bringen: verfrühte und oberflächliche Reifung, Fixierung an falsche, einseitige Vorstellungen von der Welt der Erwachsenen, vorzeitige Übernahme von Verhaltensweisen der Erwachsenen, Furcht vor dem Älterwerden, Erschütterung des Glaubens an die ›Allwissenheit‹ der Erwachsenen.[154] (All dies sind Umschreibungen der Furcht der Eltern, ihre Kinder könnten sich ohne ihre Zensur ein Bild von den Wichtigkeiten und Mysterien der Gesellschaft machen und sich so ihrer Kontrolle und der Pflicht zur Kindesliebe entziehen.) Da Kinder zu vielen öffentlichen (auch politischen) Themen noch keine festen Haltungen einnehmen und keine klaren Wertvorstellungen geformt haben, vermutet man, daß hier die Einflußchancen der Meinungsmedien besonders groß seien.[155] Man unterstellt dabei, das Kind sei gewissermaßen eine tabula rasa; zugleich geht man davon aus, daß beim Kind ein elementarer Bedarf an politischen u. a. Meinungen und Haltungen beste-

he, besser gesagt, daß Meinungen und Haltungen für 4-8jäh-
rige Kinder eine ähnliche Identifikationsfunktion erfüllen wie
für Erwachsene, daß die verschiedenen Gegenstände vergleichbar symbolisch besetzt und gegeneinander abgegrenzt
seien. – Außerdem befürchtet man schädliche Auswirkungen
auf die Phantasie und die Lern- und Konzentrationsfähigkeit
von Kindern und Jugendlichen, für die Fernsehen, Film, Radio
und Comics zu ›funktionalen Miterziehern‹ geworden sind,
und zeigt sich besorgt über die Aussicht, das ›Erlebnis der
familiären Gemeinsamkeit‹ könne hinfort erschwert oder gar
verhindert werden. Dagegen hofft man, der Dauerkonsum
von Fernseh- und Rundfunksendungen werde das Sprachler-
nen stimulieren, den Wortschatz und das Bewußtsein erweitern, für Lernanregungen empfänglicher machen und zu größerer Toleranz erziehen (schichtenspezifische und ethnozen-
trische Attitüden korrigieren).
  Wie stichhaltig die solchen Erwartungen zugrunde liegenden
pädagogischen Überzeugungen von ›Kindeswelt‹ und ›Er-
wachsenenwelt‹ sind, bleibe dahingestellt. Wesentlich ist hier,
daß nicht der Einfluß des Fernsehens und anderer Medien für
die Funktionsverluste der Familie (mit)verantwortlich
gemacht werden kann. Diese bleiben auch dann nicht aus,
wenn der Fernsehapparat fehlt. Die Entmündigung und
Funktionalisierung der Familie, die sich früher als Mutterbo-
den des Gemeinwesens feiern lassen durfte, ist bereits konstitutiv für die Etablierung eines Systems der Massenkommunikation.
  – Schließlich glauben viele Medienforscher und öffentliche
Erzieher daran, daß zwischen dem regelmäßigen Genuß scha-
ler Unterhaltung und der Nivellierung des Massengeschmacks
(was Musik, Literatur, Gebräuche, Kleidung, Wohnungseinrichtung und Freizeitvergnügen betrifft) auf ›niedrigem
Niveau‹ eine kausale Beziehung besteht – die zwar zwei-
gleisig ist, aber primär und letzten Endes doch von den
Medien gesteuert wird. Daher ist es nur konsequent, daß viele
von einer Diktatur des Anspruchsvollen träumen. »In kühner
Phantasie, die die Fesseln der augenblicklichen Organisation
der Massenmedien hinter sich läßt, wäre es denkbar, eine
strenge Aufsicht über alle Medien einzuführen, die darauf
achtet, daß nichts gedruckt, gesendet oder ausgestrahlt wird

außer ›dem Besten, das in der Welt gesagt und gedacht wurde‹. Ob eine radikale Veränderung in der Versorgung mit Massenkunst das geschmackliche Niveau des Massenpublikums automatisch verändern würde, muß offenbleiben.«[156]

Es ist ebenso unwahrscheinlich wie diese radikale Veränderung selbst. Abgesehen davon, daß es nicht mehr möglich ist, Gemälde, Musikstücke und Verse wieder als jenes ›auratische‹, je unwiederholbare Geschehen zu erfahren, das sie für Fürstenhöfe und gebildete Stände einmal war (so daß die tradierten Wertungen versagen), können die historischen Zersetzungen und Nivellierungen, die eine ›Regression des Hörens‹ und eine Regression des Sehens unvermeidlich und in gewissem Sinne unwiderruflich gemacht haben, nicht als spezifische Prozesse oder Resultate der Massenkommunikation abgetan werden: die Eingemeindung aller Zonen mit autonomen kulturellen Normen im kapitalistischen Tauschverkehr; die objektive und subjektive Auflösung der lebensgeschichtlichen Einheit des Individuums; die Generalisierung von Schwellen sensorischer Aufmerksamkeit, basierend auf den Tempoanforderungen, nach denen wir heute wahrnehmen müssen (wenn nicht alles, so doch das meiste); die Absurdität, daß wir in dem Bemühen, unerträgliche Diskrepanzen zu vermindern und uns zu orientieren, ständig auf privatistische Nahwelten zurückgeworfen werden, die aber keine Dialektik mit dem ›Öffentlichen‹ mehr zustandebringen und eine isolationistische, ›regressive‹ Ästhetik festlegen. (Daß ein anderes Sehen, Hören und Empfinden wünschenswert und erreichbar ist, soll nicht bestritten werden. Doch die Chancen, Bedingungen und Maßstäbe eines anderen Geschmacks entdeckt man nicht, indem man zurückblickt oder die *Medien* des herrschenden Geschmacks anklagt.)

Die Diskussion um die sozialen Folgen der Massenkommunikation wurde in den letzten Jahren allerdings von einem anderen Thema beherrscht: von der Frage, ob Darstellungen von Verbrechen und Gewalttaten in den Medien in einem Kausalzusammenhang mit Fehlverhalten und Delinquenz stehen, zumal mit der Zunahme der Gewaltkriminalität von Jugendlichen – oder ob sie dazu beitragen, in den nacherlebenden Rezipienten aggressive Emotionen abzubauen. Die

Frage bezieht sich also nur auf bestimmte Sendungen und einen bestimmten Typ von Trivialliteratur. Überwiegend sind es konservative Medienkritiker, die den Verdacht äußern, ›Horror, Comics und Fernsehen‹ seien eine Schule des Verbrechens, und die Überrepräsentanz von aggressiven und ›abweichenden‹ Handlungen auf dem Bildschirm provoziere in kritischen Ausnahmesituationen (z. B. bei Alkoholeinfluß) auch bei gewöhnlich gesetzestreuen Bürgern Gewaltakte und Kriminalität. Man befürchtet, Kinder, Jugendliche und Heranwachsende würden von den Medien dazu verleitet, Gewalt und Verbrechen als selbstverständlich zu betrachten und den Wert eines Menschenlebens und das Recht auf körperliche Unversehrtheit geringzuschätzen. Daher will man vor allem sie vor verderblichen Einflüssen schützen.

Die von der Diskussion angeregten Feldstudien bestätigten diesen Verdacht nicht; zumindest zeigten sie auf, daß keine direkten Kausalzusammenhänge zwischen der Zunahme von Gesetzesverletzungen und der Zunahme von publizierter Brutalität bestehen. Die meisten Forscher gehen heute davon aus, daß Personen, die aufgrund ihrer sozialen Lage und ihrer psychischen Verfassung zu kriminellem oder ›abweichendem‹ Verhalten disponiert sind, bisweilen durch Gewaltdarstellungen zu solchem Handeln animiert werden – aber eben auch durch bestimmte Kontakte und Konflikte mit der Umwelt –, während andere Personen durch dieselben Medieninhalte keineswegs zu ungesetzlichem Tun bewegt werden. Die beamteten und die selbsternannten Wächter von Anstand und gutem Geschmack arbeiten mit groben Vereinfachungen, wenn sie Kriminalität weitgehend auf bestimmte Filme und Texte zurückführen; diese sind in der Regel nicht einmal ein wesentlicher Faktor in der Vorgeschichte krimineller Akte. Stets haben der jeweilige Verlauf des Sozialisationsprozesses und die positiven und negativen Sanktionen der primären Bezugsgruppen für kriminelle Karrieren größere Bedeutung als die ›Ersatzerfahrungen‹ bei der Rezeption öffentlicher Darstellungen. Um zu veranschaulichen, unter welchen Umständen Kinobesuch oder die Lektüre von Romanheften den Ausschlag geben können, müßte man komplizierte und höchst unwahrscheinliche Fälle konstruieren – und auch das, was jeweils den Ausschlag gibt, ist nicht die ›Ursache‹. Warum sollte man sich dann nicht auch um den umgekehrten Fall Sorgen machen: daß aggressionsfreie Darstellungen bei Rezipienten Aggressionen auslösen können?[157]

Auch wenn sich zeigen ließe, daß einer Häufung gewaltförmiger Medienaussagen eine wachsende Zahl von Delikten entspricht, belegte dies keine kausal-lineare Beziehung. Man kann nämlich annehmen, daß »übergeordnete Faktoren beide Entwicklungstendenzen auslösen. Demnach wären z. B. für die Produktion bzw. Selektion von Sendungen mit brutalen Handlungen durch Kommunikatoren ähnliche strukturelle Bedingungen verantwortlich zu machen wie für brutales oder sonstwie abweichendes Rezipientenverhalten.«[158] Medienkonsum und Kriminalität »können einander ergänzen, aber sie können andererseits auch als Alternativen bzw. konkurrierende Ausflüsse angesehen werden«.[159]

Ungeachtet der Forschungsresultate werden immer wieder die gleichen Argumente gegen die Medien vorgebracht, wohl deshalb, weil man billige, die strafende Gesellschaft schützende Erklärungen und Entschuldigungen für die Kriminalität sucht. Offenbar verleiten gerade die soziale Sinnfälligkeit krimineller und aggressiver Verhaltens und die hohe Komplexität der gewalt- und kriminalitätsfördernden Verhältnisse* zu Kurzschlüssen auf die verführerische Kraft des Vor-

---

* Einige Stichworte: Widersprüche zwischen den kulturell vorgezeichneten Zielen (der induzierten Leistungsorientierung und den propagierten Erfolgswerten) und den sozial verteilten Chancen, diese Ziele zu erreichen (Unterprivilegierung, formelle und informelle Prüfungssysteme), sinnlich repräsentiert in der Diskrepanz zwischen den Lebensstilen der sich gegeneinander abkapselnden sozialen Schichten). Delinquenz, zumal Bandenbildung in jugendlichen Subkulturen, bietet sich als spannungslösender Ausweg an. Schizoide Selbstdarstellung der primären Bezugspersonen und die damit verbundene Unvereinbarkeit konträrer Erwartungshaltungen. Gestörte bzw. strukturell widersprüchliche Sozialisations- und Ausbildungsprozesse. Die scheinbar willkürliche Auswechslung von Verhaltensnormen in verschiedenen alltäglichen Situationen. Das von Desorientierung und diffusen familiären Beziehungen genährte Bedürfnis nach bedingungsloser Solidarisierung. »Langeweile und Frustration in einer entpersonalisierten, überinstitutionalisierten und routinierten Gesellschaft« (Halloran/Brown/Chaney). Autoritäre Reaktionsmuster und die Belohnung aggressiven Verhaltens (Straßenverkehr, Arbeitswelt, Kinderspielplätze und Schule), die Erfahrung, daß Gewalt als Mittel der Lösung von Problemen sozial anerkannt ist. Die ritualisierte Bekämpfung abweichender Minderheiten mit unverhältnismäßig dramatischen Mitteln, um eine Innen/Außen-Differenz (Ordnung/Unordnung, Sicherung/Zerstörung, Gut/

bilds (wer es sagt und zeigt, der muß es gewesen sein) und zu
populären Forderungen nach Zensurmaßnahmen und neuen
Kontrollgesetzen. Man will etwas gegen das Verbrechen tun,
ohne etwas zu tun.

Programmgestaltende Kommunikatoren der öffentlich-
rechtlichen Anstalten wählen mit Vorliebe solche Western-
und Kriminal-Serien aus, in denen die Darstellung von
Gewalt und Verbrechen überwiegt, wobei die brutale Regel-
verletzung und die brutale rächende Gerechtigkeit ein ein-
heitliches Gesamtbild abgeben. Sie richten sich dabei nach den
Erhebungen der Zuschauerforschung, die nach Sendungen mit
aggressivem ›action‹-Charakter regelmäßig Erfolge, d. h.
hohe Einschaltquoten und Zustimmung meldet. Zwar bedient
sich die Forschung ausschließlich quantifizierender Methoden, doch steht es außer Zweifel, daß eine Majorität der
Zuschauer solche Serien und Berichte verlangt und goutiert.
Und dies nicht nur, weil diese Majorität nichts anderes kennt
– gänzlich andere Handlungsschemata würden heute wohl
nur dann akzeptiert werden, wenn sie ebenfalls gewaltförmig
wären. Was sich in den Befragungen, Serienkäufen und Pro-
grammierungsrichtlinien niederschlägt, ist eine Verteilung
öffentlicher Aufmerksamkeit, die von denselben Bedingungen
abhängig ist wie die kriminelle Gewalttätigkeit, die aber
nichtsdestoweniger andere Funktionen erfüllt als die soziale
Produktion von bestrafbaren Handlungen.

Allerdings ist die Konditionierung öffentlicher Aufmerksamkeit, die *Geltung* gewisser Regeln, nicht gleichbedeutend mit
dem *Zwang*, sich als Kommunikator auch danach zu richten.
Dieser Zwang wird von der Organisationsform der Medien
ausgeübt. Weder die professionelle Fernseh- und Filmkritik
noch direkt übermittelte individuelle Zuschauerreaktionen
setzen die Programmgestalter in dieser Hinsicht unter
Druck; von der Kritik werden die Serien mit Gewaltcharakter
sogar meist scharf abgelehnt. Erst die Abhängigkeit sowohl
der kommerziellen als auch der öffentlich-rechtlichen Medien

Schlecht, Gesund/Krank) zu suggerieren und zu beglaubigen: Inszenierung von Verbrecherjagden mit Hilfe der Bevölkerung, die Dämonisierung
versprengter Anarchistenhaufen zu Systembedrohern, Hetzkampagnen gegen
radikaldemokratische politische Gruppen. (Vgl. Kurt Koszyk, *Massenmedien
und jugendliche Delinquenz*, in: *Publizistik*, Heft 2/1971).

von den Werbeeinnahmen nötigt die Redakteure, ständig auf hohe Einschaltquoten zu spekulieren, denn diese müssen sie den potentiellen Werbekunden offerieren. Das betrifft in erster Linie die Rahmensendungen des Werbefernsehens. So kann »der praktische Programmauftrag der Kommunikatoren für diese Sendezeit unter den gegebenen Bedingungen gar nicht anders lauten [...] als eine mindestens punktuelle Maximierung der Zuschauerschaft. Die Fernsehforschung als bloße Erfolgskontrolle ist ein konsequentes Ergebnis dieser ökonomischen Abhängigkeit.« [160]

Nun ist es aber ein Irrtum anzunehmen, Programme, die auf die Droge Gewalt verzichten, ließen sich ohne weiteres durchsetzen, wenn die Anstalten und Verlage unabhängig von Werbeeinnahmen und die Maximierung des Absatzes sowie die Optimierung der Publikumszustimmung nicht mehr die alles entscheidenden Leitkriterien wären. Denn *Aufmerksamkeit* sucht jede Publikation zu erringen. Und die Märkte, denen die Medien dienen, konstituieren keine eigenen öffentlichen Aufmerksamkeitsregeln, keine spezifischen ›Nachrichtenwerte‹. Vielmehr gestalten die Firmen ihre Public relations unter strikter Einhaltung der generalisierten Regeln, nach denen Themen selektiert und beachtet werden. Der ökonomisch bedingte Zwang, hohe Einschaltquoten bzw. zielgruppenorientierte Auflagen zu erreichen, rationalisiert die Geltung der Selektionsmuster, aber determiniert diese nicht. – Die Abhängigkeit der Werbung von den Gesetzen der Herstellung von Publizität ist kein Indiz dafür, daß unser ökonomisches System sich allmählich einer Sozialisierung anbequemt. Die Gesellschaft des organisierten Kapitalismus verdankt ihre relative Stabilität und Flexibilität nicht zuletzt einer beschleunigten funktionalen Differenzierung in Teilsysteme, die sich (unter der Voraussetzung einer Verschränkung von ›Staat‹ und ›Gesellschaft‹ im alten Sinne) relativ autonom strukturieren. Jene Spielart spätmarxistischer Massenkommunikationsforschung, die darauf erpicht ist, den Zusammenhang von Profitmaximierung und Themenselektion *direkt* und *von Fall zu Fall* herzustellen, ist nicht so kritisch, wie sie meint, sondern vereinfacht und verharmlost, was sie anprangern möchte. Am Ende erscheint jede Sendung und jede Zeitung, deren unmittelbare ökonomische Abhängigkeit sich nicht aufzeigen läßt, als ein Schlag gegen das Kapital. Andererseits erlaubt es die relative Autonomie der Teilsysteme, neue Strategien der Strukturveränderung zu entwickeln, die nicht bei den jeweiligen Systemgrenzen stehenbleiben.

Jedenfalls wäre es eine sinnlose Anstrengung, wollte man Gewaltdarstellungen und anderes Leichte und Seichte durch ›wertvolle‹ Beiträge ersetzen und eine medienpolitische Strategie darauf ausrichten – gar in der Absicht, »durch die Elimination ungünstiger Einflüsse der Umwelt gewissermaßen den sittlich hochstehenden Menschen [zu] züchten«.[161] Nur zeitweilig könnte man die Bedeutung bestimmter dominierender Selektionsmuster zugunsten anderer beeinträchtigen; doch die Aufmerksamkeit verteilenden Strukturen und die zentralen Attitüden der Rezipienten würde man durch bloße Programmpolitik nicht ändern.

Nach einer Auseinandersetzung mit der Wirkungsforschung und ihren Ergebnissen läßt sich die Frage, worin eigentlich das Potential bzw. der ›Spielraum‹ der Massenkommunikation und die Chance ihrer Selbstbestimmung bestehen, präziser fassen als unter dem Eindruck, daß mit den Medien beliebig nutzbare Apparate für zentrale »Menschenführung« zur Verfügung stehen. Es wäre fatal, wollte man nun die ›Gesamtwirkung‹ bzw. die ›allgemeine Funktion‹ der Massenkommunikation in unserer Gesellschaft erneut mit Hilfe eines Modells von Stimulus und Reaktion ermitteln. (Als Stimulus wäre hier die Massenkommunikation selbst, als Reaktion die der gesamten Gesellschaft zu verstehen.) Unschwer läßt sich aufzeigen, daß Massenkommunikation als Wirkungsmacht lediglich bestimmte ›Prädispositionen‹ der Gesellschaft affiziert und bestärkt – man denke an Effizienzen wie ›Stabilisierung des status quo‹, ›Senkung des Massengeschmacks‹ und ›Indoktrination von Kindern ohne feste Einstellungen‹. Wir geraten also in eine Kreisbewegung: Die Suche nach Ausflüssen und Einwirkungen führt uns zur Bestimmung gesellschaftlicher Unterströmungen, Trends und Umwälzungen, und schließlich sehen wir uns wiederum auf die Frage zurückverwiesen, inwieweit die Massenkommunikation bzw. bestimmte Medien oder Aussagen für bestimmte Entwicklungen hemmend oder förderlich sind – und so weiter. Der Erkenntnisgewinn einer

Kritik der Wirkungsforschung und isolierender Kausalmodelle überhaupt wird verschenkt, wenn die Entzauberung der gängigen Einfluß-, Änderungs-, Steuerungs- und Strategievorstellungen lediglich zu einer Beschränkung auf bescheidenere Wirkungserwartungen veranlaßt und keine Erweiterung der Fragestellung selbst nach sich zieht.

Der Versuch, über Medien Wirkungen zu erzielen, oder der Rückzug in die ›Höhle‹ des Fernsehzimmers (der immer auch resignative Züge hat), ist die Kommunikationsform, die sich zunächst anbietet, wenn Individuen sich im Bereich einer hergestellten erweiterten Öffentlichkeit als Kommunikatoren und Rezipienten wiederfinden, ohne auf die veränderten Grundlagen ihres Austauschs zu reflektieren. Es ist der Versuch, eine *verspätet* und *formal* zugestandene Freiheit politischer Willensbildung, die nicht mehr in einem von unten nach oben vermittelten Räsonnement zu realisieren ist, technologisch zu nutzen. Verständigungs- und Entscheidungsprozesse, die einer vorwiegend interpersonal strukturierten gesellschaftlichen Kommunikation, einer von der Konkurrenz einzelner Warenbesitzer und von authentisch sozialisierenden Familienverbänden bestimmten Gesellschaft angemessen waren, sollen auf die organisierte Massenkommunikation übertragen werden. Daraus ergeben sich folgenschwere Mißverständnisse, zumal dann, wenn ein ›Erfolg‹ von Werbung, Propaganda und Aufklärung nicht auszubleiben scheint.

Auch kritische Kommunikationswissenschaftler, die bezweifeln, daß Gewaltkriminalität oder politischer Gesinnungswandel von der Kumulation bestimmter Aussagen erzeugt wird, kommen in Verlegenheit, wenn sie sich am Ende gedrängt fühlen, Empfehlungen an Kommunikatoren und Medienpolitiker zu geben. Meist raten sie doch nur wieder zu couragierten Programmänderungen bzw. zur Wiederherstellung von Vielfalt und Ausgewogenheit des Angebots und nennen abschließend einige Hindernisse, die zu diesem Zweck beseitigt werden müßten. Bleibt man an der – im Grunde beliebig herausgegriffenen und isolierten – Beziehung von Programm und Kriminalität (Überzeugungen) fixiert, dann ist alles, was sich ändern läßt, eben das Programm, und die einzigen, an die man appellieren kann, sind die Kommunikatoren. Dann muß man sich mit der Erkenntnis begnügen, daß die Massenmedien zwar nicht nachweislich Delinquenz hervorbringen, aber offenbar auch nichts dazu tun, um die Neigung vieler zur Gewaltkriminalität zu bekämpfen.[162] So setzt sich das borniertes Verständnis von Kommunikationsprozessen noch in den Konsequenzen durch, die skeptische Autoren aus den ›enttäuschenden‹ Ergebnissen der Wirkungsforschung ziehen. Hier soll nun aber eine in spezifischen Selektionsprozessen enthaltene Zielfunktion der Massenkommunikation bestimmt werden, unter deren Aspekt sich das Interesse an massenhafter Aufklärung, an Politisierung und an Erweiterung des Bewußtseins und des Sensoriums: das Interesse an einer demokratisierten, aber *instrumental* begriffenen Massenkommunikation aufheben läßt.*

* Dies berührt mein primäres Erkenntnisinteresse an Massenkommunikation. In den Jahren 1967/68, als die revolutionäre Relativierung verfestigter Sozialstrukturen nach langer Zeit wieder eine Chance zu haben schien und erstmals wieder öffentliches Thema wurde, drängte sich mir die Frage auf, ob nicht alle sich anbietenden Alternativen politischer Aufklärung und (Selbst-)Organisierung (Demonstrationen, Straßendiskussionen, Teach-ins, exemplarische, ›symbolische‹ Aktionen und Lebensformen, Parteienbildung, Schulung, Theoriebildung, Basis- und Projektgruppenarbeit, Bürgerinitiativen usw.) von falschen, d. h. längst überholten Voraussetzungen ausgingen: nämlich von der Unterstellung einer interpersonal fundierten und strukturierten Öffentlichkeit – einer ›bürgerlichen‹ oder ›proletarischen‹ –, in der Individuen durch kollektive Erfahrung ›ihre Lage erkennen‹ und sich ›zum Handeln entschließen‹. Die Massenkommunikation begriff ich als Ablösung, zumindest als Auflösung der bis dahin unterstellten und antizipierten Öffentlichkeitsformen (Willensbildungsformen). Zunächst bezog ich die Aufklärungsabsichten, hinter denen revolutionäre *Subjekte*, jedenfalls mögliche oder werdende Subjekte, stehen mußten, unmittelbar auf die Massenkommunikation und sah in ihr ein potentiell emanzipatorisches Wirkungs*instrument*. In diesem Sinne begriff ich die theoretische Auseinandersetzung mit der Massenkommunikation als die konsequente Fortführung der Diskussion um eine neue politische Strategie in Gesellschaften des organisierten Kapitalismus. Die Hoffnung auf die Überzeugungskraft öffentlicher Multiplikatoren und die unklare Vorstellung, daß die Einsicht dem Handeln vorhergeht, mußten jedoch enttäuscht werden, da sie einem Kausalitätsmodell verpflichtet waren, das gerade der obsoleten Ansicht von öffentlichem, auf eigentümlicher Erfahrung basierendem Räsonnement entsprach. Ich folgte nun dem Interesse, diese Enttäuschung zu begründen und zu verallgemeinern, um aus der Diskreditierung von ›Objektivität‹ und ›Subjektivität‹ möglichst weitreichende Konsequenzen ziehen zu können. (Der heroische Versuch, die Enttäuschung mit dem Hinweis auf alte Wahrheiten zu leugnen und dieses Leugnen als Selbstorganisation notwendiger und eindeutiger Erfahrungen der fundamentalen ›Realität‹ auszugeben, verlangt eine äußerst drastische kollektive Reduktion von Komplexität, Realitätsausblendung im adäquaten Sinn, die, um ausgehalten werden zu können, zwanghaft ritualisiert werden muß und für

Das Leistungspotential der Massenkommunikation besteht nicht in einer »relativen Wahlfreiheit zwischen alternativen Möglichkeiten« der Aussagenzusammenstellung, die von den »für die Medien Verantwortlichen« (Catton) in Anspruch genommen werden kann. Dieses Potential zeigt sich nur aus dem Aspekt, unter dem das System der Massenkommunikation *reflexiv* ist, d. h. sich auf sich selbst zurückbezieht. Es kann nur in den ›Relaisschaltungen‹ und Institutionen genutzt werden, wo die Massenkommunikation von ihren eigenen Selektionen Abstand gewinnt, um durch dieses Abstandnehmen ihre Selektivität zu erhöhen, ihre Selektivität selbst zu selektieren. Nun ist die Selektion überall abrufbarer Themen (allgegenwärtiger Verständigungsgehalte) in einer bestimmten Hinsicht selektiv: Sie organisiert *Kommunikation als Kommunikation* – im Unterschied zu ökonomischen, politischen, wissenschaftlichen u. a. Kommunikationssystemen, in denen Kommunikation als verbindliche Entscheidungsfindung, kapitalverwertende Produktivität und als Prozeß intersubjektiv gültiger Erkenntnis organisiert ist. Sie ist daher auch nicht mit der wechselseitigen Übertragung der spezifischen Leistungen der sozialen Subsysteme gleichzusetzen. Kommunikation »wird in der Massenkommunikation auf sich selbst angewandt« – sie wird »durch Rationalisierung und Organisation kommunikativer Basisprozesse kommuniziert«.[163]

In einer Potenzierung dieser systemspezifischen Reflexivität, in der Institutionalisierung zusätzlicher Reflexionsebenen liegt die Chance, daß die Massenkommunikation sich als stärkster Faktor der gesellschaftlichen Kommunikationsverhältnisse und als Potential einer kommunikativen Selbstverständigung (im Sinne physischer und symbolischer Interaktion) der gesellschaftlichen Gruppen, Sektoren und Subsysteme erkennt und praktisch beansprucht. Indem Massenkommunikation die Strukturen der Produktions-, Publikations- und Rezeptionspraxis mit den gesellschaftlichen Kontaktbah-

die Charaktere, die sich auf solches einlassen, fast irreversibel ist: Die Wahrheit über die Gesellschaft ist *dennoch* ganz einfach; es gibt *doch* den einen sinngebenden Hauptwiderspruch; es ist *doch* notwendig, eine neue Partei des Proletariats zu gründen. Wie ist es überhaupt möglich, daß sich fast alle über jedes ideologische Maß hinaus der Wahrheit verschließen, obwohl diese *einfach* ist? Dies ist die Situation einer Verschwörung. Wer steuert die Verschwörung? Der Klassenfeind.)

nen, Interaktionsebenen und Begegnungsritualen und der Verteilung der Zugangsprivilegien konfrontiert und vermittelt, reflektiert sie sich selbst. Das latente Dauerthema der Massenkommunikation und ihrer Forschung ist also nicht die Wirksamkeit von Aussagen, sondern die Kommunikation der ›Massen‹: die gesamtgesellschaftliche Kommunikationsweise. Selbstreflexion der Massenkommunikation heißt Erhöhung der Kapazität und Leistungsfähigkeit der für Massenkommunikation konstitutiven reflexiven Mechanismen, freilich auch Etablierung weiterer selbstregelnder Instanzen. Je höher die Selektivitätsanforderungen an Massenkommunikation werden, desto dringlicher wird solche Intensivierung der Reflexivität, doch sie geht in dieser Dringlichkeit nicht auf. Sie vollzieht sich in den verschiedenen Formen, in denen *das Thematisieren thematisiert wird*. Wohin solche institutionalisierte und diskursive Selbstreflexion gelangt, ergibt sich nicht nach der Gesetzmäßigkeit einer eindeutigen und notwendigen bestimmten Negation bestehender Widersprüche und Schwierigkeiten; in keinem Fall aber verträgt sich eine Verstärkung reflexiver Mechanismen mit den isolierenden Mechanismen, die heute Interaktionsformen und Themenselektion auseinanderreißen.

Reflexiv sind alle Prozesse der Themenselektion: der Materialverarbeitung, der Aussagengestaltung, der Publikation, der Rezeption und der Kenntnisnahme von ›Publikumswünschen‹. In ihnen kommuniziert Massenkommunikation mit den sozialen und psychischen Systemen ihrer Umwelt, indem sie Gehalte für omnipräsente Kommunikation zur Verfügung stellt. Diese Kommunikation der Massenkommunikation mit ihrer Umwelt ist auf vielfache Weise wiederum auf sich selbst bezogen und wird dadurch potenziert:
– Institutionen, Organisationen, Gruppen und Individuen, die zugleich *auch* Rezipienten, d. h. Teilnehmer der Massenkommunikation sind, suchen sich über Medien zu verständigen. Sofern dabei die Bedingungen und Prinzipien der Programmgestaltung in Frage gestellt werden, kommt es zur Rückkoppelung von sozialer Interaktion und Massenkommunikation.
– Redaktionen, Nachrichtenagenturen, Rundfunkräte, Verleger, Programmgremien, Autoren usw. können bei ihrer

Nachrichten- und Unterhaltungsproduktion die Unzahl der sich anbietenden Themen gemäß den heute generalisierten Aufmerksamkeitsregeln nur provisorisch und unzureichend absorbieren und genügen den Umweltanforderungen nicht mehr. Zugleich hat die Überproduktion von Aktualität und Impulsen für die Lebenspraxis Absatzschwierigkeiten: Die kommunizierenden Gruppen und Subsysteme sind nicht imstande, den ungegliederten, im Hinblick auf kommunikative Bedarfsebenen nicht vorstrukturierten Ausstoß aufzuarbeiten und praktisch zu nutzen. Sie sind gewissermaßen überbenachrichtigt und unterinformiert. In dieser Situation ist die Lösung des Problems der Selektion dringlicher als die formale Inanspruchnahme des Rechts auf freie Meinungsäußerung. Daher liegt es nahe, mehrere Zwischenstufen der Vorauswahl einzubauen, vorgliedernde Leistungskompetenzen, die nicht an traditionell überfrachtete, inhaltlich erstarrte, d. h. zu enge Aufmerksamkeitsregeln gebunden sind, sondern an inhaltlich flexible, auf je verschiedene Begegnungsformen bezogene. Diese vorgliedernden Funktionen differenzieren Rückkoppelungsmedien als Untersysteme der Massenkommunikation aus. Mechanismen, die für Massenkommunikation und für interpersonale Kommunikation zur Verfügung stehen, erhöhen die Selektivität und zugleich die Komplexität des Systems der Massenkommunikation.

– Medienmitarbeiter fordern mehr redaktionelle Demokratie (›innere Pressefreiheit‹): Redaktionsstatuten, Mitspracherechte bei der Einstellung von Vorgesetzten, Gewinnbeteiligung und gewerkschaftliche Solidarität. Selbstorganisierte Redaktionsgemeinschaften konstituieren, verstehen und stabilisieren sich durch die Forderung nach Offenlegung von Entscheidungsprozessen und können daher publizistische Produktionsvorgänge nicht mehr ausschließlich als Fortsetzung institutioneller und ökonomischer Sachzwänge gestalten. Prozesse konsequenter Demokratisierung rühren an den Schleier von Naturwüchsigkeit, der die latenten Verhaltenserwartungen umgibt. Neue Kriterien ihres Selbstverständnisses finden die Mitarbeiter durch eine Überprüfung der Routine im Umgang mit dem Material und der reduzierten Kommunikation mit den gesellschaftlichen ›Zielgruppen‹. Diese Kommunikation wird nicht mehr als höflicher Signalaustausch mit den Abnehmern erledigt, sondern verläuft als bewußter Selektionsvorgang, der Kosten, Zeit und Wirkungsforschung spart. Nunmehr erscheint es nicht als zusätzliche Belastung, sondern als Entlastung, soziale Gruppen in verschiedene Produktionsphasen einzubeziehen. Sinnvoll ist der Einbau weiterer ›Relaisschaltungen‹ in organisierten Rückkoppelungsprozessen. Auf diese Weise kommt es zu einer strikteren Funktionsverteilung, d. h. zu einer Stabilisierung von Untersystem-Grenzen. Sie begünstigt aber keine erneute wechselseitige Isolierung, sondern sorgt dafür, daß die höhere Komplexität des Geflechts von Quer- und Rückbezügen keine willkürlichen Übergriffe der Funktionsträger erlaubt.

– Kommunikatoren (Rezipienten) versuchen, bei der Gestaltung (beim Empfang) von Medienaussagen Ergebnisse der Wirkungsforschung, d. h. die Erwartungen und Reaktionen sozialer Gruppen (die publizistischen Arbeitsbedingungen im weitesten Sinn und Ergebnisse der Kommunikatorforschung) zu berücksichtigen und vorwegzunehmen (aus den Kommuniqués herauszulesen). Diese Reflexivität läßt sich durch die *Problematisierung* der Wirkungsforschung weiter verstärken und institutionalisieren. Hans-Jürgen Weiss empfiehlt eine »Institutionalisierung angewandter Kommunikationsforschung als reflexiven Mechanismus im Prozeß der Massenkommunikation«, d. h. eine Rückvermittlung von erarbeiteten Einsichten in den Massenkommunikationsprozeß, und zwar auf allen Ebenen des Systems. »Relevant für massenkommunikative Verständigung wird eine derart verstandene Kommunikationsforschung freilich erst dann, wenn sie integraler Bestandteil der Sozialisation der Kommunikationspartner, vor allem aber der praktischen Programmgestaltung in den Medien wird.«[164] Einsicht in die Unzulänglichkeit des Wirkungsmodells selbst, in die Beliebigkeit der Beeinflussungsversuche oder in die Austauschbarkeit der Thematisierungen regt Programmgestalter und Realitätskonsumenten dazu an, Massenkommunikation nicht in erster Linie als Feld machtpolitischer Entscheidungen (Kampf um Sende- und Personalanteile) oder publizistischer bzw. konsumtiver Selbstverwirklichung zu betrachten, sondern ihrer eigenen Aufmerksamkeit Aufmerksamkeit zu widmen. – Zu letzterem werden Individuen genötigt, deren Tagesverlauf fast oder ganz von Medienrezeption geprägt ist, die also Medienrezeption nicht mehr als Gegensatz zur Arbeit, als Erholung o. ä. erfahren. Sie entdecken Aufmerksamkeit als vergesellschaftete Konsumtions- und Produktivkraft, die ihnen nur scheinbar selbst gehört und mit den Qualitäten ihrer persönlichen Interaktion nicht kommuniziert.

– Redakteure und Publikum haben die feste Erwartung, daß Medien *über* Ereignisse berichten, als würde der Bericht zum Ereignis nur hinzugefügt und bliebe diesem äußerlich, als sei die öffentliche ›Schreibweise des Ereignisses‹ nicht eine Struktur des Ereignisses selbst (und zwar von Anfang an). Da nun aber die Medien selbst immer häufiger bestimmte festliche, sportliche, kulturelle, politische u. a. Ereignisse planen, um über sie berichten zu können, reflektieren sie bei der Auswahl der Anlässe, Szenerien und Repräsentationen zumindest darauf, daß die Massenkommunikation das Ereignis des Ereignisses ist.

– Massenkommunikation integriert verschiedene Kommunikationen anderer gesellschaftlicher Teilsysteme – vor allem der Politik und der Erziehung. Dabei zeigt sich jeweils, ob und wie die spezifischen Verhaltenserwartungen der Massenkommunikation eine Vermittlung mit den jeweiligen politischen bzw. didaktischen Interaktionsformen zulassen. Ein schönes Beispiel sind die Versuche, Fernstudium und Schulunterricht als Massenkommunikation zu organisieren: Medien sind mehr als verlängerte Arme von persönlichen Erziehern oder staatlichen Erziehungsinstitutionen. Über die unvermeidlichen Schwierigkeiten lernt Massenkommunikation sich selbst kennen: die indifferenten Ausschließungs- und Abwehrmechanismen, die heute das Kommunizieren der Kommunikation strukturieren.

Diese reflexiven Mechanismen (der Katalog ließe sich noch erweitern) garantieren nicht die Veränderung der erstarrten Strukturen der Massenkommunikation; dazu müßten sie weit über die heute gepflogenen *feedback*-Vorstellungen hinaus vermehrt, ausgebaut und verstärkt werden. Doch sie markieren Kapazitätsbelastungen und Unvereinbarkeiten, um derentwillen die Massenkommunikation, auf ihre willkürliche Selektivität zurückgekoppelt, zugleich die Kommunikationsverhältnisse der gesamten Gesellschaft in Frage stellt. Solche

Reflexivität meint nicht notwendig auch *Bewußtheit*; sie hat ihren Ort nicht in den Köpfen einzelner. Reflexive Mechanismen müssen sich selbst nicht als reflexiv *verstehen*. So wird Systemreflexivität vielfach auch im Verlauf von Erneuerungs- und Abwehrprozessen erhöht bzw. vermindert, die sich im Selbstverständnis der beteiligten Gruppen keineswegs auf Systemprobleme, sondern etwa auf die Selbstbestimmung von Kollegen, von Auszubildenden oder von Minderheiten beziehen.

Doch da sich Bewußtheit von bloßer Rückkoppelung unterscheidet (und auf diese wiederum zurückbezieht), verstärkt sie in Subsystemen der Massenkommunikation deren selbstselektives Potential vor allem die Bereitschaft des Systems, weitere Untersysteme auszudifferenzieren. »›Kommunikation kommunizieren‹ bedeutet [...], daß man ›Kommunikation kommunizieren‹ kommuniziert, also eine Theorie aufstellt, die sich reflexiv auf diesen reflexiven Mechanismus wendet und auf die ökonomischste und effektivste Funktion seiner Reflexivität abzielt.«[165] In Theorienbildung für die Massenkommunikation und in politischer Organisierung von Teilnehmern und ›Zielgruppen‹ kommt nicht nur diese oder jene Dysfunktionalität des Systems zum Ausdruck, sondern auch das Interesse an einer Selbstvermittlung der sozialen Kommunikationsstrukturen. Darin aktualisiert sich ein reflexives Potential, das zwar selbst Ergebnis von Evolution und nicht ›freischwebend‹ ist, aber von keinen Systemproblemen und auch nicht von deren Lösungen zu erschöpfen ist. Indem es als Funktion von Mechanismen der Massenkommunikation die Bedingungen der Erhöhung bzw. der Stornierung von Reflexivität einbegreift, stellt es zwischen isolierten Strukturen Verbindungen her und distanziert sich vom Einsatz der gesellschaftlichen Kommunikationsmittel zur Kommunikationsverhinderung. Die an Leistungen und Störungen von Systemfunktionen systematisch rückgebundenen Theorien der Massenkommunikation[166] und die organisierte Praxis, die mit der Organisation der Öffentlichkeit kommuniziert, durchbrechen jene Kreisbewegung des Erkenntnisinteresses, das auf der Spur von Effektivität immer wieder auf das Relativierte und Funktionalisierte zurückkommt.* Diese Metareflexivität ist nicht auf Wirkungsabsichten, nicht auf personale

Entscheidungen eines sich selbst verantwortenden einzelnen zurückzuführen und nicht als Funktion einer bestimmten Stellung im Produktionsprozeß hinreichend zu verstehen. Da der Prozeß rückgekoppelter Strategienbildung sich selbst als Systemleistung versteht, hat er keinen identischen Gegenstand. Identität (der Erkenntnis) nehmen auch nicht die Aussagen der strukturkritischen Untersuchungen und Veranstaltungen für sich in Anspruch. Denn der Gehalt dieser Aussagen ändert sich, wenn er von Untergliederungen der Massenkommunikation rezipiert wird.

* Für die nächste Zeit kündigt sich ein Boom von ›Aussagen-sind-*doch*-wirksam‹-Studien an, der dann später wahrscheinlich wieder von einer Welle von ›Aussagen-sind-*doch*-wirkungslos‹-Studien abgelöst werden wird. Immer raffinierter wird dabei verschleiert, welche Vorentscheidungen bereits durch die Wahl des Problemausschnitts, der Probandengruppe und der isolierenden Forschungstechniken getroffen werden. Typisch für solche Revisionen ist, daß sie weder die Differenz zu Ergebnissen früherer Untersuchungen erklären (es sei denn kurzerhand mit dem Hinweis auf methodische Unzulänglichkeiten) noch einschätzen können, was die Wiederaufnahme verbrauchter Denkverfahren unter veränderten historischen Umständen *bedeutet* – etwa im Hinblick auf den Repräsentationswert, den abgefragte Meinungen und Meinungsänderung überhaupt noch haben. Zudem können Meinungsalternativen, die fast überall gleichzeitig thematisiert werden (z. B.: »Die Ostverträge dienen der Entspannung« – »Der Osten hat die Regierung der Bundesrepublik übervorteilt«), zu *einem* Stereotyp zusammenwachsen, der dann – im Interesse von Polarisierung – nach Belieben von der einen oder anderen Seite reformuliert und beleuchtet werden kann. Wer sich nicht gerade über politische Markierungen identifiziert, kann mittlerweile beide Alternativen vertreten (in verschiedenen Gruppen), ohne damit extreme Ich-Schwäche zu bekunden. Mit anderen Worten: die Reduktion des öffentlichen Meinungsspektrums auf wenige Alternativen verwandelt diese aus persönlich zurechenbaren Überzeugungen tendenziell in allgemeine *Themen*. Auf diese Weise verkürzen sich allerdings die Wege zwischen ›meinungsbildendem‹ Kommunikator und Rezipient erheblich.

1 Franz Dröge, *Zur Kritik der publizistischen Wirkungsforschung*, in: Franz Dröge / Rainer Weißenborn / Henning Haft, *Wirkungen der Massenkommunikation*, 2. Auflage, Frankfurt a. M. 1973, S. XI.

2 Ebenda, S. XIV.

3 Gerhard Maletzke, *Psychologie der Massenkommunikation*, a.a.O., S. 192.

4 Frieder Naschold, *Systemsteuerung*, 2. Auflage, Stuttgart 1971, S. 104.

5 Vgl. Rolf Lindner, *Stichworte zur Kritik der amerikanischen Massenkommunikationsforschung*, in: *Ästhetik und Kommunikation*, Heft 14, April 1974, S. 36-50.

6 Ebenda, S. 47.

7 Gerhard Maletzke, a.a.O., S. 189.

8 Ebenda, S. 190.

9 Ebenda, S. 191.

10 Ebenda, S. 202 f.

11 Carl Iver Hovland u. a., *Communication and Persuasion*, New Haven 1953, S. 7.

12 *Wirkungen der Massenkommunikation*, a.a.O.

13 Ebenda, S. 5.

14 Manfred Stosberg, *Analyse der Massenkommunikation: Einstellungsmessung*, Düsseldorf 1972, S. 22.

15 Frank Bledijan / Krista Stosberg, *Analyse der Massenkommunikation: Wirkungen*, Düsseldorf 1972, S. 22.

16 Ebenda, S. 23 ff.

17 Ebenda, S. 24.

18 Frieder Naschold, *Systemsteuerung*, 2. Auflage, Stuttgart 1971, S. 87.

19 Frank Bledijan / Krista Stosberg, a.a.O., S. 21 f.

20 Ebenda, S. 66 ff. und Manfred Stosberg, a.a.O., S. 20 f.

21 Frank Bledijan / Krista Stosberg, a.a.O., S. 23.

22 Ebenda, S. 24.

23 Franz Dröge, *Zur Kritik der publizistischen Wirkungsforschung*, a.a.O., S. XV.

24 Paul F. Lazarsfeld / Bernard Berelson / Hazel Gaudet, *The People's Choice: How the Voter Makes up his Mind in a Presidential Campaign*, New York 1944.

25 Vgl. Ithiel de Sola Pool, *Die Auswirkungen der Kommunikation auf das Wählerverhalten*, in: Wilbur Schramm (Hrsg.), *Grundfragen der Kommunikationsforschung*, 5. Auflage, München 1973; aber auch Bernard Berelson / Paul F. Lazarsfeld / William N. McPhee, *Voting: A Study of Opinion Formation in a Presidential Campaign*, Chicago 1954; Joseph M. Trenaman / Denis McQuail, *Television and the Political Image*, London 1961; J. G. Blumler / Denis McQuail, *Television in Politics: Its Uses and Influence*, London 1968.

26 Paul F. Lazarsfeld, *The Effects of Radio on Public Opinion*, in: Douglas Waples (Hrsg.), *Print, Radio and Film in a Democracy*, Chicago 1942.

27 Robert King Merton / Marjorie Fiske / Alberta Curtis, *Mass Persuasion*, New York 1946.

28 Carl Iver Hovland / Arthur A. Lumsdaine / Fred David Sheffield, *Experiments on Mass Communication*, Princeton 1949.

29 Eunice Cooper / Helen Dinerman, *Analysis of the Film ›Don't be a Sucker‹: A Study in Communication*, in: *Public Opinion Quarterly*, Vol. 15/1951, S. 243-264.

30 Elmo C. Wilson, *The Effectiveness of Documentary Broadcast*, in: *Public Opinion Quarterly*, Vol. 12/1948, S. 19-29.

31 S. A. Star / Helen M. Hughes, *Report on an Educational Campaign – The Cincinnati Plan for the United Nations*, in: *American Journal of Sociology*, Vol. 55/1950, S. 389-400.

31a Vgl. Bernard Berelson / Gary A. Steiner, *Human Behavior, An Inventory of Scientific Findings*, New York / Burlingame 1964, deutsch: *Menschliches Verhalten*, Weinheim/Berlin/Basel 1969. Die Autoren referieren in ihrem Forschungsbericht die verschiedenen Varianten der Selektions- und Bestärkungstheorie und fassen deren Ergebnisse formelhaft zusammen.

32 Zum Selektionsphänomen liegen nur wenige neuere Untersuchungen vor. Im Anschluß an einen Aufsatz von Guido H. Stempel, der sich mit dem Wahlverhalten befaßt (*Selectivity in Readership of Political News*, in: *Public Opinion Quarterly*, Vol. 25/1961, S. 400-404), haben Dröge, Weißenborn und Haft generelle Hypothesen folgendermaßen ausformuliert: »Kommunikationsverhalten ist stark selektiv, wenn 1. die subjektive Ich-Beteiligung am Entscheidungsobjekt groß ist, 2. die Entscheidung große Dissonanz erzeugt, 3. die rezeptive Aktivität in der Entscheidungssituation gering ist. Und entsprechend umgekehrt ist Kommunikationsverhalten wenig selektiv, wenn 1. die subjektive Ich-Beteiligung am Entscheidungsobjekt gering ist, 2. die Entscheidung geringe Dissonanz erzeugt, 3. die rezeptive Aktivität in der Entscheidungssituation groß ist [. . .]« (*Wirkungen der Massenkommunikation*, a.a.O., S. 44).

32a Robert King Merton, *Social Theory and Social Structure*, Glencoe 1957, S. 275 ff., und Gerhard Maletzke, a.a.O., S. 209 f.

33 William Robert Catton jr., *Massenmedien als Ursache von Wirkungen: Bericht über den Stand der Forschungen*, in: Jörg Aufermann / Hans Bohrmann / Rolf Sülzer, *Gesellschaftliche Kommunikation und Information*, Bd. 1, Frankfurt a. M. 1973, S. 66 f.

34 Vgl. William Robert Catton, a.a.O., S. 67 f.

35 Leon Festinger, *A Theory of Cognitive Dissonance*, Evanstown 1957.

36 Leon Festinger, *Die Lehre von der ›kognitiven Dissonanz‹*, in: Wilbur Schramm (Hrsg.), *Grundfragen der Kommunikationsforschung*, a.a.O., S. 30.

37 Ebenda, S. 37.

38 Joseph T. Klapper, *The Effects of Mass Communication*, New York 1960.

39 Frank Bledijan / Krista Stosberg, a.a.O., S. 28 ff.

40 Gerhard Maletzke, a.a.O., S. 222 f.

41 Joseph T. Klapper, a.a.O., S. 8.

42 Frieder Naschold, a.a.O., S. 105.

43 Vgl. ebenda, S. 105.

44 Rolf Lindner, a.a.O.

45 Vgl. Ralf Zoll / Eike Hennig, a.a.O., S. 28.

46 Vgl. A. Lee Coleman / C. Paul Marsh, *Practice Adoption Rates of Farmers and Leaders in a Kentucky Rural Community*, in: *Rural Sociology*, Vol. 19/1954, S. 180 ff.

47 Ihre erste Fassung erhält die Hypothese in der bereits ›klassischen‹ Untersuchung von Paul F. Lazarsfeld / Bernard Berelson / Hazel Gaudet, *The People's Choice*, a.a.O. (*Erie-Studie*). Die wichtigsten Zäsuren in der langjäh-

rigen Diskussion und Weiterentwicklung der *two-step-flow*-Hypothese setzen folgende Schriften: Robert King Merton, *Patterns of Influence: A Study of Interpersonal Influence and of Communications Behavior in a Local Community* (*Rovere*-Studie), in: Paul Lazarsfeld / F. N. Stanton (Hrsg.), *Communications Research 1948-1949*, New York 1949. – Bernard Berelson / Paul F. Lazarsfeld / William N. McPhee, *Voting. A Study of Opinion Formation in a Presidential Campaign*, a.a.O. (*Elmira*-Studie). – Elihu Katz / Paul F. Lazarsfeld, *Personal Influence. The Part Played by People in the Flow of Mass Communication*, New York 1955 (*Decatur*-Studie).

48 Dröge/Weißenborn/Haft, a.a.O., S. 145 f.

49 Vgl. Paul F. Lazarsfeld / Herbert Menzel, *Massenmedien und personaler Einfluß*, in: Wilbur Schramm (Hrsg.), a.a.O.

49a In der *Rovere*-Studie führt Merton die Unterscheidung zwischen *local influentials* und *cosmopolitan influentials* ein. Der typische *local* ist an einer engeren sozialen Umwelt und eher traditionalistisch orientiert. Er ist Mittelpunkt eines Geflechts persönlicher Bekanntschaften, das er ständig durch weitere Kontakte auszudehnen sucht, da er die Quantität informeller Beziehungen als Grundlage seines Einflusses erkennt. Dieser meinungsbildende Einfluß ist ›polymorph‹, d. h. auf mehrere Problembereiche bezogen. Seine Rolle ist durch Vertrautheit und Unbestimmtheit gekennzeichnet. Dagegen achtet der eher rationalistisch orientierte *cosmopolitan* mehr auf die Qualität seiner geographisch nicht gebundenen Beziehungen. Er ist affektneutral, leistungsorientiert und wesentlich mobiler als der *local* und bezieht auch zu Ereignissen auf nationaler und internationaler Ebene Stellung. Da seine Position als Spezialist auf dem Ansehen beruht, das ihm seine Fähigkeiten verschaffen, wählt er seine Freunde und Bekannten sorgsam aus und beschränkt seine Kontakte weitgehend auf Partner mit ähnlichen Interessen und ähnlichem intellektuellen Niveau. Sein Einfluß ist ›monomorph‹, fachlich beschränkt. Jörg Aufermann konstatiert, daß sich jede Meinungsführerschaft (deren Hauptfunktion nicht Präsentation und Artikulation, sondern Interpretation und Adaption sind) »sozial legitimieren muß und die Basis ihrer Legitimation in der sozialen Wertschätzung findet, die einer kommunikationsaktiven Bezugsperson für ihre Verhaltensunsicherheit reduzierenden Leistungen bzw. Qualitäten zuteil wird«. (*Kommunikation und Modernisierung*, München-Pullach/Berlin 1971, S. 81) Das Urteil von Meinungsführern wird immer dann gesucht, wenn die Aufnahme und Verarbeitung kognitiver und empirischer Überraschungen gruppenspezifische Interpretationsschemata zu gefährden scheint. Dann ist es die Aufgabe der Meinungsführer, die dissonant erscheinenden Inhalte »sozial zu validieren« und exemplarisch (muster-gültig) mit personalen, lokalen, vertrauten Bezugsinhalten abzustimmen und vieldeutige Informationen in verhaltensrelevante Bedeutungen zu transformieren (ebd. S. 70). Im Hinblick auf die gruppeninterne Bestimmung möglicher und wünschenswerter Handlungsziele und der Wege zur Verwirklichung dieser Ziele schlägt Aufermann unter Hinweis auf Klassifizierungen von A. S. Couch / L. Carter (*A Factorial Study of the Rated Behavior of Group Members*, Atlantic City 1952) und Elihu Katz (*Interpersonal Relations und Mass Communications: Studies in the Flow of Influence*, Columbia 1956) die Differenzierung dreier Meinungsführertypen vor: kommunikationsaktive Bezugspersonen, denen fachliche Kompetenz (Faktenwissen) zuerkannt und soziale Wertschätzung in Form von Respekt (Beachtung) zuteil wird; Personen, denen man sozialnormative Prominenz

(Normenwissen) unterstellt und Achtung entgegenbringt; Personen, die indi-
viduell-evaluative Prominenz (Wertewissen) gewonnen haben und sich sozialer
Wertschätzung in Form von Sympathie erfreuen können (Jörg Aufermann,
a.a.O., S. 79).

50 Vgl. Karsten Renckstorf, *Zur Hypothese des ›two-step-flow‹ der Massenkommunikation,* in: Dieter Prokop (Hrsg.), *Massenkommunikationsforschung
2: Konsumtion,* a.a.O., S. 170 f.

51 Vgl. Kurt Lewin, *Group Decision and Social Change,* in: Eleanor
Maccoby / Theodore M. Newcomb / Eugene L. Hartley (Hrsg.), *Readings in
Social Psychology,* New York 1958, 3. Auflage.

52 Joseph T. Klapper, *Massenkommunikation – Einstellungskonstanz und
Einstellungsänderung,* in: Aufermann/Bohrmann/Sülzer (Hrsg.), *Gesellschaftliche Kommunikation und Information,* Bd. 1, a.a.O., S. 56 f.

53 Vgl. Elihu Katz, *Die Verbreitung neuer Ideen und Praktiken,* in: Wilbur
Schramm (Hrsg.), a.a.O.

54 Herbert Menzel / Elihu Katz, *Social Relations and Innovation in the
Medical Profession: The Epidemiology of a New Drug,* in: *Public Opinion
Quarterly,* Vol. 19/1955, S. 337-352 und James S. Coleman / Elihu Katz /
Herbert Menzel, *Medical Innovation. A Diffusion Study,* New York 1966.

55 Verling C. Troldahl / Robert van Dam, *Face-to-face-communication
about Major Topics in the News,* in: *Public Opinion Quarterly,* Vol. 29/1965,
S. 626-634.

56 Vgl. Karsten Renckstorf, a.a.O., S. 181.

57 Paul F. Lazarsfeld / Herbert Menzel, *Massenmedien und personaler
Einfluß,* a.a.O., S. 123.

58 Elisabeth Noelle-Neumann, *Wirkung der Massenmedien,* in: Noelle-Neumann / W. Schulz (Hrsg.), *Fischer-Lexikon Publizistik,* Frankfurt a. M. 1971,
S. 343.

59 Dieter Prokop, *Zum Problem von Konsumtion und Fetischcharakter,*
a.a.O., S. 28.

60 Jörg Aufermann, a.a.O., S. 92.

61 Dröge/Weißenborn/Haft, a.a.O., S. 144 f.

61a Karsten Renckstorf, a.a.O., S. 179. – Unter diesem Gesichtspunkt überrascht es nicht, daß neuere Untersuchungen nun auch die Existenz ›genereller‹
Meinungsführer – nicht nur spezialisierter – zu belegen scheinen. (A. S. Marcus/
Raymond A. Bauer, *Yes, there are Generalized Opinion Leaders,* in: *Public
Opinion Quarterly,* Vol. 28/1964, S. 628-632) Vor allem die Meinungsführer
auf dem Gebiet der Politik gelten auch in vielen anderen Bereichen als kompetent. Da dieselben Gruppennormen für verschiedene Bereiche in Anwendungsregeln übersetzt werden können und da sich die Gruppen mit Hilfe gegenseitiger Stimulation zwischen *opinion givers* und *opinion askers* selbst kontrollieren, können Personen mit hoher Interaktionsrate auch mehrere Rollen übertragen werden.

62 Henrik Kreutz, *Einfluß von Massenmedien, persönlicher Kontakt und
formelle Organisation,* in: Franz Ronneberger (Hrsg.), *Sozialisation durch
Massenkommunikation,* a.a.O., S. 180.

63 Peter Müller, a.a.O., S. 209.

64 Ebenda, S. 197.

65 Heinz Otto Luthe, *Interpersonale Kommunikation und Beeinflussung,*
Stuttgart 1968, S. 108 f.

66 Vgl. Paul J. Deutschmann / W. A. Danielson, *Diffusion of Knowledge of the Major News Story*, in: *Journalism Quarterly*, Vol. 37/1960, S. 345-355.

67 Peter Müller, a.a.O., S. 169.

68 Vgl. Heinz Otto Luthe, a.a.O., S. 109.

69 Karsten Renckstorf, a.a.O., S. 176 f.

70 Dröge/Weißenborn/Haft, a.a.O., S. 119 f.

71 Henrik Kreutz, a.a.O., S. 187 ff.

72 Ebenda, S. 187 ff.

73 Henrik Kreutz hat dies in einem Bericht über die Rezeptionsgewohnheiten der Mitglieder der Katholischen Jugend Österreichs detailliert dargelegt (ebd., S. 193 ff.). Es ergeben sich signifikante Korrelationen zwischen der Mitgliedschaft in dieser Vereinigung und der Häufigkeit und Konformität von Kinobesuch, Fernsehen und Zeitschriften-, Romanheft- und Buchlektüre. Vor allem die Eltern der Mitglieder konkretisieren und verstärken die kirchlichen Normen, während die Gruppen von Gleichaltrigen überwiegend konkurrierende Funktion haben und die Grenzen des organisierten Konformitätsdrucks markieren.

74 Vgl. Paul F. Lazarsfeld / Robert K. Merton, *Massenkommunikation, Publikumsgeschmack und organisiertes Sozialverhalten*, in: Aufermann/Bohrmann/Sülzer (Hrsg.), *Gesellschaftliche Kommunikation und Information*, Bd. 2, a.a.O., S. 465 ff.

75 Ebenda, S. 468.

76 Heinz Otto Luthe, a.a.O., S. 90.

77 Vgl. die übersichtliche Darstellung dieser Ergebnisse in Franz Dröge / Rainer Weißenborn / Henning Haft, a.a.O., S. 77-113, und Frank Bledijan / Krista Stosberg, a.a.O., S. 36-57.

78 Carl I. Hovland / Arthur A. Lumsdaine / Fred David Sheffield, *Experiments on Mass Communication*, Princeton 1949.

79 Arthur A. Lumsdaine / Irving L. Janis, *Resistance to ›Counterpropaganda‹ Produced by One-sided and Two-sided ›Propaganda‹ Presentations*, in: *Public Opinion Quarterly*, Vol. 17/1953, S. 311-318.

80 Carl I. Hovland / Irving L. Janis / Harold H. Kelley, *Communication and Persuasion*, New Haven 1953.

81 Carl I. Hovland (Hrsg.), *The Order of Presentation in Persuasion*, New Haven 1957.

82 Carl I. Hovland / Irving L. Janis / Harold H. Kelley, a.a.O.

83 Arthur R. Cohen, *Attitude Change and Social Influence*, New York/London 1964.

84 W. I. Guire, *Order of Presentation as a Factor in ›Conditioning‹ Persuasiveness*, in: Carl I. Hovland (Hrsg.), *The Order of Presentation in Persuasion*, a.a.O.

85 Chester A. Insko, *Primacy versus Recency in Persuasion as a Function of the Timing of Arguments and Measures*, in: *Journal of Abnormal and Social Psychology*, Vol. 69/1964, S. 381 ff.

86 Robert E. Lana, *Familiarity and the Order of Presentation of Persuasive Communications*, in: *Journal of Abnormal and Social Psychology*, Vol. 62/1961, S. 573-577.

87 Irving L. Janis / S. Feshbach, *Effects of Fear-arousing Communications*, in: *Journal of Abnormal and Social Psychology*, Vol. 48/1953, S. 78-92.

88 H. Leventhal / R. Singer / S. Jones, *Effects of Fear and Specifity of Recommendation upon Attitudes and Behavior*, in: *Journal of Personality and*

Social Psychology, Vol. 2/1965.

89 Frank Bledijan / Krista Stosberg, a.a.O., S. 54 f.

90 Dröge/Weißenborn/Haft, a.a.O., S. 97.

91 Carl I. Hovland / Irving L. Janis / Harold H. Kelley, a.a.O.

92 Percy H. Tannenbaum, *Initial Attitude towards Source and Concept as Factors in Attitude Change through Communication*, in: *Public Opinion Quarterly*, Vol. 29/1965, S. 413-425.

93 Herbert C. Kelman / Carl I. Hovland, ›Reinstatement‹ *of the Communicator in Delayed Measurement of Opinion Change*, in: *Journal of Abnormal and Social Psychology*, Vol. 48/1953, S. 327-335.

94 J. Mills / A. Aronson, *Opinion Change as a Function of the Communicator's Attractiveness and Desire to Influence*, in: *Journal of Personality and Social Psychology*, Vol. 1/1965, S. 173-177.

95 Frank Bledijan / Krista Stosberg, a.a.O., S. 61 f.

96 Ebenda, S. 58 ff.

97 Vgl. Wolfgang Langenbucher, a.a.O., S. 156 f.

98 Vgl. Herbert J. Gans, *Die Beziehungen zwischen Produzent und Publikum in den Massenmedien. Eine Analyse der Filmproduktion*, in: Dieter Prokop (Hrsg.), *Massenkommunikationsforschung 1: Produktion*, a.a.O.

99 Claire Zimmermann / Raymond A. Bauer, *The Effect of an Audience on what is Remembered*, in: *Public Opinion Quarterly*, Vol. 20/1956, S. 238-248.

100 Vgl. die Hinweise von Wolfgang Langenbucher, a.a.O., S. 165.

101 Vgl. Manfred Lahnstein, *Untersuchung über den Mitarbeiterstab einer Tageszeitung*, Diplomarbeit Köln 1961 und Rüdiger Hentschel, *Der Redakteur als Schlüsselfigur im Kommunikationsprozeß der Zeitung*, Dissertation Köln 1964.

102 Walter Lippman, *Public Opinion*, New York 1922. Vgl. Elisabeth Noelle-Neumann, *Kumulation, Konsonanz und Öffentlichkeit*, in: *Publizistik*, Jg. 1973, Heft 1.

103 Elisabeth Noelle-Neumann, a.a.O., S. 34 f.

104 Wolfgang Langenbucher, a.a.O., S. 161 f.

105 Ebenda, S. 161. Auf den problematischen Begriff der »spontanen Gemeindeöffentlichkeit« soll hier nicht eingegangen werden.

106 Vgl. Christel Hopf, *Zur Struktur und Zielen privatwirtschaftlich organisierter Zeitungsverlage*, in: Dieter Prokop (Hrsg.), *Massenkommunikationsforschung 1: Produktion*, a.a.O.

107 Vgl. Warren Breed, *Soziale Kontrolle in der Redaktion: eine funktionale Analyse*, in: Jörg Aufermann / Hans Bohrmann / Rolf Sülzer (Hrsg.), a.a.O., Bd. 1.

108 Vgl. Jürgen Seifert, *Probleme der Parteien- und Verbandskontrolle von Rundfunk- und Fernsehanstalten*, in: Ralf Zoll (Hrsg.), *Manipulation der Meinungsbildung*, a.a.O.

109 Ursula Schumm-Garling, *Organisationssoziologische Überlegungen zur Medienanalyse*, in: Jörg Aufermann / Hans Bohrmann / Rolf Sülzer (Hrsg.), a.a.O., Bd. 1, S. 408.

110 Warren Breed, a.a.O., S. 372 ff.

111 Milton J. Rosenberg / Robert P. Abelson, *An Analysis of Cognitive Balancing*, in: Carl I. Hovland / Milton J. Rosenberg (Hrsg.), *Attitude Organization and Change*, New Haven 1960.

112 Milton J. Rosenberg / Robert P. Abelson, *An Analysis of Affective-*

Cognitive Consistency, in: Carl I. Hovland / Milton J. Rosenberg, a.a.O.

113 Leon Festinger, *A Theory of Cognitive Dissonance*, a.a.O.

114 Frank Bledijan / Christa Stosberg, a.a.O., S. 93.

115 Jack W. Brehm / Arthur R. Cohen, *Explorations in Cognitive Dissonance*, New York 1962.

116 Milton J. Rosenberg / Robert P. Abelson, a.a.O.

117 Vgl. Percy H. Tannenbaum, *Initial Attitude towards Source and Concept as Factors in Attitude Change through Communication*, a.a.O.

118 James O. Whittacker, *Cognitive Dissonance and the Effectiveness of Persuasive Communications*, in: *Public Opinion Quarterly*, Vol. 28/1964, S. 547-555.

119 Frank Bledijan / Krista Stosberg, a.a.O., S. 88.

120 Vgl. Dröge/Weißenborn/Haft, a.a.O., S. 74 f.

121 Irving L. Janis, *Persönlichkeitsstruktur und Beeinflußbarkeit*, in: Wilbur Schramm (Hrsg.), a.a.O., S. 80 f.

122 Andrzej Malewski, *Verhalten und Interaktion*, Tübingen 1967; J. Frentzel, *Cognitive Consistency and Positive Self-concept*, in: *Polish Sociological Bulletin*, Vol. 11/1965. Vgl. Frank Bledijan / Krista Stosberg, a.a.O., S. 101 f. u. S. 117 f.

123 Frank Bledijan / Krista Stosberg, a.a.O., S. 118.

124 Ebenda, S. 189 ff.

125 Vgl. Franz Dröge, *Die Macht der Massenmedien*, in: *Vorgänge*, 4/1970, S. 135 ff.

126 Frank Bledijan / Krista Stosberg, a.a.O., S. 157.

127 Dröge/Weißenborn/Haft, a.a.O., S. 62.

128 Frank Bledijan / Krista Stosberg, a.a.O., S. 122 f. und S. 169 ff.

129 Daniel Katz, *The Functional Approach to the Study of Attitudes*, in: *Public Opinion Quarterly*, Vol. 24/1960. Vgl. Frank Bledijan / Krista Stosberg, a.a.O., S. 103 f.

130 Joseph T. Klapper, *Massenkommunikation – Einstellungskonstanz und Einstellungsänderung*, in: Jörg Aufermann / Hans Bohrmann / Rolf Sülzer (Hrsg.), a.a.O., Bd. 1, S. 62.

131 Helmut M. Artus, *Kritik der Filmwirkungsforschung*, in: *Publizistik* 1/1971, S. 60 f.

132 Raymond A. Bauer, *Das widerspenstige Publikum. Der Einflußprozeß aus der Sicht sozialer Kommunikation*, in: Dieter Prokop (Hrsg.), *Massenkommunikationsforschung 2: Konsumtion*, a.a.O.

133 Raymond A. Bauer, *The Communicator and the Audience*, in: Lewis A. Dexter / David M. White (Hrsg.), *People, Society and Mass Communications*, New York 1964.

134 Vgl. Rolf Lindner, *Stichworte zur Kritik der amerikanischen Massenkommunikationsforschung*, a.a.O., S. 44 ff.

135 Die letzte und bisher einzig umfassende Darstellung: Elisabeth Noelle-Neumann, *Kumulation, Konsonanz und Öffentlichkeitseffekt*, a.a.O.

136 Elisabeth Noelle-Neumann, *Wirkung der Massenmedien*, in: *Fischer-Lexikon Publizistik*, a.a.O., S. 335.

137 Ebenda, S. 335 ff.

138 Elisabeth Noelle-Neumann, *Kumulation, Konsonanz und Öffentlichkeitseffekt*, a.a.O., S. 33.

139 An zwei Stellen bezieht sich Noelle-Neumann auch auf Luhmanns

Theorie der ›öffentlichen Meinung‹.

140 Elisabeth Noelle-Neumann, *Exposé für ein internationales Seminar zum Thema ›Forschung und Massenmedien‹*, in: Deutsche UNESCO-Kommission, *Forschung und Massenmedien*, München-Pullach/Berlin 1972, S. 26.

141 Dröge/Weißenborn/Haft, a.a.O., S. 162 f.

142 Niklas Luhmann, *Soziologische Aufklärung*, a.a.O., S. 43.

143 Ebenda, S. 129.

144 Vgl. Helmut M. Artus, a.a.O., S. 50 f.

145 Niklas Luhmann, *Soziologische Aufklärung*, a.a.O., S. 44.

146 Ebenda, S. 129.

147 Vgl. Patrick Champagne, *Fernsehen und Familie*, in: Dieter Prokop (Hrsg.), *Massenkommunikationsforschung 2: Konsumtion*, a.a.O., S. 187 ff.

148 Vgl. Dieter Stolte, *Verplanter Fernsehabend?*, in: *Fernsehen und Bildung*, Heft 3,4/1971, S. 171 ff.

149 Vgl. Ralf Zoll / Eike Hennig, *Massenmedien und Meinungsbildung*, a.a.O., S. 28 f.

150 Paul F. Lazarsfeld / Robert K. Merton, *Massenkommunikation, Publikumsgeschmack und organisiertes Sozialverhalten*, a.a.O., S. 453.

151 Vgl. Steven H. Chaffee / L. Scott Ward / Leonard P. Tipton, *Massenkommunikation und politische Sozialisation*, in: Aufermann/Bohrmann/Sülzer, a.a.O., Bd. 2, S. 493 f.

152 Vgl. Paul F. Lazarsfeld / Robert K. Merton, a.a.O., S. 459.

153 Ebenda, S. 458.

154 Joseph T. Klapper, *The Effects of Mass Communication*, a.a.O., S. 213.

155 Vgl. Steven H. Chaffee / L. Scott Ward / Leonard P. Tipton, a.a.O., S. 472 f.

156 Paul F. Lazarsfeld / Robert K. Merton, a.a.O., S. 464.

157 Vgl. Hansjörg Bessler, *Brutalität im Fernsehen*, in: Dieter Prokop (Hrsg.), *Massenkommunikationsforschung 2: Konsumtion*, a.a.O., S. 236.

158 Ebenda, S. 261.

159 James D. Halloran / Roger L. Brown / David C. Chaney, *Fernsehen und Kriminalität*, Berlin 1972, S. 52.

160 Hansjörg Bessler, a.a.O., S. 267.

161 Kurt Koszyk, a.a.O., S. 141.

162 So argumentiert z. B. William Robert Catton jr., *Massenmedien als Ursache von Wirkungen*, a.a.O., Bd. 1, S. 72 f.

163 Dieter Baacke, *Kommunikation und Kompetenz*, a.a.O., München 1973, S. 185.

164 Hans Jürgen Weiss, ›*Feedback*‹ – *Plebiszit oder Programm?*, in: *Fernsehen und Bildung*, Heft 2/1972, S. 185 f.

165 Dieter Baacke, a.a.O., S. 344.

166 Vgl. ebenda.

Strukturwandel gesellschaftlicher Kommunikation

Konturen gesellschaftlicher Kommunikationsverhältnisse

Hier soll eine erste, provisorische Auskunft über gegenwärtige gesamtgesellschaftliche Verkehrsverhältnisse gegeben werden. Diese Absicht hat kaum etwas mit dem Versuch gemein, sich anthropologischer Bedingungen oder transzendentaler Begründungsforderungen für ideal-typische Diskurse in desolatem historischen Verständigungsmilieu zu vergewissern.

Freilich wird der Verkehr zwischen den sozialen Schichten, Gruppen und Individuen von einem bestimmten Vorverständnis her betrachtet: Als gesellschaftliche Kommunikation gilt eine die beteiligten Gruppen exponierende Mitteilung, Verständigung und Verbindung, die niemanden so entläßt, wie er den anderen begegnet ist. Kommunikation ist nämlich kein Handlungs- und Erkenntniszusammenhang, auf den sich Individuen mit bestimmten primären Merkmalen freiwillig oder notgedrungen einlassen, sondern *konstitutives* Moment der interagierenden ›Partner‹. Wird sie unterbunden, ist auch dies für das ›Überleben‹ und die Auflösung gesellschaftlicher Segmente konstitutiv; wird sie wiederaufgenommen, zersetzt sie die isolierenden Verhaltenserwartungen, die den Gruppen zuteilen, was diese für ihr Ureigenes halten. Gemeint ist also nicht ein bloß äußerliches Reagieren auf Zeichensysteme und ebensowenig die Aufrechterhaltung eines Signale austauschenden Dauerkontakts zwischen Einheiten, Ebenen und Zonen – wenn auch Signale und Kontakt unabdingbar sind. Insbesondere bezieht sich dieses Vorverständnis auf einen Anhaltspunkt, der Projektionen auf die sozialen Verkehrsverhältnisse erlaubt: auf das bezeichnende Scheitern einer Massenkommunikation, die sich als organisierte Beeinflussung mit Hilfe technischer Medien versteht. Auf Massenkommunikation aber kann nicht verzichtet werden.*

---

* Unter dem Aspekt einer Kritik der Massenkommunikation werden informelle und formelle Beziehungen zwischen Individuen und zwischen Gruppen als *Kommunikation* aufgefaßt, eben als *interpersonale* Kommunikation. Die

Fragt man nach der kommunikativen Konfliktbereitschaft und Selbstdarstellung der sozioökonomischen Klassen (und ihrer Untergliederungen), die noch vor einigen Jahrzehnten kurz vor dem ›letzten Gefecht‹ zu stehen schienen und sich in historisch gewachsenen Subkulturen durch verschiedene eigentümliche Lebensweisen voneinander abhoben, so fallen zunächst zwei Entwicklungen auf, die zum Abbau *traditioneller* Kommunikationsbarrieren beitragen. Die Zerstörung der auf epochaler alltäglicher Erfahrung gründenden Bindungen zwischen der Stellung im Produktionsprozeß und besonderen Formen von Sitte, Geselligkeit, Weltverständnis und Gemeinschaftsgefühl wird von zunehmender kultureller Vereinheitlichung begleitet. Der Tendenz zur Standardisierung populärer Urteile, Geschmacksmoden und Denkmodelle folgen mehr oder weniger alle sozialen Klassen und Schichten. Daß Kultur nicht mehr die in sich gebrochene Repräsentanz der auf verschiedene Weise Lebenden (vor allem der auf verschiedene Weise Arbeitenden und Aneignenden) ist, zeigt sich am deutlichsten in der Konsumsphäre, jenem Zusammenhang von Plakat- und Schaufensterwelt, Verkehrsgeschehen, Tourismus, Warenhäusern, städtischer Fassade und Medien, der unter dem Schlagwort ›Freizeit‹ hergestellt wird. »Die Freizeit, das ist nicht mehr das Fest oder die Belohnung der Mühe, das ist noch nicht die freie Tätigkeit, die um ihrer selbst willen betrieben wird. Das ist das verallgemeinerte Schauspiel.«[1]
Unter der Glasur der Massenkultur, die allen Klassen den gleichen Inhalt der Freizeittätigkeiten verordnet, kommt es

gesamtgesellschaftlich-alltäglich-unspezifizierte Lebenswelt ist nicht als Teilsystem der Gesellschaft ausdifferenziert (gerade darin besteht heute ihre Bedeutung), und der Aspekt dieser Arbeit hat vorab keine Priorität gegenüber dem der Produktion und Reproduktion, der Delegation und Sicherung von Entscheidungsbefugnissen oder der Sozialisation. Deshalb müssen die ökonomischen, politischen u. a. Bezüge zumindest implizit in die Argumentation eingehen. Da die Aspekte aber nicht konkurrieren oder im Sinne einer Basis-Überbau-Hierarchie nach Relevanzgesichtspunkten auseinandergehalten werden müssen, ist es durchaus legitim, ›politische Öffentlichkeit‹ oder ›monopolistische Marktform‹ als Faktoren von Kommunikationsprozessen zu verstehen. Entscheidend ist nicht, ob die ökonomische Analyse komplett ist. Entscheidend ist vielmehr, ob die Darstellung der Vielschichtigkeit des Problems gerecht wird und ob sie die Vermittlungsebenen als die der Massenkommunikation selbst unterscheidet, so daß sie keine Zuflucht zu einem Multiperspektivismus nehmen muß.

aber weniger denn je zu einer Kommunikation der konsumierenden Massen. Weder nivellieren sich die sozialen Formen des Kulturkonsums noch entsteht eine gemeinsame freizeitliche, vom beruflichen Status unabhängige (oder diesen zugleich berücksichtigende) Lebenswelt. Da nun auch die alte Vielfalt eigentümlicher Klassenkulturen nicht mehr besteht und die sozialen Unterschiede somit nicht mehr von einem repressiven oder solidarischen Sinnzusammenhang ›erklärt‹ werden, sehen sich die Konsumgruppen unvermittelt der überdauernden Hierarchie der Freizeit- und Arbeitspraxis – und der Privilegien des Zugangs zur Massenkommunikation – konfrontiert. Die Hierarchie erscheint krasser, unzumutbarer als je zuvor. Zugleich ist sie so vertraut, so selbstverständlich, daß man sie nicht mehr zu greifen, zu begreifen und anzugreifen vermag. Dies um so weniger, als die Auflösung der alten Bindungen den Individuen den Eindruck größerer Bewegungs- und Wahlfreiheit vermittelt. Es ist die *Hierarchie für die Hierarchie*. Die kommunikative Stagnation unserer Gesellschaft verwirklicht sich als strikte Absonderung. Deren Korrelat ist die kulturelle Gleichförmigkeit. »Wenn eine soziale Gruppe nicht mehr durch einen besonderen kulturellen Inhalt bestimmt werden kann, versucht sie um so kräftiger, andere Gruppen zu isolieren, deren Praxis sich zwar immer weniger von der ihren unterscheidet, die aber nicht auf derselben sozialen Ebene stehen. In dem Maß, in dem die traditionellen Schranken fallen, erheben sich neue und noch elektivere. Der Untergang der Diskriminierung gebiert den Aufstieg der Segregation. [...] Aber es ist bemerkenswert, daß diese sozialen Schranken eine rein negative Rolle spielen: sie schützen nicht, wie es einst die von lokalen oder beruflichen Gemeinschaften errichteten Schranken taten, bestimmte spezifische Tätigkeiten dieser Gemeinschaften; sie zielen nur darauf ab, bestimmte soziale Kategorien in ihrer speziellen praktischen Tätigkeit zu isolieren.«[2] Dies bestätigt sich auch dort, wo die Vereinheitlichung am größten zu sein scheint, bei der dem ›Einfluß der Popmedien‹ ausgesetzten Jugend. Die Popkultur legt sich über die proletarischen, kleinbürgerlichen, mittelständischen und großbürgerlichen Milieus und absorbiert deren lokale Qualitäten zu einem versöhnlichen Einheitsangebot, aber verwischt nicht den *Unterschied*. Weil die

Unterscheidungsphänomene, die Niveaus des symbolischen Konsums, die Auflösung des kulturellen Unterschieds voraussetzen, tritt das Profil der sozialen Abstufung noch schärfer hervor. Wer eine bestimmte Art von Kleidung, Schmuck, Wohnungseinrichtung, Autos, Kulturgeschichte und Exotik kauft, Ausbildungskarrieren einschlägt, distinguierte, nachlässige oder überkorrekte Manieren annimmt und von einer bestimmten Wortwahl und Sprechweise gezeichnet ist, bezieht sich nunmehr auf eine *einheitliche* Skala gesellschaftlicher Codes.[3] Er bezieht sich auf die Differenzierungen *eines* hierarchisch aufgefächerten Angebots. Am Unmotivierten, Spontanen und ›undefinierbar Persönlichen‹ nehmen die familiären, subkulturellen und schichtspezifischen Kleinwelten das Andere wahr, ohne sich von ihm abheben zu können; die Grenze, die nicht beseitigt (allenfalls übersprungen) werden kann, weil sie keine Grenze mehr ist.

Auf diese Weise werden die Gruppen und Subkulturen, die ihre eigene Auflösung überleben, ›privativ entgegengesetzt‹. Der ›praktische Solipsismus‹, der sich in den abgekapselten und verfestigten Parzellen ausbreitet, wird zum Motivationsmuster der informellen und formellen direkten Kommunikation und der kommerziellen und politischen ›Öffentlichkeitsarbeit‹.[4] Unschätzbar und uneinschätzbar wird die quasikulturelle Bedeutung und die Beharrungskraft primärer Sozialisationsbereiche, zumal der Familie. Es ist angebracht, vom Zerfall der Familie zu sprechen, und doch ist es nicht verwegen, noch tausend Jahre Kleinfamilie zu prophezeien. Nachbarschaftliche und lokale Zusammenschlüsse, die in erster Linie der Erweiterung der familiären Schutzzone dienen, und die langfristig geplanten Anschaffungen der Einzelhaushalte, die, gewissermaßen als Imitation von Lebensplanung, den gemütvollen Konsumwert des Interieurs erhöhen sollen, vergrößern die soziale Absonderung – nicht zuletzt durch die Erziehung der Kinder. Vor allem in modernen Wohneinheiten, wo unterschiedliche Gruppierungen verwandten Milieus koexistieren, in den Aggregaten der Suburbias, wo die überkommene, ständische Solidarität älterer Stadtviertel von öffentlichen Diensten ersetzt wird, kommt es »zu einer Neuorientierung des Durchschnittslebens auf das Familienleben hin, dergestalt, daß der Haushalt sich abkapselt und isoliert und jede Familie ihr Inneres abschirmt und ausbaut.«[5] Gerade die wachsenden Funktionsverluste der Familie haben im kulturellen Einzugsgebiet der mechanisierten Freizeit die eigentümliche Konsequenz einer Verstärkung und beschleunigten Wiederherstellung familiärer Bindungen. »Die Zugehörigkeit zu Primärgruppen und zu stark strukturierten Gemeinschaften war die Voraussetzung für eine schöpferische Mitbestimmung an den gesellschaftlichen und kulturellen Werten in einer Gesellschaft, in der die Kultur ein System von Bedeutungen war, die mit der beruflichen und unmittelbar erlebten gesellschaftlichen Erfahrung verbunden waren; in einer Massenzivilisation ist sie nur noch der Ausdruck für einen unvermeidbaren kulturellen Rückzug, für eine schwache Mitbestimmung an den Werten der Gesellschaft.«[6] Die Familie übernimmt die Rolle eines Alibis für Vereinsamung. Ihre Abkapselung verhindert die Entäußerung, Selbstvermittlung und verwandelte Wiederaneignung intimer Fixierungen. Da Massenkommunikation heute kein Korrektiv, sondern das Korrelat der Absonderung ist, werden neben und hinter dem verallgemeinerten Schauspiel die Familien auf sich zurückgeworfen und sich selbst überlassen.

Was sind die Kriterien der neuen hierarchisierten Isolierung? Nachdem die Zugehörigkeit zu einer eigenständigen Subkultur mit spezifischen, die Erfahrung industrialisierter Arbeit und vorindustrielle Normenüberlieferung vermittelnden Lebensweise nicht mehr das entscheidende Zuordnungsmerkmal sein kann und nachdem auch das Eigentum bzw. das ererbte und vermehrte Vermögen nicht mehr lebensweltlich einen bestimmten sozialen Rang repräsentiert, differenzieren sich die sozioökonomischen Gruppen vornehmlich durch die Befähigung zum demonstrativen Kulturkonsum und durch ihren Anteil an öffentlich thematisierten Ereignissen. Es sind kulturelle, also besonders schwer zu überwindende Schranken (der Erziehung und des beruflichen Status), die das Konsumverhalten der dominierenden Klassen der ›führenden Kreise‹ von dem der anderen Schichten trennen. Der Lebensstandard, das, was die anderen sehen können, und der im Verhalten spürbare persönliche bzw. kollektive Einfluß weisen den Platz im sozialen Gefälle zu und schaffen Abstand zwischen den hierarchisierten Konsumbereichen. Ebenso wie kulturelle Tätigkeiten zu Konsumgütern geworden sind, so gelten das in manifeste Kaufkraft aktivierte Einkommen und das Berufsprestige als kulturelle Merkmale. Gerade weil soziale Erfahrungen und Kulturentwicklung nicht mehr jeweils klassenspezifisch veschmolzen sind, bestimmt der Konsumanteil am vereinheitlichten Kulturmarkt unmittelbar den Platz in der Sozialstruktur. Man nimmt diesen Platz heute um seiner selbst willen ein; daher ist er durch nichts zu ersetzen.[7]

Der nichtorganisierte Verkehr der Individuen und Gruppen ist von einem ritualisierten, zwanghaften, durch Erfahrungen nahezu unbelehrbaren Distanz- und Konkurrenzverhalten geprägt, das im Vergleich zur alten ökonomischen Markt- und Überlebenskonkurrenz irrational erscheint. Es trägt viele frühbürgerliche Züge, zeugt aber gerade von der Zersetzung der Institution des ›Eigentums‹ (der je individuellen Selbstentäußerung und Realitätsbeherrschung) und von der Auflösung der dialektischen Einheit von objektiver Kapitalfunktion (des Unternehmers) und individueller ›Charaktermaske‹. ›Blinde‹ Konkurrenz reagiert darauf, daß die Gesellschaftssegmente nicht mehr nach einem allgemeinverbindlichen, objektivierbaren (ausbeuterischen oder ›gerechten‹) Leistungsmaß klassifiziert werden, sondern sich gemäß einer willkürlichen und uneinheitlichen Verteilung von Löhnen und sozialen Gratifikationen voneinander distanzieren.[8] Die Klassenstrukturen haben ihre realitäts- und totalitätssetzende Funktion verloren, und die Einkommensschichten kapseln sich gegeneinander ab, ohne in den Klassenkämpfen die Willkür der Entlohnung und die Verfügung über den vereinheitlichten Kulturmarkt zum Gegenstand der Auseinandersetzungen zu machen. Dem entspricht historisch und strukturell die Zerstörung der qualitativen Inhalte der Arbeitersubkultur, die »aus geschichtlichen Erfahrungen, Traditionen von Solidarität als Klasse, bestehen. In diesen Gruppenzusammenhängen waren die Erinnerung und die Hoffnung auf ein qualitativ anderes Zusammenleben der Menschen mitenthalten. Das monopolistische Machtverhältnis deformiert diese Lebenszusammenhänge zu äußerlichen Formen von Konsumverhalten, Prestigeskalen etc.«[9]

Die Parzellierung von Sozialisations- und Einkommensklassen festigt die von der Verteilung der Konsumkräfte deter-

minierte ›Sozialstruktur der Freizeit‹: Ganz unten befinden
sich die subproletarischen Randgruppen (Arbeitsimmigran-
ten und Flüchtlinge, Handlanger und Arbeiter aus unterent-
wickelten Zonen, alte, kranke, kriminalisierte Menschen
u. a.), Personen mit dem niedrigsten Einkommen. Über ihnen
stehen die sich fast durchweg in Kleinfamilien absondernden
Lohnabhängigen, die ihre Einkommen für Güter des unmittelbaren Bedarfs verbrauchen und sich durch intensiven und
hartnäckigen Medienkonsum auszeichnen. Eine weitere Stufe
höher etablieren sich die ›Funktionsträger‹, die einen bestimmten Rang in politischen und kommerziellen Organisationen
einnehmen und sich um sozialen Aufstieg und um Teilhabe an
den Werten der ›höheren‹ Kultur bemühen. Ganz oben stehen
die führenden Geschäftsträger und Staatsmänner und die
Verbandsspitzen, die ohne größere Statusangst einen relativ
ungebundenen Lebensstil bevorzugen und innovative kulturelle Ausdrucksformen aneignen.[10]
  Wie man sieht, sind es vor allem die Angehörigen der neuen
proletaroiden Mischkulturen (von Arbeitern, Angestellten,
Beamten und kleinen Selbständigen), die sich in von der
sozialen Umwelt abgeschirmte Primär-, Verwandtschafts-,
Nachbarschafts- und Berufsgruppen zurückziehen. Es ist die
Gruppe derer, die in besonderem Maße von der Diskrepanz
zwischen verkündeten Konsum- und Aufstiegschancen und
ihrer strukturellen Lage (Einkommen, Erziehung, Wohnung,
Konsumkraft) betroffen sind.[11] Touraine vertritt die These,
daß die sozialen Schichten, »die am wenigsten an den soziokulturellen Werten teilhaben, der Massenfreizeit am passiv-
sten unterworfen sind, aber auch am stärksten an den
primären sozialen Beziehungen und einer kulturellen Isolierung traditionellen oder neuen Typs festhalten, indem sie die
Verbindung dieser beiden Merkmale betonen«.[12] Drei Ebenen
von Isolierung überschneiden sich: die der schichtspezifischen
Subkulturen, die der Kleingruppen, die der Individuen. Die
große Mehrheit unserer Bevölkerung verharrt nicht nur
gegenüber den anderen Schichten – sollte man nicht besser
sagen: Kasten? – in einer von verschiedenen verinnerlichten
Formen der Berührungsangst bekräftigten Isolierung (und
geht so ihrer Ausdrucksformen verlustig); die in ihren Wohn-
waben sich verbarrikadierenden Familien der oberen Unter-

schicht und der unteren und mittleren Mittelschicht zeigen auch untereinander die relativ geringste Mobilität und Kontaktbereitschaft.

Indes wäre es naiv und unsinnig, die Angehörigen der verschiedenen isolierten Kasten aufzufordern, sich öfter zu treffen, um sich gegenseitig ›besser verstehen zu lernen‹ und um ›Vorurteile abzubauen‹. Mißverständlich wäre es auch, eine ›gerechte‹ Partizipation der verschiedenen Gruppen an öffentlichen Institutionen (womöglich entsprechend der jeweiligen Kopfzahl) als Endziel zu proklamieren. Denn die privatistische Abkapselung der Primär- und Sekundärgruppen läßt sich nur verstehen, wenn das Verhältnis von interpersonaler Kommunikation und Massenkommunikation mitbedacht wird. Sie besagt nichts anderes als die extreme Isolierung des alltäglichen Umgangs von der öffentlich organisierten Mitteilung. Sie bestätigt, daß »die technischen Hilfsmittel der Verallgemeinerung und differenzierten Ausbildung individueller Erfahrungen [...] heute von der unmittelbaren Kommunikation getrennt« sind.[13] Zwar umgehen die sozial und kulturell isolierten Schichten die alten sozial-kulturellen Privilegien, indem sie als Fernsehzuschauer unmittelbar mit der ganzen Welt in Kontakt treten, doch dies kennzeichnet eine neue Form ›kultureller Unterentwicklung‹. Die medienkonsumierenden Familienkulturen projizieren die alte Hierarchie in eine neue; nicht, weil sie als isolierte Gruppen dazu manipuliert werden (wie es die alte Theorie der Massengesellschaft behauptete), sondern weil die Trennung von der Massenkommunikation sie den traditionellen Bindungen ausliefert.

Nur noch als ständige Verfügung über jene Hilfsmittel ist gesellschaftliche Verständigung zwischen den Gruppen denkbar – und dabei dürfen die Gruppen nicht als das vorgestellt werden, als was sie sich heute der deskriptiven Bestandsaufnahme darbieten. Heute ergänzen das Publizistische (das verallgemeinerte Schauspiel mitsamt dem verallgemeinerten Publikum) und das Privatistische einander so perfekt, daß alle Vermittlungen zwischen ihnen abgeschnitten sind. Weil die vollkommene Ergänzung die größte Entfernung, das vollkommene Kommunikationsdefizit bedeutet, macht derjenige, der zwischen den beiden Realitätsdimensionen bewußt hin und her wechselt (von der Dimension, wo alle Grenzen aufgelöst sind, in die Dimension, wo diese Grenzen unbestritten fortbestehen, und wieder zurück), die Erfahrung des Absurden. »Die elektronischen Produktivkräfte destruieren die überkommenen Dimensionen unseres Wahrnehmungsfeldes, unserer Vorstellung von Raum und Zeit, die optische, haptische und akustische Beziehung zu unserer Umgebung. Durch Telegraphie, Telephon, Television verschwindet die beschränkte ›Umwelt‹: die Welt als Ganzes wird zur Umgebung. Wir sind in jedem Augenblick überall dabei, ganz ›unzusammenhängende‹ Prozesse strömen gleichzeitig auf uns ein; mixed media und environment sind die naiven Versuche, dieser Konstellation mit dem guten alten ›Übersetzungsmedium‹ der Wahrnehmung, der Kunst, Herr zu werden. Die elektronische Kommunikation gestattet kein ›Gegenübertreten‹ mehr; jeder ist jederzeit ›in‹. An die Stelle der Wahrnehmungs*perspektive* tritt das Wahrnehmungs*feld*. Privatheit löst sich darin auf zu gesellschaftlichem Handeln; die orthodoxen Verhaltensmuster versagen und fordern Entscheidung und Selbsttätigkeit heraus; die Beschränktheit des Provinziellen und der Parzellierung verschwinden in der Erfahrung der Um-Welt als Totalität. Und diese neue Qualität der Umwelt existiert nicht in dem Bewußtsein *über* ein verändertes *Objekt* der Wahrnehmung, sondern ihr Subjekt selbst wird zum Objekt, das die Medien physiologisch verändern. Hier hat nicht ein Freund der Künste ein Buch in der Hand, sondern die Elektronik hat den Freund der Künste in der Hand.«[14] Nun ist gewiß richtig, daß Privatheit überall entstehen kann und muß, daß etwa eine spezifische mittelständische Privatheit (als Form des Konsumierens, als Haltung) insofern ebenfalls keine Grenzen kennt, als sie nicht mehr geschlossener Wohnviertel, überhaupt irgendeiner räumlichen Fixierung bedarf. Richtig ist aber auch, daß Privatheit an Grenzen, die von den Sinnen nachvollzogen werden können, gebunden bleibt – daß sie ohne *sinngebende, verbindliche* (Bezüge nach außen herstellende) Wahrnehmungsbeschränkung nicht möglich ist. Die Frage ist also: Wie lassen sich extreme Beschränkungen des Wahrnehmungsfeldes durchhalten, die weder sinngebend und verbindlich sind noch von den Medien der generalisierten Wahrnehmung eingeübt oder auch nur toleriert werden? Eine Erklärung gibt es, doch diese vermindert nicht die Absurdität.

Sowohl die historischen Strukturen der Massenkommunikation als auch die Konstellationen der Inselgruppen direkter Kommunikation sind Ausdruck der wechselseitigen Isolierung dieser beiden Verständigungsebenen. Die Form, in der sich Massenkommunikation abkapselt, ist die abstrakte und willkürlich aufrechterhaltene Vereinheitlichung; die Form, in der sich die interpersonale Kommunikation abkapselt, ist die Aufsplitterung ohne Vermittlung. Die Mechanismen, die jene restaurative Absonderung der Subkulturen, Gruppen und Individuen konsolidieren und verwerten, waren auch konstitutiv für die generalisierten öffentlichen Aufmerksamkeitsregeln. Weder ist die Parzellierung die Ursache der isolierenden Beeinflussungskommunikation noch ist diese die Ursache der Parzellierung. Beide implizieren sich wechselseitig.

In diesem Verhältnis wechselseitiger Ausschließung erweist sich allerdings die über Medien organisierte Kommunikation als der stärkere Faktor. Sie ist als soziales Teilsystem ausdifferenziert, und das heißt in diesem Fall: sie reorganisiert wiederum die (ökonomischen und politischen) Mechanismen, die massenhafte und direkte Kommunikation voneinander trennten – ohne sie in Mechanismen der Vermittlung verwandeln zu können. Darum zeigt sich die nichtorganisierte interpersonale Kommunikation eben dort als ohnmächtig und erstarrt, geradezu als Zerrbild und Abklatsch der Massenkommunikation, wo sie dieser gegenüber relativ autonom ist. Da den reaktiv-regressiven Umgangsformen und Intim-Desideraten »etwas Subjektiv-Zufälliges, Folgenloses, Freizeitbestimmtes« (Negt) eignet, erscheinen sie als Abfall der Massenkommunikation. Dies sind sie freilich nicht; wohl aber ziehen die auf ihre Unentwickeltheit zurückverwiesenen Erfahrungen und Wünsche immer dann den kürzeren, wenn sie sich außerhalb der familialen Verfallszonen gegen die öffentlich zugelassenen Erfahrungsformen durchsetzen oder auch nur artikulieren wollen. Die Eigenart der Bedürfnisdynamik und die intimisierten Normierungen (worunter man sich nichts Elementares oder ›Echtes‹ vorstellen darf) sind ja nicht nur für die traditionellen Postulate der Bildung einer öffentlichen Meinung und eines Gemeinwillens unverbindlich geworden. (Ein verallgemeinertes radikaldemokratisches Räteprinzip ist den gegenwärtigen Verhältnissen unangemessen, da kein ›Unten‹ mehr selbsttätig Gestalt annimmt.) Sie sind von jeglicher massenhaften und folgenreichen Kommunikation abgeschnitten, in der Isolierung von sich aus zu keiner Entäußerung, zu keiner reflexiven Selbstklärung (durch Befriedigungsansprüche), zu keiner vergesellschafteten Auseinandersetzung und Individuation imstande.

Jenes Verhältnis wechselseitiger Ausschließung hat sich mit der historischen Entwicklung der Massenkommunikation durchgesetzt. Die sich über den kapitalistischen Markt herstellenden privaten Tauschbeziehungen der notwendig konkurrierenden bzw. antagonistischen Klassen, Regionen und Individuen wurden nicht in die entstehenden Massenmärkte der ökonomischen und politischen Oligopole *aufgehoben*. Vielmehr wurden die eigentümlichen und in sich widersprüchlichen, d. h. virtuell emanzipativen Bezüge zur politischen Öffentlichkeit und zum Markt ungleichen Tauschs *gekappt*. Nun wurde nämlich die Gesellschaft von den Interessenverbänden und den (zunächst noch konkurrierenden) Monopolen als ein Konglomerat anonymer und anonymisierender Alltagsmärkte organisiert, auf denen die *besonderen* Beziehungen zwischen Produzenten/Warenbesitzern und Konsumenten keine Rolle mehr spielten. Die zentrale Planung des Absatzes macht sich frei von den tradierten kulturellen Ansprüchen der Schichten, Gruppen und Familien, die in und neben den Massenmärkten trübe fortexistieren.

Unter trügerischer Anpassung an regressive Aspekte ›vorhandener‹ Mehrheitsbedürfnisse (etwa die von mechanisierter Arbeit gesteigerte Empfänglichkeit für formale Bewegungselemente), die sich universal affizieren und befriedigen lassen, bilden sich auf den Märkten des Güterkonsums, der Loyalitätssicherung und der Freizeitgestaltung ›abstraktifizierte Institutionen‹ heraus.[15] Dies sind pseudoprivatistische Selektionsmuster, die verschiedene affektive und ideologische Ansprüche verschiedener sozialer Schichten gewissermaßen auf dem kleinsten gemeinsamen Nenner formalisieren. Im System der Massenkommunikation, das den Massenmärkten nahezu alle technischen und symbolischen Medien, deren sie bedürfen, zur Verfügung stellt, werden diese ›Institutionen‹ als Aufmerksamkeitsregeln für die Gesellschaft generalisiert.

Die Werbung, selbst oberstes Konsumgut, unterwirft sich den öffentlichen Regeln der Themenauswahl und der Überwindung von Wahrnehmungsschwellen. In der Symbiose mit Massenkommunikation ist sie von dieser nicht unterscheidbar. »Ersetzt die Werbung nicht durch ihre Institutionalisierung die ehemaligen Vermittlungen, darunter auch die Kunst? Wird sie nicht zur *zentralen,* einzigen Vermittlung zwischen Produzent und Konsument, zwischen Technik und Praxis, zwischen gesellschaftlichem Leben und politischer Macht?«[16] Um aber als universelle ›Medien‹ der Massenmärkte geeignet zu sein, müssen die Aufmerksamkeitsregeln sich auch gegenüber dem ökonomischen System, der historischen Produktionsweise (im engeren Sinn) und den Produktionsverhältnissen, verselbständigen. Ungeachtet ihrer historischen Durchsetzung sind sie heute nicht aus Verwertungsinteressen der Einzelkapitalien oder des Gesamtkapitals zu deduzieren.

Auch konkurrieren die Massenmedien immer erfolgreicher mit dem politischen Kommunikationsnetz, so daß dieses sich weitgehend an die öffentlich konditionierte Aufmerksamkeit und an die periodische Produktion von Nachrichtenaktualität angliedert. Vor allem im Hinblick auf das Fernsehen gewinnen nationale Fragen Vorrang vor lokalen (nicht nur in den politischen Zentralen), wird die Herstellung von Übereinstimmung über die Parteigrenzen hinweg forciert, werden Auseinandersetzungen immer mehr von ›Persönlichkeiten‹ und von Techniken der »Image-Pflege« (der ›Profilierung‹) und der Public relations abhängig.[17] Dies gilt auch, oft sogar in verstärktem Maße, für die nicht-öffentlichen Verhandlungen.*

* In Verbänden, Organisationen und Parteien wird heute in der Regel die Kommunikation zwischen Spitze und Basis der ›Flexibilität‹ des Führungsmanagements untergeordnet, das in ›öffentlicher Verantwortung‹ Kompromisse aushandelt. Diese willkürliche ›Flexibilität‹ gegenüber Normierungen, die von der verbandsinternen Öffentlichkeit legitimiert wurden, muß durch ständigen Verweis auf die übergeordnete Maßregel bestimmungsloser Selbsterhaltung rationalisiert werden. Es darf angenommen werden, daß dies gleichbedeutend mit der Fortschreibung unterhöhlter und unter veränderten Bedingungen aufgefrischter ›Interessen‹-Interpretationen ist (die keine Ideologien im traditionellen Sinn mehr sind). Offenbar leistet die unter ›Sachzwang‹ stehende Kompromiß-Produktion wiederum nur die ohnmächtige Bestätigung hypostasierter ökonomischer und politischer Verhaltenserwartungen, denn sie kommt als Vermittlung verschiedener ›Flexibilitäten‹ zustande. Dieses Ausmanövrieren motivbildender Interaktion hat zur Folge, daß sich die hierarchisch struktu-

Die ›Willkürlichkeit‹ der dominierenden Aufmerksamkeitsregeln ist also darin zu sehen, daß die Bedürfnis-Kondensate,
die beim Ausbau von Massenmärkten und durch die dabei
entstehende wechselseitige Isolierung von zentralistisch organisierter Kommunikation und quasi-anarchischer Kommunikation in Anlehnung an äußerliche individuelle Regungen
synthetisiert wurden, weiterhin zu Essenzen gesellschaftlicher
Aufmerksamkeit verkocht werden, weil die isolierten Strukturen der Massenkommunikation sich vor der Reflexion auf die
Fragmentierung des ›zwischenmenschlichen‹ Umgangs ab-
schirmen. Dabei ist aber die Etablierung von Massenmärkten
nicht mit der Durchsetzung von Tauschbeziehungen gleichzusetzen. Auch das Mißachtete, Abgeschnittene, Zurückgestaute
beinhaltet Tauschbeziehungen, verselbständigte ›Warenbe-
ziehungen‹, die auf die Ausrichtung des alltäglichen Lebens
nach Gesichtspunkten der Verwertungsmaximierung (des Lei-
stungsprinzips) zurückgehen.*

rierten Untergliederungen der Verbände sowohl vertikal als auch horizontal
gegeneinander isolieren. Spitze und Basis stehen sich gewissermaßen als (kraft
plebiszitärer Zustimmung zirkulierende) Massenkommunikation und interpersonale Kommunikation gegenüber. Der Tempogewinn für Regierungs- und
Verwaltungstätigkeit, den ein Kompromiß kurzfristig bringt, wird langfristig
mit der Auszehrung motivationaler Selektionsmedien (›Stabilität‹, ›Sicherheit‹,
Anwachsen des Sozialprodukts) bezahlt, die damit zugleich jeder institutionalisierten Diskussion entrücken.

   * Der Begriff der Tauschbeziehungen ist nicht mehr differentiell und daher
nichtssagend, denn heute lassen sich keine Beziehungen nennen, die nicht
gewisse Funktionen in einem durchkapitalisierten Universum erfüllen bzw.
nicht bereits aus Tauschbeziehungen erwachsen sind. Seitdem die kapitalistische
Vergesellschaftung auch die renitenten ›nichtidentischen‹ Naturqualitäten
funktionalisierte, auf denen letztlich der innere Antagonismus der Tauschtotalität beruhte, bezeichnet der Begriff dieser Totalität keine sich selbst in Frage
stellende Negativität mehr. Nicht nur zum Schaden des ›Negativen‹, sondern
auch zum Schaden der ›Herrschaft‹, die ihre Repressionsstrategien und damit
ihre Identität (ihr ›Überleben‹) an dieser Negativität orientierte. Dies sind die
Kosten eines zu langen Wartens auf die Revolution bzw. der Abtreibung dieser
Revolution, die ja im Schoß der bürgerlichen Gesellschaft heranwuchs. (Vgl.
Frank Böckelmann, *Über Marx und Adorno. Schwierigkeiten der spätmarxistischen Theorie*, Frankfurt 1972.) – Daher meine Zweifel an der Kapazität der
Rahmentheorie Dieter Prokops, der im Anschluß an Sohn-Rethel allen Veränderungen der Warenform folgt, aber der Dialektik, die sich dabei entfaltet,
nicht auch den Begriff der Totalität selbst unterwirft. Der drohenden Ontologi-
sierung des Totalitätsbegriffs entspricht dann der drohende Leerlauf einer in
sich rotierenden Globalkritik. – Unter demselben Aspekt ist Skepsis gegenüber
verschiedenen Kommunikationstheorien angebracht, die ihre Kritik aus den

Konkurrierende soziale Einheiten, deren besondere Wechselbeziehungen mit den Institutionen der Produktions- und Zirkulationssphäre unterbunden werden, sind gezwungen, sich auf sich selbst zu beziehen, ohne dies reflektieren zu können. Daher beschränken sie sich auf blinde Selbstbehauptung. Zwar zeugt gerade die Einrichtung monopolisierter Massenmärkte davon, daß Selbstbehauptung neu bestimmt werden muß, sich nicht mehr von selbst versteht. (Der Markt muß auf die gesamte Sozialisations- und Reproduktionssphäre erweitert werden, da Produktivitätssteigerungen von der Organisation der Absatzsteigerung abhängen. Die Befriedigung ›elementarer Lebensbedürfnisse‹, die Sicherung des bloßen Überlebens allein vermag keine solche Steigerung mehr zu garantieren. Folglich müssen diese Bedürfnisse differenziert, angereichert, neu bestimmt werden.) Doch die isolierten Einheiten öffnen sich keinem Austausch von Selbsterfahrungsweisen, und so erwerben sie kein verwandeltes Verständnis ihrer Reproduktion. Das Festhalten am vertrauten Distanzierungsgebaren und an unterscheidenden Codes erscheint als einzige Identifikationschance. Freilich ist auch das, was die feindlich-indifferente Abkapselung konserviert, einem Gärungsprozeß unterworfen. Wenn die neue Bestimmung die alte ist, dann ist auch diese nicht mehr sie selbst.

Die Strukturen der Massenkommunikation garantieren und reproduzieren *in* den getrennten Einheiten und im Verkehr *zwischen* ihnen unterschiedliche Formen der Kommunikationsbeschränkung. *Innerhalb* der Primärgruppen und innerhalb der Grenzen eines schichtspezifischen Milieus werden zwar kommunikative Kontinuitäten aufrechterhalten; aber diese reproduzieren die Zusammenhangslosigkeit von Traditionen, die zur Routine geworden sind, und die reflexartig sich ablösenden Gesten des Einverständnisses. Verbissen an einem Individualismus festhaltend, der auf den antiquierten Eigentumsgedanken eingeschworen ist, können die Gruppen

Ansprüchen von residualen ›Primärerfahrungen‹, ›spontaner‹ oder ›authentischer‹ Phantasie- und Wunschproduktion, systemsprengenden Gebrauchswertstandpunkten und frühkindlichen Bedürfnisstrukturen ableiten, also ein überwinterndes *Erstes* herbeizitieren, um aus der Dialektik der siebziger Jahre in die Dialektik von 1850 zu entkommen.

nicht die Chance einer anderen Individualisierung wahrnehmen, die sich ihnen eröffnete, wenn sie sich vom Sinngehalt verschiedenartiger Situationen her verstünden statt in der illusorischen Kontinuität von Familienbünden, die den Kampf ums Überleben parodieren. Kontaktrituale und Reglements, deren Bedeutungsgehalt verbraucht ist, seitdem soziale und kulturelle Rollen keine je originelle Verbindung mehr eingehen, werden in den Kommunikationsinseln zu formelhaften Versicherungen und ausdrucksarmen, mechanisch wiederholten Rollenspielen deformiert. Der Medien- und Freizeitindustrie bieten sich die Aktionspartikel und Bedürfnistorsi zu fast beliebiger Ausdeutung und absatzorientierter Verwertung an. – Den stummen, amorphen, massenkulturell nicht erkannten, geschweige denn anerkannten Bedürfniskeimen stehen weder in der Sozialisation noch in der Massenkommunikation Medien zur Verfügung, in denen sie sich zeigen, herausbilden, als Überraschung eines Objekts wiederfinden, überhaupt artikulieren könnten. Die Qualität der in schlechter intimer Unmittelbarkeit sich selbst verzehrenden Wunschpotentiale ist weder gänzlich dunkel oder willkürlich bestimmbar noch ›in sich‹ determiniert. Ihre Virtualität läßt sich nicht als ›Gegebenes‹ für emanzipatorische Ersatzstrategien in Rechnung stellen, sondern kann nur in einem Interaktionsfeld, das sich nicht durch Selbstbehauptung definiert, zum ›Wunsch‹ werden. Das ›Dasein‹ bzw. die ›Spontaneität‹ dieser Potentiale wird zu einem Problem bewußter Er-findung. Darum ist es auch unsinnig, sie einer Tauschtotalität entgegenzuhalten, sie für exterritorial, für nichtintegriert, folglich systemsprengend zu erklären. Denn damit macht man sie zu Positivitäten.

Zwischen den getrennten Einheiten (verschiedener Größenordnung) werden kontinuierliche Beziehungen verhindert. Hier behauptet sich entweder die Insistenz auf je internen Normierungen und Erwartungen (dann handelt es sich um eine Erweiterung der Eigensphäre) oder die öffentlich konditionierte Aufmerksamkeit. Diese, auf Interaktion projiziert, zerstückelt die Beziehungen: Die Motivbildung wird immer wieder unterbrochen und vergessen, Verständigungsfäden werden immer wieder abgeschnitten, entstehende Handlungszusammenhänge stets von neuem aufgelöst. Denn Massenkommunikation tauscht – wie die Werbung – ihre Gehalte periodisch aus, und die Beachtung des Komplexes abstraktifizierter Regeln läßt sich nicht mit dem spezifischen Tempo und der ›konkreten‹ Symbolik interpersonaler Tastversuche vereinbaren. Auf diese Weise ratifiziert Massenkommunikation aber nur die in der Parzellierung der Gruppen angelegte Verhinderung offener Verständigung.

Symptomatisch für die Entleerung des in sich selbst Kursierenden ist die zunehmende Belanglosigkeit der *Gespräche* in der Peripherie der Privatbereiche (in Verkehrsmitteln, in Gaststätten, in Arbeitspausen, bei Besuchen und auf Partys, auf der Straße und beim Einkauf). Sie paart sich mit beklemmender Ritualisierung. In der latenten Empfindung von Peinlichkeit meldet sich das Bewußtsein an, daß es um nichts mehr geht, daß man Gespräche führen muß, als ob es welche wären. Bereitet es auch großes Unbehagen, sich als Subjekt zu gerieren und dem anderen ›offen‹ in die Augen zu sehen, keinesfalls darf man es sich anmerken lassen. Stets führt man sich auf, als ob das Gespräch *Folgen* haben könnte. Das bewußte Abbrechen der Gespräche würde die Isolierung mit sich selbst konfrontieren und ihr damit den Charakter wahnhafter Selbstverständlichkeit nehmen; auch dieser Ausweg ist versperrt. Nach der privatistischen Restabilisierung traditioneller Verkehrsformen bleibt den Kontaktpersonen nichts anderes übrig, als Themen von ›allgemeinem Interesse‹ als Alibi zu bemühen. Hinter solcher Parodie bürgerlichen Räsonnements verbirgt sich der schlechthin fragmentarische Charakter der Interaktion zwischen den Primär- und Bekanntschaftsgruppen. »Das Gespräch wird nicht begriffen als Reflexionsmoment eigener Erfahrung, Abhängigkeit und Arbeitssituation; es geht über diese Probleme hinweg, verweist sie als nicht zur ›Freizeit‹ gehörig entweder in die berufliche Sphäre zurück oder delegiert sie, weil nicht kompetent, unbewußt oder bewußt an die öffentlichen Medien, die mit diesem Auftrag nichts anfangen können, ihn auch nicht verwirklichen können, selbst wenn sich die Journalisten als ›Gesprächsanwalt‹(!) verstehen wollten.«[18]

Familien, Altersgruppen und Belegschaften, die das Weite suchen, um der alltäglichen Enge zu entkommen, werden unweigerlich auf sich zurückgeworfen. Auch im *Tourismus* läßt die ständige Simultaneität von verkehrstechnisch perfekter, universeller Massen-Kommunikation und direktem Umgang vermuten, daß beide einander fremd bleiben. Nach der Erosion der Einheit von Öffentlichkeit und Privatheit, wie sie mittels weltbürgerlicher Spielregeln des Umgangs zwischen Geschlechtern, Klassen und Generationen intendiert wurde und wie sie noch in filmischen Szenerien von Luxushotel und Stehausschank, Flughafen und Expreßzug beschworen wird, gehen heute inmitten unbeschränkten Verkehrs das mobilisierte Private und das intimisierte Öffentliche eine neue, trübe Verbindung ein. »Die Touristik entbehrt gerade jenes Charakters von Öffentlichkeit, der ursprünglich als Idee einmal vorhanden war. So wie die Dinge sich entwickelt haben, werden gerade jene privaten Verhältnisse stabilisiert, die bar allen Veranstaltungszaubers immer schon bestanden haben. Ja, man kann sagen, daß die Absicht verkehrsmobiler Aktivitäten sich in ihr Gegenteil verkehrt hat: Was früher ein Freiraum war, dient heute der Verfestigung sozialer Rollenspiele.«[19] Diese privaten Rollenspiele haben aber als Spiele, die sich nur ihrer Wiederholung verdanken, längst die Privatheit zerstört.

Im übrigen würde größere zwischenmenschliche Betriebsamkeit, selbst ständiger Gedankenaustausch zwischen den Gruppen, die allgemeine Kommunikationsbeschränkung nicht beseitigen. Eine Dezentralisierung der sozialen Verständigung kann nicht dadurch gelingen, daß man die zentral organisierte Kommunikation ignoriert. Auf der Ebene der individuellen Lebenserfahrung läßt sich kein Fremdenverkehr installieren, der die Menschen verbindet. Auf ihr wird nicht mehr der Platz festgelegt, den die verschiedenen Gruppen in der sozialen Hierarchie einnehmen. Nur durch eine neue Form der Teilhabe an der Massenkultur, und zwar kraft fortwährender Dynamisierung der Gruppenanteile an den Massenmärkten der Kommunikation, kann das historische Niveau der Verständigung erreicht werden und die fetischisierte Hierarchie einer anderen Aufgliederung weichen. *Unter* dem Selektivitätsniveau allgegenwärtiger Massenkommunikation wäre eine Multiplizierung von Direktkontakten zwischen primären und sekundären Gruppen nur eine schlechte Imitation bürgerlicher Öffentlichkeit. Nicht viel mehr als diese Imitation haben die Honoratioren, Publizisten und Pädagogen im Sinn, wenn sie uns unablässig auffordern, doch zu kommunizieren, miteinander zu sprechen, das ›Gespräch‹ nicht zum Erliegen kommen zu lassen, die Standpunkte der anderen kennenzulernen, Brücken zum Nächsten zu schlagen usw. »Fast überall weisen die (gesellschaftlichen, konstituierten) *Körperschaften*, die die Kommunikation dadurch verstopfen, daß sie sie instituieren wollen, ihr einen Ort und eine Zeit in der Alltäglichkeit zu. [...] Das Zwanghafte ist also für diese Gesellschaft der Dialog, die Kommunikation, die Partiziption, die Integration, die Kohärenz. Was ›man‹ nicht hat. Dessen Fehlen ›man‹ empfindet. Das sind Themen. Und Probleme. Man glaubt die Probleme zu lösen, indem man gelehrt oder unter Zwang über diese Themen plaudert. Die Einsamkeit, das Fehlen an Kommunikation, die Klagen, das ist alles nicht neu. Das Neue, das ist die Einsamkeit in der Redundanz, das Fehlen der Kommunikationszeichen in der Überfülle.«[20]

Daß es nicht ausreicht, Gelegenheiten für Begegnungen bereitzustellen und die Residuen des Öffentlichen Meter für Meter zu verteidigen oder ein wenig zu erweitern, zeigt ein Blick auf die ›offenen Kommunikationsmuster‹ des großstädtischen Lebens. Selbst ständige physische Nähe aller gesellschaftlichen Gruppen, selbst der Zwang zu direkter Kommunikation erschüttert nicht die Isolierung und Hierarchisierung und begünstigt keine urbane Massen-Kommunikation.

Die Infrastruktur der Großstädte bietet hervorragende Voraussetzungen für eine Vergesellschaftung der Interaktion: ein Verkehrsnetz, das alle Begrenzungen aufhebt und alle Funktionen und Bereiche durch Übergangsgebiete und Durchdringungsraster verbindet. Darüber hinaus verflüssigt und relativiert die städtische Gesellschaft alle traditionalen Ordnungssysteme. Sie erreicht einen hohen Grad von ›Biegsamkeit‹, Anpassungsfähigkeit und Mobilität, der es ihr erlaubt, soziale, ökonomische und kulturelle Neuerungen und fremde Gruppen zu assimilieren. Als typisch städtisch erscheinen »Grenzübergänge, Verwischungen, Ineinanderstrahlungen des Heterogenen« (Gehlen). Dennoch kommt es nicht zur Integration der funktionellen Einheiten (der Wohn-, Industrie-, Geschäfts-, Amüsier- und Erholungsgebiete) und bleiben die

Kontakte der Städtebewohner von den Gesetzen der sozialen Hierarchisierung abhängig. Obendrein leisten die Streuung der Wohngebiete und die Vorstadt-Agglomerate der Segregation Vorschub. Selbst das Anknüpfen von partnerschaftlichen, freundschaftlichen und Kooperations-Beziehungen wird erschwert. Die kaum zu überschauende soziale Schichtung legt die Kanäle fest, in denen Kommunikationen verlaufen, Kontakte aufgenommen und Verkehrskreise gebildet werden. Schichtungsgrenzen sind zugleich Kommunikationsgrenzen, und die Kreise, die sich gemäß der neuen Rangordnung prominent wähnen dürfen, zeigen sich in bezug auf Kontakte mit unteren Schichten rigider und exklusiver »als manche ihrer ständischen Vorgänger. Durch Rangordnungskriterien werden solche Kommunikationen zu erschweren versucht, die Schichtungsgrenzen überspringen würden. Um nach außen hin Rangordnungskriterien darstellen zu können, verläßt sich der Großstädter vielfach auf symbolische Kommunikationskanäle, deren Standardisierung die unpersönlichen Begegnungen auch in der öffentlichen Anonymität reguliert. Im Stadtbild herrschen solche sichtbaren Symbole [›Adresse‹, Wagentyp, Kleidung, Sprache, Benehmen, Kontrolle der Mimik und Gestik, F. B.] vor.«[21] Zwar bleiben die Statusgrenzen auch durchlässig, vor allem für Angestellte, doch erreichen solche vertikalen Beziehungen nur selten einen hohen Grad von Intensität, Zentralität und Intimität. Davon abgesehen gibt es auch Unterschiede der Frequenz horizontaler Kommunikationen in den verschiedenen Schichten. Innerhalb der Mittelschicht besteht die höchste, in der Unterschicht die niedrigste Kontaktfrequenz.[22]

Doch sind die Unterschiede relativ gering. Die Beziehungsdichten in den verschiedenen großstädtischen Verkehrskreisen (Bekannten-, Freundes- und Nachbarkreisen) schwanken nach Untersuchungen in Dortmund und Hamburg zwischen 3,3 und 3,8: Eine Familie (bzw. eine allein lebende Person) hat durchschnittlich mit drei bis vier anderen Familien oder Einzelpersonen Besuchskontakt.[23] »Gegenseitiges Fremdsein in der Großstadt bietet erst dann einen Freiheitsspielraum, wenn der einzelne Großstädter in die Anonymität der Öffentlichkeit ›eintaucht‹ oder in Kontakt mit Interessengruppen und freiwilligen Assoziationen zu einem ›Kollegen‹ oder ›Mitglied‹ wird. Auch dann bleibt sein kommunikatives Verhältnis immer noch auf einen kleinen Ausschnitt der Gesamtheit der Möglichkeiten beschränkt.«[24] Bezeichnend ist, daß Gruppen, die im Berufsleben oder in der Ausbildung stehen, offenbar so gut wie keine Wünsche nach nachbarschaftlichen und lokalen Kontakten haben. Rudimente städtischer Öffentlichkeit (Plätze, Parks, kommunale Einrichtungen, Fußgängerzonen, Märkte) werden zu Kommunikationszwecken vor allem von ›unproduktiven‹ und relativ unpolitischen Gruppen (Hausfrauen, Rentnern) aufgesucht. Dies ist ein Indiz für die Austrocknung der Bedingungen ›spontaner‹ Gemeindeöffentlichkeit (die sich ohnehin nur bei besonderen ausgewählten Anlässen herstellt). Die berufstätigen und auszubildenden Bevölkerungsteile bleiben auf die Kommunikationsnetze in Betrieb und Schule und auf das Vereinsleben angewiesen: andere, streng hierarchisierte Isolationstypen. Sofern überhaupt in gewerkschaftlicher und politischer Konfrontation von Selektionsstilen die Formbestimmtheit des Öffentlichen in Frage gestellt wird, werden diese Ansätze nicht für das Familien- und Freizeitleben fruchtbar gemacht. Sowohl in älteren, gewachsenen Wohnquartieren als auch in Neubauvierteln und Trabantenstädten ist bei Gesprächen das Interesse an den Vorgängen im Produktionsbereich, aber auch an den klassischen ›öffentlichen Dingen‹ sehr gering. Nachbarn bereden vorwiegend die von der Massenkommunikation thematisierten Stoffe des ›persönlichen‹ Bereichs.[25] Hinzu kommt, daß die Nachbarschaft oder Bekanntschaft der drei, vier Familien keineswegs zur Öffnung der familiären Klause anregt. Neben engen Wohnverhältnissen (die jede ungezwungene, nicht vorgeplante Anwesenheit von Besuchern erschweren) und ungünstiger Verkehrslage ist gerade die Kontrolle durch die schichtspezifische Nachbarschaft einer der wichtigsten Isolationsfaktoren.

Die ›Neutralisierung‹, ›Entpersönlichung‹ und ›Unverbindlichkeit‹ der meist flüchtigen interpersonalen Kontakte ist in den Städten unvermeidlich. Die positive Kehrseite dieser Anonymisierung wird in der ›Offenheit‹ des städtischen Lebens gesehen. Offenheit wofür? Aus ihr und in ihr entwickelt sich keine neue Qualität institutionalisierter Kontaktsysteme über Medien und andere Technologien der Massenkultur. Der Rationalisierung, Spezialisierung und Funktionalisierung des urbanen Zusammenlebens entsprechen bisher nur Rückkoppelungsdienste, die soziale Einheiten ausgliedern, nicht aber Dienste, die sie im Hinblick auf ein gemeinsames Verständigungskontinuum ausdifferenzieren.

Statt auf Spielräume der Kooperation, die es den Primärgruppen erlauben, sich auf andere Weise als durch Isolierung anderer zu identifizieren, verweist man uns für die Zukunft auf kommunale ›Öffentlichkeiten‹, die der äußeren Formbestimmtheit frühbürgerlicher Zirkulationssphären nachempfunden sind: auf Tage der offenen Tür, auf Plaudereien von Stadtvätern und Bürgern, auf Vorstadt-Bürgerfeste für den liberalen Mittelstand, auf Kommunikationszentren in den Stadtteilen und ›Zentrenkonzepte‹, auf ›Medienzentren‹ (die den Umgang mit elektronischen Medien als Hobby und Freizeitkonsum pflegen), auf die Erweiterung von Fußgängerzonen, auf Planungsausschüsse, bei denen Vorschläge eingereicht werden dürfen, auf Arbeiterfestspiele mit Podiums- und Wirtshausdiskussionen, auf Lesungen im Freien und bestenfalls auf Straßenkunst und Multi-Media-Schaustücke. All dies vermag manches erträglicher zu gestalten und manche Freizeit zu vertreiben, aber rüttelt in keiner Weise an den Blockaden zwischen der organisierten Kommunikation und der Interaktion. Nach wie vor vertröstet man uns mit den amorphen, fragmentierten und ritualisierten »täglichen Kontakten zwischen den Städtern, dem Geschehen auf Straßen und Plätzen, in der Straßenbahn, im Fußballstadion und im Theater, den Meinungen und den Wünschen des Publikums«, mit dem »Gespräch im vielbesuchten Kaffeehaus« und den »Neuigkeiten des Kioskinhabers«.[26] Die nachgemachte Öffentlichkeit bleibt auch dann, wenn sie von Bürgern teilweise mitgestaltet wird, Versatzstück des ›verallgemeinerten Schauspiels‹, symbolischer Konsum des eigenen isolierten Status. Merveldt hat den Prototyp solcher Teilnahme am Öffentlichen bestimmt: »Aufschluß über die kommunikativen Muster vieler Menschen auf der Straße gibt jener häufige Wunsch, in einer möglichst zahlreichen Menge sich als Beobachtender fühlen zu können und nicht als Beobachteter der Kontrolle der anderen unterworfen zu sein. Dieses anonymisierte Kommunikationsverhältnis der Straße aber enthält nur jenen Aspekt einer durch das Kommen und Gehen in Gang gesetzten Öffentlichkeit, der Informationen, die durch den dauernden Wechsel der Szenenfolge geliefert werden und der gründlichen Konfrontation der großstädtischen Gesellschaft mit sich selbst.«[27] (›Konfrontation‹ impliziert hier keine Distanz.)

Heute legt die typische Reduktion städtischer Kontakte lediglich den Rückzug auf die ›Privatsphäre‹ nahe. Diese vermag aber die verschiedenen und in sich gebrochenen Erfahrungsebenen der Gruppenmitglieder nicht zu integrieren. Die rigorose Trennung von Arbeit und Freizeit, die für die Mehrheit der Bevölkerung maßgeblich ist, verhindert es, daß die Konstellation der Lebensbereiche als persönlich oder familiär bedeutsamer Sinnzusammenhang verarbeitet werden kann. Auch im engsten Kreis haben isolierende Konsumverrichtungen die größte Bedeutung. So findet sich die Familie nur in dem, was nirgends kommuniziert wird. Diese ›Verarmung‹, dieser ›Mangel‹ des intimen Lebens ist aber strukturell bedingt; die Entschlossenheit von Eltern und Kindern, dem ›Gespräch‹ und dem ›kommunizierenden Zusammenleben‹ mehr Zeit und Raum zu geben, könnte dies bestenfalls weiterhin verdecken – es sei denn, die kleinfamiliale Klausur würde selbst in Frage gestellt.

Daß zugleich die Grenze zwischen privaten und öffentlichen Bereichen verwischt wird, fördert nicht die ›Urbanität‹ der Einzelhaushalte. Der Distanzverlust ist in den Neubauvierteln und Trabantenstädten am größten, und er trägt dazu bei, Abweichungen einzelner Familien einzuebnen, Querverbindungen zur gesamtstädtischen Zirkulation zu unterbrechen und das Privatistische auf sich selbst, auf Persönlich-Familiäres, zu reduzieren. Die neuen Quartiere nehmen dabei insgesamt den Charakter des Privaten an. »In diesem spannungslosen Zustand erlangen Teile des Privatbereichs selbst eine Art Öffentlichkeitscharakter für die unmittelbar benachbarten Menschen. Folglich wird das abendliche Bier in der Kneipe nebenan in einer Pseudofamiliarität getrunken, ohne daß ein wirklicher ›Umweltwechsel‹ möglich ist.«[28] Die restaurative Aufhebung der Trennung von Privat und Öffentlich treibt einer neuen Form von *Provinzialität* zu. Insbesondere die Eigenheimbewegung führt zu einem Wiederaufleben kleinstädtischer Kommunikationsweisen, allerdings nur äußerlich

– die Schutzzonen eigenartiger kultureller Vertrautheit und Tabuierung haben sich endgültig aufgelöst. Abzusehen ist, daß der Drang, neue Oasen des Öffentlichen zu schaffen, nur Spielarten privatistisch-kollektiver Distanzverringerung den Weg bereitet. Beobachtungen in außerhäuslichen Unterhaltungsorten, z. B. in Kommunikationszentren, die als vorbildlich gelten, lassen eine starke Tendenz zur Familiarisierung erkennen.[29]

Über die von Massenkommunikation getrennten Interaktionssplitter, die zugleich das vollkommene Korrelat der Massenkommunikation sind (in diesem Sinne sind sie wesentlich ›offener‹ als die traditionellen proletarischen und Bürgerhaushalte), läßt sich kein in mühsamer Planung errichtetes Zelt demokratischer städtischer Öffentlichkeit spannen. Privatleute ließen sich in ihm versammeln und verändern; das Privatistische aber ist nicht privat. Nun haben zwar auch die ›Durchmischungs‹-Konzepte lediglich pseudo-öffentlichen Charakter, aber dies macht die sozialdemokratischen Bemühungen nur noch aussichtsloser. Zur Illustration ein Auszug aus den *Politischen Leitlinien für einen neuen Stadtentwicklungsplan*, die eine Kommission des Münchner SPD-Vorstands Anfang 1974 erarbeitete:

»Hauptziel ist die ›Durchmischung‹ der verschiedenen Funktionen städtischen Lebens, wie zum Beispiel Wohnen, Arbeiten und Erholen. Der Trennung dieser Funktionen in verschiedene Gebiete der Stadt (zum Beispiel reine Schlafstädte auf der einen und fast nur gewerblich genutzte Stadtteile auf der anderen Seite) muß konsequent entgegengewirkt werden. Diese Trennung, herbeigeführt durch die unterschiedlichen Bodenpreise einerseits und die unterschiedliche Rentabilität der verschiedenen Funktionen andererseits, führt nicht nur zur Verödung der betreffenden Stadtviertel, sondern auch zu untragbaren Verkehrsbelastungen vor allem im Berufsverkehr.

Die räumliche Gruppierung von Wohn- und Arbeitsstätten, öffentlichen Einrichtungen, Konsumgelegenheiten und Freiräumen muß derart gefördert werden, daß ausreichende Möglichkeiten zu spontaner Kommunikation, kurze Verkehrswege und an ihrer Originalität erkennbare Stadtteile entstehen beziehungsweise erhalten oder wieder hergestellt werden.

Durch eine gesteuerte Ansiedlung ausreichender öffentlicher und privater Einrichtungen für die Bevölkerung eines Stadtteils in dessen Zentrum soll ›die Hinordnung der Lebensfunktionen auf ein hochentwickeltes Zentrum‹ (eine maßgebende Ordnungsvorstellung des Stadtentwicklungsplans von 1963) abgelöst werden: Mehr selbständige und von urbanem Leben erfüllte Stadtteilzentren (ohne überörtliche Einzugswirkung) anstelle einer einzigen (letztlich verödeten) City.«[30]

Es geht hier nicht darum, solche Konzepte, die der Unterprivilegierung großer Teile der Bevölkerung und der zunehmenden Unbewohnbarkeit der Städte gegensteuern wollen, als solche zu diskreditieren. Bereits Teilrealisationen dieser Konzepte können dem *gesellschaftlichen* Bedarf nach anderen Kommunikationsverhältnissen zu einer organisierbaren Reflexionsform verhelfen. Doch verschiedene Zielmarkierungen der Stadtentwicklungspläne weisen in die Vergangenheit, und allesamt vernachlässigen diese Pläne das Mißverhältnis von ›urbaner‹ und organisierter Kommunikation. Die Versuche, öffentliche Räume nach dem Muster bürgerlicher Öffentlichkeit zu rekonstruieren (d. h. unterhalb des Niveaus der Massenkommunikation und anderer Massenmärkte – denen die Schlafstädte und Einkaufszentren angehören), können die strukturelle Segregation nicht aufheben und keine verwandelten Kommunikationsweisen durchsetzen.

Die Massenkommunikation ihrerseits kann, weil sie von den Situationen und Formen horizontalen Massen-Verkehrs isoliert ist, ihr Kommunikationspotential nicht entfalten, d. h. ihre dysfunktionale Motivationskrise nicht reflektieren und bewältigen. Ihre Strukturen erlauben die Kommunikation der Oligopole und privilegierten Verbände mit deren Märkten, aber nicht die Kommunikation mit der gesellschaftlichen Interaktion. »Obwohl der technologische Stand der Produktivkräfte und die zunehmend komplexer werdende Sozialstruktur die Erweiterung und Umgestaltung der Medien notwendig *und* möglich machen, [...] obwohl die soziologischen und sozialpsychologischen Anwendungsbedingungen unmittelbarer und einfacher medialer Gestaltung von sozialer Kommunikation (1. Vorrang des Problems der Notwendigkeit der Reproduktion äußeren Lebens, 2. Konstanz und Überschaubarkeit des Kommunikationsortes (Kleingruppe), 3. fehlende soziokulturelle Differenzierung der Kommunikation) gegenwärtig längst entfallen sind, wird soziale Kommunikation jedoch immer noch ›vortechnologisch‹ hergestellt.«[31] Nur eine motivbildende (Selektivität erhöhende) Interaktion der Interaktion kann die Rückständigkeit der Verkehrsverhältnisse beseitigen. ›Vortechnologisch‹ ist auch der privatistische Gebrauch audiovisueller Medien (Bild-Ton-Kassetten für Aufnahme, Aufzeichnung und Wiedergabe von Filmen und Fernsehsendungen, Kassetten und Platten zum Abspielen vorgefertigter Programme über den Fernsehschirm). Unter den herrschenden Bedingungen bestätigt die permanente Verfügbarkeit von visuellen Programmen die Unverfügbarkeit der kommunikativen Ressourcen für die isolierten Klein- und Großgruppen. Selbstbedienung ist der Inbegriff einer Gesellschaft, in der Systemstrukturen und parzellierte Kommunikationsfelder im Verhältnis wechselseitiger Ausschließung einander ergänzen. Die Hypothek dieser Gesellschaft sind entleerte, aber verselbständigte Selektionsmuster und Normierungen, die hochkomplexe Sozialtechnologien nach einfältigen Wirkungsgesichtspunkten organisieren. Die Hypothek ist eine Massenkommunikation, die sich nicht als Kommunikation versteht, mit anderen Worten: die ihre Aufgabe, die Organisation der gesellschaftlichen Kommunikationsweise, ignoriert. Als *eigentliche* Kommunikation gilt nach wie vor der interpersonale Umgang, der, sich selbst überlassen, nicht kommunizieren kann.

Reformbestrebungen: Mitbestimmung und Publikumsbeteiligung

Sieht man von den Bemühungen um die Herstellung einer antiinstitutionellen ›Gegenöffentlichkeit‹ ab, die über das Stadium der Ankündigung meist nicht hinauskommen und die Öffentlichkeitsschwelle gar nicht erst erreichen, so reicht der Erwartungshorizont unzufriedener Teilnehmer der Massenkommunikation nicht über das hinaus, was man heute unter einer Demokratisierung der Medien versteht: die Erhaltung der Informations- und Meinungs-›Vielfalt‹, die organisationsinterne Mitbestimmung und die Beteiligung des Publikums.

Im Unterschied zu den Gesetzesentwürfen und Anregungen, die auf Partei- und Verbandsebene, angesichts der Besorgnis erregenden Pressekonzentration und der Gefährdung des ›öffentlichen Auftrags‹ der Medien seit gut einem Jahrzehnt an der Tagesordnung sind, knüpfen die Selbstorganisation der Journalisten im Kampf um Redaktionsstatute und die davon angeregten Initiativen der Parteien, Gewerkschaften und Journalistenverbände an verlagsinterne Erfahrungen von Arbeitsbehinderung und Abhängigkeit an. Eine wesentliche Rolle spielten dabei die in die Redaktionen hineingetragene Auseinandersetzung mit Kampfformen und Zielen der Außerparlamentarischen Opposition (Springer-Kampagne) und die Konflikte, die sich an den Instruktionen für die Demonstrationsberichterstattung entzündeten. Vor diesem Hintergrund stärkte die Gefährdung der Arbeitsplätze durch Fusionen und Rationalisierungsmaßnahmen die Solidarisierungsbereitschaft. »Ohne organisatorischen Rückhalt in der Gewerkschaft, in der Regel auch ohne Unterstützung durch den Betriebsrat, versuchten Redakteure, ihre Forderungen zu artikulieren. Die Analyse der Ergebnisse zeigt, daß dabei weniger radikale Vorstellungen als vielmehr präventive Rücksichten aufs vermeintlich Erreichbare sich durchhalten.«[32]

Zur ›Sicherung der inneren Pressefreiheit‹ sind in den letzten Jahren verschiedene Redaktionsstatute ausgehandelt worden. Sie garantieren fast durchweg, daß niemand gezwungen werden darf, gegen seine Überzeugung zu schreiben oder gegen seinen Willen ein Thema zu behandeln, einen relativen Kündigungsschutz, das Recht, Redaktionsbeiräte zu wählen, und gewisse Informations-, Anhörungs- und Beteiligungsrechte für den gewählten Beirat bei Fragen der Umbesetzung, des Etats und der Kooperation. Dagegen ist umstritten, ob Verleger und Herausgeber die negative Detailkompetenz verlieren sollen, d. h. das Recht, eine Veröffentlichung zu untersagen, ob eine Änderung der in den Statuten ebenfalls festgelegten allgemeinen politischen Richtlinien* sowie eine Änderung der Besitzverhältnisse der Zustimmung der Redakteure bzw. aller Verlagsmitarbeiter bedarf und ob der Redaktionsvertretung ein

* Verbindlich sollen sein: »fortschrittlich-liberale Grundsätze« beim *Stern*, eine »sozialliberale« Haltung bei der *Neuen Hannoverschen Presse*, die Förderung der »friedlichen Wiedervereinigung« und die Wahrung »markt-

Wahl- oder Vetorecht bei der Berufung und Abberufung von Chefredakteuren und Ressortleitern zustehen soll. Bisher konnten nur in wenigen Tageszeitungen und in kaum einer Publikumszeitschrift Redaktionsstatute durchgesetzt werden, und auch in diesen Fällen blieb die Richtlinienkompetenz uneingeschränkt bei den Verlegern.

Die im allgemeinen von den Verlegern anerkannten *defensiven* Forderungen (nach Absicherung journalistischer Meinungsfreiheit) werden auch von den Parteien und Verbänden wohlwollend aufgenommen – ihre Erfüllung stellt in Anbetracht der selbstselektiven Tendenz der Journalisten kein Risiko dar. *Offensive* Forderungen (Mitentscheidung in allen personellen, redaktionellen und wirtschaftlichen Angelegenheiten, Abbau der Hierarchie, zentral abgeschlossene Tarifverträge) werden von Parteien und Verlegerverbänden als ›unrealistisch‹ abgelehnt und auch von der Deutschen Journalisten-Union (IG Druck und Papier) und dem Deutschen Journalisten-Verband nicht nachdrücklich vorgetragen. Lediglich das Medienpapier der Jungsozialisten[33] schließt sich ihnen an. Es empfiehlt auch die Ausbildung der Journalisten im Rahmen integrierter Gesamtschulen.

Entsprechende Forderungen in öffentlich-rechtlichen Funk- und Fernsehanstalten, die seit 1969 formuliert werden, stoßen auf den Widerstand der Aufsichtsgremien. Redakteursversammlungen und Redakteursausschüsse, die journalistische Unabhängigkeit in einem weiten Sinne auslegen, wollen an der Programmplanung beteiligt werden, zu Entscheidungen in Personal- und Etatfragen unterrichtet und gehört werden und die nahezu unangefochtene Stellung des Intendanten in eine von den Redakteuren kontrollierte Funktion verwandeln. Die Interessenvertretung der Mitarbeiter in öffentlich-rechtlichen Anstalten, die Rundfunk-, Fernseh-, Film-Union (RFFU) in der Gewerkschaft Kunst hat schon vor Jahren den Entwurf einer *Tarifvereinbarung über eine Redakteursordnung* vorgelegt. »Als neues Element muß [...] die Tatsache gewertet werden, daß versucht wird, die bisherige Form der ›gesellschaftlichen‹ Kontrolle (Rundfunkrat bzw. Fernsehrat)

---

wirtschaftlicher Grundsätze in der Wirtschaftspolitik« bei der *Saarbrücker Zeitung,* die Ablehnung »aller Bestrebungen, welche die Ordnung unseres Staates gefährden«, bei der *Abendzeitung* usw.

so umzuwandeln, daß daraus eine partielle Selbstkontrolle wird.«[34] So verlangen die Redakteure, hinfort in den Gremien vertreten zu sein. Ferner wollen sie bei Umgestaltung oder Absetzung fertiggestellter Sendungen konsultiert werden und für ihre jeweiligen Produktionen selbst die Verantwortung tragen. Als Vorschlag zur Güte hat Harry Pross die Anregung gegeben, jeweils die Stellvertreter aller leitenden Redakteure und Verwaltungsangestellten – bis hin zum stellvertretenden Intendanten – durch die gesamte Belegschaft wählen zu lassen.

Zum Presserechtsrahmengesetz liegen verschiedene Denkschriften und Anträge der großen Parteien vor. Der Entwurf sozialdemokratischer Juristen von 1971 (er wurde vom Parteitag nicht gebilligt) folgt manchen Intentionen der Redaktionsstatutenbewegung und will redaktionelle Mitbestimmung in einem ergänzten Betriebsverfassungsgesetz (für privatwirtschaftliche Unternehmen) und in einem ergänzten Personalvertretungsgesetz (für öffentlich-rechtliche Anstalten) verankern. Denn von Verlegern bzw. von Rundfunk- und Verwaltungsräten sind nicht nur Journalisten, sondern auch Arbeiter und Angestellte in Technik und Verwaltung abhängig. Im Zusammenhang mit den Bemühungen um eine gesetzliche und tarifliche Absicherung redaktioneller und innerbetrieblicher Mitbestimmung steht auch die Forderung der IG Druck und Papier nach Abschaffung des Tendenzschutzparagraphen (§ 118 des Betriebsverfassungsgesetzes), der für Betriebe mit politischen, konfessionellen, karitativen, wissenschaftlichen u. ä. Zielen die Mitwirkung der Betriebsräte einschränkt. Nach der Vorstellung der Gewerkschaft kann der Paragraph in Betrieben der Massenkommunikation nur bei redaktionellen Belangen, nur zum Schutz der Meinungsäußerung und Berichterstattung Anwendung finden. In allen anderen wirtschaftlichen und personellen Belangen sollen die Rechte des Betriebsrats erweitert werden, während im redaktionellen Bereich die fällige Kompetenzabgrenzung durch Sonderverträge zwischen Verlag und *Redaktionsrat* geregelt werden soll. Eine einheitliche Mitbestimmung aller Medienmitarbeiter wird dabei also nicht angestrebt.

In der kommunikationspolitischen Diskussion wird der Auslegungsstreit um die innere Pressefreiheit fast ausnahmslos als juristisch verbrämter Machtkampf zweier exponierter gesellschaftlicher Gruppen behandelt. Bei dieser Simplifizierung der Problematik droht das vom Begriff der Pressefreiheit angezeigte Thema – die Entfesselung gesellschaftlicher Kommunikation – sich im Kampf um die Journalistenfreiheit zu verflüchtigen. »Die Isolierung dieser Fragestellung bringt die Gefahr mit sich, daß über den berechtigten Forderungen *einer* Berufsgruppe die der Gesellschaft vergessen werden.«[35] Andere Kommunikationsbarrieren als die der Verfügungsgewalt von Parteien und Privatpersonen werden heute weitgehend ignoriert. Kapriziert man sich derart auf die Taktik von Einzelkapitalien und Parteilobbies, dann berücksichtigt man nicht einmal die zunehmende ökonomische und politische Verflechtung aller Medien und reduziert schließlich die gesamtgesellschaftliche Bedeutung der Medienorganisation auf persönliche Wirkungsabsichten. Indem man nämlich die Gefährdung der Pressefreiheit mit der Willkür von Besitzern, Inserenten und Gremien erklärt und folglich die Rettung in Redaktionsstatuten sieht, akzeptiert man das monokausalistische Denkmodell, nach dem die publizistische Aussage (der Mächtigen) ursächlich und unmittelbar die Meinungsbildung der Gesellschaft bestimmt.[36] Der Unterschied, den Mitbestimmung ausmacht, bestünde dann nur darin, daß sich statt 200 Verlegern 2000 Publizisten einbilden dürfen, die Meinungsbildner der Gesellschaft zu sein. Es ist aber nicht zuletzt das »illusionäre und elitäre Selbstbild der Publizistik und der Publizisten« (Hans Wagner), die sich eine autonome Erziehungsfunktion anmaßen, das einem weniger einfältigen Verständnis der Massenkommunikation im Weg steht. Daher darf das publizistische Mitbestimmungsrecht nicht als Sonderprivileg für Journalisten durchgesetzt werden, nicht zugunsten der Selbstaufwertung einer Berufsgruppe, nicht als Freibrief für Kommunikationsfunktionäre. Mitbestimmungsstatute für Redakteure sind nur dann nicht gesellschaftlich belanglos, wenn sie auf ein *wirtschaftliches* Mitbestimmungs- und Beteiligungsrecht abzielen.[37] Denn Kooperativen von Redakteuren sind zunächst und im wesentlichen nichts anderes als Kontrahenten bzw. Alternativen der jeweiligen Betriebsorganisationen, Reaktionen auf Besitz- und Verfügungsverhältnisse und *keine Indizien für eine beginnende Revolutionierung der*

Massenkommunikation. Im Prozeß der Auseinandersetzung mit unmittelbaren Zwängen können sie dann die Transformation dessen betreiben, was die Zwänge bestätigen, aber nicht begründen: die Strukturen der Massenkommunikation und damit zugleich die Transformation der von diesen Strukturen mitgeprägten Verkehrsverhältnisse. Im Hinblick auf die betriebsinterne Funktion der Mitbestimmungsregelungen aber haben Journalisten gegenüber technisch-kaufmännischen Medien-Mitarbeitern keine Vorrechte.

Außer den Ansprüchen auf Mitentscheidungsrechte werden Forderungen erhoben, die explizit mit der kommunikations-politischen Funktion der Produktionsbedingungen in den Medien und mit den Auswirkungen der Besitzverhältnisse auf die gesellschaftlichen Meinungs- und Willensbildungsprozesse begründet werden. Sie beziehen sich in verschiedener Weise auf den Widerspruch zwischen dem ›öffentlichen Auftrag‹ der Medien und der privatwirtschaftlichen und parteipolitischen Verfügung über die Medien. (Deren ›öffentlicher Auftrag‹ ist es, die freie Beteiligung aller gesellschaftlich bedeutsamen Kräfte und Gruppen an der Gestaltung des Programms zu sichern und *damit* diesen Kräften und Gruppen zu erlauben, untereinander zu kommunizieren.) Die daraus abgeleiteten Reformbestrebungen stehen unter einem gewissen Zeitdruck, seitdem die Verlags-, Auflagen- und publizistische Konzentration der kommerziellen Medien sich wesentlich verstärkt und beschleunigt.

Verschiedene Ebenen von Reformen und Strategiemodellen überlagern sich. Die folgende Zusammenfassung beginnt mit Vorstellungen, die sich die hergestellte öffentliche Meinung und die medieninternen Öffentlichkeiten zu eigen gemacht haben, und skizziert dann weiterreichende Konzeptionen, die aus Unzulänglichkeiten und Widersprüchen dieser Vorstellungen radikale Konsequenzen zu ziehen versuchen. (Die Zusammenfassung unterscheidet – zumindest in der Formulierung – nicht zwischen konzipierten Maßnahmen und solchen, die ansatzweise verwirklicht werden, um das Gemeinsame und spezifisch Konventionelle dieser Programme zu verdeutlichen.) Alle Ebenen stehen in einem inneren Zusammenhang; in ihm bewegt sich die gegenwärtige Diskussion über die

Zukunft der Massenkommunikation.

1. Die Transparenz der Produktionsbedingungen und Produktionsabläufe wird erhöht, damit die Medien der Öffentlichkeit selbst öffentlich werden. Vor oder nach wichtigen und exemplarischen Beiträgen stellen die verantwortlichen Kommunikatoren dar, nach welchen Gesichtspunkten sie Informations- und Unterhaltungsprogramme gestalten. Zudem befassen sich besondere medienkritische Beiträge regelmäßig mit den inhaltlichen Konsequenzen formaler Mittel und den Seh- und Hörgewohnheiten. Auf diese Weise werden Zuschauer und Zuhörer zu kritischer Rezeption angeregt. Zu solchen selbstkritischen Auskünften gehört auch die Veröffentlichung der Arbeits- und Urheberverträge, weil sie deutlich machen, welchen Auflagen angestellte und freie Mitarbeiter unterworfen sind. Außerdem wird untersucht, unter welchen Bedingungen Regisseure von Kinofilmen mit Förderung rechnen dürfen und Anfänger in der Schallplatten- und Show-Branche Karrierechancen haben.

Als unzureichend gelten Audienzen, die leutselige Intendanten ausgewählten Zuschauern geben, und Sendungen, die ›hinter die Kulissen des Studioalltags‹ blicken. Dagegen wünscht man sich Diskussionen, bei denen beherzte Journalisten und Rezipienten mit Intendanten, Chefredakteuren und Programmdirektoren oder mit Autoren und Regisseuren bestimmter Sendungen ›hart ins Gericht gehen‹.

2. Durch Offenlegung der Besitz- und Verfügungsverhältnisse im Pressewesen, in der Film- und Schallplattenindustrie und im Verlagswesen wird unternehmerische Macht für die Öffentlichkeit durchschaubar und kontrollierbar. Im einzelnen unterliegen der Auskunftspflicht: die Finanzierung der Verlagsobjekte durch Verkäufe und Spenden; die Eigentums-, Beteiligungs- und Verflechtungsverhältnisse (mitzuteilen im Impressum und für eine gesetzlich verankerte Bundesstatistik), z. B. Beteiligungen an anderen Verlagen, Druckereien und Vertriebseinrichtungen; die Zahl der in verschiedenen Funktionen Beschäftigten; Umsätze, Lokalmonopole, Anschlüsse an Redaktions-, Anzeigen- oder Vertriebsgemeinschaften und die Vertriebsform; die Quoten von Text- und Anzeigenteil pro Jahresstück. Meldepflichtig bei den Kartellbehörden sind alle Konzernbildungen, Fusionen oder Koope-

rationsabsprachen von Medienunternehmen. Den Kartellbehörden ist eine Abteilung zugeordnet, die alle Fusionsbewegungen kontrolliert und Vorschläge zur Entwicklung im Medienbereich unterbreitet (Bundeskommission).

In den öffentlich-rechtlichen Anstalten werden die Redakteure und Gremien von der Verpflichtung entbunden, Stillschweigen über interne Vorgänge und über die Sitzungen der Rundfunk-, Fernseh- und Verwaltungsräte zu bewahren. Die Sitzungen finden öffentlich statt. Einschüchterungsversuche, parteipolitische Eingriffe, Maßregelungen und Willküraktion werden publik; Redakteursversammlungen und die breite Öffentlichkeit setzen sich mit Abhängigkeitsverhältnissen, hierarchischen Strukturen, bürokratischen Verkrustungen und der Inkompetenz vieler Gremienmitglieder auseinander. So kann aufgedeckt werden, »auf welche Weise und mit welchen Praktiken die politischen und gesellschaftlichen Kräfte die Massenmedien Rundfunk und Fernsehen in den Dienst ihrer Auseinandersetzungen zu stellen trachten«.[38] Dabei gilt die besondere Aufmerksamkeit dem Berufungssystem, der Präpotenz der Vertreter von CDU und SPD und der Abhängigkeit von Werbeeinnahmen.

3. Um die Vielfalt, den Pluralismus und die Ausgewogenheit im Pressewesen zu erhalten, ergreift man Maßnahmen zur Kontrolle und Beschränkung der Konzentration. Genehmigungspflichtig sind Verträge und Zusammenschlüsse zwischen Presseverlagen sowie zwischen diesen und Unternehmen, die Rundfunk- und Fernsehprogramme herstellen; ferner Marktabsprachen und der Bezug eines ›Mantels‹ oder einzelner Sparten (z. B. des politischen, kulturellen und Sportteils) von zentralen Redaktionen.

Darüber hinaus haben die Kontrollbehörden das Recht, Verträge für unwirksam zu erklären, bestimmte Entflechtungsmaßnahmen (etwa den Verkauf einzelner Publikationsorgane oder die Auflösung verlagseigener Vertriebssysteme) anzuordnen, geplante Fusionen – insbesondere zwischen Zeitungs- und Zeitschriftenverlagen und elektronischen Medien – zu untersagen, Marktanteilsbegrenzungen und maximale Auflagenhöhen festzulegen, fusionierende Verlage zur Erhaltung selbständiger Redaktionen oder einer Lokalredaktion zu verpflichten und die Neugründung von Blättern durch bestimmte

Konzerne zu verbieten. (Vgl. die Forderungen des pressejuristischen Arbeitskreises Pressefreiheit, der 1969 den Entwurf eines *Gesetzes zum Schutze freier Meinungsbildung* vorlegte.) Die Kartellämter kontrollieren nicht nur Prozesse horizontaler Konzentration (Fusionen verschiedener Zeitungen bzw. Zeitschriften), sondern auch vertikaler Konzentration (Vereinigung verschiedener Produktions- und Distributionsstufen in einer Hand: Papierherstellung, Druck, Verlag, Vertrieb, Verkauf) und diagonaler Konzentration (Fusionen von Verlagen und branchenfremden Unternehmen).

Außerdem werden wettbewerbsschwächere Zeitungen durch Kredite unterstützt. Zur Wiederbelebung der Vielfalt werden lokale Neugründungen angeregt, wird die Mehrwertsteuer für Anzeigenumsätze bei bedrohten Blättern gesenkt und dürfen steuerfreie Investitionsrücklagen gebildet werden. Schließlich wird es Zeitungen mit lokaler oder regionaler Monopolstellung zur Auflage gemacht, in einem bestimmten Umfang Äußerungen und Stellungnahmen der Leser zu veröffentlichen (Garantie eines Diskussionsforums).

Es konstituieren sich pluralistisch besetzte Presseausschüsse, Leserbeiräte und Beschwerdeinstanzen (›Ombudsman‹), deren Aufgabe darin besteht, die Ausgewogenheit der Berichterstattung von Monopolzeitungen zu überwachen.[39]

Diese ›Wettbewerbskontrollen‹ und Subventionen sollen die Entstehung marktbeherrschender Unternehmen verhindern, die Marktstruktur freier Konkurrenz restaurieren und auf diese Weise die Informations- und Meinungsfreiheit schützen. Aber die Konzentrationsbewegung wird von all diesen Maßnahmen nicht aufgehalten; sie entspringt ja gerade der ›freien Konkurrenz‹, die ihr entgegengesetzt wird. Garantiert wird lediglich eine formale Vielfalt und Reichhaltigkeit: die Repräsentanz der Gruppen, die heute als gesellschaftlich relevant gelten, auf den öffentlichen Meinungsmärkten. Dieser hergestellte Pluralismus sanktioniert die Verteilung der Zugangsprivilegien zu den Massenkommunikationsmitteln. Im übrigen kann die Verpflichtung, viele gesellschaftliche Gruppen zu Wort kommen zu lassen, von den Pressekonzernen als Anpassung an das politische Spektrum aller potentiellen Anzeigenkunden und als Investitionsabsicherung begrüßt werden.[40]

4. Die Verfügungsgewalt von Medieneignern wird eingeschränkt, und die Befugnisse der Verleger, Herausgeber und
Redakteure werden gegeneinander abgegrenzt, so daß die
redaktionelle Arbeit in den Betrieben der öffentlichen Kommunikation nicht mehr von den Absatzinteressen und der
Rücksicht auf Anzeigenkunden bestimmt ist. Nunmehr haben
»die Journalisten – als eigentliche Produzenten des massenmedialen Informations- und Unterhaltungsangebots – über
Qualität, Herstellung und Verwendung ihrer Arbeiten selbst
zu entscheiden [und sind] an Verteilung wie Nutzung des
erwirtschafteten Gewinns zu beteiligen [...]. Der Verleger
wäre somit lediglich der vom Journalistenkollektiv (und dem
Repräsentationsgremium der anderen Betriebsangehörigen)
gewählte Geschäftsführer, der die kaufmännische Organisation zu leisten hätte.«[41] (Heute befinden sich *Le Monde*, Paris,
Excelsior, Mexico City, und *US News and World Report*,
USA, mehrheitlich im Besitz der Betriebsangehörigen, was
den kommerziellen Charakter der Blätter, den Zwang,
Gewinne zu erzielen, nicht aufhebt.)

In den öffentlich-rechtlichen Medien setzen sich die Pro-
gramm- und Verwaltungsräte nicht mehr nach Proporz-
Gesichtspunkten der etablierten Pressure-groups zusammen.
Gewählte und abberufbare Vertreter gewichtiger Minderheiten werden aufgenommen, damit die Gremien allererst die
Öffentlichkeit (aller relevanten Gruppen) repräsentieren
können und mehr sind als eine ›Summation von Interessenver-
tretern‹, die zudem noch von Zwischeninstanzen, von Parla-
menten und Regierungen, delegiert werden und eine gewisse
Vorzensur ausüben. In diesem Sinn werden gesetzliche Rege-
lungen (Personalvertretungsgesetz u. a.) geändert. Die Werktätigen sind entsprechend ihrer gesellschaftlichen Bedeutung
vertreten; ihre Delegierten nehmen mindestens 50 % der
Sitze ein. Auch die betrieblichen Mitbestimmungsorgane ent-
senden ihre Delegierten. Damit ist der Forderung des Bundes-
verfassungsgerichts von 1961 Genüge getan: »Art. 5 GG verlangt jedenfalls, daß dieses moderne Instrument der Meinungsbildung weder dem Staat noch einer gesellschaftlichen
Gruppe ausgeliefert wird. Die Veranstalter von Rundfunk-
darbietungen müssen also so organisiert werden, daß *alle in
Betracht kommenden Kräfte* in ihren Organen Einfluß haben

und im Gesamtprogramm zu Wort kommen können [...].«
(Hervorhebungen F. B.) Auch ›unabhängige Persönlichkeiten‹ von Wissenschaft und Kultur sowie Gruppen, die
jeweils mehr als andere zum Kommunikationsprozeß der
demokratischen Gesellschaft beitragen, gelangen in die Gremien.

Zugleich wird die an Abhängigkeit grenzende Verflechtung
der Rundfunkanstalten mit den Interessen der Werbekunden,
der Empfangsgeräte produzierenden Industrie und bestimmter internationaler Verleih-Gesellschaften beseitigt.

5. Mit Rücksicht auf ihre öffentlichen Aufgaben werden
Pressekonzerne, Verleihkonzerne, Großverlage und Nachrichtenagenturen von ihrer privatwirtschaftlichen Motivie-
rung gelöst und in demokratisch organisierte Anstalten des
öffentlichen Rechts (gemeinnützige Stiftungen, Genossenschaften, Selbstverwaltungskörperschaften) umgewandelt.
Nicht die Aufrechterhaltung formaler Vielfalt und freier
Wettbewerb, nicht die Verzögerung der Pressekonzentration,
sondern die Emanzipation aus dem kapitalistischen Marktme-
chanismus und den Zwängen des Werbegeschäfts sollen die
Voraussetzungen für die Erfüllung des »demokratischen
Meinungs- und Willensbildungsauftrags« schaffen.⁴² Bestehen
diese Voraussetzungen, ist eine Konzentrierung von Kommu-
nikationsapparaten, eine »großformatige Kombination von
Produktionsmitteln und sonstigen Kapazitäten« zu begrüßen.
Durch gezielte Enteignungen und Vergesellschaftungen werden innerbetriebliche und überbetriebliche Mitbestimmung
nicht nur formal, sondern real durchgesetzt. Denkbar sind
dabei drei »demokratisch kontrollierte Eigentumsformen«:
öffentliches Gemeineigentum, öffentlich-rechtliche Körper-
schaft und mitbestimmtes, nicht-monopolistisches Privatei-
gentum.⁴³ Zugleich werden die Vertriebssysteme (Groß-
und Einzelhandel) einer öffentlich-rechtlichen Vertriebsorga-
nisation unterstellt und Produktion und Vertrieb von Bild-
Ton-Kassetten, Kabelfernsehen und anderen neuen elektronischen Medien gesellschaftlich kontrolliert. Eine Anzeigenge-
nossenschaft (als öffentlich-rechtliches Zwangskartell, dem
alle Zeitungen und Zeitschriften angehören und das der Aufsicht der Medienbeiräte unterliegt) verteilt »die von der wer-
betreibenden Industrie und ihren Agenturen angebotenen Inse-

rate«, gibt die »Anzeigenerlöse nach einem Schlüssel an die angeschlossenen Unternehmen weiter«[44] und macht neue Grundsätze der Werbung geltend.

6. In den der Aufsicht einer ›politisch fungierenden Öffentlichkeit‹ unterstellten Medien kommt die ›gesamte Interessenpluralität‹ der Gesellschaft zum Ausdruck (Müller-Dohm). Die Medien sind ein ›jedermann‹ zugängliches öffentliches Forum. Die Redakteure verhalten sich wie gewählte Meinungs- und Gesprächsanwälte, die »stellvertretend für ihr Publikum« das »gesamtgesellschaftliche Selbstgespräch über ihre Medien vermitteln« (Manfred Jenke, Leiter der Hauptabteilung Information beim *Norddeutschen Rundfunk*). Dabei besteht die publizistische »Vermittlerfunktion« in »umfassender Information über sämtliche Handlungs- und Meinungsdispositionen unserer Gesellschaft«. Der Leser, Hörer oder Zuschauer selbst wird »mit seiner Meinung immer wieder repräsentiert«, denn »nur so ist seine eigene Meinungsfreiheit gewährleistet« (Hans Wagner).

Dem entspricht die selbstverwaltete organisationsinterne Öffentlichkeit der Medien. Die Mitbestimmung der Journalisten wird im gleichen Maß wie die inner- und überbetriebliche Mitbestimmung in allen Sektoren der materiellen Produktion erweitert. »Zur Vorbereitung, später zur Realisierung der demokratischen Kontrolle des Medienbereichs sind, bezogen auf alle Einrichtungen der Massenkommunikation, auf Kreis-, Gemeinde-, Landes- und Bundesebene Medienbeiräte zu bilden, die sich aus gewählten Vertretern der werktätigen Bevölkerung und ihrer Organisationen rekrutieren und das Recht zur Gesetzesinitiative haben.«[45] Journalistische Arbeitskollektive in Hörfunk und Fernsehen und Vertreter von Personal und Technik bilden einen Rat für Programm- und Redaktionsgestaltung, der zusammen mit Kontrollgremien der Bevölkerung die Intendanz und den Verwaltungsrat der elektronischen Medien wählt. –

Mögen die sozialliberalen Konzepte zur Verteidigung der Meinungsvielfalt, die Münchner Schule der Zeitungswissenschaft (Starkulla, Wagner) und die Programme der Deutschen Kommunistischen Partei auch in starkem Maße divergieren, was Ansatz und Perspektive betrifft – sie treffen sich in der Unterstellung einer originären Vielfalt von Meinungs- und

Interessenpositionen, die es gegen alle kapitalistischen bzw. ›publizistischen‹ Bevormundungen zu vertreten, vernehmbar zu machen und zur öffentlichen Aussprache zu bringen gilt. Und sie verfolgen ein gemeinsames Ziel: die Erneuerung bürgerlicher Öffentlichkeit. In vertrauter Manier korrespondiert die Vorstellung, ein bereits Gegebenes, zur Kommunikation Drängendes müsse aufgegriffen und gefördert werden, dem hartnäckigen Vorurteil, Massenkommunikation sei der Inbegriff öffentlicher Beeinflussungschancen (Verzerrungs- und Entzerrungschancen) – fungibel für alle Personen und Gruppen, die ihre Meinungsbildungsabsichten aufdrängen oder sich mitteilen können. Massenkommunikation erscheint als Kontinuum der Verfügung über technische Medien, über gesellschaftliche Produktivkräfte. Die instrumental verstandene Massenkommunikation hat keine – wie auch immer geartete – Eigengesetzlichkeit. Vielmehr hat sie jeweils die Strukturen der Interessenorganisation, die sich ihrer bedient. Die radikaldemokratischen Konzepte lassen die generalisierten Verhaltenserwartungen und Mechanismen der hergestellten Öffentlichkeit außer acht, von der die Öffentlichkeit der räsonierenden Einzelnen und der einzelnen Gruppen usurpiert wurde. Alle unterstellen eine praktische Einheit von Kapitalgesetz, Privatinteresse und individueller (kollektiver) Wirkungsmacht, so daß Kommunikatoren und Rezipienten entweder als persönliche Inhaber von Kapitalkräften oder als deren Akzidentien erscheinen. In jedem Fall handelt es sich um (selbstentfremdete) individuelle Einheiten. Mithin funktioniert Massenkommunikation als Auseinandersetzung von Klassen und Klassenindividuen, als Wechselspiel von Individualitäten (Interessen, Einzelkapitalien). Individualitäten (als Charaktermasken allgemeiner Verwertungsgesetze) können sich nur gegeneinander durchsetzen: Einfluß ausüben.

Aus dieser Sicht ist die Eindämmung der Verfügungsmacht kommunikationsindustrieller Einzelkapitalien (die Beseitigung der unmittelbaren Parteienherrschaft) das Allheilmittel, das einer optimal demokratisierten Massenkommunikation mündiger Bürger den Weg bereiten wird. Folgerichtig sollen die einseitig kontrollierten Medien in Medien der ›gesamten Interessenpluralität‹ (des Willens der werktätigen Bevölkerung) verwandelt werden. Dadurch wird aber die wechselseitige Isolierung von Massenkommunikation und interpersonaler Kommunikation nicht aufgehoben. Sie findet ihren Ausdruck ja gerade in der Konkurrenz der richtigen Effizienzen gegen die falschen und in der plebiszitären Aufforderung, Mitbestimmungsrechte zu erkämpfen. Dieser Appell ist auf die isolierten und hierarchisierten Gruppen gemünzt, auf die Gruppen, wie sie sich *unmittelbar* und durch die Funktionäre ihrer Interessenorganisationen artikulieren können. Die ›gegebene‹ Interessenpluralität ist im übrigen allemal die Pluralität der privilegierten Verbände und Parteien – und dazu gehören auch diejenigen, die öffentlich für die Arbeiterklasse sprechen. Durch die Beschränkung der privaten Verfügungsgewalt über die Massenkommunikationsmittel und die Aufhebung des Parteienproporzes in den Aufsichtsgremien wird auch die exklusive Zirkulationssphäre privilegierter Meinungen nicht ›den Menschen‹ geöffnet.

Die Verteidigung und Durchsetzung öffentlich-rechtlicher Organisationsformen und der ›Vielfalt‹ der Standpunkte ist nur sinnvoll, wenn diese ›Vielfalt‹ nicht durch stellvertretende Teilnahme (stellvertretende Effizienz) von Gruppenrepräsentanten nach dem Vorbild parlamentarischer Demokratie verwirklicht werden soll. ›Teilnehmen‹ sollten Interaktionsformen und kommunikativ gewonnene Bedürfnisaspekte – und das heißt in gewissem Sinne: jedermann –, nicht Delegierte, bei denen die Kommunikation von unten nach oben *endet* und die Kommunikation von oben nach unten *beginnt.* Zumindest ist die Einsicht vonnöten, daß die Stimmigkeit bzw. die praktische Gültigkeit einer öffentlichen Aussage nicht nur eine Frage der Korrektheit und Progressivität ihres Inhalts ist. Sie ist zunächst eine Variable der sozialen Kommunikationsweise, des Verhältnisses von Interaktion und Massenkommunikation und der sinnfälligen Formierung von Aufmerksamkeit. Mit anderen Worten: damit es überhaupt bedeutsam ist, ob eine öffentliche Aussage ›stimmt‹, müssen Bedingungen erfüllt sein, die von den Strategien für eine profitentbundene publizistische Aufklärung nicht beachtet werden.[46] Nicht Manipulationskonkurrenz und Meinungskampf strukturieren die Massenkommunikation der Gegenwart, sondern die Verselbständigung von selektiven allgemeinverbindlichen Wahrnehmungserwartungen gegenüber Interaktionsformen, die in ihrer Unverbindlichkeit nicht mehr durch Substanz- und Funktionsverluste zu relativieren sind. Dafür allerdings ist die Beeinflussungskommunikation wiederum kennzeichnend. Die dominierende Kommunikationsweise aber läßt sich weder aus der Produktionsweise (im weiteren, frühmarxistischen Sinn) ableiten noch mit dieser dialektisch vereinen und damit auch unterscheiden. Heute gehört zur Produktionsweise strenggenommen auch das Verhältnis der Gruppen zur Massenkommunikation. Jede Änderung der Kommunikationsweise verlangt auch eine explizit kommunikative Praxis, die sich nicht als uneigentlicher Ausdruck eigentlicher ökonomischer Prozesse versteht.

Wie die Medienreformstrategien hält auch die *feedback*-Bewegung an fragwürdigen Vorstellungen von Wirkung, Öffentlichkeit und Demokratisierung fest. Die Bemühungen, das Publikum in die Gestaltung von Sendungen einzubeziehen, gewinnen dadurch einen illusionären Charakter, daß sie keinen Unterschied zwischen Rezipienten und Privatleuten machen.

Darüber, daß das Publikum an der Programmgestaltung der öffentlich-rechtlichen Medien mitwirken sollte, scheint unter Kommunikatoren von Fernsehen und Hörfunk Einigkeit zu bestehen. Auf dem Weg einer Demokratisierung von *feedback* und Kontrolle sollen Medien geschaffen werden, die »dem Gespräch einer offenen Gesellschaft zur Verfügung stehen«. Dabei fällt auf, daß die Zuschauer und Zuhörer, die ihren Auftritt in einer Sendung haben, allesamt Exemplare des vielgestaltigen, geheimnisvollen Wesens namens ›Publikum‹ sind (in gewisser Hinsicht ist jeder das ganze Publikum), zugleich aber unverfälscht und einzigartig ›sich selbst‹ darstellen sollen. Vielfältig sind die Versuche, den Kreis der Kommunikatoren zu erweitern; allerdings scheint dafür eine Situation außerhalb der Massenkommunikation prototypisch zu sein: Im Theater erhebt sich ein Zuschauer und tritt auf die Bühne.

Wichtigstes Kriterium für die Beteiligung des Publikums ist heute dessen Anwesenheit in Live-Sendungen. Man begnügt sich nicht mehr mit der Auswertung von Zuschauer- und Hörerpost, in der Teile des Programms kommentiert und Wünsche geäußert werden, obwohl Briefkasten- und Wunschsendungen, die Themenvorschläge und Anregungen zur Änderung formaler Details aufgreifen, immer noch zum harten Kern des Unterhaltungsangebots gehören. (Damit vergleichbar ist die Ausrichtung der Handlung von Fortsetzungsromanen in Illustrierten nach dem jeweiligen Trend im Leserbriefeingang.) Als unzulänglich empfindet man auch übertragene Pressekonferenzen, Podiumsdiskussionen und Schwerpunktveranstaltungen, in denen die höheren Ränge der Programmacher sich der ›Öffentlichkeit‹ stellen, die sie selbst mit inszenieren. Wenn sich die Chef-Kommunikatoren auf Reisen begeben, um mit ›gesellschaftlich relevanten Gruppen ins Gespräch zu kommen‹, geschieht zudem etwas Merkwürdiges: Die Intendanten und Direktoren treten als Inkorporationen der elektronischen Medien vor Handwerkskammern, Lehrer und mittelständische Unternehmer und hören sich die Nöte der Gesellschaft an. Die Gruppen finden sich unversehens in der Rolle des Studiopublikums wieder, das dadurch, daß es Programmanteile für Sonderprobleme fordert, zum Programm wird.

Der Ernst der Partizipation beginnt, wenn Quiz- und Unterhaltungssendungen durch Abstimmungen des Studiopublikums (des Publikums auf der Bühne) dirigiert werden, wenn Diskussionssendungen durch solche Abstimmungen – vorher und nachher – angereichert werden und wenn einzelne Publikumsexemplare frischen Wind in ›Bunte Abende‹ bringen sollen. Darüber hinaus haben Rezipienten in Magazin- und Kontaktsendungen mit Experten Gelegenheit, als Anwesende oder über Telefon kontroverse Thesen zu kommentieren (*phone in*). Eingeladene Gruppen können eingeladenen Politikern oder Wissenschaftlern ihre Sorgen und ihre Kritik vortragen. Dabei läßt die knappe Zeit, die für die Wortmeldungen zur Verfügung steht, kaum mehr als einen Schlagabtausch von Kernsätzen zu. In der Studioatmosphäre sucht man sich mit schnoddrigen Pointen und anderen kleinen Mutproben zu behaupten.

Ferner lädt man Zuschauer- und Zuhörervertreter dazu ein, sich im Programm mit dem Programm auseinanderzusetzen. Diese ›Aussprachen‹ mit Kommunikatoren auf Diskussionspartys und in ›Meckerecken‹ sollen regelmäßig ausgestrahlt werden und die ›Vorform einer Zuschauermitbestimmung‹

sein (Werner Höfer). Wertet man noch die Stellungnahmen aus, die während der Sendung telefonisch eintreffen, lassen sich Tausende von Rezipienten einbeziehen. Das Endziel wäre dann ›die totale Selbstvertretung der Öffentlichkeit‹ in Programmgestaltung und Programmkritik. – Schließlich arrangiert man Partys, auf denen Rezipienten untereinander in Verbindung treten. Meist handelt es sich um repräsentativ ausgewählte Zuschauer (Hörer), so gut wie nie um Gruppen, die auch außerhalb des Studios in Kontakt stehen. Beliebt sind vorgeplante Duelle (konservative Familie gegen Wohnkommune). Und auch wenn die Stimmung gelöster ist, entstehen selten mehr als Neuauflagen schablonenhafter Standpunkt-Gespräche, etwa wenn über ›Frauenemanzipation, Arbeitersorgen und Kindererziehung‹ debattiert wird. Derselbe Effekt läßt sich auch durch Hin- und Herschaltungen auf der Straße oder durch Aufnahmen von Diskussionen außerhalb des Studios erzielen; auf diese Weise kann sogar noch besser kaschiert werden, daß Massenkommunikation mehr und anderes ist als die Abbildung einer ›gegebenen‹ Realität.

Seit einigen Jahren mehren sich die Versuche, Publikumsgruppen auch an der Vorbereitung von Sendungen zu beteiligen oder selbst Filme drehen zu lassen (mit mehr oder weniger Anleitung). Bisher hat man freilich fast ausschließlich Musik- und Jugendsendungen als Spielfelder freigegeben. In einem Fall hat man eine Variante erprobt: Ein Fernsehspiel, das versucht, Alltagsprobleme ›realistisch‹ darzustellen, wird von einer gemischten Gruppe von Betroffenen (Eltern, Schülern, Fürsorgezöglingen, einem Pädagogen, einem Psychologen u. a.) diskutiert und umgestaltet (wobei Film, Diskussion und Neufassung hintereinander gesendet werden).

In verschiedenen Ländern haben Initiativgruppen das Publikum aufgerufen, sich *als Publikum* zu organisieren, Einfluß auf die Fernseh- und Rundfunkprogramme zu nehmen oder sich um eigene Sendezeiten zu bemühen. So werden in den Niederlanden Teile des Schwerpunktprogramms von Publikumsgesellschaften gestaltet. In der Bundesrepublik gründeten konservative Kreise, die sich von den nichtöffentlich tagenden Programmbeiräten, denen eigentlich die Vertretung der Zuschauer und Zuhörer obliegt, mißachtet fühlten, den *Interessenverband Deutscher Fernsehteilnehmer,* die *Funk-*

und Fernsehmitgestaltung, die *Aktion Funk und Fernsehen,*
die *Aktion freier Staatsbürger für demokratische Erneuerung,*
die *Kampagne gegen die Diktatur der Massenmedien* und
andere, meist kurzlebige Vereine. Kommunikation war nicht
ihr Thema. Sie kämpften für bessere und billigere Programme, ›moralisch einwandfreie‹ Sendungen, Filme mit Stoffen,
›die aus dem Leben gegriffen sind‹, gegen den Einfluß von
›Neomarxisten, Kommunisten und Anarchisten‹ und gegen
die Verunglimpfung von Religion, Familie und Bundeswehr.
In den USA formierten sich Bürgerinitiativen, die eine Einschränkung der Werbung in Kindersendungen verlangten. All
diese Organisationsansätze demonstrieren, daß die Vorstellung von den mächtigen, manipulierenden Medien nicht nur
die Publizisten beherrscht.

Konsequenter ist die Forderung, Gremien, die vom Publikum delegiert werden, neben oder in den Medien zu institutionalisieren. Indes muß bezweifelt werden, daß Leserräte
bzw. Leserparlamente als Repräsentation der nichtorganisierten Rezipientengruppen (Glotz/Langenbucher) oder Beiräte,
die stellvertretend für das Publikum den offerierten Informations- und Unterhaltungsstoff beeinflussen sollen, die Strukturen verändern können, die das Verhältnis von Kommunikatoren und Rezipienten heute von vornherein festlegen. – Auch
allgemeine *Programmwahlen* würden die Einseitigkeit der
öffentlichen Themenselektion nicht beseitigen. Ihre Ergebnisse würden wohl nur die der Landtags- und Bundestagswahlen widerspiegeln. Und könnte man die Vision des englischen
Technologieministers Wedgewood Benn verwirklichen, von
der Robert Jungk gesprochen hat, nämlich die totale ›Tele-Demokratie‹ mit Hilfe einer Art von Kreditkarte, die in den
Fernsehapparat gesteckt wird und politische Abstimmungen
sowie Rückmeldungen zu den Studios in wenigen Augenblicken ermöglicht – nichts anders als eine enorme Beschleunigung der Zirkulation von Projektionen und Rückprojektionen
wäre das Resultat.

Kommunikatoren fördern eine aktive Mitbestimmung des
Publikums, die sie als *Resonanz* ihrer Arbeit verstehen können; Kommunikationstheoretiker postulieren ein ununterbrochenes öffentliches Gespräch, an dem sich alle sozialen Kräfte
ihrer Stärke und Bedeutung entsprechend beteiligen. Beide

betrachten die Medien als zentrale, von der passiv konsumierenden Gesellschaft umlagerte Foren, in denen die großen
und kleinen, mächtigen und unterprivilegierten Gruppen
durch ihre jeweils aktiven Vertreter *repräsentiert* sind. Für
eine derart komponierte Massenkommunikation ist der
Kampf um die Aufteilung der Sendezeit, der Streit um einen
verbindlichen Verteilungsschlüssel, die Quintessenz jeder
Verständigung. Welche Interessenvertreter, welche Wünsche,
welche Stimmen sollen auf dem exponierten Podium laut werden dürfen? Und wer soll in den Beiräten sitzen? ›Beteiligung‹, ›Repräsentation‹ und ›Mitbestimmung‹ tangieren nicht
das strukturelle Verhältnis von Medium und Publikum; ihre
Anerkennung als Kommunikationsideale bestätigt, daß heute
massenhafte Kommunikation auf die allgegenwärtige Repräsentation willkürlich konservierter Sinnaspekte reduziert ist
und letzten Endes als *Eigenschaft des Mediums* (des wirksa-
men Mediums) gilt. Im Grunde ist es gleichgültig, ob es 5000
oder 50 000 Programmgestalter gibt. Wer gerade mitbestimmt, repräsentiert wird, einzuwirken sucht, ist relativ
beliebig (wenn auch abzusehen). Stets handelt es sich um
Publikum in einer Gastrolle als Kommunikator, und von der
Eigenschaft, Publikum und/oder Kommunikator zu sein, werden vor den Sende- und Empfangsgeräten alle anderen sozialen Kennzeichen subsumiert. Da solche ›Demokratisierung‹
der Massenkommunikation weder die Produzenten noch das
Publikum nötigt, die gesellschaftliche Kommunikationspraxis
zu überprüfen, ist es keineswegs elitär, wenn Programmacher
vor einer ›Diktatur der Inkompetenz‹ warnen und erklären,
Informationsfreiheit sei in erster Linie ein institutionelles und
erst in zweiter Linie ein individuelles Recht. Die Mitbestimmung aller Gruppen am Gemeinschaftsprogramm setzt keine
neuen Selektionsmechanismen für die Verallgemeinerung
kommunikativer Sinngehalte durch; sie kombiniert die Willkürlichkeit öffentlicher Aufmerksamkeitsregeln mit jener
Willkürlichkeit, die in der sozialen Klassenordnung selbst
besteht. Als ›Gäste‹ in Sendungen, die nach altem Muster
veranstaltet werden, sind die Publikumsvertreter – verzwei-
felt um Perfektion bemüht, Opfer professioneller Routine
– stets ein Alibi. Sie haben keine Chance, die Medien als
Kommunikationsmittel zu nutzen. »Daß das Publikum an

Problemen auch arbeitet, wird von den Moderatoren schnell verhindert, meist mit dem Hinweis auf die ›technische Beschränktheit‹: der Zeit, des Apparats. So bleibt das Kriterium der ›Echtheit‹ der Publikumsbeteiligung nur das kurze und knappe Statement einer eigenen ›Meinung‹, der Knopfdruck auf die Abstimmungsmaschinerie über meist irrelevante Themen, der kurze Sketch und die ebenfalls abstrakte Repräsentation als ›Zielgruppe‹.«[47] Alibi bleiben die Beteiligten, solange sie Publikum sind, solange sie nicht die Funktionen interpersonaler Kommunikation in die Kreisläufe der Massenkommunikation hineinverlagern.

Die heute in den Medien betriebene Diskussion über das *feedback* zwischen Publikum und Medium unterliegt dem Irrtum, dieses *feedback* müsse erst hergestellt werden (wo es sich nur um die Korrektur von Phasenverschiebungen handelt), der Kommunikator produziere für Abnehmer, von denen er nichts wisse, und daher könne er auch nicht einschätzen, wie sein Programm ›ankomme‹. Ebenso fahren die Spitzenfunktionäre der Parteien ›draußen im Lande‹ herum, um zu hören, was das Volk denkt: Sie wollen genauer wissen, was sie schon wissen. Es gibt durchaus eine permanente Rückkoppelung als *Bedingung* jeglichen Nachrichtenverkehrs zwischen Kommunikator und Rezipient. Die Frage ist nur, von welchen generalisierten Disparitäten und Wahrnehmungsklischees diese Reziprozität geprägt ist.

Kommunikatoren sind bereit, sich auf mehr *feedback* einzulassen, um ihre Arbeit zu überprüfen, zu legitimieren und zu stimulieren, und wälzen damit ihr Problem, den ›Zwang des Öffentlichen‹, auf andere ab. Das Publikum ist integrierter Teil der Massenkommunikation. In ihrer Rolle als Rezipienten gefordert, können Rezipienten nur den verinnerlichten Verhaltenserwartungen von Medienrezeption entsprechen, wenn sie sich im Studio wiederfinden. Zwar gibt es eine strukturelle Differenz zwischen Senden und Empfangen, aber sie ist eben für Massenkommunikation bereits konstitutiv: sowohl ein immanentes Merkmal des Sendens als auch ein immanentes Merkmal des Empfangens. Sie ist nicht erst die Folge räumlicher und zeitlicher Abstände. Also besteht zwischen dem Wohnzimmer, in dem ferngesehen, ferngehört und ferngelesen wird, und dem Studio nicht jener Unterschied, den sich die Kommunikatoren zugute halten, wenn sie vom *feedback* sprechen: zwischen Nicht-dabei-Sein und Dabei-Sein, zwischen Passivität und Aktivität bzw. *zwischen interpersonaler Kommunikation und Massenkommunikation.* Man lädt Repräsentanten des Publikums ein und stellt in der dadurch noch ›intimer‹ gestalteten Sendung das gleiche Einheitsgericht zusammen, das man sich täglich verabreicht (die Kommunikatoren dem Publikum und sich selbst, das Publikum sich und den Kommunikatoren). Daher ist es abwegig, daß sich Rezipienten zum Zweck der Demokratisierung der Massenkommunikation als *Rezipienten* organisieren.

Auf illusionären Annahmen beruht auch der Versuch, die Differenzierung von Publikation und Rezeption aufzuheben, bzw. die Forderung, Rezipienten sollten jederzeit auch Kommunikatoren sein (wie im Gespräch von Angesicht zu Angesicht). Diese Differenzierung trennt keine Kommunikationsweisen, und sie läßt sich nicht dadurch rückgängig machen, daß Individuen zeitweilig Kommunikatoren und zeitweilig Rezipienten sind. Die Ansicht, Medienrezeption sei mit Passivität gleichzusetzen und müsse durch eine aktive Haltung abgelöst werden, reduziert Massenkommunikation wiederum auf staatsbürgerliches Engagement. Sie erklärt, warum gewisse Vorstellungen von der Medienzukunft dem liberalen Bewußtsein als Schreckensvisionen erscheinen: Jede Wohnung verwandelt sich in ein Heimunterhaltungszentrum; jeder läßt sich ständig von Video-Wänden und Filmen umflimmern und aus Klangquellen berieseln und verrichtet dabei gelegentlich die täglichen Handgriffe; man geht nicht mehr aus, sondern verstellt die Wände, tauscht das Interieur aus und ist süchtig nach sekundären Erfahrungen; jede Wohneinheit ist an eine computergesteuerte audiovisuelle Bibliothek angeschlossen; die Kinder werden vom Fernsehen erzogen und verlieren endgültig den Anschluß an die Traditionen der europäischen Kultur: Die Ära des Individualismus (und der leidgeprüften, unermüdlich ringenden und mahnenden Intellektuellen) ist passé. Nichtsdestoweniger würde sich die isolierende Kommunikationsweise unserer Gesellschaft nicht entscheidend ändern, wenn alle Zuschauer ihre Fernsehzimmer verließen. Sie zeigt sich nicht in der ›passiven‹, ›einsamen‹ Rezeption, sondern in der strukturellen (nicht physischen)

Isolierung der Rezeption von den Gruppenbeziehungen.

Die Mitgestaltung öffentlicher Aussagen liefert nicht nur demokratische Alibis, sondern dient auch der Selbstbestätigung bestimmter Publizisten, die sich einbilden, als ›Macher‹, Manipulatoren, Medienpädagogen, Public-relations-Fachleute oder ›ehrliche Makler‹ *der Welt* gegenüberzustehen und das erste Glied einer Wirkungskette zu sein – *für* die Welt etwas zu machen oder *über* die Welt zu berichten. Und dann holen sie einen ausgesuchten Teil dieser Welt ins Studio. Indem man das Publikum der Welt zuordnet, der man das Schauspiel vorführt, verkennt man, daß das Publikum zu diesem Schauspiel dazugehört und daß die eigene Produktionspraxis über unzählige Vermittlungen getreulich sämtliche Verhaltenserwartungen der Massenkommunikation erfüllt. Man spiegelt sich im Publikum, ist aber davon überzeugt, von außen reflektiert zu werden.

Der einzelne Rezipient oder die Publikumsgruppe soll nun als das unverfälschte *Leben* auftreten, soll das in die ›Massenkommunikation‹ einbringen, wovon man getrennt zu sein glaubt. (Entweder lädt man irgendwelche Rezipienten ein, oder man spricht die Studiogäste als Gruppen mit bestimmten Merkmalen an, verwandelt sie aber bei der ersten Kontaktaufnahme in Publikum.) Die Publikumsexemplare, die rezipieren, um an einem universalen Geschehen teilzuhaben, werden nun nach dem gefragt, was ›sie selbst‹ sind. Ob sie nun hilflos-dilettantisch reagieren oder eben diese Frage herbeigesehnt haben, um sich öffentlich zu produzieren – man stößt sie *unvermittelt* in die Isolation zurück. Sie wähnen sich im Zentrum der Massenkommunikation (denn sie glauben in der Tat, als Rezipienten dieser gegenüberzustehen) und werden nun in ihrer absoluten Dürftigkeit festgebannt. Dies geschieht auch auf andere Weise: Eine Fernsehkamera sucht während der Übertragung einer Show eine fernsehende Familie auf, überrascht sie beim Betrachten des Bildschirms, auf dem die Wohnzimmerszene gleichzeitig erscheint. Dann fragt man die Eigenschaften der Familie ab, die sie als ›authentisch‹ ausweisen. Der Kreislauf des Lebens ist hergestellt ... Oder man bringt die Teilnehmer aus dem Publikum dazu, sich gegenseitig zu interviewen. Was man zu hören bekommt, ist der *Rest:* das, was weder mit Massenkommunikation (in deren Zentrum

man sich doch befindet) noch mit familiären, schichtspezifi-
schen Alltagsstrukturen der direkten Kommunikation etwas
zu tun hat.
- Wie viele Kinder haben Sie?
- Welchen Beruf hat Ihr Mann?
- Was essen Sie am liebsten?
- Können Sie Kritik vertragen?
- Halten Sie sich für zu dick?
- Welche Tapete bevorzugen Sie?
- Legt die ganze Familie gemeinsam fest, wohin man in die
Ferien fährt, oder bestimmen Sie das allein?

Was sich dabei abspielt, ist nicht etwa die Abbildung der
unvermittelten Konfrontation von Massenkommunikation
und Interaktion. Nicht einmal dies. Alles bleibt in der Formbestimmtheit der Massenkommunikation, doch man versucht
hartnäckig, aus dieser herauszutreten. Die Isolierung wird isoliert, ohne daß Aussicht auf Fassungslosigkeit, auf Entzauberung bestünde. Man verleugnet die Situation (eine Form, die
keinen von ›außen‹ entliehenen Inhalt zuläßt), imitiert ein
Gespräch unter Bekannten, die sich eingeladen haben, öffnet
sich den ›Bedürfnissen der Gesellschaft‹, den Menschen aus
den Wohn- und Arbeitsvierteln, die ins Studio kommen und
hier einander die Hände schütteln können.

Demgegenüber sind alle Kooperationen zu begrüßen, bei
denen Gruppen sich entfalten können, ohne als Publikum
verstanden und behandelt zu werden. Das ›Material‹ solcher Kooperationen wäre nicht die Medientechnologie, sondern die Beziehung zu anderen Gruppen (wobei physischer
Kontakt nicht notwendig wäre). Ansätze dazu zeichnen sich
heute schon ab. Redaktionskollektive suchen Kontakt zu
Gruppen, die sich mit der Problematik der Massenkommunikation befassen. Die Funktion dieses Kontakts ist die Erprobung reflexiver Mechanismen (die nicht *gesendet* werden
können), nicht ›Beteiligung‹ am Publikationsprozeß.
Bestimmte Jugendgruppen, deren unausgebildete Vorschläge,
Ideen und Wünsche durch Kommunikationsapparate umgeformt werden, erhalten Gelegenheit, ihr Selbstverständnis in
Filmen heuristisch zu ermitteln. Sie eignen sich dabei organi-
satorische Interessen an, die sie nur in der Dimension der
Massenkommunikation verfolgen können, z. B. durch Koordi-

nierung von Gruppen in vergleichbarer Lage. Dies sind bereits Vorübungen für eine Vermittlung zwischen Interaktionsformen und der Auswahl öffentlicher Kommunikationsgehalte. Experimentierstudios, Sonderprogramme, Sonderkanäle, größere Flexibilität in der Programmplanung (›unausgedruckte‹ Verfügungszeiten) können hierbei förderlich sein. Die Vergesellschaftung der Massenkommunikation vollzieht sich nicht über die Repräsentation ›relevanter gesellschaftlicher Gruppen‹, nicht über die Aufteilung der Mitbestimmung unter Gruppen, die sich gegenseitig kontrollieren, nicht über die Fetischisierung des *Programms* (hoher Programmanteil = Macht, geringer oder kein Anteil = Ohnmacht). Sie vollzieht sich, indem die Beziehungen zwischen den Individuen, Gruppen, Organisationen und Konzernen als Massenkommunikation organisiert werden. Dies verlangt gewiß auch neue Formen wirtschaftlicher Mitbestimmung in der Medienindustrie. Doch was Kontrolle bedeutet, hängt davon ab, ob man Massenkommunikation als Beeinflussungsapparatur oder als Kommunikationsweise versteht.

Im Unterschied zur Beteiligung des Publikums und zur Gründung von Rezipientenverbänden ist die Selbstorganisation der Medienproduzenten notwendige Voraussetzung für eine Änderung der Kommunikationsverhältnisse. Sie beginnt regelmäßig mit der Forderung nach tariflicher Absicherung von Mitbestimmungsregelungen, doch ihre jeweilige Form und ihre Strategie richten sich nach den ökonomischen und politischen Strukturen der großen Medienkonzerne. Im *konsequenten* Kampf gegen die organisierte Abhängigkeit der Journalisten, Künstler, Lektoren, Autoren, technisch-kaufmännischen Angestellten und freien Mitarbeiter wird die – mit dieser Abhängigkeit nicht identische – Willkürlichkeit der Selektionsmechanismen der Massenkommunikation pragmatisch reflektiert. Konsequent ist dieser Kampf dann, wenn die Zusammenschlüsse der Medienarbeiter den Organisationsgrad der Medien- und Freizeitindustrie anstreben. Dies ist nur über eine Mediengewerkschaft und nicht ohne Kampfmaßnahmen möglich.

Das unmittelbare Bewußtsein, das die einzelnen Kommunikatoren und anderen Mitarbeiter von dem Anpassungszwang haben, den Vorgesetzte, Besitzer und Funktionäre ausüben, reicht nicht an das Organisationsniveau der Massenmärkte heran. Den Journalisten bleibt somit das ganze Ausmaß ihrer Abhängigkeit verborgen. Gegenüber Unternehmen, die sich in immer stärkerem Maß konzentrieren, richten separate Vereinbarungen zwischen Verlag und Redaktion über Kompetenzabgrenzungen und isolierte Aussprache- und Mitspracherechte nicht allzu viel aus, nicht einmal in den seltenen Fällen, in denen die Redakteure sich streikbereit gezeigt haben. Ohnehin ist die Redaktionsstatutenbewegung nach geringen Anfangserfolgen steckengeblieben. SPD und FDP billigen den Journalisten zwar begrenzte Mitwirkungsrechte (bezogen auf Anhörung und Widerspruch), aber keine Mitbestimmung in personellen, betrieblichen und publizistischen Angelegenheiten (bezogen auf die Entscheidungen des Verlegers oder Chefredakteurs) zu, und in den öffentlich-rechtlichen Anstalten sind die Redakteursversammlungen noch immer keine anerkannten Institutionen. Ohne den Zusammenschluß in einer alle Medienarbeiter einbeziehenden Gewerkschaft, die nachhaltigen Druck ausübt, können Sonderverträge die Abhängigkeit von den öffentlichen und privaten ›Arbeitgebern‹ sogar noch vergrößern, da sie diesen erlauben, Angehörige von unterschiedlich abgesicherten Redaktionen gegeneinander auszuspielen.

Den freien Mitarbeitern der Medien (Künstlern, Schriftstellern, Intellektuellen), die von ungesicherter Auftragsarbeit abhängig sind, bleibt von vornherein nur der Weg in die Mediengewerkschaft, damit ihr anarchischer Konkurrenzkampf um höheren Marktwert durch neue Kooperationsformen abgelöst werden kann. Die Illusion von Selbständigkeit, die dadurch entsteht, daß »ihre unmittelbaren Produktionsmittel noch weitgehend in ihrer Verfügungsgewalt sind – Bleistift, Pinsel, Schreibmaschine, Zeichenpult«, läßt sich angesichts der neuen Produktions- und Distributionsweisen der Kommunikationsindustrien nicht mehr aufrechterhalten. »Für viele werden Technik und Organisation dieser Industrien zu unentbehrlichen Arbeitsmitteln, die im Gegensatz zu ihren klassischen Produktionsmitteln nicht mehr in den Besitz des einzelnen Künstlers gelangen können. So werden selbst diejenigen, die noch nicht als Angestellte der Kulturindustrie produzieren, bereits als deren Zulieferer indirekt mit den Produktionsmitteln der Kulturindustrie kombiniert. Auch weil für ihre Produkte nur das Abnehmerinteresse besteht, das von der Kulturindustrie gesteuert wird, entsteht ein besonderer Druck zu ›marktkonformer‹ Produktion – eine weitere Spielart der Abhängigkeit auch für formal noch unabhängige Produzenten.«[48] Abgesehen davon sind die freien Mitarbeiter gezwungen, häufig ihre Auftraggeber und den Arbeitsplatz zu wechseln. Für sie hat es wenig Sinn, mit Vorgesetzten Kompetenzbereiche abzugrenzen. Sofern sie sich überhaupt organisieren, müssen sie ihre Zusammenschlüsse auf die Gesamtorganisation des Medienverbunds ausrichten.[49]

Um auch am kommunikativen Sinngehalt der Produktion in den Medien, an der Verteilung öffentlicher Aufmerksamkeit, mitbestimmen zu können, muß die gewerkschaftliche Konzentration aller Bereiche und Fachgruppen der Medienindustrie jedoch über eine bloße Tarifpolitik nach Lohnleitlinien hinauskommen und sich an der ökonomisch-politischen Nutzung der Massenkommunikations-Strukturen orientieren. Sie muß sich an der Komplexität der gegenwärtigen Marktform des Gesamtkapitals messen. Denn erst wenn die Organisation der Kommunikatoren das gleiche Komplexitätsniveau erreicht, kann sie die Richtung, *in die auf der Ebene des Einzelkapitals* (der Medienorganisation) *publizistischer Anpassungsdruck ausgeübt wird,* korrigieren. Sofern also die assoziierten Medienarbeiter sich auch mit ihrer *Arbeit* auseinandersetzen wollen, darf die Mediengewerkschaft nicht ausschließlich als Selbsthilfeorganisation zur Sicherung von Arbeitsplatz und Lohnniveau tätig sein. Dem Verbund der Kommunikationsoligopole leistet sie nur unzureichend Widerstand, wenn sie lediglich verhindert, daß Lohndrücker und Befehlsempfänger gegen solidarische Kollegen ausgespielt werden. Sie nimmt es erst mit ihm auf, wenn sie den Spielraum nutzt, den die ökonomischen Strukturen zu ihrer Selbsterhaltung freigeben mußten.

Die Organisation der internationalen Oligopole korrespondiert mit der Massenkommunikation insgesamt, mit der spezifischen Selektivität der in ihr generalisierten Verhaltenserwartungen. Dies bedeutet, daß sie auch die relative Autonomie eines ausdifferenzierten Systems der Massenkommunikation absichert. Die Prozesse der allgemeinen Kommunikation ließen sich heute nicht optimal auf Massenmärkten verwerten, wenn die Auswahl kommunikativer Sinngehalte direkt an die Profitinteressen angekoppelt wäre, mit anderen Worten: wenn die Inhalte der ›ideologischen Absicherung‹ noch zwingend festgelegt (nicht austauschbar, nicht kontingent) wären. Über Massenkommunikation kann nur noch verfügt werden, indem sie zur Verfügung gestellt wird.

Eine Mediengewerkschaft, die sich nur um die Rechte (oder gar um die Privilegien) ihrer Mitglieder kümmert, nur deren Besitzstand wahrt, erreicht nicht die Dimension der gesellschaftlichen Massenkommunikation. Zugleich verschließt sich ihr die strategische Perspektive, aus der die Funktionalisierbarkeit der Massenkommunikation *und* die Kontingenz ihrer bestehenden Strukturen erfaßt werden können. (Verleger, Filmproduzenten und -verleiher, Werbetreibende usw. nutzen die Medien, aber nicht die Massenkommunikation.) Letztlich wird diese Gewerkschaft daher selbst benutzt. Sie agiert nur gegen Einzelkapitalien und verwechselt das, was sich in der Abhängigkeit von Unternehmen, Parteien und Verbänden manifestiert, mit dieser Abhängigkeit. Sie kämpft gegen Kontrolle und Beeinflussung (um auf andere Weise zu kontrollieren und zu beeinflussen) und ignoriert, daß die Oligopole keiner *bestimmten* Kontrolle und Beeinflussung bedürfen, um ihre Warenzirkulation zu beschleunigen – daß sie auch mit ›demokratisierten‹ Medien ganz gut zurechtkämen. Damit ignoriert sie zugleich, daß eben die Marktform, die alle Varianten unmittelbarer Herrschaft und Profitmaximierung relativiert, mit den restriktiven gesellschaftlichen Kommunikationsverhältnissen in engem Zusammenhang steht.

Hingegen erreicht die Mediengewerkschaft den Organisationsgrad des internationalen Kapitals dadurch, daß sie sich auf die ›Eigengesetzlichkeit‹ und das Potential der Massenkommunikation besinnt und Initiativen zu einer ›Verflüssigung‹ der gesellschaftlichen Kommunikationsweise ergreift. Sie wird sich dann nicht nur mit der Organisation von Mitgliedern begnügen, sondern auch Produktions- und Rezeptionsformen ausbilden, in die familiäre und subkulturelle Begegnungsweisen übergehen können. Auf diese Weise erschließt sie die Massenkommunikation den informellen

Kommunikationssegmenten. Während die Oligopole an die wechselseitige Abkapselung von generalisierter und direkter Kommunikation anknüpfen, knüpft eine ihre öffentliche Funktion reflektierende Gewerkschaft Beziehungen zu ›strukturell vorbereiteten‹ (nicht in ihrer Positivität belassenen) Gruppen. Sie macht Medien ›transparent‹, indem sie deren Organisationsformen mit Interaktionsformen vermittelt.

Gegenüber dem ökonomischen und publizistischen Monokausalismus, der immer noch die kommunikationspolitische Auseinandersetzung beherrscht, gilt es zu betonen, daß auch weitreichende Mitbestimmungsforderungen ambivalent sind. Es liegt nahe, daß sich die assoziierten Kommunikatoren mit Statuten, Mitspracherecht und Miteigentum abfinden und so dazu beitragen, die Willkürlichkeit der Gebrauchsnormen, nach denen heute die Öffentlichkeit hergestellt wird, zu verschleiern. Zwar kann Mitbestimmung Rückkoppelungsprozesse in Gang setzen, die allererst die Selbstkritik einseitiger Publikation und Rezeption erlauben. Bloße ›demokratische Kontrolle‹ aber liefe im Bereich der Medienorganisationen auf *Programmpolitik* hinaus, auf den Versuch, gegen die bestehenden Programmpräferenzen die ›Gebrauchswert-Ansprüche des Publikums‹ durchzusetzen, was wohl heißen soll: mehr politische Aufklärung, weniger seichte, kompensatorische Unterhaltung. Leider sind diese Ansprüche selbst Ausdruck der willkürlichen Trennung von hergestellter Öffentlichkeit und Interaktion, indifferent gegen isolierende Kommunikationsweisen und durchaus im bestehenden Strukturrahmen der Massenkommunikation zu befriedigen. Eine praktisch verbindliche Bestimmung von ›Gebrauchswerten‹ gesellschaftlicher Verständigung muß sich erst ereignen: weniger in pädagogischen Wissensbildungsprozessen als vielmehr durch eine Leistungssteigerung der Massenkommunikation, die isolierte Bereiche mit verselbständigten Ansprüchen auflöst.

Interaktion als Massenkommunikation

Die exklusive Massenkommunikation grenzt an privatistische Sperrzonen, die dem Öffentlichen nichts erwidern; Massenkommunikation, die sich ihren Potentialen nicht verschließt, kündigt die ohnmächtige Autonomie interpersonaler Kommunikation auf. Die Lebensbereiche, die dem Privatistischen zugeeignet werden, können sich nur durch dessen Preisgabe entwickeln – zu offenen Medien, über die das Individuum die Reproduktion seines Lebens als etwas Diskontinuierliches, Exzentrisches erfährt. Diese Preisgabe vollzieht sich in der überregionalen, letztlich allgemeinen Selbstorganisation des *Kontakts,* des *Familiären,* des *Wohnens,* der *Arbeit* und des *Konsums* (was nicht dasselbe ist wie die Selbstorganisation von Individuen und Gruppen), eingeleitet und aufgegriffen von zentral eingerichteten Diensten der assoziierten Kommunikatoren und anderer Initiativgruppen. Im Dienst der Absonderung und des ›Eigenen‹ ist das Persönliche, Nahe, Direkte, Konkrete eine leere Form; es *konstituiert* sich als Moment einer Urbanität, die räumlich nicht fixierte Wahlverwandtschaften herausbildet. Dadurch erhöht sich zugleich die Reflexivität der generalisierten, öffentlichen Massenkultur.

Die aufgehobenen Interaktionsverhältnisse werden nicht mit Hilfe, nicht *über* die Massenkommunikation, sondern *als* Massenkommunikation gestaltet. Diese verläuft dann zwar nach wie vor über bestimmte Medien, schrumpft aber nicht mehr auf Programme und deren Rezeption zusammen, sondern umfaßt den Gesamtkomplex der allgemein interagierenden Gruppen. In diesem Rahmen ist auch *face-to-face-communication* ein Moment der Massenkommunikation. Ihr situationäres Bezugsniveau und ihre Signifikate repräsentieren die Kapazität der institutionalisierten Kommunikation. Die Öffnung der Strukturen des Öffentlichen zwingt das Konkurrenzinteresse an willkürlicher Verfügung über Beeinflussungstechniken zur Selbstüberprüfung: Jeder kann produzieren und senden, wozu er Lust hat, aber das, wozu er Lust hat, resultiert aus der Assoziierung der privaten Kommunikation.

Es besteht kein Grund, vor einer ›Erfassung‹, ›Gleichschaltung‹, ›Verwertung‹ und ›Kontrolle‹ der interpersonalen Funktionen durch die Massenkommunikation zu warnen. Die Gehalte der direkten Interaktion sind längst enteignet. Gleichschaltung und Verwertung bezeichnen vielmehr die Ausgangslage. Die sich wechselseitig isolierenden Parzellen sind nicht mehr imstande, ihrer internen Kommunikation Sinn zu verleihen, geschweige denn der öffentlichen. In vielem gleichen sie dem, was Lefebvre als das ›Alltägliche‹ bestimmt hat. Dieses stürzt »sofort zusammen, sobald es als System (als eine Bedeutungsmenge) erscheint. Es erweist sich ohne Sinn. Es ist eine Menge von Nicht-Bedeutungen, die man angeblich zum Sinn beruft. Die Bedeutungslosigkeiten des Alltäglichen können nur einen Sinn annehmen, wenn sie verändert, umgeformt werden in einen anderen Komplex als die augenblickliche Alltäglichkeit. Mit anderen Worten, es ist unmöglich, ein theoretisches und praktisches System so zu bilden, daß die Details des täglichen Lebens in und durch dieses System einen Sinn annehmen.«[50]

Ohne die Möglichkeit, sich auf ihre eigene Praxis rückzukoppeln, sind die isolierten ›Subsysteme‹ des Alltäglichen offensichtlich lernunfähig. Daher unterscheiden sie nicht zwischen Erneuerungen, die verteidigte Bestände nur in geringem Maß relativieren, und Umwälzungen, die alles in Frage stellen. Jedes ›Umdenken‹, jede kleine Reform der verselbständigten Muster des Erlebens und Handelns ist derart mühsam (man denke an die Einschränkung des Individualverkehrs oder an Variationen der Kleinfamilienform), daß es keine größeren Schwierigkeiten bereiten kann, den Komplex des Alltäglichen insgesamt bzw. das grundlegende Verhältnis der verschiedenen Kommunikationsweisen umzustrukturieren. (Viele Kleingruppen wehren sich verbissen gegen relativ belanglose Zumutungen und geben alsbald kampflos ihre Souveränität auf.) Durch *immanent* ansetzende Praxis ist hier nichts auszurichten.

Diskursiv oder empirisch legitimierte Hinweise auf Dysfunktionen haben keine Resonanz, wenn Selbsterhaltung und Selbstauflösung ineinander übergehen. Die Primärgruppen reproduzieren sich durch die Aushöhlung ihrer eigenen Bedingungen. Selbst die Bedeutungen, die man den Verrichtungen in den familiären und schichtspezifischen Wohn-, Konsum- und Sozialisationsparzellen unterlegt, um deren Fortbestand zu erklären, erweisen sich als Mißverständnisse. Alles könnte auch anderswo, mit anderen Mitteln und unter anderen Umständen getan werden. Doch die permanente Selbstrelativierung führt keine Entscheidung herbei. Die ebenfalls fragmentarischen, gleichsam versprengten Reserve-Ideologien, die man in den Gruppen vorweist, werden selbst verzehrt: Sie kaschieren nichts, was zu schützen, was ohne Verklärung verräterisch wäre. Vielmehr müssen sie selbst zur notdürftigen Befriedigung herhalten. Sie werden ihrerseits mit dem Hinweis auf die Fatalität der Umstände abgestützt und zersetzen weiter, was in sich selbst keinen Bestand mehr hat. Mit ihnen (mit allen Metasprachen, die zu Gebote stehen) konsumiert das Wohnen, das Zusammenhalten, die Liebe, das Verreisen, das Einrichten, Anschaffen und Reden sich selbst. Die ›objektiven Möglichkeiten‹ bleiben den autistischen Zonen fremd, ohne daß dies einen immanenten, auf die Auflösung des Isolierten hinwirkenden Widerspruch signalisierte. »Unmögliche Einsamkeit: in der unaufhörlichen Kommunikation, in der Informationslawine. Die effektive Kommunikation wird zum Möglich-Unmöglichen, zur Zwangsvorstellung und zur Qual: jederzeit möglich, unmöglich, weil eine Bedingung fehlt.«[51]

Also gilt es nichts Authentisches, Genuines, ›Nichtidentisches‹ oder ›Einfaches‹ vor der Absorptionskraft der Massenkommunikation zu schützen. Im Interesse der Mandatsbereiche der direkten Kommunikation liegt keine weitere Austrocknung, Entleerung und Simplifizierung des Alltäglichen, sondern eher eine »multimediale Komplizierung von Kommunikation« (Henning Luther). Überdies wird in der Verschränkung von Interaktion und Massenkommunikation auch diese von jener integriert. Das entzieht den strukturell bedeutsamen Illusionen der Beeinflussungskommunikation den Boden.

Ebensowenig wie Sprach-, Kontakt- und Ordnungsformen von Familien, Sekundärgruppen und Vereinen sind nun öffentliche *Aussageinhalte* (Meinungen, Informationen, Wissen) von der jeweiligen Situation kommunikativen Austauschs abzulösen – nicht einmal im Bewußtsein des Kommunikators. Da interpersonale und Massenkommunikation sich nicht mehr in schlechter Autonomie gegenüberstehen, wissen Kommunikatoren, was sie tun, wenn sie informieren, unterhalten und Wissen vermitteln. Wirkungsforschung verliert ihre isolierende Funktion; zugleich wird sie gegenstandslos. Auch dies bestätigt, daß der Versuch der Kommunikatoren, ihr eigenes Tun einzuschätzen, die Kalkulation von ›Bewußtsein‹, ›Einstellung‹ und ›Verhalten‹ der Adressaten, auf ein *kommu-*

nikatives Problem hinausläuft, nicht auf ein Problem der Perfektion von Explorationsmitteln. Da das Interesse an Einstellungsänderung in die Irre geht, wenn es sich nicht selbst als bedingte Einstellung mitberücksichtigt, werfen alle Wirkungsabsichten – nimmt man sie ernst – die Frage nach den Kommunikationsverhältnissen auf. Solange Massenkommunikation nicht selbst kommuniziert, solange sie die Interaktion in ihrer Umwelt ausschaltet, bleibt sie *folgenlos*. Auf diesen Gedanken zielt Brecht ab, wenn er über den Rundfunk schreibt: »Aber wenn eine technische Erfindung von so natürlicher Eignung zu entscheidenden gesellschaftlichen Funktionen bei so ängstlicher Bemühung angetroffen wird, in möglichst harmlosen Unterhaltungen *folgenlos* zu bleiben, dann erhebt sich doch ununterdrückbar die Frage, ob es denn gar keine Möglichkeit gibt, den Mächten der Ausschaltung durch eine Organisation der Ausgeschalteten zu begegnen.«[52] Wenn es auf die ›Antwort‹, auf die Kommunikation der Ausgeschalteten *ankommt*, haben Massenkommunikationen bestimmbare Folgen.

In einer Kommunikation der Massen – auch der Massen von Zeichen, von exklusiven Chiffren, die das Privatistische besetzt halten – sind die Medien mehr als Transportmittel für Nachrichten und Unterhaltungsstoffe. Sie sind Instrumente für die einzelnen und die Gruppen, *miteinander* zu kommunizieren. Indem die Gruppen dies tun, haben sie an der Massenkommunikation ›teil‹, befinden sie über die Qualität der Herstellung und des Verbrauchs der gemeinsamen, ›zentralen‹ Massenkultur. Wer auf der Frage insistiert, welche Gruppen teilnehmen und welche ausgeschlossen bleiben sollen, beweist damit, daß er auf der Trennung von gesellschaftlicher und direkter Kommunikation insistiert. Es hilft ja nicht weiter, irgendwelche ›Zielgruppen‹, die nach administrativen Auswahlerfordernissen und äußerlichen Merkmalen klassifiziert werden (Autofahrer, Nichtfahrer, Jugendliche, Erwachsene, Linke, Rechte, Arbeitnehmer, Arbeitgeber), unter Kontaktzwang zu setzen und auf diese Weise einige Spezialprogramme zu füllen. Was die abgekapselten Gruppen der gesellschaftlichen Verständigung näherbringt, ist die Partizipation der *Funktionen,* die das privatistische Überleben beansprucht, an der Massenkommunikation. Die öffentliche Selbstorganisation dieser Funktionen muß an erkennbare bedürfnis- und interessenförmige Sinngebungen der interpersonalen Kommunikation anknüpfen, ihnen aber eine völlig andere Form geben: die der Massenkommunikation. Was sich in den isolierten Mikro- und Makrozellen als Bedürfnis artikuliert, ist vom (künstlichen) *Mangel* geprägt, denn alle Regungen, die sich auf blinde Selbsterhaltung richten, haben die Form des Mangels, mögen sie auch Produkte des ›Überflusses‹ und verschiedener Humantechniken sein. Als motivationale Gehalte der Massenkommunikation aber konkretisieren und verwandeln sich die amorphen Bedürfnisse: Sie sind nicht mehr Ausdruck eines zusammengerafften, beschränkten verteidigten Bestandes (der als solcher ständig in Not ist), gewinnen also eine neue Intention, die vom unbegrenzten Vermittlungspotential der Massenkommunikation auf verschiedene Weise vergegenständlicht wird. Sie sind weder Ausdruck des Mangels noch Ausdruck des Überflusses.

Als Beziehungsbereiche der direkten, nicht über Medien verlaufenden Kommunikation gelten folgende Funktionen, Aspekte und Dimensionen:

Familiäre Beziehungen, Sozialisation
Nachbarschaftliche Beziehungen
Partnerwahl
Freundschaften, Bekanntschaften
Wohnen
Arbeiten
Konsum (Nahrung, Kleidung, Mode, Einrichtung, Wagen, immaterielle Güter)
Ausbildung und Weiterbildung
Alltagskontakte, Gespräche (Arbeitsplatz, Straße, Verkehrsmittel, Gasthaus)
Feste, Vergnügungen, Sport und Spiel
Straßendiskussionen, Versammlungen, Demonstrationen
Vereinsleben, Gruppenbildung von Gleichaltrigen und Gleichgestellten
Verkehr
Tourismus
Städtische, kleinstädtische, dörfliche Beziehungsmuster.

Dies sind die ›Subsysteme‹ des Alltäglichen, die sich in der Aufhebung privatistischer Isolierung zu Subsystemen der dezentralisierten Massenkommunikation transformieren. Nachholbedarf, unzulängliche Versorgung und Unterentwicklung der Sektoren alltäglicher Interaktion äußern sich zunächst über stimulierte Ansprüche privilegierter und unterprivilegierter Primär- und Sekundärgruppen. Deshalb spielt sich medienkommuniziertes Wohnen, Kontaktieren, Konsumieren usw. vorerst als Gruppenkommunikation ab. Bevölkerungsteile, die in einem besonderen Lebenszusammenhang stehen, erhalten *institutionalisierte* Gelegenheiten, Suchmeldungen aller Art durchzugeben und zu empfangen, Beziehungen auszugestalten, Forderungen auszuprägen und bestehende und entstehende Konflikte auszutragen – sowohl durch Diskussionen als auch durch öffentlich getroffene Verabredungen und Gemeinschaftsprojekte. So können Teilnehmer an regionalen und überregionalen Kommunikationsnetzen über verschiedene Medien erfahren, wo und wann Wohnraum, Erziehungs- und Ausbildungskapazitäten und medizinische oder juristische Dienste in Verbindung mit erwünschten Arbeitsbedingungen zur Verfügung stehen (was die Gründung von Genossenschaften nahelegt). Für Partnerwahl und politische oder wissenschaftliche Projekte lassen sich komplementäre Bedürfnisse, Interessen und Ressourcen international koordinieren.

Da die Trennung von Privat und Öffentlich für Massenkommunikation keine selektive Bedeutung hat, stellen die Absprachen nationaler und internationaler Betriebsgruppen auch dort ›Öffentlichkeit‹ her, wo bislang unter den Rechtstiteln privater Verfügungsansprüche Angelegenheiten von gesellschaftlichem Interesse der allgemeinen Kenntnis und Erörterung entzogen wurden. Entscheidungsprozesse, von denen Tausende oder Millionen betroffen sind, Auseinandersetzungen zwischen Kapitaleignern, Management und Lohnabhängigen in größeren Unternehmen müssen Gegenstand ausführlicher Berichterstattung sein. (Vorstandssitzungen können im Fernsehen übertragen werden.) Insbesondere zwischen den Angehörigen der Filialen multinationaler Konzerne können gewerkschaftliche Initiativen mit Hilfe von elektronischen Medien Dauerkontakte zur Durchführung rückgekoppelter Aktionen aufrechterhalten.

Die wechselseitige Erschließung isolierter Lebensbereiche

kann ohne weiteres damit beginnen, daß die erweiterten Sende- und Empfangskapazitäten denjenigen Gruppen angeboten werden, die ihre Interessen bereits selbst organisieren und die *untereinander* kommunizieren (nicht nur an die ›Öffentlichkeit‹ treten) wollen: Lehrlingen, Schülern, Jugendlichen, die ihre Freizeit gemeinsam gestalten; Hausfrauen, anderen berufstätigen Frauen, Frauenorganisationen; Betriebsgruppen; Konsumentenverbänden, Wohn- und Konsumgenossenschaften; Bewohnern bestimmter Stadtteile und/oder Regionen; Organisationen von Kommunikatoren und Künstlern; Gastarbeitern; sexuellen und ethnischen Minderheiten; Lehrern; Alten; Gefangenen; Unternehmern, kleinen Gewerbetreibenden; Initiatoren von Tauschaktionen (Bedarfsgüter, Wohn- und Arbeitsgelegenheiten) und anderen. Freilich darf solche massenhafte Interaktion nicht ausschließlich oder vorwiegend der Selbstdarstellung dienen, sondern muß Komponente, schließlich Transformierung alltäglicher Praxis sein.

Denn Massenkommunikation öffnet sich nicht, indem sie den Einfällen der abgesonderten Gruppen oder gar der rivalisierenden Organisationen überlassen wird. Sie öffnet sich, indem sie mit all ihren Kräften auf die Strukturen des Wohnens, des Konsumierens und des Kontakts reflektiert. Dabei verflüssigt sie die isolierenden Topoi und Grenzen der gruppenfixierten Interaktion und ermöglicht eine unwillkürliche Ausbildung von Identitäten (von ›Herkunft‹ und ›Zukunft‹), die nicht auf individuelle Lebenseinheiten bezogen sind. Was mit Hilfe der Elektronik und des Drucks kommuniziert wird, ist *das Familiäre, das Wohnen, der Kontakt* selbst. Erreichen diese Subsysteme des öffentlichen Umgangs das Komplexitätsniveau des Systems der Massenkommunikation, dann wohnen die Individuen und Gruppen nicht mehr in bestimmten abgeschlossenen Nahwelten, sondern in verschiedenen zugänglichen Interaktionsformen, in symbolischen Räumen mit Rollenverbindlichkeiten und besonderen Aufmerksamkeitsverteilungen. Aus diesen familialen Dimensionen können die Bewohner in andere Strukturzonen überwechseln, ohne Umgangsregeln zu verletzen oder das, was sie verlassen, zu gefährden. Dabei wird der Begriff der Omnipräsenz der Massenkommunikationsinhalte bestimmungslos wie der des Überlebens. Omnipräsenz ist nun die unvordenkliche historische Bedingung der Möglichkeit, symbolische Lebensräume zu unterscheiden, aber sie ist für diese Räume nicht maßgeblich, da sie keine differentielle Kommunikationsweise bezeichnet. Die von der Aufhebung geographischer Hypostasierungen bedingten Lokalitäten sind transitorische, sich immer weiter ausdifferenzierende Sinnfelder, in denen die ›Teilnehmer‹ der selbstreflexiven Kommunikation sich bewegen.

Erste Anstalten, ihre Verselbständigung zu durchbrechen, macht Massenkommunikation, wenn sie nicht nur über Ereignisse berichtet, sondern solche selbst organisiert − und nicht als bloßes Programmaterial behandelt. Dies ist bisher kaum geschehen. Neue Service-Leistungen (Informationen über Mieten und Preise, Bade- und Schneeverhältnisse, Lebensmittelverfälschungen und Ausbildungsgelegenheiten; Ferneinkauf, Spielplatzüberwachung, Informations- und Datenbankzugriff, Telekollegs und Computerspiele über regionale Netze) vermitteln noch keine rechte Vorstellung von dem, was heute bereits möglich wäre. Weiter geht eine alte Einrichtung: das Zusammenwirken von Massenpresse und Telefonnetz zur Herstellung von Kontakten (meist für individuelle Partnerwahl). Solange aber nicht Computer und elektronische Medien eingesetzt werden und große Teile der Bevölkerung sich nicht beteiligen, kann von Massenkommunikation nicht gesprochen werden.

Als Alternative zum ›Big TV‹ verstehen sich amerikanische und europäische *Video-Gruppen,* die in direkter Kooperation mit der Bevölkerung dieser Gelegenheit geben, ihre Probleme darzustellen, in bestimmten Stadtteilen die Bedürfnisse der Bewohner recherchieren, Workshops einrichten, Wochenschauen und offene Fernsehprogramme für Minderheiten und lokale Gemeinschaften zusammenstellen und diese Programme auf Straßen, in Parks, Kneipen und Kirchen vorführen und diskutieren. Video-Gruppen tauchen mit Kameras und Tonbandgeräten in Gemeinde- und Regionalparlamenten, Schulen, Behörden und Betrieben auf, um die Bürger für öffentliche Angelegenheiten zu engagieren und den Kontakt zu ähnlich operierenden Gruppen auszubauen (Videonetze). Angeregt werden auch Massenzeitungen, die von ihren Lesern (Betriebsangehörigen, Stadtteilbewohnern u. a.) selbst gestaltet werden. Ebenso wie die mediendidaktischen Kurse in Schulen, Hochschulen und Institutionen der Erwachsenenbildung, die zum Erwerb von Handlungs-, Sprach- und kommunikativer Kompetenz verhelfen sollen[53], können diese Versuche die Menschen darauf vorbereiten, eigene Sendekanäle zu nutzen (Robert Jungk). Die Entwicklung der elektronischen Medien gibt dazu Anlaß.

Da in Zukunft wesentlich mehr Tele-Kanäle in Betrieb genommen werden können als heute, ist eine große Zahl selbstproduzierter Lokal-, Zusatz-, Spezial- und Minderheitenprogramme zu erwarten. In der Folge wird zwar die Massenkommunikation in verschiedene Fernsehgruppen aufsplittern; zugleich aber können diese nicht umhin, die Programme von zentralen und Alternativsendern zu verfolgen. Jedenfalls sind Kommunikatoren von Sonderkanälen nicht mehr genötigt, den Zwangsvorstellungen von Perfektion und Dilettantismus zu folgen.

In Gemeinden und kleineren Regionen kann durch die Installierung eines lokalen Medienverbunds die kommunikative Infrastruktur so weit ausgebaut werden, daß diese sich als Verständigungsraster einer neuen Form von Gemeinschaftlichkeit anbietet. Auch in einem Segment der Gesellschaft kann die Segregation sozialer Kasten exemplarisch aufgehoben werden. Allerdings nur unter der Bedingung, daß zugleich die Verbindung zur überregionalen Massenkommunikation intensiviert wird. Sonst käme es zu einer Reprivatisierung des Mediennetzes, und sowohl über Bürgerinitiativen, die im lokalen Verbund eine ideale Organisationshilfe vorfinden, als auch über die gesamte kommunikative Infrastruktur pflanzte sich die Hierarchisierung fort. Das Lokale wäre wiederum fetischisiert (als das familiäre Wohnen).

Am fruchtbarsten war bisher die Kooperation von Fernsehredakteuren mit ›strukturell vorbereiteten‹ Diskussionsgruppen, die über die Mitgestaltung von Jugendprogrammen und den Gemeinschaftsempfang selbstgefertigter Sendungen hinaus am Arbeitsplatz und in verschiedenen Institutionen (Schule, Jugendamt, Gewerkschaft) weiteragierten und dabei den Kontakt mit dem Fernsehen nicht verloren.[54] Solche ›Vor- und Nachbereitung von Gruppen‹ verhindert, daß die mitarbeitenden Jugendlichen sich als ›Paradepferde‹ der Publikumsbeteiligung vorführen lassen – erst recht dann, wenn die gemeinsame Praxis kontinuierlich und dauerhaft ist. Etwas Ähnliches intendiert Dieter Prokop: die ständige Einrichtung »kooperativer, bedürfnis- und interessenorientierter Arbeitsprojekte« (von Künstlern, Journalisten und Initiativgruppen aus der Bevölkerung), die sich langfristig mit bestimmten Problemen befassen und dabei von Aufsichtsgremien unterstützt werden, deren Mitglieder von den Verbänden und Parteien »nach den Kriterien inhaltlicher Projekte« gewählt werden.[55] Auch hier zeigt sich ein Ansatz, die abstrakt-willkürlichen Präferenzen der Massenkommunikation mit den sozialen Ablagerungen informeller Kommunikation in eine für beide Seiten folgenreiche Beziehung zu bringen. Eine alternative Programmpraxis (eine, die nicht nur Programmpraxis ist) kann sich nämlich zugleich »auf die institutionell verfestigten Formen der Kulturproduktion: Unterhaltung, Nachrichtenverarbeitung, Sport, Politik, Sex, Kultur etc. einlassen und hierzu inhaltliche Alternativen qualitativ erarbeiten«.[56] Die Befürworter solcher pragmatischen Strukturkritik können darauf verweisen, daß in absehbarer Zeit die öffentlich-rechtlichen Anstalten dazu gezwungen sein werden, alternative Produktions- und Publikationspraktiken zu entwickeln und sich mit anderen Auswahlkriterien anzufreunden. Tun sie dies nicht, werden sie der Konkurrenz der neuen elektronischen Medien (vor allem der Kassetten) nicht standhalten. Das Medienarsenal wird sich beträchtlich vergrößern – und damit das technologische Potential, das die Verwirklichung einer ›horizontalen‹ und differenzierten Massenkommunikation erlaubt.

Dies trifft vor allem auf zwei Medien zu: das *Kabel* und die *Fernsehsatelliten*. Über geschlossene Kabelsysteme und solche, die an größere Netze angeschlossen sind, werden bestehende Programme störungsfrei empfangen und neue Spezialprogramme in ländliche Gebiete und Großstädte zugespielt. Im konventionellen Koaxialkabel sind die Übertragungskapazitäten bei der Übermittlung von Bildsignalen schnell erschöpft. Die Entwicklung der Lasertechnik löst die Probleme, die ein begrenztes Frequenzspektrum mit sich bringt. Sie erlaubt die ›Verdrahtung‹ der gesamten Erdoberfläche und eröffnet damit praktisch unbegrenzte Möglichkeiten des Bild-

und Tontransports. So können in Ballungsräumen und auch in bisher unterversorgten Gebieten über einen Anschluß ohne Schwierigkeit 14 Fernsehprogramme zugleich empfangen werden, über verschiedene Anschlüsse also unbegrenzt viele. Diese Programme werden nicht öffentlich ausgestrahlt, sondern nur an diejenigen weitergegeben, die sie abwählen.

Hier ist von besonderem Interesse, daß in verkabelten Ländern ein dichtes Netz von Fernsehverbindungen zwischen Gruppen geknüpft wird. Jeder wird mit jedem über Bild und Ton kommunizieren bzw. selbstgefertigte Programme austauschen können – auch mit mehreren versammelten Gruppen an jedem Punkt der Erde. Millionen von Ein- und Ausgabe-*terminals*, die an die Stelle der bekannten Fernsehapparate treten, ermöglichen die unmittelbare Rückmeldung der Kommunikanten, per Tastendruck oder über Fernsehtelefon (*two-way-communication*). Teilnehmer können Bild- und Toninformationen und Dienste (elektronische Babysitter, Kaufangebote, Faksimilezeitungen, ärztliche Diagnosen, Unterricht, Konzerte) von zentralen Abgabestellen (Datenbanken, Biblio- und Videotheken) abrufen, sich in Vereinsversammlungen einschalten, Lehrprogramme von Fernsehuniversitäten beziehen und Konferenzen aller Art vor Bildschirmen oder Videowänden abhalten. Offene Kanäle stehen für jeden bereit, der sein eigenes Programm kreieren will (*program origination*). Zudem verbinden Synchronsatelliten verschiedene Kabelsysteme und strahlen zusätzliche Spezialprogramme aus, so daß die an den globalen dezentralisierten Verbund Angeschlossenen über 300 oder mehr Kanäle verfügen können. Für kooperierende Minderheiten empfehlen sich im Hinblick auf das Kabelfernsehen die Anschaffung von mobilen und miniaturisierten Aufnahme- und Sendeapparaturen sowie von billigen und leicht zu handhabenden Kopier- und Druckgeräten und die Nutzung audiovisueller Werkstätten, die in kommunalen Zentren eingerichtet werden.[57]

Der Einwand, daß 20 Millionen nicht mit 2 Leuten im Studio kommunizieren können und die Demokratisierung des Sendens und Empfangens daher unmöglich sei, trifft nur die zentralistische, ›vertikale‹ Massenkommunikation. Allerdings verlangt die Dezentralisierung des sozialen Verkehrs eine präzise und doch flexible Koordinierung des Dezentralisierten, d. h. die Erhaltung und Differenzierung *allgemeiner* symbolischer Medien (Massenkommunikation). Lokale Fernsehsysteme sind nur funktionsfähig, wenn in dem verkabelten Gebiet alle Bewohner, Firmen und Institutionen angeschlossen sind (sonst lassen sich andere zeit- und kostenintensive Dienste nicht abbauen). Und die dazu erforderliche Planung (Korrelation kommunikativer Funktionen) ist ohne Abstimmung mit dem überregionalen Kommunikationssystem nicht möglich.

Innerhalb der bestehenden Kommunikationsverhältnisse mit ihren rigiden Effektivitätsnormen können die neuen elektronischen Leistungskapazitäten nur in sehr beschränktem Maß zur Entfaltung kommen. Dieses Mißverhältnis ist aber keine Neuauflage des alten ›Hauptwiderspruchs‹ von Produktivkräften und Produktionsverhältnissen. Es löst sich nicht quasi selbsttätig auf, wenn man überall die Anwendung der neuen Technologien erzwingt.

Auch Hans Magnus Enzensberger, dessen Verdienst es ist, sich als einer der ersten von der Berührungsangst der Linken vor den integrativen Medien freigemacht zu haben, hofft darauf, daß die Bewußtseinsindustrie durch ihre eigenen Hervorbringungen zur Vergesellschaftung getrieben wird – im wesentlichen dadurch, daß die elektronische Technik keinen prinzipiellen Gegensatz von Sender und Empfänger kennt.[58]

Daher empfiehlt er den revolutionären Gruppen, die neuen Medien exzessiv in Anspruch zu nehmen und auf diese Weise die Sprengkraft der objektiven Möglichkeiten zu erhöhen. Enzensbergers Bestimmung des emanzipatorischen Mediengebrauchs (»Jeder Empfänger ein potentieller Sender«; »Interaktion der Teilnehmer«: aktives, kollektives *feedback*) greift Brechts Forderung auf, den Rundfunk aus einem Distributionsapparat der Bourgeoisie in einen Kommunikationsapparat des öffentlichen Lebens zu verwandeln, der nicht nur aussendet, sondern auch empfängt, der die Zuschauer nicht isoliert, sondern untereinander in Beziehung setzt.[59]

Indes reflektiert Enzensberger nicht auf die spezifischen *Kommunikations*strukturen unserer Gesellschaft, und daher hat auch die von ihm avisierte Kommunikation aller mit allen keinen qualitativen Inhalt. Sie zeigt sich nur von ihrer abstrakten, technizistischen Seite, gewissermaßen als Aufblähung und Aufrüstung interpersonaler Kommunikation. Zwar wendet sich Enzensberger gegen einen individualistischen Mediengebrauch, gegen bloßes eifriges Senden und Empfangen, und befürwortet eine kollektive Produktionsweise als eine Form der Selbstorganisation gesellschaftlicher Bedürfnisse. Doch dabei beruft er sich immer wieder auf die umwälzende Eigengesetzlichkeit des Fortschritts der Produktivkräfte. So wird die Erwartung auf quantitative und formale Aspekte reduziert: Alle machen mit, und aus Passiv wird Aktiv. Die Dimension der Kommunikationserweiterung bleibt unbestimmt.

Wäre jeder sein eigener Sender, änderte das noch nicht die Kommunikationsweise. Wenn Millionen von multimedial ausgestatteten Sendern in den Etagen miteinander verkehren, die dem jeweiligen Rang in der Hierarchie und der jeweiligen überregionalen Isolationsform entsprechen, bleiben die gesellschaftliche und die direkte Kommunikation weiterhin voneinander getrennt. Fordert man die Aufhebung der Differenzierung von Kommunikatoren und Rezipienten, geht man damit nicht gegen die Einseitigkeit des öffentlichen Austauschs an. Wer die technologischen Errungenschaften der monopolisierten Kommunikation (Omnipräsenz, hochgradige Arbeitsteilung) nicht aufgeben will, kann auch die *Organisierung* von Öffentlichkeit nicht widerrufen, die funktionale Ausdifferenzierung eines Systems der Massenkommunikation nicht rückgängig machen wollen. Strukturelle Bedingung dieser Ausdifferenzierung aber ist nicht zuletzt die Trennung von Kommunikatoren und Rezipienten. Daß *jeder* an der organisierten Massenkommunikation teilnehmen und vom Empfänger zum Sender werden kann, steht dabei nicht im Widerspruch zur Rollendifferenzierung. Jedoch nur deshalb nicht, weil Massenkommunikation mehr ist als die Gesamtheit von Sendern und Empfängern. Würden auch *alle* gleichzeitig senden können – jeder verdankte es der komplexen Organisation, die es ermöglicht, daß ihn potentiell alle empfangen, also der Unterscheidung von Kommunikatoren und Rezipienten. Diese Unterscheidung meint nichts anderes, als daß Massenkommunikation nicht durch originäre Beiträge originärer Einzelner (oder originärer Selbstorganisationen) begründet und vermittelt werden kann. Eben dies, die Rückführung der Massenkommunikation in unmittelbare Kommunikation, hat Enzensberger letztlich im Sinn – ironischerweise vertraut er dabei auf die Hilfe der am weitesten fortgeschrittenen Produktivkräfte.

Die privatistischen Gruppen können der Massenkommunikation nicht angehören, auch dann nicht, wenn sie Mitbestimmungsanteile erkämpfen. Sie partizipieren an einer *Sphäre der Hypostasierungen,* der Unterschiede schlechthin, der – biologischen, geographischen, modischen, sprachlichen; grenzziehenden, zuweisenden – Merkmale als solcher, der Selbstbehauptung überhaupt. In den abgegrenzten Bereichen verweist jede Kennzeichnung nur auf sich selbst: auf den Unterschied von anderen Kennzeichen und damit zugleich auf den Zusammenhang aller Unterscheidungen. Die Beziehungen zwischen den isolierten Gruppen negieren einander; sie sind dadurch bestimmt, daß die Gruppen aus ihnen unverändert hervorgehen, daß sie den Unterschied vergewissern. Alle Differenzierungen zeugen von der Negation der Kommunikation: von Stufungen, Schichtungen, Graduierungen, Parzellierungen, Leistungsskalen, Optimierungen, Maximierungen bzw. Minimierungen, Konfrontierungen, Polarisierungen. Es gibt Unterschiede, weil es Unterschiede gibt.*

Dieser Sphäre der Hypostasierung widersetzt sich eine *Sphäre der Kommunikation,* die keine Unterschiede-an-sich kennt. Insofern ist sie freilich selbst isoliert und hypostasiert. Erst dadurch, daß die Trennung dieser beiden Sphären aufgehoben wird, konstituieren sich die Gruppen, die an der gesellschaftlichen Massenkommunikation teilhaben.

Soziale Hierarchisierung ist also mehr als soziale Ungerechtigkeit. Sie zeugt von der Struktur der Unterscheidung (aller Unterscheidungen) in der Sphäre der Interaktion der Alltagsgruppen. Sie zeugt davon, daß hier alle differenzierenden Kommunikationen von der Massenkommunikation getrennt sind, die das Monopol für allgemeine, gesellschaftliche Kom-

---

* Hier wird von sozialen (Gruppen-)Bereichen der alltäglichen Interaktion gesprochen, nicht von *Personen.* Diese sind u. a. auch Rezipienten, Parteimitglieder, Angestellte und Angehörige von Diskussionsgruppen. Die Frage ist lediglich, wie sie ihre verschiedenen Funktionen vermitteln und was diese Vermittlung im Hinblick auf die gesellschaftliche Kommunikationsstruktur ausrichtet.

munikation besitzt. In der Hierarchisierung kommt zum Ausdruck, daß Gruppenkommunikation von Klischees blinder Selbsterhaltung besetzt ist und sich nicht nach kommunikativen Kriterien entfalten kann.

Das Kriterium, nach dem in der Sozialsphäre der Gruppen die hypostasierte Statusbestimmung erfolgt, ist jedoch die Konsumkraft der Individuen bzw. Gruppen im Hinblick auf die gesellschaftlich vereinheitlichte (Massen-)Kulturproduktion (besser: Kulturselektion). Also determiniert der hierarchisierte Konsum die soziale Schichtung nach ›kulturellen‹ Kriterien – nach sozialen Kriterien, die auf den Kulturkonsum bezogen sind und die jeweiligen ›kulturellen Verhaltensweisen‹ festlegen. Mithin erweist sich die Vereinheitlichung der kulturellen Auswahlprozesse, mit anderen Worten: die relative Autonomie des Kulturellen gegenüber dem Sozialen und Ökonomischen, als Bedingung der sozialen Hypostasierung des Hierarchischen (der sozialen *Gruppe*). Diese Auflösung des Zusammenhangs von kulturellen Tätigkeiten und ›Werten‹ und der Zugehörigkeit zu sozialen Gruppen zeigt sich darin, daß die Auswahl und Gestaltung der kulturellen Themen immer weniger mit der besonderen alltäglichen Erfahrung der Individuen in Einklang zu bringen sind.[60] Dabei ist es die Funktion der Massenkommunikation, die nicht mehr aus der sozialen Interaktion (dem Räsonnement) hervorgehenden kulturellen Rollen, Themen und ›Werte‹ zu generalisieren. Strukturen und Selektionsregeln der Massenkommunikation bezeichnen die Form, in der diese Generalisierung erfolgt. Nur die Ausdifferenzierung eines einheitlichen, für alle und alles kompetenten Bezugssystems bei gleichzeitiger Auflösung der soziokulturellen Lebenseinheiten ermöglicht eine soziale Aufsplitterung *als solche*, die unbefragbare Hierarchisierung. Der soziale Stufenbau läßt sich aber durch kulturelle Inhalte nicht legitimieren. Die Strukturen der Massenkultur selbst implizieren keine Hierarchie.

Darin, daß die demokratistische Kastenbildung durch die Trennung sozialer und kultureller (kommunikativer) Rollen abgesichert wird, besteht zugleich ihre Schwäche. Die Forderung nach sozialer Mitbestimmung kann nun auf die nach ›gleichberechtigter‹ Teilhabe an der Produktion und Konsumtion gemeinsamer, vorab vergesellschafteter Themen, Ausdrucksformen, Beziehungsebenen und Verständigungspotentiale gelenkt werden, auf die Forderung nach Teilhabe an einer Kommunikationskultur, die in sich nicht hierarchisiert ist und eine hierarchisierte, nach Gruppengrenzen parzellierte Teilhabe strenggenommen ausschließt. Eine solche Integration der sozialen Gruppen in die autonome Sphäre der Massenkultur bringt den sozialen Stufenbau nicht per se zum Einsturz, aber beraubt ihn seiner Projektionsfläche, die er nach außen verbannt hat, um sich, bar jeder inneren Differenz, fetischisieren zu können. Sie zersetzt die außerökonomischen Bedingungen der willkürlichen, nur der Loyalitätssicherung dienenden Zumessung von Löhnen und Gratifikationen: die Normen der hierarchisierten Erziehung und des hierarchisierten Freizeitkonsums.

Dagegen gefährdet die Forderung nach sozialer, wirtschaftlicher Mitbestimmung allein noch nicht die verselbständigte Schichtung. Vielmehr erkennt sie die Graduierung der ›kulturellen Verhaltensweisen‹ und die Integration der Gruppen in die Gesellschaft der Identifikationsmerkmale stillschweigend an, da sie lediglich eine gewisse Umwertung bzw. eine gerechtere Verteilung dieser Merkmale einklagt, den Einfluß der Organisationen erhöhen oder verringern will und den Gruppen keinen Zugang zur Bestimmung der generalisierten und gesamtgesellschaftlich ausgewählten ›kulturellen Werte‹ verschafft. Bestenfalls verrückt sie Grenzen; doch sie stellt die Struktur der Grenzziehung selbst nicht in Frage. Auf die Sphäre der gemeinsamen Kommunikation übertragen, organisiert der Mitbestimmungsanspruch nicht viel mehr als überraschungslose Begegnungs- und Selbstdarstellungsrituale.

Die Partizipation der aufeinander und nebeneinander geschichteten Gruppen an der Massenkommunikation indes gelingt nur als Massenkommunikation jener Funktionen, die sich die Hypostasierung des Sozialen unterworfen und angeeignet hat. Daher kann das Ziel dieser Partizipation nicht eine unanfechtbare Verteilung der Kulturgüter sein. In der Massenkommunikation der Gruppenfunktionen geht es darum, die Form der sozialen Differenzierung überhaupt zu bestimmen, diese nicht länger an Merkmale von Individuen und Gruppen zu binden und den Sinngehalt von Differenzierungen (Kennzeichnungen und Grenzen) von der Entwicklung der Beziehungen abhängig zu machen. Die Unterscheidung um der Unterscheidung willen wird entzaubert und außer Kraft gesetzt.

Die Massenkommunikation der Gruppen verlangt die Auflösung der bestehenden Gruppenstruktur. In ihrer gegenwärtigen Koexistenz, getrennt von den allumfassenden Situationen des gesellschaftlichen Verkehrs, können die aufbegehrenden sozialen Klassen den Verteilungsschlüssel des *Unterschieds* nicht in ihre Kontrolle bekommen. Allein massenkulturelle Interaktion zerstört die prämierenden, diskriminierenden Rangordnungen, boykottiert den geschichteten Konsum und steht nicht im Bann der Fetischisierung der Merkmalsbestände. Indem die aus ihrer Isolation befreiten Individuen sich in wechselnden Gruppenkonstellationen zusammenfinden, desavouieren sie die fortgeltenden Selbstzwecke des Überlebens und auch die Kriterien, nach denen ein hoch eingeschätzter Mediengebrauch (Rezeptionsweise, Programmauswahl) von einem ordinären unterschieden wird. Entsprechendes gilt für alle ›Subsysteme‹ der graduierten Interaktion. So kann etwa der Hierarchisierung des *Straßenverkehrs* (Individualverkehr; Wagenbesitz als Statusnachweis; vielfältige, teils konkurrierende Abstufungen des Prestigewerts von verschiedenen Typen) nur dadurch begegnet werden, daß man die Überwindung von Entfernungen, die Mobilität und die Rationalisierung von Raum und Zeit nach Gesichtspunkten einer – nicht lokalisierbaren, ›Aktualität‹ umdeutenden – Massenkommunikation reorganisiert.

Durch die Vergesellschaftung des Zugangs zu kulturellen Massenmärkten wird die hierarchische Trennung von Sozialräumen aufgehoben. An ihre Stelle treten Interferenzen und Durchdringungen situationärer Gruppen, die sich in Prozessen gemeinsamer Sinnerfindung kristallisieren. Individualisierung als Selbstbehauptung wird von einer Individuierung abgelöst, die als wandernder Bezugspunkt verschiedener kommunikativer Sinnebenen (der kollektiven Gestaltung, der Begierde, des Diskurses, der Expressivität) und Subsysteme verstanden werden kann. Der einzelne hat kein Zentrum, doch er ist nicht funktionalisiert: Er existiert nicht *für* die Funktionen, sondern *in* ihnen, indem er zu ihrer weiteren Differenzierung beiträgt. An den kulturrevolutionären Prozessen haben *alle* teil; einzige Alternative wäre die Rückbesinnung auf die Alltagsontologie der Merkmalsgruppen. Gewiß kann man sagen, daß es in der gesellschaftlichen Massenkommunikation nicht auf ›jeden einzelnen‹ ankommt – versteht man unter dem einzelnen eine Persönlichkeit mit Erfahrungen und Fähigkeiten, die nur sie allein hat. Was bedeutet das? Wird das individuelle Lebensrecht der reibungslosen Verkehrsabwicklung untergeordnet? Triumphiert die Kommunikation über die lebendigen Sender und Empfänger, über das ›Menschliche mit all seinen Überwältigungen und Gefährdungen‹? Erscheint das verquere Individuelle eines Tages als Dysfunktion und wird an den Rand, aufs Abstellgleis gestellt? In der Isolation bangt man am meisten um das, was die Not mitbedingt. Die Furcht vor der Bedrohung des privaten Bereichs (des Privatistischen) paßt zu einer Zeit, in der gesellschaftliche Ordnungen noch immer die Schreckensgestalt überlebensgroßer *Individualitäten* mit fast unbegrenztem Selbstbehauptungspotential annehmen. Diese können sich in der Tat nur dadurch reproduzieren, daß sie sich gegen die Träger anderer Merkmale abgrenzen, notfalls durch deren Zerstörung. Heute ist die evolutionäre Errungenschaft der Individuierung von einem im Untergang sich verewigenden Individualismus bedroht.

Gerade darum ist eine Massenkommunikation an der Zeit, die keinem Spiegel gleicht, in dem sich jede Kampfgruppe wiedererkennt, sondern einer vieldimensionalen Selbstreflexion, in der die einzelnen ›sich‹ aufgeben, um in einer ungleich komplexeren, Relaisfunktionen (Innen/Außen) und Perspektiven (Nähe/Ferne, Vergangenheit/Zukunft) relativierenden Struktur heimisch zu werden. Indem Massenkommunikation die soziale Interaktion, von der sie sich isoliert hat, einbezieht, befreit sie sich vom Selbstzweck der Selbstbehauptung. Sie erkennt ihre Reflexionsform, die Entwicklung der gesellschaftlichen Kommunikationsweise, als ihre ›Wirkung‹ und gibt damit der leeren Öffentlichkeitsform einen unabsehbaren, nicht willkürlichen Inhalt.

1 Henri Lefebvre, *Das Alltagsleben in der modernen Welt*, Frankfurt a. M. 1972, S. 80.

2 Alain Touraine, *Die postindustrielle Gesellschaft*, Frankfurt a. M. 1972, S. 226.

3 Vgl. Pierre Bourdieu, *Zur Soziologie der symbolischen Formen*, Frankfurt a. M. 1970, S. 42 ff.

4 Vgl. Dieter Prokop, *Zum Problem von Konsumtion und Fetischcharakter im Bereich der Massenmedien*, a.a.O.

5 Patrick Champagne, *Fernsehen und Familie*, a.a.O., S. 189 f.

6 Alain Touraine, a.a.O., S. 210.

7 Vgl. ebenda, S. 204, 214 u. 223.

8 Vgl. Claus Offe, *Leistungsprinzip und industrielle Arbeit*, Frankfurt a. M. 1970, und Herbert Nagel, *Wer will die klügsten Kinder*, Reinbek 1973, S. 200-217.

9 Dieter Prokop, a.a.O., S. 27.

10 Alain Touraine, a.a.O., S. 215 f.

11 Dieter Prokop, a.a.O., S. 15 f.

12 Alain Touraine, a.a.O., S. 208.

13 Oskar Negt, *Massenmedien: Herrschaftsmittel oder Instrumente der Befreiung?*, in: Dieter Prokop (Hrsg.), *Kritische Kommunikationsforschung*, München 1973, S. XII.

14 Eckhard Siepmann, *Rotfront Faraday. Über Elektronik und Klassenkampf. Ein Interpretationsraster*, in: *Kursbuch* 20/1970, S. 189.

15 Vgl. Dieter Prokop, *Massenkultur und Spontaneität*, Frankfurt a. M. 1974.

16 Henri Lefebvre, a.a.O., S. 82.

17 Vgl. Denis McQuail, *Soziologie der Massenkommunikation*, a.a.O., S. 84.

18 Rolf Sülzer, *Architektonische Barrieren öffentlicher Kommunikation*, in: J. Aufermann / H. Bohrmann / R. Sülzer (Hrsg.), a.a.O., Bd. 2, S. 622 f.

19 Martin Kahleyss, *Neue Gemeinschaftsformen und Erlebnisverlust*, in: *Süddeutsche Zeitung* vom 13. 12. 1972.

20 Henri Lefebvre, a.a.O., S. 252.

21 Dieter Graf von Merveldt, *Großstädtische Kommunikationsmuster*, Köln 1971, S. 44.

22 Ebenda, S. 45.

23 Ebenda, S. 45 f.

24 Ebenda, S. 65.

25 Ebenda, s. 73.

26 Pietro Hammel, *Unsere Zukunft: die Stadt*, Frankfurt a. M. 1972, S. 34.

27 Dieter Graf von Merveldt, a.a.O., S. 121.

28 Ebenda, S. 34.

29 Vgl. ebenda, S. 114 ff.

30 Abgedruckt im *Münchner Stadtanzeiger*, einer Beilage der *Süddeutschen Zeitung*, vom 1. 3. 1974.

31 Henning Luther, *Kommunikation und Gewalt*, Gießen 1973, S. 75 f.

32 Dieter Brumm, *Gewerbefreiheit und Gegenmacht*, in: Aufer-

mann/Bohrmann/Sülzer (Hrsg.), a.a.O., Bd. 1, S. 381.

33 *Die Aktualität der Medienpolitik. Analysen, Forderungen, Aktionen,*
Bonn 1972.

34 Peter Glotz / Wolfgang R. Langenbucher, *Mitbestimmung und Kommunikation,* in: Fritz Hufen (Hrsg.), *Politik und Massenmedien,* Mainz 1970,
S. 280 f.

35 Ebenda, S. 301.

36 Hans Wagner, *Die unverstandene Pressekonzentration,* in: *Publizistik,*
Heft 7/1970.

37 Vgl. Hans Wagner, a.a.O., S. 12.

38 Jürgen Seifert, *Probleme der Parteien- und Verbandskontrolle von Rund-
funk- und Fernsehanstalten,* a.a.O., S. 145.

39 Vgl. die Anregungen von Peter Glotz / Wolfgang R. Langenbucher, *Der
mißachtete Leser,* Köln/Berlin 1969, S. 185 ff.

40 Vgl. Dieter Prokop, *Massenkultur und Spontaneität,* a.a.O., S. 156.

41 Horst Holzer / Joseph Schmidt, *Alternativen,* in: Dieter Prokop (Hrsg.),
Massenkommunikationsforschung 1: Produktion, a.a.O., S. 133.

42 Vgl. Stefan Müller-Doohm, a.a.O., S. 250 ff.

43 Horst Holzer, *Kommunikationssoziologie,* a.a.O., S. 181 ff.

44 Horst Holzer / Joseph Schmidt, a.a.O., S. 134.

45 Horst Holzer, *Kommunikationssoziologie,* a.a.O., S. 184.

46 Vgl. Dieter Prokop, *Massenkultur und Spontaneität,* a.a.O., S. 131 u.
172.

47 Ebenda, S. 164.

48 Martin Walser, *Das ist der Weg zur ›IG Kultur‹. Für gewerkschaftlichen
Zusammenschluß aller Kulturproduzenten.* Flugblatt des ›Arbeitskreises Kulturindustrie‹, München 1971.

49 Vgl. Wolfram Schütte, *Von einer Notwendigkeit und einem langen Weg.
Plädoyer für eine ›IG Massenmedien‹,* in: Dieter Prokop (Hrsg.), *Massenkommunikationsforschung 1: Produktion,* a.a.O., S. 229 ff.

50 Henri Lefebvre, *Das Alltagsleben in der modernen Welt,* a.a.O.,
S. 138 f.

51 Ebenda, S. 174 f.

52 Bertolt Brecht, *Der Rundfunk als Kommunikationsapparat,* in: *Gesam-
melte Werke,* Bd. 18, Frankfurt a. M. 1968, S. 131.

53 Vgl. Dieter Baacke, a.a.O.

54 Vgl. Horst Königstein, *Produktive Rezeption und Programmpraxis: Die
Grenzen sehen, das Mögliche koordinieren,* in: Dieter Prokop (Hrsg.), *Massenkommunikationsforschung 2: Konsumtion,* a.a.O., S. 436 ff.

55 Dieter Prokop, *Massenkultur und Spontaneität,* a.a.O., S. 179.

56 Ebenda, S. 174.

57 Vgl. Hilmar Hoffmann, *Bibliothek der Zukunft: Mediathek,* in: H. Hoffmann (Hrsg.), *Perspektiven der kommunalen Kulturpolitik,* Frankfurt a. M.
1974, S. 379 ff.

58 Hans Magnus Enzensberger, *Baukasten zu einer Theorie der Medien,* in:
Kursbuch 20/1970.

59 Bertolt Brecht, a.a.O., S. 129. Weiter heißt es bei Brecht: »Der Rundfunk
muß den Austausch ermöglichen. Er allein kann die großen Gespräche der
Branchen und Konsumenten über die Normen der Gebrauchsgegenstände ver-
anstalten, die Debatten über Erhöhungen der Brotpreise, die Dispute der

Kommunen. Sollten Sie dies für utopisch halten, so bitte ich Sie, darüber nachzudenken, warum es utopisch ist.« (S. 130).

60 Vgl. Alain Touraine, *Die postindustrielle Gesellschaft*, a.a.O., S. 201 ff.

Alphabetisches Verzeichnis der edition suhrkamp